Thomas Dupke
Mythos Löns

Thomas Dupke

Mythos Löns

**Heimat, Volk und Natur
im Werk von Hermann Löns**

DUV **DeutscherUniversitätsVerlag**
GABLER · VIEWEG · WESTDEUTSCHER VERLAG

Die Deutsche Bibliothek — CIP-Einheitsaufnahme

Dupke, Thomas:
Mythos Löns : Heimat, Volk und Natur im Werk von Hermann
Löns / Thomas Dupke. — Wiesbaden : DUV, Dt. Univ.-Verl.,
1993
  (DUV : Literaturwissenschaft)
  Zugl.: Berlin, Freie Univ., Diss., 1992
  ISBN 978-3-8244-4140-2   ISBN 978-3-322-95352-0 (eBook)
  DOI 10.1007/978-3-322-95352-0

D 188

Der Deutsche Universitäts-Verlag ist ein Unternehmen der
Verlagsgruppe Bertelsmann International.

© Deutscher Universitäts-Verlag GmbH, Wiesbaden 1993

Gedruckt auf chlorarm gebleichtem und säurefreiem Papier

ISBN 978-3-8244-4140-2

Für Petra

Inhaltsverzeichnis

8

Vorwort

Als Lisa Hausmann-Löns 1935 einige für die Veröffentlichung vorgesehene Briefe ihres im 1. Weltkrieg verstorbenen Mannes begutachtete, reagierte sie reichlich pikiert und sorgte sich um das Ansehen des Heidedichters Hermann Löns:

> "Diese Briefe sollten einem Psychiater vorgelegt werden, aber nicht dem großen Publikum. Sie stimmen wenig zu dem 'kriegsfreiwilligen, aufrechten Heros', zu dem ihn die Menschheit heutzutage abstempelt."

Dem Löns-Verleger Sponholtz erteilte sie den Ratschlag:

> "Daß Hermann Löns ein ganz armer Kerl war, der in krankhafter Weise von einem Extrem ins andere kam und mit sich und dem Leben nicht fertig wurde, das kann ja dann in 50 Jahren noch früh genug jemand entdecken."[1]

Solche und andere Überraschungen kann man erleben, wenn man sich die Mühe macht, in Archiven nach Zeugnissen von und über Hermann Löns zu suchen. Das Bild, das sich Löns-Verehrer von dem Verfasser zahlreicher Tiergeschichten und Naturgedichten über Jahrzehnte hinweg gemacht haben, stimmt nur in Spurenelementen mit der realen Person überein.

Der Mythos Löns steht im Mittelpunkt dieser Untersuchung, doch soll hier nicht ein Denkmal vom Sockel geholt, sondern ein Stück deutscher Kulturgeschichte erforscht werden. In einer interdisziplinären Vorgehensweise, die den ideologiekritischen Ansatz der späten 60er und der 70er Jahre mit werkimmanenter Untersuchung und Rezeptionsgeschichte, mit psychologischen, mentalitätsgeschichtlichen und historischen Aspekten verbindet, versuche ich das Werk Hermann Löns zu analysieren, in einen geschichtlichen Kontext einzubinden und seine Wirkungsspuren bis in die Gegenwart zu verfolgen.

---

1 Brief von Lisa Löns an Sponholtz vom 15.3.1935. Die Abschrift befindet sich im Nachlaß Wilhelm Deimanns im Handschriftenarchiv der Stadt- und Landesbibliothek Dortmund.

Diese Arbeit kann daher als eine bislang fehlende Gesamtuntersuchung des Lönsschen Werkes gelesen werden, quasi als eine Art Kompendium in Sachen Löns. Nach einem einleitenden Teil, in dem die Kernthesen der Arbeit vorgestellt werden (Teil 1) und einem Überblick über Leben und Werk (Teil 2) folgt eine großangelegte Textanalyse, die in fünf Kapiteln die Werkabschnitte vorstellt: die Lyrik (Teil 3), die Tier- und Jagderzählungen (Teil 4), den "Wehrwolf"-Roman als bekanntesten Bauernroman Löns' (Teil 5), das Kriegstagebuch Löns', das lange als verschollen galt und bisher noch keiner eingehenden Analyse unterzogen wurde (Teil 6), und der Roman "Das zweite Gesicht", das die Quintessenz des Lönsschen Schaffens enthält (Teil 7).

Mit dieser Arbeit soll aber nicht nur eine Lücke in einer literaturgeschichtlichen Bibliothek gefüllt, sondern darüber hinaus ein Beitrag zur Diskussion um die Moderne geleistet werden. Die Darstellung von Heimat, Volk und Natur in den Lönsschen Texten und ihre Rezeption enthüllen meiner Ansicht nach ein Stück deutscher Mentalität und werfen ein erhellendes Licht auf die Entwicklung der Moderne in Deutschland.

In den Kapiteln der Textanalyse wird dieser Aspekt bereits angesprochen, explizit aber im 8. Kapitel "Löns und die Moderne" ausgeführt. Dort wird im Hinblick auf die Literatur, die Lebensform, die Naturvorstellung und die psychische Disposition Löns' der Komplex der Moderne abgehandelt. Mit einer letzten resümierenden Betrachtung über den Löns-Mythos (Teil 9) endet die Arbeit.

Die Kapitel der Textanalyse können wie in einem Nachschlagewerk jeweils für sich gelesen werden, sie enthalten durch diese Konstruktion allerdings auch ein gewisses Maß an Redundanz (was angesichts der redundanten Leistung von Löns' Texten dessem Gesamtwerk entspricht). Zu einem Teil basieren die Erkenntnisse der Textanalyse auf meiner Magister-Arbeit "'Schlah doot, schlah doot!' Das Werk Hermann Löns: Literatur von der Kehrseite der Moderne?", die ich im Januar 1989 an der Universität-Gesamthochschule Essen eingereicht habe.

Mit neu recherchiertem Quellenmaterial und bisher noch nicht veröffentlichten Texten und Briefen Löns' stellt die vorliegende Untersuchung einen neuen Ansatz dar, der vor allem auf meinen Untersuchungen in Archiven beruht. Ich möchte daher den Mitarbeitern dieser Archive, die mir bei meinen Fragen und meinen Recherchen behilflich waren, meinen Dank aussprechen. Besonders hervorheben möchte ich folgende Einrichtungen:

die Handschriftenabteilung der Stadt- und Landesbibliothek Dortmund;
das Hermann-Löns-Archiv, Hannover;
das Stadtarchiv Celle;
die Handschriftenabteilung der Universitätsbibliothek der Westfälischen
Wilhelms-Universität Münster;
das Niedersächsische Hauptstaatsarchiv, Hannover;
das Bundesarchiv Koblenz;
der Eugen Diederichs Verlag, München.

Ebenso gilt mein Dank all den anderen Stellen, die mich bei der Recherche in puncto Löns unterstützt haben: das Stadtarchiv Hannover; das Stadtarchiv Münster; der Westfälische Heimatbund, Münster; das Nordrhein-Westfälische Staatsarchiv Münster; das Universitätsarchiv der Westfälischen Wilhelms-Universität Münster; das Zentralarchiv Löns-Vertonung im Westfälischen Musikarchiv, Hagen; die Stiftung Deutsche Kinemathek, Berlin; das Filmarchiv des Bundesarchives, Berlin.

Meinen besonderen Dank möchte ich der Friedrich-Ebert-Stiftung aussprechen, mit deren Unterstützung ich diese Dissertation fertigstellen konnte. Dank auch an Prof. Dr. Jochen Vogt (Essen) und Prof. Dr. Erhard Schütz (Berlin), die mich betreut haben, sowie an all diejenigen, die mich in der Zeit der Niederschrift ertragen mußten (besonders meine Eltern und P.).

Da verschiedene Löns-Werkausgaben existieren, die sich im Inhalt unterscheiden, werden die Zitate im laufenden Text mit einem Sigel kenntlich gemacht. Der lateinische Buchstabe steht für den Herausgeber, die römische Ziffern geben den jeweiligen Band an und die arabische Ziffern die Seiten:

C   Hermann Löns: Sämtliche Werke in acht Bänden, hrsg. v. Friedrich Castelle, Leipzig 1923

D   Hermann Löns: Werke. Gesamtausgabe, hrsg. v. Wilhelm Deimann, 5 Bde., Hamburg 1960

N   Hermann Löns: Ausgewählte Werke, hrsg. v. Hans A. Neunzig, 5 Bde., München 1986

In der hier vorliegenden Arbeit werden die Zitate, wenn möglich, parallel an zwei Werkausgaben festgemacht, nämlich den leichter zugänglichen Ausgaben von 1960 und 1986 (D, N). Bei Texten, die dort nicht abgedruckt sind, wird entweder die Ausgabe von Castelle herangezogen oder sie werden gesondert zitiert:

GW   Hermann Löns: Günther Wagner 1838-1906, Hannover o.J. (1906)

NoN   Hermann Löns: Der Naturschutz oder die Naturschutzphrase, in: Fritz Klein: Das neue Hermann-Löns-Brevier, Hannover 1986, S. 11-38

NS   Hermann Löns: Nachgelassene Schriften, hrsg. v. Wilhelm Deimann, 2 Bde., Leipzig/Hannover 1928

SB   Hermann Löns: Skizze einer Selbstbiographie, in: Johannes Klein: Hermann Löns - heute und einst. Versuch einer kritischen Einordnung, Hameln/Hannover 1966, S. 31-43

T   Hermann Löns: Leben ist Sterben, Werden, Verderben. Das verschollene Kriegstagebuch, hrsg. v. Karl-Heinz Janßen/Georg Stein, Kiel 1986

Zitate aus Briefen werden nach folgenden Briefausgaben kenntlich gemacht (B für Briefausgabe; D, G oder K für den Herausgeber):

BD   Hermann Löns: Briefausgabe, in: Wilhelm Deimann: Der Künstler und Kämpfer. Eine Lönsbiographie und Briefausgabe, Hannover 1935, S. 159-294

BG   Hedwig Gunnemann: Handschriften von Hermann Löns, in: Mitteilungen. Stadt- und Landesbibliothek Dortmund, N.F. (1964), H. 6 (Hermann Löns. 29. August 1866 - 26. September 1914), S. 22-109

BK   Fritz Klein: Hermann Löns. 29.8.1866 - 26.9.1914. Autographen und Briefwechsel, Hannover 1974

Zitate aus unveröffentlichten Briefen oder Manuskripten werden mit einem Hinweis auf das jeweilige Archiv kenntlich gemacht:

Deimann-Nachlaß: Nachlaß von Wilhelm Deimann in der Handschriftenabteilung der Stadt- und Landesbibliothek Dortmund
HLA: Hermann-Löns-Archiv (Hannover)
StA Ce: Stadtarchiv Celle, Nachlaß Hanna Fueß
UBibl. Mü: Löns-Sammlung der Handschriftenabteilung der Universitätsbibliothek Münster

1. Einleitung: Das Phantom der Heide

"Raunend fegt der Wind durch die schwarzen Wacholder,
plätschernd hüpft das Bächlein, und schwankend schaukelt
das Schilf.-
Ganz ruhig ist die Heide.
Nur ein ganz feines Klingen zittert durch die Luft:
Hermann Löns - Hermann Löns - -"
(Fritz Debus: Hermann Löns. Sein Wirken und Schaffen,
Frankfurt a.M. 1922)

1.1 "Löns ist die Heide, die Heide ist ..."[1] - Die Geschichte eines Mythos

Am 2. August 1985 stellte die Bundeswehr an einem riesigen Findling in der Nähe des Heide-Städtchens Walsrode eine Ehrenwache ab.[2] Am selben Platz standen 50 Jahre zuvor Soldaten und Offiziere der Reichswehr, die einer weihevollen Feier beiwohnten. Damals ließ man unter der Anteilnahme einiger hundert Zuschauer einen Sarkophag in die Erde gleiten, legte eine Kupferhülle mit einer von Adolf Hitler unterzeichneten Urkunde bei, und ein General erhob den Ort zu einem Heldengrab des Deutschen Reiches.

Heute ist das Grab ein Anziehungspunkt für Touristen und ein Werbefaktor für die Lüneburger Heide. Die rund 250.000 Besucher, die schätzungsweise von 1985 bis 1990 jährlich zum Grab gepilgert sind[3], konnten nach einem Spaziergang durch Heidekraut und Wacholder auf dem Findling lesen: "Hier ruht Hermann Löns".

Für viele der Besucher verknüpfen sich mit diesem Namen Erinnerungen an die Schul- und Jugendzeit, als man die Tiererzählung "Mümmelmann" las und Löns-Lieder wie "Auf der Lüneburger Heide" sang. Anderen wiederum fällt zuerst der Film "Grün ist die Heide" ein, der im Deutschland der 50er Jahre am Beginn einer Welle von Heimat-

---

1 Diese Überschrift wählte Dietrich Strothmann für einen Artikel zum 100. Geburtstag Löns' (in: Die Zeit, 2.9.1966, S. 2).
2 Vgl. den Artikel "Gedenkminute am Lönsgrab", in: Hermann-Löns-Blätter (1985), H. 3, S. 10 f.
3 So die Auskunft des "Verbandes der Hermann-Löns-Kreise" in einem Brief an den Verfasser vom 23.3.1990.

filmen stand und im Deutschland der 80er Jahre immer noch Massen vor den Fernsehschirm lockte.

Vielleicht ist manchem auch bewußt, daß das von Löns gedichtete "Matrosenlied" während des Zweiten Weltkrieges Siegesmeldungen im Rundfunk einleitete und daß ein Löns-Roman das Vorbild für die Sabotage- und Partisanengruppe "Werwolf" lieferte, die noch in den letzten Kriegswochen erbitterten Widerstand gegen die Alliierten leistete.

Doch diese "NS-Vergangenheit" Löns' hat längst einem anderen Bild Platz gemacht, dem des Pioniers des Umweltschutzes. Löns wird heute als "erster Grüner"[4] und als "früher Öko-Kämpfer"[5] gefeiert, der die Grundlagen für Natur- und Tierschutz gelegt hat.

Betrachtet man die Rezeptionsgeschichte der Lönsschen Werke, so existieren verschiedene Löns-Bilder, in denen Löns und seine Schriften zu Schlagwörtern geworden sind. Mal ist Löns der "Kämpfer", der "Prophet des Dritten Reiches", die "Bauernnatur", der "echt deutsche Weidmann" oder der "faustische Mensch"; ein anderes Mal ist er der "Dichter der Lüneburger Heide", der "Sänger der Jugendbewegung", der "Vater der deutschen Tiererzählung", der "Jugendklassiker", der Naturforscher oder Umweltschützer oder sogar ein Pazifist; und wieder ein anderes Mal hat er von jedem etwas und ist doch nichts. Das Löns-Bild der Rezeptionsgeschichte verliert sich in einer Diffusität, in der Löns als reales Wesen verschwindet und als "Mythos Löns" wiederkehrt.

Dieser Mythos manifestiert sich am Löns-Grab, an dem jegliche Information zum Leben Löns' fehlt und weder Geburts- noch Todesdatum nachzulesen sind. Löns wird in dieser Umgebung zu einer geschichts- und zeitlosen Größe - quasi steingewordene Natur oder ein im Dunkel der Geschichte sich verlierender Volkslieddichter, ein deutscher Homer.

Ein unbedarfter Besucher des Löns-Grabes, der faßbare Fakten über Löns sucht, mag nach einem Blick in ein Lexikon oder eine Literaturgeschichte überrascht sein, erfährt er doch dort, daß Löns nicht irgendwo zwischen den 20er und 50er Jahren anzusiedeln ist (der Zeit seiner großen Erfolge), sondern daß seine Lebensdaten fest mit den Eckpunkten des deutschen Kaiserreiches verbunden sind. Geboren wurde Hermann Löns am 29. August 1866, rund acht Wochen nach der Schlacht bei

---

4 Vgl. Walter Deppisch: Ein Heimatschriftsteller von der feineren Sorte, in: Die Welt, 21.9. 1985, S. 14.
5 Vgl. Rolf Lehnhardt: Hermann Löns - der Heidedichter (1866-1914). Das Anti-Kriegstagebuch eines Patrioten, in: der literat, 28. Jg. (1986), Nr. 12, S. 314.

Königgrätz, in der Preußen über Österreich siegte und die Marschroute zur Reichseinigung 1871 festlegte; gestorben ist Löns am 26. September 1914 in Frankreich als Soldat im Ersten Weltkrieg, an dessen Ende der Zusammenbruch der Hohenzollernmonarchie stand.

Losgelöst von seinem ursprünglichen Hintergrund, der Jahrhundertwende im wilhelminischen Deutschland, ist inzwischen aus dem Schriftsteller Hermann Löns das Signet "Löns" geworden, das bestimmte Assoziationen von Heimat, Idylle und Natur weckt und das zum Gegenstand von kritikloser Verehrung, kommerzieller Verwertung und ideologischer Interessen geworden ist. Löns-Vereine betreiben einen Kultus, der jede Kritik an ihrem Idol ausschließt; es gibt Löns-Brote, Löns-Kekse oder auch Löns-Filme, die nicht einmal mehr auf Motiven Löns' beruhen. Während der Weimarer Republik, dem "Dritten Reich" und der Bundesrepublik ist "Löns" mit verschiedenen politischen Vorzeichen eingesetzt worden. Seit rund 80 Jahren schwebt "Löns" sozusagen als Geist über die Lüneburger Heide und als Phantom durch die deutsche Kulturgeschichte, das unabhängig von der Staatsform und dem Gesellschaftssystem grundlegende Bedürfnisse bei seiner Rezipientenschaft erfüllt.

Neben den Werken Karl Mays und Ludwig Ganghofers zählen Löns' idyllische Naturgedichte, seine Tier- und Jagderzählungen sowie seine Darstellungen bäuerlichen Lebens zu den "bestsellers" in der deutschen Kulturgeschichte. "Der Wehrwolf", der wohl bekannteste Roman Löns', hat in der Ausgabe seines Stammverlages Diederichs eine momentane Auflage von 872.000.[6] Daneben gibt es noch Lizenzausgaben für Buchgemeinschaften und verschiedene Taschenbuchausgaben, für die es keine verläßlichen Daten gibt. Es ist aber anzunehmen, daß sich die Gesamtauflage des "Wehrwolfs" in Millionennähe bewegt, wenn sie nicht schon diese Grenze überschritten hat. Vom Tierbuch "Mümmelmann" sind bis heute um die 530.000 Exemplare verkauft. Die Gesamtauflage des Romans "Das zweite Gesicht" beträgt heute rund 500.000. Der Gedichtband "Der kleine Rosengarten" hat in der reinen Textausgabe mindestens eine Auflage von 180.000. Die Ausgaben mit den vertonten Fassungen sind schon nicht mehr überschaubar.

Dasselbe gilt auch für die Gesamtauflage der Lönsschen Werke. Da einzelne Erzählungen zu immer neuen Bucheinheiten zusammengefaßt worden sind (vor allem nach 1964, als der Copyright-Schutz auf die Löns-Texte verfiel), ist eine Sichtung aller Löns-Ausgaben inklusive ihrer Auf-

---

6 Zur Auflagenhöhe vgl. die Angaben im Anhang 1 und 2, S. 327 ff.

lagenhöhe fast unmöglich. Für das Jahr 1929 wurde noch eine Gesamtauflage von 3.539.000 Exemplaren errechnet. Nicht in dieser Zahl enthalten sind die verschiedenen Schulausgaben von Löns-Werken, die Lizenz-
und die Löns-Lieder-Ausgabe. Nach einer Schätzung aus dem Jahre
1934 betrug die Gesamtauflage zu diesem Zeitpunkt ca. 5 Millionen. 1966
ging man von einer Gesamtauflage von 7,5 Millionen aus. Trotz der relativ
geringfügigen Zunahme der Auflage seit dieser Zeit ist heute die Gesamtauflage einschließlich der Lizenz- und Taschenbuchausgaben auf mindestens 8 Millionen zu veranschlagen.

Dieser anhaltende Erfolg erklärt sich durch ein Grundcharakteristikum
in Löns' Texten: Löns präsentiert seinen Lesern eine imaginäre Natur, wie
sie schon zu seinen Lebzeiten nicht mehr bestand, und läßt sie eine dop-
pelte Funktion erfüllen: Sie ist Kompensation für das Leben in einer Industriegesellschaft und zugleich Modellvision für dieses Leben. Seine Literatur ist Trost und Verheißung für den im industriellen Arbeitsprozeß
eingebundenen und der Natur entfremdeten Menschen, der sich in dieser
fiktiven Landschaft ausagieren und Grundbedürfnisse erfüllen kann. Sentimentalität und Aggression vereinigend ist die Lönssche Natur sowohl ein
Hort der Sicherheit als auch Kampfplatz für Aktion. In einem ständigen
Pulsieren zwischen Erregung und Entspannung, zwischen Aggression und
Harmonie scheinen die Löns-Texte einen Grundzug der Moderne zu treffen, der sich in seiner Ambivalenz in den unterschiedlichen (und
manchmal konträren) Löns-Bildern der Rezeptionsgeschichte fortsetzt.

Nicht nur mit der Vorstellung einer intakten Natur bedient Löns
"moderne" Bedürfnisse, seine Erscheinung als Autor kommt dem sensati-
onshungrigen Interesse der Konsumenten der Kulturindustrie entgegen.
Als Kultfigur markiert Löns einen neuen Typus von Autor, der den
Schriftsteller als Idol eines an klassischen Bildungsidealen orientierten
Bürgertums ablöst. Löns stellt den Übergang zum Star-Autor dar, der als
Autorschafts-Phantom in die Kulturindustrie eingebunden ist und sinn-
stiftend eingesetzt wird. Der Schriftsteller Löns war als Journalist in den
modernen Produktionsprozeß von Texten integriert und produzierte auch
diejenigen Texte, die er als literarische empfand, für eine breite Masse.
Zugleich hielt er aber das Bild des einsamen Genies aufrecht und stilisierte sich zum auserwählten Dichter.

Die Löns-Verehrer huldigten ihrem Idol und führten die Verklärung
weiter, die ihnen in einer industrialisierten und fremdbestimmten Umwelt
ein Identifikationsbild anbot. Der Löns-Mythos erzählte der Löns-Ge-

meinde eine "heilige Geschichte"[7]; in den Stilisierungen der Löns-Rezipienten nähern sich das Leben des Schriftstellers und die Geschichte seiner Grabstätte der Struktur einer Heiligenlegende an:

Löns stirbt als Märtyrer, da er sich ja im Kriege für das Vaterland geopfert habe; die Gebeine des Märtyrers werden erst spät nach seinem Tode gefunden, nämlich 1934 auf einem französischen Acker, der einst ein Schlachtfeld gewesen war; nach diesem Fund verbreitet sich eine Fama um diese Gebeine, und es wird eine festliche Grabstätte eingerichtet, die künftigen Generationen als Wallfahrtsort dient.

Dies ist die ideale Version von der Legende des "Heiligen der Heide", die allerdings in der wahren Geschichte vom "Löns-Grab" von peinlichen Pannen, Manipulationen und Interessenkonflikten durchbrochen wird. Politische Interessen der Nationalsozialisten, die mit den "heim-ins-Reich" geholten Löns-Gebeinen ein Propagandaspektakel planten, und kommerzielle Interessen der Löns-Verleger und -Gemeinde prägten die Mythisierung am "Löns-Grab" und verdecken bis heute, daß einer der Grundpfeiler des Löns-Mythos - das Löns-Grab - eigentlich eine Fälschung ist. Nicht Löns liegt in der Lüneburger Heide bei Walsrode begraben, sondern ein unbekannter Soldat.

1.2 Ein Grab in der Heide

1.2.1 Fund und Überführung der "Löns-Gebeine"

Nachdem Löns am 26. September 1914 in der Nähe von Loivre in Frankreich gefallen war, konnte seine Leiche nicht gesondert geborgen werden. Lange Zeit war daher der Ort der letzten Ruhestätte Löns' umstritten, jedoch ergaben im Dezember 1933 die Nachforschungen des "Volksbundes Deutsche Kriegsgräberfürsorge", daß Löns als unbekannter Soldat in einem Massengrab des Friedhofs Loivre beigesetzt worden war.[8]

Diese Feststellung war wichtig, da in den 20er Jahren erregte Diskussionen über den möglichen Grabort eingesetzt hatten und gefordert wur-

---

7 Vgl. Mircea Eliade: Mythos und Wirklichkeit, Frankfurt a.M. 1988 (= M.E.: Gesammelte Werke in Einzelausgaben) (frz. Originalausgabe 1963), S. 15 ff: Eliade versteht den Mythos als eine "heilige Geschichte".
8 Vgl. Brief des Volksbunds Deutsche Kriegsgräberfürsorge an Erich Griebel vom 13.12. 1933 (StA Ce, L 9 167).

de, Löns dort zu beerdigen, wo er sich heimisch gefühlt hatte, eben in der Lüneburger Heide.

Am 9. Mai 1934 meldete jedoch der "Völkische Beobachter", daß das Grab Hermann Löns' gefunden worden sei.[9] Nach offizieller Verlautbarung soll ein französischer Bauer beim Pflügen die Leiche eines deutschen Soldaten gefunden haben, der dann auf dem Friedhof von Loivre beigesetzt worden war. Die noch vorhandene Erkennungsmarke wurde über die deutsche Botschaft in Paris zum Berliner Zentralnachweisamt für Kriegerverluste und Kriegsgräber geschickt, wo man sie als Marke des Schriftstellers Hermann Löns identifizierte.[10]

Die weiteren Ereignisse nach Bekanntwerden dieser Nachricht lassen den sakralen Charakter des Löns-Mythos deutlich hervortreten: Der Friedhof von Loivre wurde zu einem Wallfahrtsort, über den sich ein Strom deutscher Besucher ergossen haben soll. In der deutschen Presse und Öffentlichkeit wurde alsbald der Ruf laut, Hermann Löns umzubetten und eine "würdige" Bestattung in deutscher Erde zu arrangieren.

Dieser Vorschlag fand auch Gefallen bei nationalsozialistischen Stellen, denen Löns als Propagandafigur zupaß kam. Lisa Löns berichtet in einem Brief vom 6. Juni 1934 an den Löns-Freund Traugott Pilf:

---

9 Vgl. den Artikel: Das Grab des Dichters Hermann Löns gefunden, in: Völkischer Beobachter (Norddeutsche Ausgabe), 9.5.1934, S. 2.

10 Zum Löns-Grab vgl. Wilhelm Deimann: Hermann Löns' Grab, in: Markwart, 2. Jg. (1926), H. 5, S. 80; Karl Heinz Janßen: Vortrag im Heimatmuseum Walsrode vom 29.9. 1986 (Manuskript; HLA); ders.: Das Grab im Heidesand, in: Zeitmagazin, Nr. 37 vom 5.9.1986, S. 22-32; Herbert Plate: Hermann Löns - seine Heide. Wie sie wurde, wie sie war und wie sie ist, Hannover 1987, S. 121-142; Heinz Sponholtz: Zur Überführung und Beisetzung von Hermann Löns, in: Natur, Kultur und Jagd, 17. Jg. (1964), H. 5/6, S. 140-147; Hans Stuhlmacher/Richard Krüger: Auf einsamer Heide laßt mich allein ... (Artikelserie), in: Daheim und draußen, (1954), Nr. 48, S. 3 f, Nr. 49, S. 12 f, Nr. 50, S. 12 f, Nr. 51, S. 12 f, Nr. 52, S. 12 f und (1955), Nr. 1, S. 12 f, Nr. 2, S. 12 f, Nr. 3, S. 12 f; Horst Szwitalski: Der Schwindel mit dem Heidedichter, in: Stern (1974), Nr. 41, S. 113-119; W. Westermann: Hermann Löns. Tod und Begräbnis. Ein Tatsachenbericht, Hamburg 1954.

An Quellenmaterial ist ein Vorgang zur "Überführung der sterblichen Überreste von Hermann Löns" in den Akten der Reichskanzlei vorhanden (Bundesarchiv Koblenz R 43 II/1246); die Akten, die die Kompetenz des Oberpräsidenten in Hannover bei der Überführung betreffen, sind im Niedersächsischen Hauptstaatsarchiv einsehbar (Hann. 122 a [Oberpräsidium], Aktenband Nr. 3532), ebenso die Parallelüberlieferung des Regierungspräsidenten in Lüneburg (Hann. 180 Lbg. Acc. XVI Nr. 261); im Stadtarchiv Celle (Nachlaß Hanna Fueß) finden sich neben Zeitungsartikeln auch Stellungnahmen und Briefe von Lisa Löns, Erich Griebel und Friedrich Schmonsees, dem Propagandaleiter für Hannover (47 13 03/2.14; L 9 230; L 9 242; L 9 249; L 9 259; L 9 261; L 9 263; L 9 265); im Deimann-Nachlaß in der Stadt- und Landesbibliothek Dortmund befinden sich Zeitungsartikel sowie Ausführungen zum Löns-Grab von Lisa Löns und Erich Griebel.

"Was man im Propagandaministerium für einen Plan hat, das ist haarsträubend. Bitte setzen Sie sich erst und dann erzähle ich. Abholung von der französischen Grenze durch Abordnungen aus allen Forstkreisen bis incl. Büchsenmacher, Regiment, Studentenschaft, Jugendverbänden, Schriftsteller, und vor allen Dingen Bauern aus allen Gauen Deutschlands in historischen Trauertrachten. Überführung in Sonderzug nach - Spandau. Verstehen Sie recht? Spandau! Aufbahrung auf einer Lafette, Defiliercour. Ueberführung auf die Havel, die von allen Fahrzeugen befreit ist. Trauerkondukt von Wasserfahrzeugen aller Art mit Ausnahmen von Motorbooten, halbmastgeflaggt. Aufstellung von Musikkapellen am Ufer, Tribünen, Fahrt nach Potsdam zur Friedenskirche und Beisetzung daselbst. Sagen Sie, lieber Pilf, was hat Hermann Löns in der Friedenskirche von Potsdam zu suchen? Ich nenne das Theater übelster Art."[11]

Diese Beerdigungsfeierlichkeiten kamen niemals zustande, zumal nicht das Propagandaministerium federführend bei der Löns-Beisetzung war, sondern die Reichskanzlei. Dort konnte der Löns-Herausgeber Friedrich Castelle, der sich zuvor mit Lisa Löns und dem Verleger Heinz Sponholtz abgesprochen hatte, allerhöchste Rückendeckung erwirken: Sein Anliegen wurde Adolf Hitler vorgetragen, der ein "Staatsbegräbnis für Hermann Löns" anordnete.[12]

Die Beisetzung sollte in der Lüneburger Heide in den "Sieben Steinhäusern" erfolgen, etwa 5000 Jahre alte Hünengräber aus der jüngeren Steinzeit[13]. Geplant war eine heidnisch-germanische Stilisierung, mit der ein "Künder des Dritten Reiches" gefeiert werden sollte: Mit Hermann Löns versicherten sich die Nationalsozialisten eines völkisch-konservativen Schriftstellers des Kaiserreichs als Vorläufer des Nationalsozialismus, und mit dem Grabmal konstruierte man eine arische Tradition und Identität von der Steinzeit über die Germanen bis zum faschistischen Deutschland.

Die staatliche und öffentliche Aufmerksamkeit in Sachen Löns nutzte unterdessen der Sponholtz Verlag, um den Verkauf von Löns-Büchern anzutreiben. Am 4. September 1934 erschien im "Börsenblatt für den deutschen Buchhandel" eine mehrseitige Anzeige zum Thema Löns, die auf die bevorstehende Beerdigung hinwies.[14]

---

11 Brief von Lisa Löns an Traugott Pilf vom 6.6.1934 (HLA).

12 Eine Aktennotiz der Reichskanzlei gibt darüber Auskunft; Bundesarchiv Koblenz (R 43 II/1246).

13 Vgl. Heino Petersen/Martin Anger: Die "Sieben Steinhäuser" bei Ostenholz, in: Hermann Löns. Der Dichter der Lüneburger Heide, hrsg. v. Verband der Hermann-Löns-Kreise in Deutschland und Österreich e.V., Walsrode 1986, S. 31 f.

14 Vgl. Börsenblatt für den deutschen Buchhandel, 101. Jg. (1934), Nr. 206 (4.9. 1934), S. 3445-3454. Das Titelbild dieser Ausgabe bezieht sich auf den 20. Todestag von Löns.

Als Beerdigungstermin war nämlich der 26. September 1934 vorgesehen, der 20. Todestag Löns'. Da jedoch die Abwicklung der von Castelle organisierten Überführung mehr Zeit in Anspruch nahm als geplant, verschob man den Termin. Als nächstes Datum wurde wieder ein symbolträchtiger Tag ausgewählt: der 3. November, der "Hubertustag", an dem der Schutzpatron der Jäger verehrt wird. Diese Wahl überrascht nicht, wenn man weiß, wer neben Reichskanzlei und Löns-Gemeinde ein Interesse für den "Jäger Löns" zeigte: nämlich Hermann Göring. Der leidenschaftliche Jäger war nicht nur der Ministerpräsident Preußens, auf dessen Gebiet die "Sieben Steinhäuser" lagen, sondern außerdem "Reichsjägermeister" und stand damit an der Spitze des Reichsforstamtes, das ebenfalls an der Planung beteiligt war.

Doch auch am 3. November fand die Beisetzung nicht statt. Kurz zuvor stellte sich heraus, daß das Gelände um die "Sieben Steinhäuser" nach einem geheimen Plan der Reichswehr als Truppen- und Schießplatz vorgesehen war[15]. Da eine Grabstätte in einem militärischen Sperrgebiet, das nicht besucht werden konnte, nicht den von den Nazis angestrebten Effekt erreichte, mußte die Überführung der Löns-Gebeine abermals aufgeschoben werden. Castelle wurde von der neuen Lage in Kenntnis gesetzt, jedoch versäumte er, die Exhumierung der Gebeine in Frankreich zu stoppen. Ein schon lange beauftragtes Düsseldorfer Bestattungsunternehmen war bereits nach Frankreich unterwegs und überführte die Gebeine zum 2. November in die Lüneburger Heide, in das Städtchen Walsrode im Landkreis Fallingbostel.

Das geplante Propagandaspektakel geriet nun zu einer Groteske - einer Farce zusammengesetzt aus der Ratlosigkeit der Fallingbosteler Behörden, dem Unvermögen der Löns-Verehrer, Pannen in der Nazi-Bürokratie, Profilierungsstreben der örtlichen NS-Größen und zunehmendem Desinteresse seitens der Berliner Führung. Da man nicht wußte, was man mit dem Sarg aus Loivre anfangen sollte, blieb er erstmal in einem Hotel, bis man ihn aus einer Verlegenheitslösung heraus in der Friedhofskapelle von Fallingbostel aufbahrte. Vom 4. bis zum 6.11. hielten dort SA-Männer Ehrenwache, und dann schob man die Gebeine in eine Grabkammer ab.

---

15 In einem Schreiben des "Reichsjägermeisters" an die Reichskanzlei vom 24.10.1934 wird ein Begräbnis bei den "Sieben Steinhäusern" als erledigt betrachtet, da dort ein Truppenübungsplatz vorgesehen sei (Hauptstaatsarchiv Hannover, Hann. 180 Lbg. XVI Nr. 261).

Die Verwandten Löns' suchten in der Zwischenzeit eine neue Begräbnisstätte und wurden in einem Wacholderpark bei Tietlingen fündig, der dem Löns-Verehrer Wilhelm Asche gehörte und wo bereits ein Löns-Denkmal stand. Hier sollte der Sarg am 9. Dezember beigesetzt werden.

Die staatlichen Stellen hielten sich unterdessen mit ihrem Engagement in Sachen Löns merklich zurück. Eilig wurde versucht, die peinliche Panne des mißglückten Begräbnisses geheimzuhalten. Über Pressefunk wurde den Zeitungen bekanntgegeben, daß nichts über die "Angelegenheit Hermann Löns" zu veröffentlichen sei[16]. Doch nicht nur die örtliche Presse in der Lüneburger Heide meldete, daß der Sarg Hermann Löns' eingetroffen sei[17], auch in anderen Teilen des Reiches konnte man darüber lesen. In den "Düsseldorfer Nachrichten" vom 2.11.1934 erschien eine Reportage über die Exhumierung der Gebeine in Loivre[18]. Der Bestattungsunternehmer hatte sich nämlich von einem Journalisten begleiten lassen, und dieser nutzte die Gelegenheit für eine große Berichterstattung.

Aufgrund dieser Nachrichten machten sich bereits die ersten Löns-Verehrer nach Walsrode auf, im Glauben, die Beisetzung habe stattgefunden und sie könnten das Grab ihres Idols besuchen[19]. Angesichts des ausgehobenen, aber leeren Grabes vor den "Sieben Steinhäusern" regte sich Unmut. Man fragte sich, warum Löns nicht bestattet worden sei; die Hintergründe von dem noch zu errichtenden Truppenübungsplatz der Reichswehr waren ja in der Öffentlichkeit unbekannt.

Der vom NS-Staat, Löns-Verehrern und Verlagen gelenkte Löns-Mythos geriet außer Kontrolle. Es vermehrten sich Gerüchte und Spekulationen um die Löns-Gebeine, die zum Teil schon vor der Überführung im Umlauf waren, nun aber neue Nahrung erhielten: Die Echtheit der aus Frankreich transportierten Gebeine wurde angezweifelt; vor allem der Löns-Biograph Erich Griebel führte einige kritische Argumente ins Feld[20]. Tatsächlich sind mit der Geschichte vom Fund und der Überfüh-

---

16 Vgl. Bericht der Landesstelle Ost-Hannover (Propagandaministerium) vom 19.11.1934 (Bundesarchiv Koblenz R 43 II/1246).

17 Vgl. die Zeitungsausschnitte im Stadtarchiv Celle (L 9 242).

18 Vgl. Hans Heiling: Hermann Löns' Heimkehr in die Heide, in: Düsseldorfer Nachrichten, 2.11.1934.

19 Vgl. Schreiben der Gauleitung Ost-Hannover (Gaupropagandaleiter) an den Preußischen Ministerpräsidenten vom 8.11.1934 (Hauptstaatsarchiv Hannover, Hann. 122 a, Nr. 3532).

20 Vgl. den Bericht Erich Griebels "Hermann Löns. Zur Überführungsfrage", verfaßt am 26.9.1934 (Manuskript; Deimann-Nachlaß).

rung der Löns-Gebeine etliche Unstimmigkeiten verknüpft, so daß der Verdacht der Manipulation naheliegt.

1.2.2 Authentizität der "Löns-Gebeine"

Eine erste Unstimmigkeit liegt im nicht genau festzustellenden Datum des Grabfundes in Frankreich. In der Meldung des "Völkischen Beobachters" ist überhaupt kein Datum genannt; Castelle berichtet, daß Ende 1932 der Bauer Jules Sohier die Löns-Leiche beim Pflügen in seinem Acker gefunden habe[21], Griebel geht von Ende 1931 aus. Der Wärter des Militärfriedhofs von Loivre, Adrien Renaud, der zusammen mit Sohier das Skelett geborgen und dann bestattet haben soll, gibt als Fundtag den 5. Januar 1933 an[22].

Doch das unstimmige Datum ist ein vergleichsweise geringes Problem gegenüber den Schwierigkeiten, die die Erkennungsmarke aufwirft, die Renaud bei den Gebeinen gefunden haben soll. Sie stellt das wichtigste Beweisstück für die Echtheit der Gebeine dar. Nimmt man an, daß das Skelett wirklich erst zur Jahreswende 1932/33 gefunden wurde, so hat das Zentralnachweisamt in Berlin über ein Jahr gebraucht - wenn nicht noch mehr -, um anhand der Erkennungsmarke den unbekannten Soldaten zu identifizieren (die Meldung über den Fund erschien ja schließlich erst im Mai 1934). Diese Identifizierung ist eigentlich ein Arbeitsvorgang, der nur wenige Stunden Arbeit kostet und sich auf einen Vergleich mit den Stammrollen des betreffenden Regiments erstreckt.

Auffällig ist auch, daß die Regimentsbezeichnung auf der Erkennungsmarke nicht einwandfrei zu entziffern ist. Zwar ist die Originalmarke im Zweiten Weltkrieg verlorengegangen, aber es existiert ein Photo von ihr; deutlich zu erkennen sind nur die Zahlen 73 und 309. Löns' Erkennungsmarke hätte die Inschrift "F.R. 73 4. C 309" haben müssen (Füsilier-Regiment Nr. 73, 4. Kompanie, Stammrollen-Nummer 309). Die Regimentsbezeichnung "F.R." kann auf der Marke auch als "I.R." zu lesen sein, was dann auf das Reserve-Infanterie-Regiment Nr. 73 hindeutet[23]. Auch das

---

21 Vgl. Friedrich Castelle: Lebensbild, in: Löns-Gedenkbuch. Neue Bearbeitung, Bad Pyrmont/Hannover 1940, S. 237.

22 Vgl. den Brief von Adrien Renaud an W. Westermann vom 1.12.1934 (Deimann-Nachlaß), abgedruckt in: Hermann Löns. Lebensbilder, hrsg. v. Elbing-Kreis, Nienburg 1966, S. 47 f.

23 Auch Renaud schreibt in seinem Brief "I.R.".

"4. C" läßt sich auf der Marke nur erahnen und nicht einwandfrei identifizieren.

Weiterhin ist die Form der Erkennungsmarke verdächtig: ein Rechteck
mit abgerundeten Ecken. An Löns' Kompanie sollen aber nur ovale Mar-
ken ausgegeben worden sein. Außerdem sieht die Marke gut erhalten aus,
was nicht unbedingt zu erwarten ist, wenn ein Gegenstand fast 20 Jahre in
der Erde lag.

Noch ein weiterer Aspekt macht stutzig: Warum lag die Erkennungsmarke noch beim Toten, wenn er 1914 auf der Schreibstube seines Regiments als gefallen vermerkt worden war? Diese Eintragung durfte nur
vorgenommen werden, wenn die Erkennungsmarke des Toten auf der
Schreibstube abgegeben war, anderenfalls galt er als vermißt. Mehrere
Zeugen bestätigten, daß Löns' Marke tatsächlich abgegeben worden war.
Schließlich hatte man bei der Leiche ja auch das Kriegstagebuch und eine
Uhr gefunden, die man Löns' letzter Lebensgefährtin Ernestine Sassenberg zuschickte. Daß man bei dieser Gelegenheit die Erkennungsmarke
nicht gefunden und mitgenommen hätte, ist höchst unwahrscheinlich.

Diese Indizien lassen den Schluß zu: Die Gebeine, die Jules Sohier und
Adrien Renaud gefunden haben, sind mit an Sicherheit grenzender Wahr-
scheinlichkeit nicht die Hermann Löns'. Es ist sogar fraglich, ob die
Überreste, die nach Deutschland überführt wurden, überhaupt von einem
einzigen Soldaten stammen. Der Fundort war im Ersten Weltkrieg ein
Schlachtfeld gewesen, in dessen Granatentrichtern mehrere Leichen gelegen haben, so daß nach 20 Jahren wohl nicht mehr zu bestimmen gewesen
wäre, welche Knochen zu welchem Skelett gehörten. Löns' sterbliche
Überreste liegen sehr vermutlich noch immer, wie der "Volksbund deutsche Kriegsgräberfürsorge" ja im Dezember 1933 feststellte, in einem
Massengrab bei Loivre.

Wer inszenierte aber die Manipulation um die angeblichen Löns-Gebeine? Es kommen eigentlich nur zwei Verantwortliche in Betracht:
Friedrich Castelle, der entscheidend die Überführung und Beerdigung
anregte und organisierte, oder nationalsozialistische Partei- und Staats-
Stellen, die ein Propagandaspektakel suchten.

Die Aktenlage gibt allerdings keine eindeutigen Hinweise auf die Hin-
termänner. Selbst das Propagandaministerium schien von den Gerüchten
um die Echtheit der "Löns-Gebeine" überrascht gewesen zu sein, stellte es
doch eigene Recherchen an, um dem Wahrheitsgehalt der Spekulationen
nachzuspüren. So wurden am 21. November 1934 in der Landesstelle

Hannover des Propagandaministeriums drei Kriegskameraden Löns' vernommen, um Aufschluß über die Erkennungsmarke und den Ort der Leiche zu bekommen[24]. Die Aussagen waren aber nicht ergiebig, so daß eine Untersuchung der Leiche vorgeschlagen wurde. Bereits am 9. November riet der Landeshauptmann Dr. Gessner dem SA-Führer und Oberpräsidenten von Hannover, Victor Lutze:

> "Wenn die Staatsbehörden an der Beisetzung in den nunmehr von der Familie vorgeschlagenen, dem Landwirt Asche gehörigen Wacholderpark bei Tietlingen, Kreis Fallingbostel, sich beteiligen sollen, so wäre trotz der aufgefundenen Erkennungsmarke (bei der die Form jedenfalls ungewöhnlich ist) eine Untersuchung des Schädels und der Kiefernbeschaffenheit auf alle Fälle durchzuführen, zumal sich der Bruder des Gefallenen, Apotheker Löns, dazu bereit und imstande erklärt hat. Nach seiner Aussage würden sich weiter der Zahnarzt Timmer in Hannover, der den Gefallenen zahnärztlich behandelt hat, und der dem Dichter befreundete Dr. Dahlgrün für eine solche behördlicherseits anzuordnende Untersuchung zur Verfügung stellen."[25]

Zu dieser Untersuchung ist es nie gekommen, da es sowohl Widerstand von Lisa Löns als auch von örtlichen Parteistellen gab.

Ebenso im Unklaren bleibt die Rolle Castelles in diesen Querelen, obwohl die örtliche Gauleitung und die Landesstelle des Propagandaministeriums ihn zu den "wahren Schuldigen" rechneten. Dazu gehörten nach ihrer Meinung auch noch der Sponholtz Verlag und die untereinander zerstrittene Löns-Verwandtschaft, die "durch ihre schändliche Handlungsweise die Bewegung und den Staat ... belasteten"[26]. Dieser Blamage sollte ein Ende bereitet werden.

1.2.3 Erste und zweite Beerdigung der "Löns-Gebeine"

In der zerfahrenen Situation wurden der Gauleiter von Hannover, Otto Telschow, und der dortige Propagandaleiter, Friedrich Schmonsees, in Berlin bei Goebbels persönlich vorstellig. Dieser gab den Befehl, die "Angelegenheit Löns" in aller Stille zu bereinigen: Am Morgen des 30. November 1934 drang ein SA-Trupp in Begleitung des Fallingbosteler

---

24 Vgl. Aktennotiz vom 22.11.1934 (Niedersächsisches Hauptstaatsarchiv, Hann. 122 a [Oberpräsidium] Nr. 3532).

25 Bundesarchiv Koblenz R 43 II/1246.

26 Vgl. Bericht der Landesstelle Ost-Hannover des Propagandaministeriums vom 19.11. 1934 (Bundesarchiv Koblenz R 43 II/1246).

Landrates und eines Gendarmen in die Friedhofskapelle von Fallingbostel ein, holte den Sarg mit den angeblichen Löns-Gebeinen heraus und vergrub diesen in der Nähe des Dorfes Barrl an der Straße Soltau-Harburg. Aus der einst so groß geplanten Propagandafeier war eine Nacht-und-Nebel-Aktion geworden, bei der statt großer Reden nur kurz ein "Vaterunser" gesprochen worden sein soll.[27]

Die offizielle Version dieses Begräbnisses, die Tage später im "Völkischen Beobachter" verbreitet wurde, erklärte das Vorgehen als vorbeugende Aktion gegen Geschäftemacher, die sich des "Heidedichters" zu bemächtigen drohten.[28] Mit dieser Sprachregelung sollte jegliche Diskussion in der Öffentlichkeit beendet werden, doch das Verwirrspiel um Löns wurde damit nicht beigelegt - im Gegenteil: Die Gerüchteküche brodelte weiter. Löns sei Jude gewesen oder hätte eine jüdische Großmutter gehabt - war zu hören -, weshalb die Nazis von einer großen Trauerfeier abgesehen hätten.[29] Der Diederichs Verlag verzeichnete einen rückläufigen Absatz von Löns-Büchern, eine geplante Verfilmung des "Wehrwolf"-Romans wurde nicht verwirklicht, und Castelle versuchte zu retten, was zu retten war, indem er den Stammbaum von Hermann Löns veröffentlichte[30].

Löns fiel in Ungnade, aber nur für kurze Zeit: Die Wende kam im Mai 1935. Lisa Löns, die sich in der Zwischenzeit für eine erneute Beisetzung im feierlichen Rahmen eingesetzt hatte, konnte den Reichskriegsminister von Blomberg für den toten Kriegsfreiwilligen interessieren. Zuvor hatte sie sich bereits an Rudolf Heß gewandt, allerdings erfolglos. Blomberg ließ Goebbels und Heß im Juni 1935 wissen:

> "Ich habe mich davon überzeugt, daß die erfolgte Beisetzung der geschichtlichen Bedeutung von Hermann Löns nicht angemessen ist. Ich habe mich daher im Einvernehmen mit dem Herrn Chef der Reichskanzlei entschlossen, die vom Führer und Reichskanzler angeordnete feierliche Beisetzung des Soldaten

---

27 Vgl. das Telegramm des Gauleiters Telschow an die Reichskanzlei vom 2.12.1934: "Auf Veranlassung Reichsminister Goebbels gestern Loens in Loensheide des Naturschutzgebietes beigesetzt. Damit skandaloese Behandlung der Beisetzung unmoeglich gemacht. Bitte Beschwerdeführer an Reichsminister Goebbels, der unterrichtet, zu verweisen." (Bundesarchiv Koblenz R 43 II/1246).
28 Vgl. Herybert Menzel: Hermann Löns in aller Stille im Wacholderpark bei Fallingbostel beigesetzt, in: Völkischer Beobachter, Nr. 339, 5.12.1934, S. 5.
29 So berichtet der Diederichs Verlag in einem Brief an Lisa Löns vom 8.3.1935 (Deimann-Nachlaß).
30 Vgl. Friedrich Castelle: Der Stammbaum von Hermann Löns, in: Der Türmer, 38. Jg. (1935/36), Bd. 1, H. 5, S. 459-461.

Hermann Löns an der von Frau Löns bestimmten Grabstätte durch die Wehrmacht unter Stellung einer militärischen Ehrenkompanie zur Ausführung zu bringen. In der Person von Hermann Löns soll der heldische Geist der kriegsfreiwilligen Jugend von 1914 sinnbildlich geehrt werden. Als Tag für die feierliche Beisetzung habe ich den 2. August 1935 in Aussicht genommen. Die Zustimmung des Führers und Reichskanzlers zu der Art der Beisetzung werde ich unmittelbar einholen."[31]

Planten die Nationalsozialisten eine Propagandafeier, die eine heidnisch-germanische Tradition suggerieren wollte, so zielte die Reichswehr auf die Glorifizierung des deutschen Soldaten, der heldenhaft sein Leben für das Vaterland geopfert habe. Nicht aus Zufall wurde der 2. August 1935 als Beerdigungstermin ausgewählt: Im August vor 21 Jahren hatte der Erste Weltkrieg begonnen, und im Jahr zuvor war auf den Tag genau Generalfeldmarschall und Reichspräsident Paul von Hindenburg gestorben.

Doch nicht nur militärischer Korpsgeist und soldatische Tradition erklären den Einsatz der Reichswehr für Hermann Löns. Hinter diesem Engagement stand auch die Absicht, die SA bloßzustellen. SA-Männer waren es gewesen, die die angeblichen Löns-Gebeine vergraben hatten, und der SA-Stabschef Victor Lutze hatte sich hinter diese Aktion gestellt.

Nachdem Hitler beim sogenannten "Röhm-Putsch" im Juni 1934 die SA-Spitze um Ernst Röhm hatte ermorden lassen und so eindeutig der Reichswehr den Vorzug vor einer braunen Volksmiliz unter SA-Führung gegeben hatte, waren zwar die Machtverhältnisse zwischen Militär und SA klar entschieden, doch unterschwellig bestanden die Spannungen fort. Die Affäre um das Löns-Grab bot von Blomberg eine geeignete Gelegenheit, den alten Gegner auf seine Zweitrangigkeit zu verweisen.

Die SA blieb denn auch der Beerdigung am 2. August 1935 fern, die eine rein militärische Angelegenheit war. Ein Pionierkommando grub den Sarg aus und brachte ihn nach Fallingbostel. Dort wurde er, geschmückt mit der Kriegsflagge des Deutschen Reiches, auf eine Geschützlafette geladen und von einer Ehrenkompanie zum Tietlinger Wacholderhain geleitet. In seiner Trauerrede versicherte General Knochenhauer, der Kommandant des X. Armeekorps, dem Löns einst unterstellt gewesen war, daß Hermann Löns nun unter dem Schutz der deutschen Wehrmacht ruhe. Dem Sarkophag wurde eine Kupferhülle beigegeben, in der sich eine von Hitler unterzeichnete Urkunde befand.

---

31 Bundesarchiv Koblenz R 43 II/1246.

Weder die Tatsache, daß Hermann Löns kein heldenhafter Kämpfer gewesen war, noch die fast sichere Vermutung, daß unter dem Findlingsblock, mit dem das Grab versehen wurde, ein unbekannter Soldat liegt, verändern etwas an der affirmativen Kraft der Propagandafeier: Gefeiert wurde nicht in erster Linie die Person Hermann Löns, sondern ein Selbstverständnis und eine Ideologie: das Bild vom deutschen Soldatentum und die nationalsozialistische Auffassung von Volk und Kampf. So gesehen ist es sogar zweitrangig, daß nicht Löns im "Löns-Grab" liegt. Gefeiert wurde Löns als Symbolfigur: für die Wiederaufrüstung im "Dritten Reich", für das bedingungslose Opfer zu Ehren des Vaterlandes, für Blut und Boden.

Nach dem Zweiten Weltkrieg war diese ideologische Komponente des Löns-Mythos politisch und gesellschaftlich inakzeptabel, und der sakrale Weihecharakter des Grabes und kommerzielle Aspekte traten zunehmend in den Vordergrund. Löns-Verehrer, die sich an Gedenktagen dort versammeln und "ihren" Hermann Löns feiern, und die Stadt Walsrode, die sich stolz "Hermann-Löns-Stadt" nennt, verteidigen weiterhin die angebliche Echtheit des Grabes und halten fest am Mythos Löns. Bis heute gilt für sie: "Die vielen Gerüchte über das Lönsgrab sind reine Spekulationen und von irgend jemandem erfunden, um dem Andenken an Löns zu schaden."[32]

1.3 "Es 'lönst' gewaltig ..."[33] -
Ein Überblick über die Löns-Sekundärliteratur

Der Mythos Löns überspielt das historische Wissen und tradiert Wunschvorstellungen, Spekulationen und Halbwahrheiten weiter, denen gegenüber nur eine spärliche wissenschaftliche Aufarbeitung steht. Wenn man von einer "Löns-Forschung" sprechen will, muß man sich bewußt sein, daß diese allzu oft eine Liebhaberangelegenheit der Verehrergemeinde war. Obwohl Löns zu den "steady-sellers" in der deutschen Kulturgeschichte zählt, gibt es keine umfassende und philologisch brauchbare Werkausgabe. Archive, in denen Löns-Briefe aufbewahrt werden, waren

---

32 Heino Petersen/Martin Anger: Hermann Löns, der Dichter der Lüneburger Heide, in: Hermann Löns. Der Dichter der Lüneburger Heide, hrsg. vom Verband der Hermann-Löns-Kreise in Deutschland und Österreich e.V., Walsrode 1986, S. 15.
33 Mit diesen Worten charakterisiert Walther Kühlhorn (Tierdichtung. Hermann Löns zu Ehren, in: Zeitschrift für Deutschkunde, 38. Jg. [1924], S. 428) die zahlreichen Publikationen von Löns-Epigonen.

lange Zeit mehr eine Spielwiese von Löns-Liebhabern als ein Betätigungsfeld von Wissenschaftlern. Sekundärliteratur zum Thema Löns existiert zwar reichlich, stammt aber in der Regel aus der Feder von Löns-Verehrern, die ihren Gegenstand unkritisch, sentimental, apologetisch oder segmentarisch behandelten. Der Großteil dieser Veröffentlichungen stammt aus den 20er Jahren, als kritische Zeitgenossen einen regelrechten "Löns-Kult" konstatierten, der zu einigen unfreiwillig komischen oder peinlichen Auswüchsen führte.[34]

Der Löns-Forscher Erich Griebel (gest. 1957) mokierte sich damals über die Art der Löns-Begeisterung und die Vermarktung seines Idols: "Ein rührige Löns-Industrie preist Löns-Gipsbüsten, Löns-Hüte und Löns-Gartenmöbel an."[35] Die Spekulationen um Löns' Privatleben, insbesondere sein Ruf als "niedersächsischer Casanova"[36], stellten für ihn, der sichtlich um Seriosität bemüht war, ein "Lügengewebe um Löns" dar, und er erkannte darin schlichtweg den "Dreck alltäglicher Gossenbegeisterung"[37].

Auch der zweite neben Griebel bedeutsame Löns-Forscher, Wilhelm Deimann (1889-1969) distanzierte sich von Sensationsmache und Kommerzialisierung, indem er einen großen Teil der Löns-Literatur als einen "geile(n) Komposthaufen von Sensationsgier und Seichtheit, von Kritiklosigkeit und Kitsch" verurteilte.[38]

Anlaß für diese harsche Kritik war eine Flut von Publikationen, die zwischen den Weltkriegen mit dem Thema Löns in die deutschen Buchhandlungen schwappte. Die Masse der Veröffentlichungen zum "bedeutendste(n) Schriftsteller unseres Jahrhunderts", wie der Sponholtz Verlag in einer Werbung von 1924 vollmundig seinen Hausautor nennt[39], ist fast unüberschaubar, dennoch kann man sie in vier Gruppen einteilen:

---

34 Vgl. Otto Steinbrinck: Zum "Löns-Kult" unserer Tage, in: Westfälischer Merkur, Nr. 27, 17.12.1924, Wochenbeilage.

35 Erich Griebel.: Zum 60. Geburtstag von Hermann Löns, in: Die literarische Welt, 2. Jg. (1926), Nr. 35, S. 1.

36 Vgl. Wilhelm Deimann: Hermann Löns - wie man ihn nicht kennt, in: Heimat und Reich, 1. Jg. (1934), S. 23.

37 Erich Griebel: Die Wahrheit über Hermann Löns, in: Junge Menschen, Märzheft 1926, S. 1-4 (Sonderdruck im Deimann-Nachlaß).

38 Wilhelm Deimann: Die Lönssammlung des Westfälischen Handschriftenarchivs der Stadtbibliothek Dortmund, in: Festgabe zum 25jährigen Bestehen der Landesbibliothek Dortmund, Dortmund 1932, S. 72.

39 Die Werbung ist abgedruckt im Anhang von Erich Griebel: Hermann Löns, der niederdeutsche Dichter und Wanderer, Berlin 1924, S. XXI.

- die Erinnerungsliteratur, die Verwandte, Freunde, Bekannte und solche, die sich dafür ausgaben, nach seinem Tode verfaßten;
- die großen Biographien;
- die wissenschaftliche Literatur, hauptsächlich Dissertationen;
- die Zeitungs- und Zeitschriftenartikel zum Thema Löns.

Diese Artikel stützen sich vor allem auf die Biographien und die Erinnerungsliteratur und steuern in den seltensten Fällen neue Informationen bei. Vor allem die Erinnerungstraktate stellten eine Quelle für die ausufernde Diskussion um Löns und die Spekulationen über sein Privatleben dar. Bereits zwei Jahre nach Löns' Tod erschien das erste Erinnerungsbuch von dem Löns-Freund Traugott Pilf ("Hermann Löns, der Dichter") und 1917 die erste Auflage des "Löns-Gedenkbuches" mit mehreren kurzen Beiträgen von Löns-Freunden. 1920 kam dann ein schmales Büchlein heraus, das eine Lawine von Löns-Literatur lostrat: Hanna Fueß, eine Cousine von Löns' zweiter Ehefrau Lisa Hausmann-Löns, veröffentlichte eine Darstellung ihrer Beziehung zu Löns unter dem Titel: "Hermann Löns und die Swaantje". Das Pseudonym Swaantje Swantenius hatte Hanna Fueß aus dem Roman "Das zweite Gesicht" entnommen, in dem Löns autobiographische Erlebnisse verarbeitete.

Der Blick in Löns vermeintliches Privat- bzw. Sexualleben fand lebhaftes Interesse, welches dem "Swaantje"-Buch eine Auflage von rund 128.000 Exemplaren bescherte und weitere Enthüllungs- und Bekenntnisautoren auf den Plan rief: 1921 erschienen "Meine Erinnerungen" von Löns' erster Ehefrau Elisabet Löns-Erbeck, 1922 schrieb Wilhelm de Witt "Hermann Löns, der Dichter, der Mensch, der Freund", der Bruder Rudolf Löns veröffentlichte "Die Löns'sche Art", ein weiterer Bruder, Ernst Löns, schrieb in zwei Bänden eine romanartige Biographie ("Hermann Löns' Jugendzeit", 1927; "Hermann Löns' Mannesjahre", 1930), der Freund Hermann Knottnerus-Meyer ließ 1928 den "Unbekannten Löns" das Licht der literarischen Welt erblicken, und 1930 erzählte ein Paul Zimmermann-Frohnau "Die Geschichte einer Dichterfreundschaft": "Hermann Löns und ich".

Schließlich gab es sogar Bücher, die sich wiederum mit dieser Erinnerungsliteratur beschäftigten und sie ausweiteten wie z.B. Amélie Dilzer-Soeltzer: "Elisabet Löns, die erste, liebste und treuste Frau des Dichters der Heide Hermann Löns" (1925). Die Entwicklung ging so weit, daß Löns-Bücher erschienen, in denen Löns nur am Rande auftaucht, dafür aber umso werbewirksamer im Titel erscheint (Cornelius Bauwens: "Das Frankenfüchslein und Hermann Löns oder Das blaue Auge").

In der Regel setzten die Autoren dieser Erinnerungsliteratur auf Spekulationen und sensationsheischende Ankündigungen, die sie nicht einhielten. Nur als ein Beispiel sei der Löns-Freund Traugott Pilf genannt, der 1924 folgendes in Aussicht stellte:

> "Was ich über das tiefste Seelenleben von Hermann Löns weiß, werde ich erst dann sagen, sagen lassen - denn ich lebe dann nicht mehr - wenn Löns ein 'Klassiker' geworden ist. Vorläufig sind mir die Menschen noch zu unreif dazu, und ich will nicht, daß jeder Backfisch, der jetzt im 'Zweiten Gesicht' umherschnuppert, sich einbildet, dieses Dichters Seelenleben zu verstehen."[40]

Von Pilf hat man dann doch nichts mehr vernommen.

Diese Erinnerungsliteratur ist sowohl Symptom als auch Katalysator einer regelrechten Löns-Begeisterung, die sich in den 20er Jahren ausbreitete. Es gründeten sich Hermann-Löns-Vereine und eine "Löns-Gedächtnisstiftung", zahlreiche Denkmäler wurden zu Ehren des "Heidedichters" eingeweiht und Straßen nach ihm benannt. In diese Zeit fiel auch die Erstverfilmung von "Grün ist die Heide": Die heute bekannte Version von 1951 mit Rudolf Prack und Sonja Ziemann in den Hauptrollen ist nämlich das Remake eines Films aus dem Jahre 1932.

Die beiden großen Löns-Biographien, die im "Dritten Reich" erschienen und sich jeweils auf Vorarbeiten aus den 20er Jahren stützten, versuchten sich von der Löns-Begeisterung abzuheben und sich einen seriösen Anstrich zu geben. Doch trotz der Kritik an den Auswüchsen der Löns-Verehrung und den zahlreichen Details zu Leben und Werk sind die Biographien von Griebel und Deimann nur bedingt brauchbar. Geprägt von einer zeittypischen Rhetorik und Rückversicherungen bei der nationalsozialistischen Weltanschauung sind sie wie die Erinnerungstraktate Indizien für den damaligen Umgang mit Löns.

Erich Griebel, dessen "Hermann Löns, der Niederdeutsche" von 1934 eine grundlegende Umarbeitung der zehn Jahre zuvor veröffentlichten Biographie "Hermann Löns, der niederdeutsche Dichter und Wanderer" darstellt, bevorzugte im Gegensatz zu Deimann einen mehr privaten Zugang zu Löns, der mit pathetischen oder elegischen Worten unterlegt ist. Diese Vorgehensweise offenbarte sich schon in seiner ersten Biographie;

---

40 Traugott Pilf: Heidewege, in: Friedrich Castelle (Hg.): Hermann Löns und seine Heide. Eine Wanderung in Bildern durch die Stätten seiner Werke, Berlin 1925, S. 64.

Löns ist da der vom Schicksal berufene Dichter: "Löns gehörte nicht zu den satten Durchschnittsmenschen, die ihrer Verdauung und ihrer Fortpflanzung leben und dann sterben."[41]

Für die Biographie von 1934 verließ sich Griebel aber nicht allein auf solche Stilisierungen und Allgemeinplätze; er hat Freunde, Lehrer, Mitarbeiter und Verwandte Löns' befragt, um so ein Charakterbild zu entwerfen. Im Untertitel nannte er seine Biographie "Einfühlung in Leben und Werk" - ein Hinweis, daß er sich, wenn auch nur ansatzweise und mit populärem Zuschnitt, psychologischer Mittel bediente. Diese Art der "Seelenzerfaserung" war jedoch im "Dritten Reich" verpönt, was erklärt, daß Griebels Biographie trotz zahlreicher Informationen und der Betonung von Heimat und Volk nicht zum Standardwerk der Löns-Forschung wurde.

Diesen Rang nahm die Deimann-Biographie "Der Künstler und Kämpfer" (1935) ein, die auf der 1922 erschienenen Schrift "Hermann Löns. Sein Leben und Wirken. Erster Teil" basiert. Stärker als bei Griebel ist hier die ideologische Komponente ausgeprägt, die programmatisch im Titel auftaucht und dementsprechend im "Völkischen Beobachter" gewürdigt wurde.[42] Das angebliche Credo des "Kämpfers" Löns machte Deimann am Ende seiner Biographie deutlich:

> "Zwar brachte der Weltkrieg noch nicht unmittelbar die Götzendämmerung. Aber die Lönssche Ahnung erfüllte sich in der Weise, daß der August 1914 das kämpferische Geschlecht erzeugte, dessen beste Männer den Kampf bis aufs Messer organisierten gegen den Schachermachaigeist, gegen die Halbseidenen und die Volksfeinde.
> Löns ist tot. Aber sein Werk ist lebendiger denn je und kämpft blutvoll im Streit der Geister mit."[43]

Um den politischen Aspekt entschärft veröffentlichte Deimann seine Biographie erneut nach dem Zweiten Weltkrieg ("Hermann Löns. Leben und Schaffen", 1960) und verarbeitete 1965 seine Kenntnisse im "Anderen Löns" weiter, in dem er sein Idol vor dem Vorwurf des Faschismus in Schutz nehmen will.

---

41 Griebel: Löns (1924), a.a.O., S. 147.
42 Vgl. Friedhelm Kaiser: Hermann Löns - Künstler und Kämpfer, in: Völkischer Beobachter, 27.10.1935.
43 Wilhelm Deimann: Der Künstler und Kämpfer. Eine Löns-Biographie und Briefausgabe, Hannover 1935, S. 158.

Mit diesem Positionswechsel steht Deimann exemplarisch für die Löns-Rezeption, die nach dem Krieg die NS-Vergangenheit verdrängte und die Bedeutung von Löns-Werken für die Kriegspropaganda zu minimieren suchte. Diese Linie führte 1978 Martin Anger mit seiner Biographie "Hermann Löns. Schicksal und Werk aus heutiger Sicht" weiter; sie stellt im wesentlichen eine auf den neuesten Stand gebrachte, übersichtliche Zusammenfassung der Biographien von Deimann und Griebel dar.

Deimann, der bis zu seinem Lebensende 1969 eifrig publizierte und Löns-Ausgaben editierte, war so etwas wie der Großmeister der Löns-Forschung, der entscheidenden Einfluß auf die Dissertationen über Löns ausübte. Er war für viele Löns-Doktoranden ein wichtiger Gewährsmann und sogar Ratgeber, so daß sich im Rahmen der institutionalisierten Literaturwissenschaft das Löns-Bild der Löns-Gemeinde festsetzte. Die Dissertationen, die sich in den 20er und 30er Jahren mit Löns beschäftigten, bewegen sich vom Ansatz und vom Inhalt her im Feld der üblichen Löns-Charakterisierungen: Löns ist der "Sänger der Lüneburger Heide", dessen Gedichte und Natur- und Tiererzählungen besondere Beachtung finden.[44]

---

44 1923 schrieb Alfred Potthoff eine Dissertation zum "Kleinen Rosengarten", in der er akribisch Blumenmotive und Farbsymbolik untersuchte (1928 gedruckt unter dem Titel "Hermann Löns und das Volkslied"). "Die Naturschilderungen bei Hermann Löns" stehen im Mittelpunkt der Dissertation von Walther Machleidt, ebenfalls aus dem Jahr 1923. Löns' Tiererzählungen behandelt Julius Zeuch im Rahmen seiner Dissertation "Die moderne Tierdichtung" (1924), wo Löns als ein Autor unter mehreren kurz zur Sprache kommt.

Auch Edith Hetzers Dissertation "Hermann Löns' Werke und ihre Würdigung im Hinblick auf die deutsche Literatur" (1928) und Ernst-Wilhelm Saltzwedels Arbeit "Hermann Löns als Erzähler" (1930) kommen nicht über das Urteil "Löns als Sänger der Lüneburger Heide" hinaus. In einer solch regionalen Sicht verharren ebenfalls die Dissertationen von Hellmut Trüper ("Die norddeutsche Landschaft in der Kunst. Ihr Bild und ihre Seele", 1928), Karl Erich Loderhose ("Die Landschaftsgestaltung in Hermann Löns' Prosawerken", 1930) und Fedor Reinhold ("Die norddeutsche Heide als Gegenstand der Dichtung bei Annette von Droste-Hülshoff, Theodor Storm und Hermann Löns", 1932).

Zur Zeit der Weimarer Republik erschien auch im Ausland eine Dissertation über Löns. Die Holländerin Engelina Maria Bolland widmete sich "Hermann Löns. Der Mensch und der Dichter in seiner volklichen Gebundenheit" (1930), ohne sich aber von den bisherigen Arbeiten abzuheben. Eine solche Ausnahme stellt jedoch die Arbeit von Konrad Eilers dar, der einen psychologischen Ansatz wählte und "Hermann Löns als Charakter" analysieren wollte (1926). Eilers scheute nicht davor zurück, den Alkoholismus Löns' zu erwähnen, der bei den meisten Löns-Exegeten unter den Tisch fällt. Aber auch bei ihm ist Löns letztendlich die "Kampfesnatur" und der geniale Mensch, den das gängige Löns-Bild präsentiert.

Zu den Dissertationen siehe das Literaturverzeichnis (4.1.4, S. 362).

Diese Linie setzte sich in der NS-Zeit fort, erfuhr jedoch eine Akzent-verschiebung: Im Mittelpunkt stand nun der "Kämpfer" Löns, der natur- und heimatverbunden für Volk, Rasse und Bauerntum kämpft, und der "Prophet des dritten Reiches", als den ihn Reichserziehungsminister Bernhard Rust feierte.[45]

Nach dem Zweiten Weltkrieg wurde die wissenschaftliche Beschäfti-gung mit Löns wieder unter dem Zeichen "Löns und die Natur" aufge-nommen, wobei allerdings kritische Stimmen in der Löns-Gemeinde kei-nen Anklang fanden[46]. Da der geschichts- und gesellschaftsfreie Umgang mit Literatur, wie er sich in vielen Löns-Dissertationen widerspiegelt, seit Mitte der 60er Jahre in der Germanistik an Boden verlor, schwand die Bedeutung des "Heidedichters" als Dissertationsgegenstand zusehends.[47] Wenn sich die Literaturwissenschaft dieser Zeit mit Löns beschäftigte, dann als einen von mehreren Schriftstellern der Heimatkunstbewegung, die in der Diskussion um faschistische Literatur eine Rolle spielten.[48]

Die letzte wissenschaftliche Arbeit, die sich ausschließlich mit Löns be-schäftigte, kam 1968 heraus, als Uwe Kothenschulte eine detaillierte und

---

45 Heinz Eversberg untersuchte den "Rassegedanken bei Hermann Löns" (1935), Erwin Breitwieser den "Volkskundlichen Ertrag der Schriften von Hermann Löns" (1937) und Ulf Thorstein "Hermann Löns und seine völkische Sendung" (1937). Ohne nationalsozialistische Phraseologie kommt noch Erich Seemann aus, dessen Arbeit "Das niedersächsische Bauerntum in Hermann Löns' Dichtung" zwar 1938 erschien, aber be-reits 1929 als Magisterarbeit geschrieben worden war.

46 Harry Heyworth erkundete 1950, wie Löns in seinen naturwissenschaftlichen Texten "die Seele der Natur mit eigener Seele nachempfunden (hat)"; vgl. Harry Heyworth: Natur und Wissenschaft bei Hermann Löns, Diss. phil. München 1950, S. 170. Einen vielverspre-chenden Ansatz verfolgte 1955 der Engländer Stanley Radcliffe, der sich mit "Hermann Löns als Gesellschaftskritiker" auseinandersetzte. Allerdings wurden seine Ausführungen von der damaligen Löns-Forschung nicht aufgegriffen.

47 Die Hermann-Löns-Blätter führen noch eine französische Dissertation aus dem Jahre 1953 auf (Jean Poree: Hermann Löns ecrivain animalier), die ich bei meinen Recherchen nicht auffinden konnte; vgl. Hermann-Löns-Blätter (1968), H. 3, S. 6.

48 Karlheinz Rossbacher führt 1972 in seinem Werk "Heimatkunstbewegung und Heimatro-man. Zu einer Literatursoziologie der Jahrhundertwende" (Stuttgart 1975) exemplarisch vor, wie Heimatliteratur, darunter auch die von Löns, unter soziologischen und ideologiekritischen Aspekten untersucht werden konnte. Vor allem der "Wehrwolf"-Ro-man wurde einer Analyse unter ideologiekritischen Gesichtspunkten unterzogen, so bei Klaus Eberhardt: Literatur-Sozialcharakter-Gesellschaft. Untersuchungen von präfa-schistischen Erzählwelten zu Beginn des 20. Jahrhunderts, Frankfurt a.M./Bern/New York 1986 (= Europäische Hochschulschriften: Reihe 1, Deutsche Sprache und Literatur; Bd. 913), bes. S. 70-86 und bei Marianne Weil: Der Wehrwolf von Hermann Löns, in: Wehr-wolf und Biene Maja. Der deutsche Bücherschrank zwischen den Kriegen, hrsg. v. Ma-rianne Weil, Berlin 1986 (= Edition Mythos Berlin), S. 203-226.

sachliche Dissertation über "Hermann Löns als Journalist" vorlegte.[49] Mit diesem Themenbereich lag Kothenschulte in einem Trend, der sich im Gegenzug zum ideologiekritischen Umgang mit Löns herausbildete. Auf die wachsende Kritik an Löns und seine Nähe zu nationalsozialistischen Inhalten reagierte die Löns-Gemeinde ab Mitte der 60er Jahre mit der Betonung eines "anderen Löns", der vom Verdacht eines dem Faschismus dienlichen Autors freigesprochen werden sollte. Inszeniert hat diese Ehrenrettung wiederum Wilhelm Deimann, der 1965 mit seinem Buch vom "Anderen Löns", den Naturforscher, Umweltschützer und kritischen Journalisten Löns präsentierte.[50]

Dieses Bild vom "anderen Löns" ist auch in den 80er Jahren noch akut, vor allem als 1986 das bis dahin noch nie veröffentlichte Kriegstagebuch erschien und Löns in zahlreichen Zeitungsartikeln zum Antikriegsbuchschreiber und Pazifisten stilisiert wurde. Eine wissenschaftliche Auseinandersetzung mit diesem Kriegstagebuch hat aber bislang noch nicht stattgefunden; die heutige Germanistik überläßt die Beschäftigung mit Löns nach wie vor seiner Verehrergemeinde.[51]

---

49 Daneben gibt es noch Prüfungsarbeiten, die nicht gedruckt vorliegen. Im Hermann-Löns-Archiv sind folgende Arbeiten vorhanden: Kuno Dünhölter: Die Rezeption der Werke von Hermann Löns in Buchpublikationen des Dritten Reichs. Zulassungsarbeit zur wissenschaftlichen Prüfung für das Lehramt an Gymnasien, Mannheim 1981; Simone Jürgens: Das Heimatverständnis in den Romanen von Hermann Löns. Schriftliche Hausarbeit im Rahmen der fachwissenschaftlichen Prüfung für das Lehramt an Gymnasien, Göttingen 1982.

50 Ein weiteres Beispiel für diese Entwicklung lieferte 1966 der Marburger Professor Johannes Klein, der in seiner Schrift "Hermann Löns - heute und einst" den "Versuch einer kritischen Einordnung" unternahm. Zwar verleugnet er nicht die Erkenntnisse der Faschismusforschung und weist auch auf den unausgleichenen Charakter Löns' hin, sowie auf den Einfluß der damaligen politischen und gesellschaftlichen Situation, dennoch ist sein Löns-Bild geprägt von einer stilisierenden Größe, in der die Deimannsche Argumentation zum Tragen kommt.
Es gibt aber auch Beispiele für den (allerdings fruchtlos gebliebenen) Versuch, einen "anderen Löns" ohne die Apologetik Deimanns zu untersuchen. Schon 1964 gibt Konrad Buchwald "Anregungen für eine künftige wissenschaftliche Beschäftigung mit seinem Werk". Er meint, daß die Löns-Forschung sich auch mit folgenden Themenkreisen auseinandersetzen muß: die politische, soziale und wirtschaftliche Situation zur Zeit Löns', das geistesgeschichtliche Umfeld, die Geschichte der Naturschutzbewegung, die Entwicklung der Tiergeschichte; vgl. Konrad Buchwald: Hermann Löns und die Gegenwart. Anregungen für eine künftige wissenschaftliche Beschäftigung mit seinem Werk, in: Natur, Kultur und Jagd, 17. Jg. (1964), H. 5/6, S. 109-122.

51 Ende der 80er Jahre erschienen beispielsweise gleich drei größere Löns-Bücher, in denen sich Löns-Liebhaber entweder Einzelaspekten widmen oder althergebrachte Klischees transportieren: Herbert Plate präsentiert "Hermann Löns - seine Heide. Wie sie wurde, wie sie war und wie sie ist" (Hannover 1987), Karl-Heinz Beckmann stellt in

Ebenso markant für diese Entwicklung ist das Fehlen einer umfassenden, philologischen Ansprüchen genügenden Werkausgabe, obwohl es drei ihrer Art gibt. Bereits 1923 gab Friedrich Castelle die "Sämtlichen Werke in acht Bänden" heraus, die Wilhelm Deimann 1926 mit zwei Nachfolgebänden, den "Nachgelassenen Schriften", zu komplettieren suchte. Deimanns eigene "Gesamtausgabe" der Lönsschen Werke erschien dann 1960. 1986 kam es zur dritten Werkausgabe, den "Ausgewählten Werken", die von Hans A. Neunzig herausgegeben wurden. Keine dieser Ausgaben ist vollständig: Teilweise fehlen ganze Romane oder einzelne Erzählungen und Gedichte, sogar Kürzungen und Abänderungen im Text kommen vor.

Dem an Löns Interessierten bietet sich so ein desolates Bild, dessen Eindruck sich noch verschlimmern kann, wenn er sich aufmacht, eigenständig über Löns in Archiven zu forschen. Wie sehr Löns-Liebhaber auch dieses Feld beherrschten, zeigt sich am deutlichsten im Hermann-Löns-Archiv in Hannover. Dieses wurde bereits vor dem Krieg gegründet und verfügt über eine große Sammlung von Löns-Briefen; daneben befinden sich dort verschiedene Ausgaben von Löns-Büchern, Zeitungsartikel und Sekundärliteratur zum Thema Löns. Eine systematische Aufarbeitung erfuhr das Archiv allerdings erst in den letzten Jahren, als die Stadtbibliothek Hannover, in dessen Obhut das Archiv steht, einen Bestandskatalog in Auftrag gegeben hat. Zuvor wurde das Archiv ehrenamtlich von Löns-Freunden betreut, so von Fritz Klein (1901-1986), der zwar 1974 eine Briefsammlung herausgab[52], die aber nur bedingt brauchbar ist.

Wie Deimann, der seiner Löns-Biographie von 1935 eine Briefausgabe beifügte[53], achtete Klein darauf, mit der Briefauswahl sein Idol nicht zu desavouieren. Einige der bei Klein nur in knappen Inhaltsangaben wiedergegebenen Briefe sind zwar bei Deimann im Wortlaut nachzulesen, jedoch nicht ohne Kürzungen. Wie diese sich auswirken können, belegt ein

---

"Hermann Löns - Ein bedeutender westfälischer Malakologe" Löns' Schneckenforschungen dar (Wiesbaden 1988), und Leo Mielke nähert sich unter heimatgeschichtlichem Gesichtspunkt dem Thema "Hermann Löns und Celle" (Celle 1988).

52 Vgl. Fritz Klein: Hermann Löns. 29.8.1866 - 26.9.1914. Autographen und Briefwechsel, Hannover 1974.

53 Vgl. Hermann Löns: Briefausgabe, in: Wilhelm Deimann: Der Künstler und Kämpfer. Eine Lönsbiographie und Briefausgabe, Hannover 1935, S. 159-294.

Brief Löns' an seinen Verleger Eugen Diederichs vom 22.11.1911. In der Briefausgabe heißt es:

> "Was mir am meisten fehlt, ist ein bißchen Seele; aber darauf werde ich wohl verzichten müssen, denn mit dem schäbigen Rest von Herz ... muß ich haushälterisch umgehen, dieweil es auf den Abend zugeht."
> (BD 260)

Anstelle der Pünktchen steht im Original, das im Löns-Archiv aufbewahrt wird: "... und Spermatozoöen (sic), die mir die beiden Talmibhen (sic) übrig ließen ..."

Auf derart übertrieben sittliche Vorsichtsmaßnahmen hat Hedwig Gunnemann in ihrer Zusammenstellung der "Handschriften von Hermann Löns" verzichtet.[54] Diese Briefausgabe gibt einen Überblick über die Löns-Sammlung in der Handschriftenabteilung der Stadt- und Landesbibliothek Dortmund, der allerdings inzwischen unvollständig ist. Elf Jahre nach dieser Zusammenstellung, 1975, wurde nämlich der Nachlaß Wilhelm Deimanns angekauft, in dem Briefe, Postkarten und Gedichte Löns' im Original und teilweise auch in Abschriften enthalten sind, die bisher noch nicht veröffentlicht wurden. Darüber hinaus befinden sich dort zahlreiche Dokumente, die Aufschluß über die Rezeptionsgeschichte geben. Dieser Nachlaß ist bis heute nicht wissenschaftlich und unter Ordnungsgesichtspunkten aufgearbeitet.

Außer in Dortmund und in Hannover gibt es in Münster eine große Löns-Sammlung. In der Handschriftenabteilung der Bibliothek der Westfälischen Wilhelms-Universität befindet sich eine Sammlung von Briefen, Postkarten und Manuskripten, die hauptsächlich aus dem Nachlaß eines Jugendfreundes Löns', Max Apffelstaedt, stammt. Auch diese Briefe sind größtenteils nicht veröffentlicht. Des weiteren verfügt das Stadtarchiv Münster über einige Löns-Handschriften.

Weitere Briefe befinden sich im Stadtarchiv Celle, wo der Nachlaß von Hanna Fueß, der Cousine der zweiten Ehefrau Löns', aufbewahrt wird. Da Hanna Fueß sich sehr lange mit Löns beschäftigt hat, finden sich dort zusätzliche Informationen.

Ferner sind im Niedersächsischen Staatsarchiv in Bückeburg Dokumente zu den Jahren 1907 bis 1909 zu finden, die Uwe Kothenschulte

---

54 Vgl. Hedwig Gunnemann: Handschriften von Hermann Löns, in: Mitteilungen. Stadt- und Landesbibliothek Dortmund, N.F. (1964), H. 6 (Hermann Löns. 29. August 1866 - 26. September 1914), S. 22-109.

bereits für seine Dissertation "Hermann Löns als Journalist" ausgewertet hat. Eine Besonderheit stellt das "Zentralarchiv Löns-Vertonung" im Westfälischen Musikarchiv Hagen dar, in dem an einer Zusammenstellung von Kompositionen von Löns-Gedichten gearbeitet wird. Kleinere Löns-Sammlungen befinden sich darüber hinaus in privater Hand oder in Heimatmuseen in Norddeutschland.

1.4 Überlegungen zur Vorgehensweise

In Walsrode existiert außer dem Löns-Grab eine weitere Gedächtnisstätte für den "Heidedichter": Das dortige Heidemuseum verfügt über ein Löns-Gedächtniszimmer, in dem persönliche Gegenstände Löns' (vom Fernglas bis zur Trillerpfeife) ausgestellt und einige seiner Postkartenzeichnungen zu sehen sind. Alles ist so hergerichtet, als "(sei) der Dichter ... gerade eben noch dagewesen."[55]

Löns ist tot, doch der Löns-Mythos lebt. Doch wie konnte dieser Mythos entstehen und über einen so langen Zeitraum existieren? Die Löns-Bilder aus der Rezeptionsgeschichte wurden zwar im Laufe der Zeit modifiziert, sozusagen modern kompatibel gemacht, indem Löns zum "anderen Löns", dem Umweltschützer und Kriegskritiker, stilisiert wurde, doch das Grundmuster des Löns-Bildes mit seinen Assoziationen von Natur und Idylle blieb unangetastet. Die Löns-Rezeption gibt zwar Indizien für die Erfolgsgeschichte "Löns", erklärt aber nicht vollends die Bedürfnisse, die mit Löns-Lektüre, Löns-Filmen und Löns-Denkmälern gestillt werden.

Es scheint, als ob der Löns-Mythos ein Stück deutscher Kultur- und Geistesgeschichte widerspiegelt, das Aufschluß geben kann über die Entwicklung der Moderne in der deutschen Gesellschaft. Die Vorstellungen von Heimat, Volk und Natur, die die Löns-Rezeption begleiten und bestimmen, geben einen Einblick in die Mentalitätsgeschichte des 20. Jahrhunderts: Die Rezeptionsgeschichte der Lönsschen Werke hat Quellenwert für Mentalitäten.

---

55 Heino Petersen: Hermann Löns - sein Zimmer im Heidemuseum - seine Zeit in der Heide, in: Heidehofensemble "Rischmannshof" - das Heidemuseum in Walsrode als ein Heimatmuseum der Heide. Der Museumsführer, Walsrode 1987 (= Schriftenreihe des Bundes der Freunde des Heidemuseums e.V. Walsrode-Lüneburger Heide, Ausgabe Nr. 4), S. 57.

Schon in den Löns-Texten und dem Lönsschen Naturbild schlägt sich die Modernisierung in der deutschen Gesellschaft nieder, die in der Jahrhundertwende zu heftigen Diskussionen pro und contra Industrialisierung und Heimatschutz, Stadt und Land, Intellektueller und Bauer führte. Die Versuchung ist groß, daraus eine allgemeine Frontstellung von "Moderne" und "Antimoderne" zu konstruieren und Löns als Vertreter der Heimatkunstbewegung der "Antimodernen" zuzuschlagen. Doch die klare Zweiteilung vom "moderner" und "antimoderner" Literatur, mit der in der Germanistik gerne die Literaturszene um 1900 charakterisiert wird[56], ist zwar sehr griffig, aber auch irreführend. Die Literaturströmungen der Jahrhundertwende waren nicht voneinander isoliert; die Übergänge waren fließend. Löns ist ein Beispiel für diese Entwicklung, die heutigen Betrachtern widersprüchlich erscheint, aber damalige Zeitgenossen als Ausdruck eines allgemeinen Lebensgefühls verstanden.

Der Blick auf diese "Moderne", ihre Lebensformen und Mentalitäten muß daher die heutige Beschäftigung mit Löns bestimmen. Nur unter dieser Prämisse kann der Löns-Mythos analysiert und die mögliche "Modernität" Lönsscher Texte verifiziert werden. Zu diesem Zwecke müssen allerdings zuvor die Defizite der bisherigen "Löns-Forschung" ausgeglichen werden: Das bedeutet,
- daß eine differenzierte Textanalyse der Lönsschen Schriften inklusive der in Vergessenheit geratenen oder wenig beachteten Texte wie das Kriegstagebuch durchgeführt wird,
- daß eine eingehende Auseinandersetzung mit dem Quellenmaterial, insbesondere den Briefen, den journalistischen Texten und den naturwissenschaftlichen Arbeiten stattfindet
- und daß eine fundierte Untersuchung der Rezeptionsgeschichte, die die literarischen, musikalischen und filmischen Zeugnisse zum Thema Löns umfaßt, geleistet werden muß.

---

56 Von der Existenz zweier Literaturen, festgemacht an der "experimentellen Moderne" und dem "gegengeschichtlichen Stilkonservativismus", geht Hans Schwerte aus. Er rechnet die Heimatkunst zur "Anti-Moderne", die "die Moderne als Sozialrealität einer Industrienation, die Moderne als Stil- und Kunstbegriff, die Moderne als technisches Zeitalter ... mit Hilfe gegengeschichtlicher Sprache, Form und Inhalte" einfach übersieht; vgl. Hans Schwerte: Deutsche Literatur im Wilhelminischen Zeitalter, in: Wirkendes Wort, 14. Jg. (1964), H. IV, S. 254-270, bes. S. 270. In diesem Sinne interpretiert auch Fritz Stern die Heimatkunst; vgl. Fritz Stern: Rationalismus und Irrationalismus in Deutschland, in: Hermann Glaser (Hg.): Aufklärung heute - Probleme der deutschen Gesellschaft. Ein Tagungsbericht, Freiburg i. Br. 1967 (= Das Nürnberger Gespräch), S. 42-63, bes. S. 47.

Dieser Ansatz erfordert eine interdisziplinäre Vorgehensweise, die die textkritische Arbeit mit historischen, politischen, kulturtheoretischen, mentalitätsgeschichtlichen und psychoanalytischen Aspekten ergänzt und kombiniert. Der amerikanische Kulturhistoriker und Psychoanalytiker Peter Gay nennt diese Vorgehensweise eine Verbindung der vertikalen und der horizontalen Sichtweise.[57] Die vertikale Vorgehensweise rückt die Abfolge von früheren und späteren Ereignissen in den Blickpunkt und versucht in einer Analyse die Wirkungen mit den Ursachen zu verbinden. Die horizontale Vorgehensweise hingegen zielt darauf ab, Menschen und Ideen in ihrer Zeit darzustellen.

Die Verbindung der vertikalen und der horizontalen Sichtweise erklärt Gay zu einem Gebot für Historiker, das übertragbar ist auf jede Wissenschaft, in der historische Prozesse eine Rolle spielen. In welche Gefahr sich der Historiker begeben kann, wenn er diese Verbindung unterläßt, verdeutlicht Gay am Beispiel des Umganges mit dem Nationalsozialismus:

> "Wenn er [der Historiker] die Ideen und Institutionen des 19. Jahrhunderts zur schlüssigen Erklärung späterer Verbrechen benutzt, reißt er sie aus ihrem lebendigen Zusammenhang, um sich auf die vertikalen Zeitströmungen zum Nachteil horizontaler Verbindungen aus erlebten Erfahrungen zu konzentrieren."[58]

Für den Mythos Löns bedeutet das: die reale Person Löns und ihre Texte müssen in ihrer Gegenwart verortet werden, bevor Entwicklungslinien in der Rezeptionsgeschichte, die wiederum an ganz bestimmte historische Phasen und Mentalitäten gebunden sind, nachgezeichnet werden können. Die Rezeptionsgeschichte muß mit der Werkanalyse verbunden werden, ohne daß der eine Bereich zum Nachteil des anderen dominiert und ihn beeinflußt.

Nur so kann man den Fehler vermeiden, Löns nachträglich zu einem faschistischen Autor und präexistenten Nationalsozialisten zu machen und quasi eine teleologische Zwangsläufigkeit von Löns zu Hitler herzustellen - ein Rückschluß, zu dem der Propagandaeinsatz Lönsscher Texte im "Dritten Reich" geradezu verlockt.

---

57 Vgl. Peter Gay: Deutsche Fragen, in: ders.: Freud, Juden und andere Deutsche. Herren und Opfer in der modernen Kultur, München 1989 (amerikanische Originalausgabe 1978), S. 29 ff.

58 Ebd., S. 29.

2. Dichtung und Wahrheit: Leben und Werk des Hermann Löns

"Ja, es war einmal einer da, der liebte die Rosen über alles. Geboren wurde er zu Weißnichtwo. Aber gelebt hat er hernach die meiste Zeit an anderen Orten."
(Otto Weltzien: Der Rosenjäger. Ein Löns-Buch, Berlin 1925)

2.1 Biographie

Das Phantom Löns, wie es in der Löns-Rezeption auftaucht, setzt sich sowohl aus den Lebensdaten zusammen, die die Löns-Biographen recherchiert haben, als auch aus den Spekulationen, Gerüchten und Schwärmereien der Löns-Verehrer (seien sie nun ideell, ideologisch oder kommerziell inspiriert). Löns wird da ohne weiteres mit seinen Romanhelden wie Helmold Hagenrieder aus dem "Zweiten Gesicht" gleichgesetzt, und seine Selbstzeugnisse werden ohne kritisches Hinterfragen übernommen. Löns' Briefe widersprechen sich aber oftmals und geben vor allem bei Streitfällen, über die Löns berichtet, ein positives Selbstbild wieder.

Ebenso verhält es sich in der 1909 verfaßten "Skizze einer Selbstbiographie", in der das Leben des kleinen Hermann unter ähnlich kosmischen Vorzeichen beginnt wie das des kleinen Johann Wolfgang Goethe. Läßt Goethe sein Leben in "Dichtung und Wahrheit" mit einer astrologisch günstigen Himmelskonstellation und einem Glockenschlage einläuten[1], künden bei Löns Donner und Blitz von der Geburt:

"Während eines schweren Vormorgengewitters kam ich als erstes Kind meiner Eltern, des Gymnasialoberlehrers Friedrich Löns und seiner Frau Klara, einer geborenen Kramer aus Paderborn, zu Kulm an der Weichsel zur Welt.
Während im allgemeinen die Geburt eines Kindes für die Eltern eine Erhöhung der Ausgaben bedeutet, entsprang aus meiner Ankunft meinen Eltern sofort ein Nutzen. Das Haus, in dem sie wohnten, war verschrien; es hieß, es käme in ihm kein Kind zur Welt. Sobald ich nun die Wände beschrie, erschien der Hausbesitzer, ein Pole, mit einem großen Blumenstrauß bei meinem Vater, wünschte ihm Glück und teilte ihm mit, daß er ihm für ein Jahr die Miete erlasse, weil der üble Ruf von dem Hause genommen sei."

(SB 33)

---

1 Vgl. Johann Wolfgang Goethe: Aus meinem Leben. Dichtung und Wahrheit, 5. Aufl., Hamburg 1964 (= Goethes Werke. Hamburger Ausgabe in 14 Bänden, Bd. IX), S. 10.

Diese Selbststilisierung hat Löns ebenso mit Fotografien betrieben: Sein bekanntestes Bildnis zeigt ihn im Jägergewand und mit geschultertem Gewehr. Doch das Klischee vom "Jägerpoeten" aus der Lüneburger Heide, das die Nachwelt emsig kolportiert hat, ist nicht deckungsgleich mit der realen Lebenswelt des Hermann Löns.

Wie bereits in seiner Selbstbiographie deutlich wird, stammt der "Dichter der Lüneburger Heide" gar nicht aus der Region, mit der bis heute sein Name untrennbar verknüpft ist. Sein Geburtsort Kulm liegt in Westpreußen; erst im Alter von 27 Jahren siedelte sich Löns in Hannover an, von wo aus er die Heide erkundete.[2] Nicht auf dem Lande, sondern in der Hauptstadt der Provinz Hannover verbrachte Löns einen Großteil seines Lebens und arbeitete im hektischen Beruf eines Journalisten.

Hermann Moritz Friedrich Löns, so der vollständige Name, geboren am 29. August 1866, lebte bis zu seinem 18. Lebensjahr in Westpreußen, zuerst in Kulm, dann in Deutsch-Krone, wohin sein Vater, der Lehrer Friedrich Wilhelm Löns (1832-1908), versetzt worden war. Als Löns 18 Jahre alt war, zog seine Familie nach Münster um. Sowohl Vater als auch Mutter Löns stammten aus dem westfälischen Raum, und Löns feiert diesen Umzug in seiner Selbstbiographie als Rückkehr in die eigentliche Heimat. Seine Mutter Klara Löns, geb. Kramer (1844-1896), brachte in Münster - nachdem sie bereits 12 Schwangerschaften hinter sich hatte - noch zwei Kinder zur Welt. Allerdings verstarben fünf der Kinder früh.[3]

---

2 Die Daten zur Biographie lassen sich einerseits aus den Briefen im Hermann-Löns-Archiv (Hannover), dem Stadtarchiv Celle und der Stadt- und Landesbibliothek Dortmund rekonstruieren, andererseits aus verschiedenen Registern im Stadtarchiv Münster, dem Nordrhein-Westfälischen Staatsarchiv Münster, dem Universitätsarchiv der Westfälischen Wilhelms-Universität Münster und dem Stadtarchiv Hannover.
Vgl. außerdem folgende biographische Arbeiten: Martin Anger: Hermann Löns. Schicksal und Werk aus heutiger Sicht, 2. Aufl., Braunschweig 1986; Wilhelm Deimann: Hermann Löns. Sein Leben und Wirken. 1. Teil, Dortmund 1922; ders.: Der Künstler und Kämpfer. Eine Lönsbiographie und Briefausgabe, Hannover 1935; ders.: Hermann Löns - Leben und Schaffen, in: Hermann Löns: Werke. Gesamtausgabe, hrsg. v. Wilhelm Deimann, Bd. 5, Hamburg 1960, S. 513-681; ders.: Der andere Löns, Münster/Hameln 1965; Erich Griebel: Hermann Löns, der Niederdeutsche. Eine Einfühlung in Leben und Werk, Berlin/Leipzig 1934.
Einen kurzen, aber grundlegenden Einblick in Leben und Werk bieten zudem folgende Lexikonartikel: Jost Nickel: Löns, Hermann, in: Walther Killy (Hg.): Literatur Lexikon. Autoren und Werke deutscher Sprache, Bd. 7, Gütersloh/München 1990, S. 323 f; Rudolf Radler: Löns, Hermann, in: Neue Deutsche Biographie, hrsg. v. der Historischen Kommission bei der Bayerischen Akademie der Wissenschaften, Bd. 15, Berlin 1987, S. 51-54.
3 Es gibt widersprüchliche Angaben zu der Kinderzahl. Ich stütze mich auf die Informationen von Ernst Löns, dem jüngsten Bruder Hermann Löns', die dieser Deimann überlassen hat (Deimann-Nachlaß).

Der Erstgeborene Hermann hatte in Münster zunächst einige Schwierigkeiten in der Schule und bestand sein Abitur erst im zweiten Anlauf (1886). Danach studierte Löns nicht Naturwissenschaften und Zoologie, für die er sich interessierte, sondern schrieb sich auf Wunsch des Vaters als Student der Medizin ein. Sein Studium, das er in Münster, Greifswald und Göttingen zu absolvieren suchte, ging nicht recht voran und litt stark unter Alkoholexzessen, Streitigkeiten mit Kommilitonen, finanziellen Problemen und dem Engagement in einer schlagenden Verbindung. Aus dieser wurde Löns unehrenhaft ausgeschlossen, als er seine Schulden nicht zurückzahlen konnte. Zu dieser Deklassierung gesellte sich das völlige Scheitern seines Studiums. Zwar versuchte er schließlich in Münster doch noch Naturwissenschaften zu studieren, brachte es aber wieder zu keinem Abschluß.

Über diese Probleme schweigt Löns in seiner Selbstbiographie; ebenso bleiben das angespannte Verhältnis zu seinem strengen Vater und der endgültige Bruch mit ihm unerwähnt; die ersten beruflichen Gehversuche nach dem gescheiterten Studium werden nur kurz angeschnitten. Löns probierte sich als Journalist bei der "Pfälzischen Presse" in Kaiserslautern und der "Reußischen Tribüne" in Gera, wo ihm jeweils nach kurzer Zeit wegen Disziplinlosigkeit und Trunkenheit gekündigt wurde. Nach einer Tätigkeit als Berichterstatter im choleraverseuchten Hamburg kam Löns im September 1892 nach Hannover, wo er schließlich eine feste Anstellung fand.[4]

All diese Fakten werden in der Selbstbiographie nur oberflächlich angesprochen oder verschwiegen. Völlig außen vor bleibt, daß Löns in dieser Zeit der beruflichen Orientierung Kontakte zur SPD besessen hat. Die "Reußische Tribüne" in Gera war eine sozialdemokratische Zeitung, und es ist nicht auszuschließen, daß Löns zeitweise Parteimitglied gewesen ist. Alles, was Löns zu diesen Jahren zu sagen hat, lautet: "Im Grunde war es eine schlimme Zeit. Ich war mit mir nicht zufrieden und andere erst recht nicht." (SB 39)

In Hannover hat sich Löns von diesem Teil seiner Biographie losgesagt und wurde bekannt als Lokaljournalist, Glossenschreiber und Verfasser von Naturfeuilletons. Viele seiner Jagd-, Tier- und Landschaftsskizzen er-

---

4 Zur Löns' Zeitungstätigkeit vgl. Uwe Kothenschulte: Hermann Löns als Journalist. Dargestellt am Beispiel seiner Tätigkeit bei der "Hannoverschen Allgemeinen Zeitung" und bei der "Schaumburg-Lippischen Landes-Zeitung", Dortmund 1968 (= Dortmunder Beiträge zur Zeitungsforschung Bd. 13).

schien zuerst in Zeitungen, bevor sie in Buchform veröffentlicht wurden: so im "Hannoverschen Anzeiger", bei dem Löns von 1893 bis 1902 beschäftigt war, in der "Hannoverschen Allgemeinen Zeitung", die Löns mitbegründete und die nach anderthalb Jahren ihr Erscheinen Ende Januar 1904 einstellen mußte, und im "Hannoverschen Tageblatt", für das Löns bis zum September 1908 arbeitete.

Löns galt als engagierter Journalist, der sich mit der Kommunalpolitik der Provinzhauptstadt Hannover auseinandersetzte und auch den Skandalen dieser Stadt nachspürte. Im Mai 1903 deckte er z.B. einen Justizskandal auf: Ein wegen Mordes verurteilter Adliger erhielt im Gefängnis eine Reihe von Sonderbegünstigungen, die bis zu nächtlichen Damenbesuchen reichten.

Bekannt wurde Löns aber vor allen Dingen als "Fritz von der Leine". Unter diesem Pseudonym schrieb er allwöchentlich seine Glosse im "Hannoverschen Anzeiger", die zum ersten Mal am 21. Januar 1894 erschien und sich großer Beliebtheit erfreute. Blieben die sogenannten Sonntagsplaudereien einmal aus, trafen in der Redaktion sofort Anfragen besorgter Leser ein, die "ihren" "Fritz von der Leine" vermißten. Die Glosse bestand aus einem Gedicht, das zumeist einen lokalpolitischen Aspekt oder auch menschliche Verhaltensweisen aufgriff, und einem Textteil, der dieses Thema in satirischer Form weiterführte.

Als Löns 1902 die "Hannoversche Allgemeine Zeitung" mitbegründete, war er bereits zum zweiten Male verheiratet. Im Dezember 1901 war er von seiner ersten Frau Elisabet Erbeck (1864-1922) geschieden worden. Die Ehe hatte fast neun Jahre gedauert, in denen Elisabet fünf Fehlgeburten erlitt. Ihrer Unterstützung hatte es Löns zu verdanken, daß er nach dem gescheiterten Studium beruflich Fuß fassen konnte. Ein halbes Jahr nach der Scheidung heiratete Löns dann am 13. Mai 1902 die Redaktionsassistentin Lisa Hausmann.

Mit ihr und dem 1906 geborenen Sohn Dettmer, der körperlich und geistig behindert war, zog Löns 1907 nach Bückeburg, der Residenzstadt des Fürstentums Schaumburg-Lippe. Löns hatte dort die Leitung der "Schaumburg-Lippischen Landes-Zeitung" übernommen[5], weil er hoffte, in dieser Stellung mehr Zeit für seine schriftstellerischen Arbeiten zu finden. Nach der Veröffentlichung einiger seiner Tier- und Jagderzählungen sowie eines Gedichtbandes ging sein Ehrgeiz dahin, Romane zu schreiben

---

5 Bis zum September 1908 blieb Löns aber noch Mitarbeiter des "Hannoverschen Tageblatts".

und ein anerkannter Schriftsteller auch jenseits der Grenzen der Lüneburger Heide zu werden.

In Bückeburg steigerten sich jedoch die beruflichen und privaten Probleme zu einem Eklat: Löns überwarf sich mit den Herausgebern der Zeitung, wurde entlassen und kehrte nach Hannover zurück. In seiner Ehe häuften sich währenddessen die Unstimmigkeiten und Spannungen. Zeitweise spielte Löns mit der Absicht, eine Beziehung zu der Cousine seiner Frau, Hanna Fueß, einzugehen und sogar eine "ménage à trois" mit Ehefrau und Geliebter auszuleben. Sein Traum von einem Leben zu dritt fand bei den beiden Frauen jedoch keinen Anklang.

Diese Situation sowie Alkoholexzesse und Wahnzustände bei Löns führten schließlich zur Trennung der Eheleute. Am 27. Juli 1911 verließ Lisa Löns zusammen mit dem Sohn Dettmer die gemeinsame Wohnung in Hannover und kehrte nicht mehr zurück.

Löns begann nach der Trennung mit einem Wanderleben, das in vielem einer Flucht glich. Um nicht für seine Frau und sein Kind Unterhalt zahlen zu müssen, verließ er Hannover und ging zuerst eine zeitlang nach Jena zu seinem Verleger Eugen Diederichs, fuhr dann nach Österreich und in die Schweiz. Mitte Februar 1912 kehrte er nach Deutschland zurück, um kurz darauf nach Holland zu gehen. Im Juni 1912 fand er letztendlich nach Hannover zurück, wo er sich mit der Unterstützung seiner Freunde einrichtete. Zusammen mit seiner dritten Lebensgefährtin Ernestine Sassenberg, die zuvor im Bückeburger Haushalt der Familie Löns gearbeitet hatte, verbrachte Löns seine letzten Lebensjahre.

Als der Erste Weltkrieg im August 1914 begann, versuchte Löns, der nie einen Militärdienst abgeleistet hatte, sich freiwillig zur Armee zu melden. Nach mehreren vergeblichen Anläufen und dank persönlicher Verbindungen gelang es ihm schließlich, angenommen zu werden. Am 24. August, zwei Tage vor seinem 48. Geburtstag, trat er in das Ersatz-Bataillon des Füsilier-Regiments 73 ein. Nach kurzer Ausbildungszeit rückte er am 3. September ins Feld aus. Am 26. September starb er in Frankreich, in der Nähe von Loivre.

2.2 Moderne Lebenswelt um 1900

Die Aufzählung der Lebensdaten sagt nur wenig über die psychische Verfassung Löns' oder die sozioökonomischen Hintergründe seiner Zeit aus. Löns wird von Bekannten als zwiespältige, neurotische Persönlichkeit beschrieben, die unter dem Einfluß des Vollmondes Visionen gehabt haben soll. Oft schrieb er an seinen Romanen wie im Rausch, der ihm jede Verbindung zur Realität nahm (siehe 8.4).

Dieses irrationale Element scheint in einem merkwürdigen Gegensatz zur industriellen, technischen und wissenschaftlichen Entwicklung dieser Zeit zu stehen, die gemeinhin der Epoche der "Klassischen Moderne" zugerechnet wird[6]. In der Zeit um die Jahrhundertwende wurde die Grundlage für unsere heutige Industriegesellschaft gelegt, die sich stichwortartig an einigen Daten festmachen läßt.[7] 1879 konstruierte Werner von Siemens die elektrische Lokomotive, 1885 bauten Daimler und Benz die ersten Kraftwagen, 1895 wurden die Röntgenstrahlen entdeckt, 1900 flog Graf Zeppelin zum erstenmal mit seinem Luftschiff. Telephon (1876), Grammophon (1887) und Kino (1895) begannen in dieser Zeit ihren Erfolgszug.

Die Industrie expandierte und schuf die Voraussetzungen für Urbanisierung und nachhaltige Veränderungen der sozialen und materiellen Lebensbedingungen. Vor allem im Deutschen Reich schritt der Prozeß der Industrialisierung im enormen Tempo voran. In den Bereichen der Eisen- und Stahlerzeugung, des Maschinenbaues, der Militärtechnik, der Elektrotechnik sowie der chemischen, feinmechanischen und optischen Industrie eroberte sich die aufstrebende Großmacht eine wichtige Position auf dem Weltmarkt. Gab es im Deutschen Reich von 1871 nur acht Städte mit mehr als 100.000 Einwohnern, so waren es 1910 bereits 48. Der Anteil der Stadtbevölkerung an der Gesamtbevölkerung wuchs im selben Zeitraum von 4,8 % auf 21,3 % an. Die gesamte Reichsbevölkerung um-

---

6 Vgl. Detlev J.K. Peukert: Das Janusgesicht der Moderne, in: Funkkolleg Jahrhundertwende. Die Entstehung der modernen Gesellschaft, Studienbegleitbrief 0, Weinheim/Basel 1988, S. 60. Die Beiträge des Funkkollegs sind inzwischen als Taschenbuch veröffentlicht: August Nitschke/Gerhard A. Ritter/Detlev J. K. Peukert/Rüdiger vom Bruch: Jahrhundertwende. Der Aufbruch in die Moderne 1880-1930, 2 Bde., Reinbek bei Hamburg 1990.

7 Vgl. die Synopsis zur Jahrhundertwende, in: ebd., S. 108-119, sowie Ulrich Troitzsch: Technik, Naturwissenschaft und Medizin, in: Ploetz. Das deutsche Kaiserreich. 1867/71 bis 1918. Bilanz einer Epoche, hrsg. v. Dieter Langewiesche, Freiburg/Würzburg 1984, S. 166-180.

faßte vor dem Ersten Weltkrieg 65 Millionen, bei der Reichsgründung waren es noch 41 Millionen gewesen.[8]

In dieser Massengesellschaft wandelten sich die Formen des Denkens und des Fühlens; die durch Automobil und Eisenbahn vermittelte Erfahrung der Geschwindigkeit veränderte das Bewußtsein von Raum und Zeit, Film und Fotografie wirkten auf die Sinneserfahrung ein.[9] Hervorgerufen durch die Hektik und Massenhaftigkeit der Großstadt wurde um die Jahrhundertwende der Begriff der Nervosität zum Ausdruck des modernen Lebens schlechthin.

Auch die um diese Zeit entstehende künstlerische Moderne blieb von diesen Eindrücken und Prozessen nicht unberührt. Der Naturalismus, die erste Literaturströmung, die als "Moderne" bezeichnet wurde, wandte sich den Auswirkungen der Industrialisierung zu und entdeckte den "vierten Stand", das Proletariat, als literarisches Thema. Auch die ästhetische Diskussion um 1900 versuchte auf die Erfahrung der veränderten Lebensumwelt einzugehen.

Diese verschiedenen Ausprägungen der Moderne (wissenschaftlich-technisch, mental-emotional und künstlerisch)[10] fanden allerdings keine Entsprechung auf dem politischen Gebiet. Zwar wurde die staatliche Bürokratie ausgebaut, und es entstanden Massenparteien und große Interessenverbände, doch eine Modernisierung des politischen Systems im Sinne "moderner" Ideen wie Freiheit und Demokratie blieb im kaiserlichen Deutschland aus. Die traditionelle Herrenschicht der adligen Agrarier, des Offiziers- und Beamtenadels verteidigte sich erfolgreich gegenüber liberalem Bürgertum und der Arbeiterbewegung. Der monarchische Kon-

---

8 Vgl. Jürgen Reulecke: Geschichte der Urbanisierung in Deutschland, Frankfurt a.M. 1985 (= Neue Historische Bibliothek; edition suhrkamp 1249), S. 68 ff.

9 Vgl. Detlev J.K. Peukert/Rüdiger vom Bruch/Gerhard A. Ritter/August Nitschke: Die Jahrhundertwende und unsere Gegenwart, in: Funkkolleg Jahrhundertwende. Die Entstehung der modernen Gesellschaft 1880-1930, Studienbegleitbrief 1, Weinheim/Basel 1988, S. 11-63.

10 Zum vieldiskutierten Begriff der "Moderne" vgl. Jürgen Habermas: Das Zeitbewußtsein der Moderne und ihr Bedürfnis nach Selbstvergewisserung, in: ders.: Der philosophische Diskurs der Moderne. Zwölf Vorlesungen, Frankfurt a.M. 1985, S. 9-33, bes. S. 13 ff; Gerd Hemmerich: Überlegungen zum Phänomen der Moderne und ihrer Geschichte, in: Zur Geschichtlichkeit der Moderne. Der Begriff der literarischen Moderne in Theorie und Dichtung, hrsg. v. Theo Elm/Gerd Hemmerich, München 1982, S. 23-41; Reinhart Koselleck: Vergangene Zukunft. Zur Semantik geschichtlicher Zeiten, Frankfurt a.M. 1979 (= Theorie), S. 300-348; Hans-Ulrich Wehler: Modernisierungstheorie und Geschichte, Göttingen 1975 (= Kleine Vandenhoeck-Reihe 1407); Wolfgang Welsch: Unsere postmoderne Moderne, Weinheim 1987, S. 65-85.

stitutionalismus des Kaiserreichs überließ dem vom Volk gewählten Reichstag nur geringe Kompetenzen; der Reichskanzler wurde vom Kaiser ernannt und entlassen und war nicht der Volksvertretung gegenüber verantwortlich.[11]

2.3 Werkgeschichte[12]

Die Lönsschen Texte entstanden vor dem Hintergrund einer unvollständigen Modernisierung der deutschen Gesellschaft und der beruflichen Situation Löns'. Ein Großteil seines Werkes entsprang der journalistischen Arbeit Löns': Naturstimmungen, Tier- und Jagderzählungen sowie Humoresken, die Löns zuerst für das Feuilleton schrieb, faßte er später für seine Bücher zusammen. Neben diesen oft skizzenartigen Erzählungen stehen in seiner literarischen Produktion die Romane und die Lyrik. Darüber hinaus wird sein Werk ergänzt durch Essays, die er über Kunst und Naturschutz geschrieben hat, und die naturwissenschaftlichen Arbeiten zu vornehmlich zoologischen Themen.

Löns' erstes eigenständiges Werk erschien 1901: der Lyrikband "Mein goldenes Buch", der stark von der Beziehung zu seiner zweiten Frau Lisa geprägt war. In den ersten Gedichten dieses Bandes herrschen noch Themen wie Einsamkeit und Trauer vor, die dann aber einer optimistischen Stimmung und der Schilderung von Liebesglück weichen. Zuvor waren schon 1893 einige der frühen Gedichte Löns' in der "Menschlichen Tragödie" von Arnold Garde erschienen[13], allerdings ohne auf große Resonanz zu stoßen.

---

11 Vgl. Hans-Ulrich Wehler: Das Deutsche Kaiserreich 1971-1918, 5. durchgesehene u. bibliogr. erg. Aufl., Göttingen 1983 (= Deutsche Geschichte Bd. 9; Kleine Vandenhoeck-Reihe 1380).

12 Zu den Werken vgl. Anger: Löns, a.a.O., S. 117-177; Deimann: Löns (1960), a.a.O., S. 555, 568 ff, 593 ff, 624 ff; ders.: Die posthumen Löns-Ausgaben. Eine kritische Übersicht, in: Mitteilungen. Stadt- und Landesbibliothek Dortmund, N.F. (1964), H. 6 (Hermann Löns. 29. August 1866 - 26. September 1914), S. 7-21; Deutsches Literatur-Lexikon. Biographisch-bibliographisches Handbuch, begründet v. Wilhelm Kosch, 3. neu bearb. Aufl., hrsg. v. Heinz Rupp/Carl Ludwig Lang, Bd. 9, Bern/München 1984, Spalte 1587-1589; Gero von Wilpert/Adolf Gühring: Erstausgaben deutscher Dichtung. Eine Bibliographie zur deutschen Literatur 1600-1960, Stuttgart 1967, S. 806 f.

13 Es handelt sich dabei um die Gedichte "Den Alltagsmenschen", "Der Schwan", "Der Theologe", "Das Sonntagskind", "Das Feuerschiff", "Urgroßvater", "Zigeunertod", "Der Trunkenbold", "Opium", "Eulenspiegel", und "Lebensflucht". Vgl. Arnold Garde (Hg.):

Dasselbe Schicksal war vorerst auch dem "Goldenen Buch" beschieden, das für den Verleger kein Geschäft war. Um den Verlust des Buches auszugleichen, bot Löns dem Verleger daher ein weiteres Werk an.[14] Dieses zweite Buch legte den eigentlichen Grundstein für Löns' spätere Popularität, obwohl es zunächst keinen bedeutenden Absatz fand. In "Mein grünes Buch" versammelt Löns Jagd- und Naturerzählungen, deren Enstehung zurück bis in die Jahre 1895/96 reicht und die Jagderlebnisse in Verbindung mit Landschaftschilderungen zum Inhalt haben.

Noch wurde Löns damit nicht überregional bekannt, doch begann sich sein Ruf als "Schilderer der Lüneburger Heide" zu verbreiten. Es vergingen sogar fünf Jahre, bis er wieder einen Band mit Erzählungen veröffentlichte (in der Zwischenzeit - 1902 - erschien allerdings ein Buch mit seinen unter dem Pseudonym "Fritz von der Leine" verfaßten Glossen). 1906 kam "Mein braunes Buch" heraus, in dem Naturstimmungen im Vordergrund stehen. Die Reaktionen auf dieses Buch zeigen, in welchem Maße der Name Hermann Löns mit der Lüneburger Heide verknüpft ist, aber auch wie sehr die positive Aufnahme von diesem lokalen Bezug abhängt. Außerhalb Norddeutschlands fand Löns zu diesem Zeitpunkt nur wenige Anhänger, was auch mit dem Desinteresse an dieser Landschaft zu tun hat, welches sich erst in jenen Jahren zu wandeln begann. Eine österreichische Jagdzeitung z.B. bespricht 1909 die zweite Auflage des "Braunen Buches":

> "In 21 Kapiteln befaßt er sich mit der Trostlosigkeit der norddeutschen 'Heide-poesie', und man muß es argwöhnen, daß in der Lüneburger Heide sehr viele Menschen zur Welt kamen, ansonst das Erscheinen einer dritten Auflage nicht gut begreiflich wäre. ... Für eine ganze Reihe von Heidegeschichten und Heidesagen voll dunkler Symbolik hat der Verfasser Gedanken und Worte verschwendet, ohne daß sie dadurch packend geworden oder auch nur verständlich wären. Vielleicht gibt's Menschen, denen solche Halbschlafmystik gefällt, doch befinden sich die Jäger wohl kaum darunter. Besondere Verehrer des Autors werden sich möglicherweise, namentlich wenn sie Norddeutsche sind, auch mit diesem Buch abfinden, vielleicht sogar dafür begeistern. Das letztere um so leichter, je weniger sie von ihm gelesen haben."[15]

Wohlwollende Artikel zu Löns finden sich ansonsten nur in Zeitungen und Zeitschriften seiner Umgebung, mit denen Löns zudem meist durch

---

Menschliche Tragödie. Gedichtbuch der Gegenwart, Dresden/Leipzig 1893, S. 7 f, 9 f, 10 f, 11 f, 13 f, 19 f, 23 f, 24 f, 29 f, 40 f, 43f, 87 f.

14 Vgl. Deimann: Künstler und Kämpfer, a.a.O., S. 62.

15 Zit. nach ebd., S. 71.

berufliche oder persönliche Kontakte verbunden war. In der Zeitschrift "Niedersachsen", die Löns einmal selbst redigiert hat (1898-1900), erschien 1909 ein zweiseitiger Artikel zu Löns. Hervorgehoben werden dort die Naturerzählungen des "Grünen" und des "Braunen Buches":

> "Es sind keine Prosadichtungen im gewöhnlichen Sinne; es sind dem Stoff nach nicht viel mehr als einfache Jagdabenteuer und Beobachtungen eines Naturforschers. Aber kein bloßer Jäger, und sähe er noch so scharf, kein bloßer Naturforscher, und forschte er noch so gründlich, hätte etwas Ähnliches schreiben können. Dazu brauchte es einen Dichter, der Freud und Leid seiner Geschöpfe in seiner eigenen Seele miterfährt."[16]

Der Autor des Artikels, W. Kropp, weist auch auf Löns' naturwissenschaftliche Arbeit hin. Löns, der schon als 16jähriger eine "Vogelfauna des Kreises Deutsch-Krone" verfaßte, arbeitete seit 1905 an einer großangelegten "Wirbeltierfauna Hannovers". Außerdem schrieb er seit dem Sommer 1907 mit an einem populärwissenschaftlichen Sammelband, den der Zoologe Hermann Meerwarth herausgab. Für die "Lebensbilder aus der Tierwelt" verfaßte Löns Beschreibungen zu verschiedenen Tieren des Waldes und der Heide. Kropp erhebt Löns aufgrund solcher Tiererzählungen und der im Jahre 1909 erschienenen Sammlungen "Was da kreucht und fleugt", "Mümmelmann" und "Aus Wald und Heide" zu einem "Tierpsychologe(n)", der "nicht bloß die Außenseite des Tierdaseins (kennt), er vertieft sich auch in das innerste Empfinden der Naturbewohner."[17]

Eng verbunden mit dem Werk des Naturerzählers Löns ist sein Engagement für den Naturschutz, das sich auch journalistisch niederschlägt und das Kropp nicht unerwähnt läßt. Er macht Löns zu einem "der eifrigsten Vorkämpfer" im "Dienste des Heimat- und Naturschutzes".[18]

Damit sind in diesem Artikel bereits zu Lebzeiten Löns' die wichtigsten Stränge der Löns-Rezeption vorgegeben: Löns ist der Jäger, der Naturdichter, der Tierpsychologe, der Naturforscher und der Naturschützer. Ebenfalls zu Lebzeiten war schon ein weitere Rezeptionslinie begründet, nämlich Löns als Jugendbuchautor. Die Sammlung "Aus Wald und aus der Heide" wurde nämlich 1909 vom Jugendschriften-Ausschuß des Lehrervereins Hannover-Linden herausgegeben, ebenso der 1914 erschienene Band "Goldhals".

---

16 W. Kropp: Hermann Löns, in: Niedersachsen, 15. Jg. (1909), Nr. 4, S. 73.
17 Ebd., S. 73.
18 Ebd., S. 73.

1909 war das produktivste Jahr in Löns' literarischem Schaffen. Nicht nur, daß mehrere Tierbücher und der Gedichtband "Mein blaues Buch", in dem Löns in Balladenform historische Themen behandelt, erschienen, sondern Löns vollendete auch seinen ersten Roman. Der Titelheld des "Letzten Hansbur" ist der Bauer Göde Hehlmann, der von seinen wilden, jähzornigen Vorfahren einen elften Finger und einen Wirbel im Nacken geerbt hat. Nach einem unsteten Leben angefüllt mit Trinkgelagen, Wilderei und Frauenaffären findet er schließlich mit Hilfe des Pfarrers und über seine Arbeit Ruhe und Zufriedenheit. Er heiratet seine Jugendliebe und stirbt als angesehener Mann.

Im Mai 1909 schrieb Löns bereits seinen zweiten Roman, für dessen Niederschrift er wie schon bei seinem Romanerstling nur kurze Zeit benötigte. "Dahinten in der Heide" entstand in 14 Tagen und ähnelt in seinem Handlungsschema dem "Letzten Hansbur". Der Held dieses Romans ist der Publizist und Zoologe Dr. Lüder Volkmann, der sich zu einem gestandenen Bauern entwickelt. Nach einer Zuchthausstrafe wegen Meineids lebt er als Trapper in Kanada, kehrt aber in die Heide zurück, wo er einen Bauernhof geerbt hat. Bald wird er von den Bauern akzeptiert, hilft ihnen gegen die Öl-Industrie, gründet eine Familie und lebt als schriftstellernder Bauer.

Den eigentlichen Durchbruch schaffte Löns mit seinem dritten Roman, dem "Wehrwolf", mit dem er weit in die Vergangenheit zurückgeht: Er schildert, wie sich die Bauern des Heidedorfes Ödringen im Dreißigjährigen Krieg zusammenschließen, um sich gegen plündernde und mordende Soldaten zu wehren - daher der Name "Wehrwolf". Anführer der "Wehrwölfe" ist Harm Wulf, dessen Kinder und erste Frau von Soldaten umgebracht werden. Auch seine zweite Frau stirbt, erst mit der dritten Frau erlebt er das Ende des Krieges und stirbt schließlich im Frieden.

Wie die anderen Romane schrieb Löns den "Wehrwolf" in sehr kurzer Zeit: Er entstand in nur 14 Tagen, nämlich in der Zeit vom 1. bis zum 8. und vom 14. bis zum 20. November 1909, in einer Phase großer körperlicher und geistiger Anspannung, die symptomatisch für die Produktionsweise Löns' ist.

"Der Wehrwolf" erschien nicht bei Löns' bisherigem Stammverlag Sponholtz in Hannover. Löns hatte das Manuskript Eugen Diederichs in Jena angeboten, der in den Jahren 1904 bis 1914 als der bedeutendste moderne

Verleger überhaupt galt.[19] Diederichs bemühte sich um eine moderne Typographie und Buchausstattung und zog bekannte Künstler zur Mitarbeit heran. In seinem Verlag erschienen die Gesamtausgaben von Tolstoi, Tschechow und Sören Kierkegaard. Zudem ist die erste Gesamtausgabe der Werke Novalis' auf seine Initiative zurückzuführen.

Konservative, nationale und völkische Autoren wie Adolf Bartels, Helene Voigt und Lulu von Strauß und Torney fanden in der Zeit vor dem Ersten Weltkrieg eine verlegerische Heimat bei Eugen Diederichs, der selbst rassistische Ideen von der Überlegenheit des Germanentums vertrat. Im Verlagsprogramm von 1912 schreibt er: "Wir Germanen wollen den Helden, den Qualitätsmenschen als letztes Ziel unserer Entwicklung."[20] Diese "germanisch-deutsche Linie" des Verlages sah Diederichs wohl beim "Wehrwolf" bestätigt, den er in sein Programm aufnahm.

Daß Löns eine Veröffentlichung in diesem Verlag anstrebte, ist sicherlich mit dem damit verbundenen Karrieresprung zu erklären; ein Buch aus dem Diederichs Verlag fand bei Presse und Öffentlichkeit einfach eine größere Beachtung als die Veröffentlichungen aus einem mehr regional operierenden Verlag. Löns konnte sich nun von dem Odium des journalistischen Viel- und Alles-Schreibers befreien und wurde in den Rang eines seriösen Schriftstellers erhoben. Andererseits zeigt die Verbindung mit Diederichs auch, in welchem literarischen und gesellschaftspolitischen Umfeld Löns sich sehen wollte - inmitten führender Schriftsteller der Heimatkunstbewegung.

Dieses Selbstverständnis ging so weit, daß Löns einen Vorabdruck des "Wehrwolfs" in der angesehenen liberalen "Frankfurter Zeitung" vehement ablehnte.[21] Besser aufgehoben sah sich Löns wohl beim "Kunstwart", der führenden Zeitschrift der Heimatkunst. Kurz nach dem Erscheinen des Romans vor Weihnachten 1910 erschien dort ein Auszug mit einem ein-

---

19 Zu Eugen Diederichs und seinem Verlag vgl. die Selbstzeugnisse in Eugen Diederichs: Leben und Werk. Ausgewählte Briefe und Aufzeichnungen, hrsg. von Lulu von Strauß und Torney-Diederichs, Jena 1936 und Oliver Riedel: Artikel "Diederichs, Eugen", in: Walther Killy (Hg.): Literatur Lexikon, Bd. 3, Gütersloh/München 1989, S. 38; Joachim Schondorff: Die blaue Blume von Jena. Eugen Diederichs oder der Verleger zwischen Geist und Ungeist der Zeit, in: ders.: Ein Bündel Modellfälle. Streifzüge durch Literatur und Geschichte, Wien 1981, S. 107-122.

20 Zit. nach Karlheinz Rossbacher: Heimatkunstbewegung und Heimatroman. Zu einer Literatursoziologie der Jahrhundertwende, Stuttgart 1975 (= Literaturwissenschaft-Gesellschaft 13), S. 102.

21 Löns in einem Brief vom 14.9.1910 an Diederichs: "Ein im Wesen jüdisch-demokratisches Blatt passt schlecht zu einem urdeutsch-aristokratischen Roman; aristokratisch im Rassensinne genommen." (Abschrift im Deimann-Nachlaß)

leitenden Lob für "dieses mannhafte Buch"[22]. Die große Resonanz bei führenden Zeitungen des Kaiserreichs förderte den Erfolg des "Wehrwolfs". Bis zum Kriegsbeginn im August 1914 wurden mehr als 9.000 Exemplare abgesetzt.[23]

Im Jahr nach Erscheinen des "Wehrwolfs", 1911, nutzte Löns seinen Erfolg und brachte gleich fünf neue Bücher auf den Markt: "Kraut und Lot", eine Sammlung von Jagderzählungen, "Da draußen vor dem Tore", in dem Naturschilderungen überwiegen, "Der zweckmäßige Meyer" mit humoristischen und satirischen Erzählungen, den Gedichtband "Der kleine Rosengarten" und den Roman "Das zweite Gesicht". Vor allem bei den letzten beiden Werken, die wie der "Wehrwolf" wieder bei Diederichs erschienen, wurde jedoch Kritik laut.

Obwohl die Gedichte des "Kleinen Rosengartens" später in Vertonungen zum festen Liedgut der Jugendbewegung zählten, hielt die offizielle Literaturkritik bei ihrem Erscheinen nicht viel von ihnen. Carl Busse, Rezensent von "Velhagen und Klasings Monatsheften", meint zu Löns' Versuch, mit den Gedichten einen volksliedhaften Ton zu treffen:

> "Die Gedichte ... machen fassungslos. Man kann sie sich selbst auf folgende Weise herstellen: man zerschneide verschiedne Sammlungen echter und unechter Volkslieder in die einzelnen Verse, schüttle diese fünf- oder zehntausend Einzelzeilen in einer Zigarrenkiste gründlich durcheinander und ziehe dann mit geschlossenen Augen je nach Bedarf eine beliebige Anzahl heraus. Bei einiger Geschicklichkeit und Retuschierkunst lernt man sie bald zu einem neuen Ganzen zusammenzusetzen, was um so leichter ist, als die poetischen Unkosten in der Hauptsache von stehenden Formeln bestritten werden: vom roten Klee, vom weißen Schnee, von der Linde im tiefen Tal und der Nachtigall, von der grünen Heide und ähnlichen Klischees. Setzt man an passenden Stellen noch die mit Recht beliebten Refrains Valleri vallera oder widdewiddbumbum juchheirassa ein, so kann man im Handumdrehen aus fünfhundert alten Volksliedern hundert neue machen."[24]

Ebenfalls ungünstig aufgenommen wurde der von Löns ambitioniert angelegte Roman "Das zweite Gesicht", in dem der Maler Helmold Hagenrieder mit seinen Kunstvorstellungen und amourösen Abenteuern im Mittelpunkt steht. Autobiographische Elemente spielen bei diesem Werk

---

22 Wilhelm Kiesewetter: Aus dem "Wehrwolf" von Hermann Löns, in: Kunstwart, 24. Jg. (1911), H. 10 (Februar), S. 242.

23 Der Diederichs Verlag wertete das als sehr positiv, da zu dieser Zeit nur wenige Bücher mehr als die 10.000- oder gar 20.000-Auflage erreichten. Vgl. den Brief des Diederichs Verlages an Erich Griebel vom 22. Juli 1933 (StA Ce, L 9 167).

24 Carl Busse: Neues vom Büchertisch, in: Velhagen und Klasings Monatshefte, 26. Jg. (1911/12), Bd. 2, H. 10 (Juni 1912), S. 313.

mit hinein: Löns verarbeitete hier seine Beziehung zu der Cousine seiner zweiten Frau, Hanna Fueß, mit der er gerne ein Liebesverhältnis eingegangen wäre. Die private Krise, die sich daran anschloß und zur Trennung des Ehepaares Löns führte, beeinträchtigte auch die Produktivität des Schriftstellers. 1912 veröffentlichte Löns nur ein Buch: "Auf der Wildbahn". 1913 erschienen die "Heidbilder", die eine erweiterte Neuausgabe des "Braunen Buchs" von 1906 darstellen, und "Mein buntes Buch". Im erstgenannten Buch überwiegen Jagderzählungen, in den beiden anderen Naturstimmungen.

Der Tod Löns' 1914 ließ das Interesse an seinen Büchern steigen, so daß neben Neuauflagen auch Neuveröffentlichungen aus dem Nachlaß auf den Markt kamen. 1917 wurde das Buch "Widu", in dem erneut die Tiere des Waldes und Jagdhunde Erzählstoff liefern, und der Roman "Die Häuser von Ohlenhof", der in mehreren Episoden die Schicksale der Bewohner dieses Dorfes vorführt, herausgebracht.

1918 wurde außerdem noch das Jagdbuch "Ho Rüd' hoh!" veröffentlicht, das Löns noch druckfertig hinterlassen hatte. 1919 erschienen dann die Frühgedichte Löns', die er in den Jahren 1884 bis 1890 geschrieben hatte, unter dem Titel "Junglaub", sowie die Sammlung "Wasserjungfern". Es handelt sich dabei um Schilderungen über Libellen, die Löns ursprünglich für den Insektenband des Sammelwerkes "Lebensbilder aus der Tierwelt" geschrieben hatte, der aber nie erschienen ist. Löns' gedruckte Beiträge für die "Lebensbilder" erschienen 1926 gesammelt als "Aus Forst und Flur".

Selbst 72 Jahre nach dem Tode Löns' wurde ein "neues" Löns-Buch publiziert: 1986 kamen die Tagebuchnotizen heraus, die der Schriftsteller als Kriegsfreiwilliger niedergeschrieben hat ("Leben ist Sterben, Werden, Verderben").

2.4 Werkausgaben

Unter den zahlreichen postumen Löns-Ausgaben befinden sich etliche Bände, die in ihrer philologisch zweifelhaften Zusammenstellung einen Gesamtüberblick über das Lönssche Werk erschweren. Oft wurden Erzählungen aus ihrem eigentlichen Zusammenhang gerissen und willkürlich aneinandergereiht, um aus kommerziellen oder politisch motivierten Gründen die Popularität Löns' auszunutzen.

Schon zwei Jahre nach seinem Tod erschienen drei Bücher, die auf diesen Löns-Boom setzen: Das "Löns-Buch" stellt lediglich ein Sammelsurium verschiedener Arbeiten dar[25]; der Band "Frau Döllmer" ist im wesentlichen ein Nachdruck der "Ausgewählten Werke von Fritz von der Leine"; und "Das Tal der Lieder" besteht zu einem Drittel aus Texten, die fünf Jahre zuvor in "Da draußen vor dem Tore" abgedruckt worden sind. Ein paar Jahre später - 1928 - wurde "Das Tal der Lieder" erneut angeboten, jetzt aber unter dem Titel "Einsame Heidfahrt" und mit dem täuschenden Zusatz "Letztes Werk Löns'".

Ein weiteres (politisch beeinflußtes) Beispiel für den Umgang mit Löns-Texten bietet "Das Deutsche Buch" von 1933, in dem Wilhelm Deimann als Herausgeber Erzählungen, Essays und Gedichte mit betont germanischem und kriegerischem Einschlag versammelt hat, um dem neuen politischen Geist gerecht zu werden:

> "Für deutschen Geist, deutsche Sitte, deutsche Macht brach Hermann Löns immer wieder eine Lanze nach innen und außen. Er ist deutsch aus Innentrieb und mit Bewußtsein."[26]

Diese Verlagspolitik hat erheblichen Einfluß auf die Löns-Werkausgaben, die allesamt Mängel oder Nachteile aufweisen. Die 1923 von Friedrich Castelle herausgegebenen "Sämtlichen Werke"[27] "beruhen nicht auf einer umfassenden und kritischen Sammlung und Sichtung des Lönsschen Nachlasses, sondern geben nur, was man zufällig zur Verfügung hatte."[28] Castelle griff sogar in die Texte ein: Die Worterklärungen, die Löns den Romanen beigefügt hat, sind gekürzt; einige Gedichte aus "Mein goldenes Buch" haben neue Titel bekommen[29]; die überlieferte Bucheinheit von "Mein braunes Buch" und "Heidbilder" wurde aufgelöst; statt dessen wur-

---

25 Vgl. Wilhelm Deimann: Posthume Ausgaben Lönsscher Werke, in: Ostdeutsche Monatshefte, 6. Jg. (1925), H. 8, S. 841-845; ders.: Die posthumen Löns-Ausgaben (1964), a.a.O., S. 7-21; Fritz Wippermann: Löns-Bücher. Ein Ueberblick über die Schriften von und über Hermann Löns, in: Die Bücherwelt, 19. Jg. (1922), S. 73-78, 105-107.

26 Wilhelm Deimann: Löns' Kampf um die deutsche Seele, in: Hermann Löns: Das deutsche Buch. Eine Auswahl aus seinen Werken. Eingeleitet von Wilhelm Deimann, Hannover 1933, S. 8.

27 Vgl. Hermann Löns: Sämtliche Werke in acht Bänden, hrsg. v. Friedrich Castelle, Leipzig 1923.

28 Deimann: Die posthumen Löns-Ausgaben (1964), a.a.O., S. 10.

29 Das Gedicht "Über das schwarze Torfmeer" z.B. heißt bei Castelle "Ein weißer Vogel", "Die roten Blätter" wurden zu "Der späte Mai" (C I,185).

den neue Textgruppen gebildet (Sagen und Märchen, Kleine Jagdgeschichten, Niedersächsisches Skizzenbuch, Kleine Erzählungen); manche Erzählungen sind gar doppelt vorhanden[30]. Die Castelle-Ausgabe hat aber den Vorteil, daß sie die einzige ist, in der die Jugendgedichte ("Junglaub") abgedruckt sind. Zudem sind in ihr die Zeitungsglossen "Ulenspiegels Lieder" und "Frau Döllmer" enthalten.

Dieser Werkausgabe schlossen sich 1926 zwei Nachfolgebände an, die Wilhelm Deimann herausgab. In den "Nachgelassenen Schriften"[31] hat er Löns' naturwissenschaftliche Texte sowie zahlreiche in Zeitungen erschienene oder im Nachlaß befindliche Aufsätze veröffentlicht. Diese hat er zum Teil in der Textgruppe "Mein niedersächsisches Skizzenbuch" zusammengefaßt, das nicht identisch ist mit dem bei Castelle zu lesenden "Skizzenbuch". In der Textgruppe "Für Sippe und Sitte" finden sich Texte zu Heimat, Volkstum und Naturschutz; die "Gedanken und Gestalten" bestehen vorwiegend aus Betrachtungen zu Kunst und Künstlern. Außerdem gibt es eine Gruppe "Reisebilder" sowie einen Anhang mit Zeichnungen Löns' ("Eulenspiegeleien").

1927 kam zum erstenmal eine "Hermann-Löns-Kassette" auf dem Markt (Neuauflagen 1929 und 1940)[32], die in ihren Teilen jedoch einen sehr verworrenen Überblick über das Lönssche Werk gibt und eigentlich nicht als Gesamtausgabe bezeichnet werden kann. In ihr findet der Leser lediglich "Mein grünes Buch", "Junglaub", "Mein goldenes Buch", "Frau Döllmer" und "Ulenspiegels Lieder", sowie die, vom editionskritischen Standpunkt aus gesehen, zweifelhaften Ausgaben "Das Lönsbuch" und "Einsame Heidfahrt". Ferner enthält die Kassette das "Löns-Gedenkbuch" mit Erinnerungen von Löns-Freunden.

1960 stellte Deimann, der ja schon für die "Nachgelassenen Schriften" verantwortlich zeichnete, seine eigene "Gesamtausgabe" der Lönsschen Werke vor[33]. In ihr fehlen die Glossen, die naturwissenschaftlichen Veröffentlichungen und die Frühgedichte. Zwar könnte man anhand dieses Inhalts annehmen, daß sich Deimann auf die literarischen Arbeiten

---

30 Doppelungen liegen vor bei "Die Heide" (C II,199-203) und "In der Frühlingsheide" (C II,356-361) und den Erzählungen "Der Fichtenwald" (C II,272-276) und "Kreuzschnäbel" (C II,353-356).

31 Vgl. Hermann Löns: Nachgelassene Schriften, hrsg. v. Wilhelm Deimann, 2 Bde., Leipzig/Hannover 1928.

32 Vgl. Hermann-Löns-Kassette. 8 Werke in 4 Bände gebunden, Bad Pyrmont/Hannover 1940.

33 Vgl. Hermann Löns: Werke. Gesamtausgabe, hrsg. v. Wilhelm Deimann, 5 Bde., Hamburg 1960.

konzentriert, die zu Lebzeiten Löns' veröffentlicht wurden, doch muß man feststellen, daß auch diese Gesamtausgabe keinem durchdachten Konzept folgt. Zum einen bringt Deimann einige Aufsätze aus "Gedanken und Gestalten", "Für Sippe und Sitte" und "Mein niedersächsisches Skizzenbuch", also essayistische Texte, zum anderen sind die literarischen Texte nicht vollständig; ohne Erläuterungen sind "Kraut und Lot" und "Aus Forst und Flur" gekürzt. In "Kraut und Lot" fehlen just die Erzählungen, in denen Löns auffallend oft von Rasse und deren Gesundung spricht[34]. Ebenso ist das von den Nationalsozialisten benutzte "Matrosenlied" kommentarlos verschwunden. Die Verbindung zwischen dem Lönsschen Werk und dem Nationalsozialismus wird hier bewußt ausgeklammert.

In der dritten Werkausgabe von 1986, den "Ausgewählten Werken"[35], wird die nationalsozialistische Inanspruchnahme Löns' nicht verschwiegen. Der Herausgeber Hans A. Neunzig geht in seinem Nachwort auf die Rezeption Lönsscher Texte im "Dritten Reich" ein und begründet das Fehlen des "Matrosenliedes" gerade mit seiner Kompromittierung durch die NS-Propaganda. Neunzig tritt zudem nicht mit dem Anspruch auf, eine Gesamtausgabe zu präsentieren. In seinen "Ausgewählten Werken" fehlen die Romane "Der letzte Hansbur" und "Dahinten in der Heide"; außerdem vermerkt er bei bestimmten Büchern, daß es sich lediglich um eine Auswahl handelt. Doch wie bei Deimann sind auch hier diejenigen Abschnitte aus "Kraut und Lot" verschwunden, die den Vorwurf des Rassismus belegen könnten.

Die editorischen Defizite zeigen sich auch in der Geschichte des Kriegstagebuches von Löns. Obwohl es lange im Besitz Deimanns war, befindet es sich in keiner der Werkausgaben. Es galt sogar bis zu seiner Veröffentlichung im Jahre 1986 als verschollen.[36]

---

34 Es handelt sich dabei um "Der Standhauer", "Wahr too!" und "Jagd und Politik" (C V, 126-133, 198-106, 206-217).

35 Vgl. Hermann Löns: Ausgewählte Werke, hrsg. v. Hans A. Neunzig, 5 Bde., München 1986.

36 Vgl. Hermann Löns: Leben ist Sterben, Werden, Verderben. Das verschollene Kriegstagebuch, hrsg. v. Karl-Heinz Janßen/Georg Stein, Kiel 1986.

3. Die Lyrik Löns': Auf der Suche nach Sinnlichkeit

"Der Schleimbeißer wuppelt ins Bürstelstroh
Und Heidelbeerblau glänzt der Grasmückenfloh

Jetzt pispelts erregt auch am Pimmelfurz:
Ein Jauchelochschwätzer am Dommelwurz!

Im Faulwasser lönst sich ein Blechbauchhirsch
Der Steinhäger Hermann ist auf der Pirsch"

(D.P. Meier Lenz: Ein Tag für Hermann Löns, 1973)

3.1 Löns als Lyriker

"Löns lebt im Lied!" verkündet Carl Kahle alliterierend im Jahr 1934[1] und trifft damit einen Kernpunkt der Lönsschen Popularität. Der Nachruhm Löns' gründet sich vor allem auf seine in einem volksliedhaften Ton gehaltenen Gedichte, die zahlreiche Komponisten zu Vertonungen angeregt haben. Die 1911 erschienene Sammlung "Der kleine Rosengarten" lieferte das Hauptmaterial für eine musikalische Verbreitung Löns', während das "Goldene Buch" (1901) und das "Blaue Buch" (1909) wenig Anklang bei Komponisten fanden. Lulu von Strauß und Torney, die Frau des Löns-Verlegers Eugen Diederichs, verlor bereits 1924 den Überblick über die vielen "Rosengarten"-Lieder:

"Rosengartenkomponisten gibt es unzählige - eigentlich muß man jede Woche einen neuen, der im Diederichs Verlag verlegen will, ablehnen -, daß ich Ihnen da keine bestimmte Zahlen nennen kann."[2]

Das "Zentralarchiv der Löns-Vertonungen" in Hagen, das seit 1958 existiert, hat es sich trotzdem zur Aufgabe gemacht, einen Überblick über die Löns-Komponisten und ihre Werke zusammenzustellen. Es fanden sich bisher über 363 Komponisten, darunter so berühmte wie Eduard Künneke.

---

1 Carl Kahle: Hermann Löns im deutschen Schrifttum, in: Der Turnerschafter, 51. Jg. (1934), H. 6, S. 262.

2 Zit. nach Otto Weltzien: Der Rosenjäger. Ein Löns-Buch, Berlin 1925, S. 97.

Bekannt ist auch Fritz Jöde, der mit seinen Liedern Löns zum "Sänger der Jugendbewegung" gemacht hat. Doch die Sänger und Zuhörer der Löns-Lieder bestanden nicht nur aus Jugendlichen; schon in den 20er Jahren wurden Löns-Lieder zu Gassenhauern, die der Film sich dann zunutze machte:

> "Ja grün ist die Heide,
> Die Heide ist grün,
> Aber rot sind die Rosen,
> Wenn sie da blühn."
> ("Das Geheimnis"; D V,129/N V,58)

In drei Filmen, die beinahe in einem 20 Jahre-Rhythmus 1932, 1951 und 1972 entstanden[3], wurde die grüne Heide in wechselnden Besetzungen besungen. Als die berühmteste, mit dem "Filmtraumpaar" Sonja Ziemann und Rudolf Prack gedrehte Fassung 1980 zum ersten Mal im Fernsehen ausgestrahlt wurde, waren 47 % aller TV-Geräte in der Bundesrepublik eingeschaltet. Mit rund 15 Millionen Zuschauern war damit "Grün ist die Heide" der erfolgreichste ARD-Spielfilm jenes Jahres.[4]

Dank der Allianz filmischer und musikalischer Mittel gilt Löns bis heute als der "letzte Volkssänger in der Geschichte des wiederbelebten deutschen Volksliedes".[5] Sein Name steht Pate für einen Preis, mit dem Verdienste um die deutsche Volksmusik geehrt werden. Die "Hermann-Löns-Medaille" ging an Sänger wie Heino und Roy Black, oder auch René Kollo und Hermann Prey.

Löns' Anfänge als Lyriker sind aber weit entfernt von heiterer Heideromantik und gefühlvoller Gemütlichkeit:

> "Euch, welche noch zum Leben nicht
> Der Samen hat geweckt,
> Euch, die noch vor dem grellen Licht
> Der Mutterleib bedeckt,
> Euch gilt unser Schreiben und Streiten,
> Die Wege euch vorzubereiten.

---

3 Vgl. Christa Bandmann/Joe Hembus: Klassiker des deutschen Tonfilms 1930-1960, München 1980 (= Citadel-Filmbücher; Goldmann Magnum 10207), S. 70 f.

4 Vgl. Wilfried von Bredow/Hans-Friedrich Foltin: Zwiespältige Zufluchten. Zur Renaissance des Heimatgefühls, Berlin/Bonn 1981, S. 107.

5 Rede des Chefredakteurs des "Neuen Blatt", Lothar Kleinjung, anläßlich der Verleihung der "Hermann-Löns-Medaille" am 14.9.1974, S. 3 (HLA). Im Löns-Archiv befinden sich auch Zusammenstellungen der Preisträger.

Wir schwingen mit Begeisterung
Das scharfe Wahrheitsbeil
Und hacken, roden Stamm und Strunk
Vom Urwald 'Vorurteil',
Damit ihr freie Wege wandelt
Und ohne Hindernis handelt."

Diese Strophen gehören zum Gedicht "An die Ungezeugten" (C I, 160 f),
das 1890 entstand. Es befindet sich in der "Grotemeyerschen Handschrift", einer Sammlung von frühen Gedichten, die Löns in den Jahren
1884 bis 1890 schrieb und später dem befreundeten Maler Fritz Grotemeyer zur Aufbewahrung gab[6]. Die meisten dieser Gedichte erschienen
1919 postum in "Junglaub" und sind untypisch für das lyrische Werk
Löns': Nicht lustige Wanderer und Jagdgesellen, sondern Alkoholiker,
Prostituierte und Arbeiter stehen im Mittelpunkt[7]; vom Anbruch einer
neuen Zeit mit einer jungen Generation ist die Rede[8]; Löns übt Kritik an
der Gesellschaft und ihrer Doppelmoral[9]; er fordert freie Liebe und einen
zwanglosen Umgang mit der Sexualität[10] und formuliert ein kämpferi-
sches Selbstverständnis als Künstler[11].

Zwar finden sich in "Junglaub" auch Gedichte, in denen Löns Kindheits-
erinnerungen aus Westpreußen verarbeitet[12], sowie autobiographisch ge-
färbte Liebesgedichte[13] und Verse voller Pessimismus und Todessehn-
sucht, die Einblicke in die Seelenlage des heranwachsenden Löns geben[14],
doch der Tenor der Jugendgedichte ist geprägt von einer naturalistischen
Aufbruchstimmung: Löns' Anfänge liegen im Naturalismus - ein Um-

---

6 Die Handschrift befindet sich heute im Stadtarchiv Münster, Bestand "Handschriften",
   Nr. 129.
7 "Krüskes Franz" (C I,88 f); "Der Trunkenbold (C I,112 f); "Dortmund" (C I,162 ff);
   "Zuchthäusler" (C I,173 f); "Alkoholiker" (Deimann-Nachlaß).
8 "Wetterleuchten" (C I,129 f); "Neu-Thermopylä" (C I,151 f); "Das neue Lied" (C I,157 f);
   "Blut und Eisen (C I,159 f); "An die Ungezeugten" (C I,160 f).
9 "Frühling im Dom" (C I,141); "Hymnus (C I,142 f); "Soldatentod" (C I,144); "Der Theologe" (C I,154 f).
10 "Am Wege" (C I,100 f); "Opium" (C I,101 f); "Mai" (C I,115 f); "Freie Liebe" (C I,131 f).
11 "Ich" (C I,143); "Sturm" (C I,155); "In der Zwangsjacke" (C I,165 f); "Poeta laureatus" (C
   I,177 f).
12 "Segelfahrt" (C I,85 f); "Heimatklänge" (C I,92 ff); "Kartoffelfeuer" (C I,94 f).
13 "Margarete" (C I, 104 f); "Frau" (C I,109 ff); "Abfuhr" (C I,117); "Mary" (C I,118);
   "Schön-Else" (C I,132 f).
14 "November" (C I,119); "Sommer" (C I,157).

stand, der vielen Löns-Verehrern peinlich ist und gerne verschwiegen oder heruntergespielt wird.[15]

In der Themenwahl und der Grundstimmung gleichen Löns' Frühgedichte einer Lyrikanthologie, mit der die literarische Moderne in Deutschland ihren Einzug hielt. Ende 1884 gab Wilhelm Arent die Sammlung "Moderne Dichter-Charaktere" heraus, in der junge Literaturrevolutionäre ihr Unbehagen an der Gründerzeitliteratur polemisch in Verse setzten und damit ein Signal für die Naturalisten in Deutschland gaben.[16] Die Themenbreite reicht von Liebeslyrik "voller eingängiger Reimklingeleien"[17] über Zeugnisse pantheistischer Religiosität und Bekenntnisse eigener Verworfenheit hin zu Großstadt- und Dirnengedichten oder auch Werken mit nationalistischen Untertönen. So widersprüch-lich oder auch diffus das Bild erscheint, das die "Modernen Dichter-Charaktere" abgeben, so lassen sich doch thematische und theoretische Eckpunkte dieser "Lyriker-Revolution" ableiten, die Löns in seinen Frühgedichten aufnimmt.

Die Gemeinsamkeit der Frühnaturalisten resultierte aus einem Gefühl des Außenseitertums: In der Opposition gegen die bürgerliche Gesellschaft und gegen die Literatur, in der diese sich repräsentiert sah, fanden sie zueinander und stilisierten sich zu kämpferischen Genies oder Revolutionären, die sich mit den Außenseitern der bürgerlichen Gesellschaft solidarisierten: Proletariern, Prostituierten oder auch Kriminellen.

In dem ersten Vorwort der "Modernen Dichter-Charaktere" beschreibt Hermann Conradi emphatisch die "neue Lyrik" und ihre Dichter:

---

15 Deimann beispielsweise erkennt 1922 in den Frühgedichten "Freude am Bizarren und Krankhaften, am Grausigen und am Verwesungsgedanken" (Wilhelm Deimann: Hermann Löns. Sein Leben und Wirken. 1. Teil, Dortmund 1922, S. 113).

16 Zum Naturalismus, insbesondere seiner Frühphase, die man grob zwischen 1880 und 1890 situieren kann und in der noch nicht das Drama, sondern die Lyrik die bevorzugte Ausdrucksform war, vgl. Günther Mahal: Wirklich eine Revolution der Lyrik? Überlegungen zur literaturgeschichtlichen Einordnung der Anthologie "Moderne Dichter-Charaktere", in: Naturalismus. Bürgerliche Dichtung und soziales Engagement, hrsg. v. Helmut Scheuer, Stuttgart/Berlin/Köln/Mainz 1974, S. 11-47; ders.: Naturalismus, München 1975 (= Deutsche Literatur im 20. Jahrhundert Bd. 1; UTB 363); Karl Riha: Naturalismus, in: Geschichte der deutschen Lyrik vom Mittelalter bis zur Gegenwart, hrsg. v. Walter Hinderer, Stuttgart 1983, S. 371-386; Jürgen Schutte: Lyrik des deutschen Naturalismus (1885-1893), Stuttgart 1976 (= Sammlung Metzler 144). Vgl. außerdem die Textsammlungen Literarische Manifeste des Naturalismus 1880-1892, hrsg. v. Erich Ruprecht, Stuttgart 1962; Lyrik des Naturalismus, hrsg. v. Jürgen Schutte, Stuttgart 1982 (= Reclam Universal-Bibliothek Nr. 7807) und Naturalismus. Manifeste und Dokumente zur deutschen Literatur 1880-1900, hrsg. v. Manfred Brauneck/Christine Müller, Stuttgart 1987.

17 Mahal: Wirklich eine Revolution der Lyrik? a.a.O., S. 26.

"Wir brechen mit den alten, überlieferten Motiven. Wir werfen die abgenutzten Schablonen von uns. Wir singen nicht für die Salons, das Badezimmer, die Spinnstube - wir singen frei und offen, wie es uns um's Herz ist: für den Fürsten im geschmeidefunkelnden Thronsaal wie für den Bettler, der am Wegstein hockt und mit blöden, erloschenden Augen in das verdämmernde Abendroth starrt..." [18]

Auch Löns will sich von den Schablonen stereotyper und anakreontischer Lyrik entfernen, dem "schlappen Singsang von Liebe, Triebe, Weh und Ach", dem "veilchenblauen Goldschnittsklingklang" (C I,157), wie er z.B. in der "Gartenlaube" reüssierte[19]. In einem Brief vom 3. Januar 1888 an seinen ebenfalls dichtenden Freund Max Apffelstaedt kritisiert Löns die Stereotypie der vorherrschenden Lyrik; Apffelstaedt hat sich nämlich an ein Gedicht über den Mai versucht, das vor dem jungen Löns wenig Gnade findet:

"Da ist mir doch das hübsche geschminkte, ver...kommene Budendirnchen lieber, als der fade, liebelnde Wonnemond; ja, wenn Du ihn noch in seiner wahren Gestalt als Begattungs- und Zeugungsmond mit all seiner Liebe, seinem Haß und all den mehr oder minder unedlen Begierden vorführen wolltest..."
(BD 162)

Löns versteht sich als "moderner Dichter-Charakter", der seiner Individualität - seiner Kraft, seiner Gefühle und Triebe - schonungslos Ausdruck verleihen will; er ahmt damit die Geniepose der Frühnaturalisten nach, die sich selber an den Geniebegriff des Sturm und Drang anlehnten. Günther Mahal stellt fest:

"Wie damals das Recht des Genies proklamiert wurde, das sich eigene Gesetze gab und sich gegen jegliche Bevormundung durch einen festen Regelkanon wehrte, so verstanden sich die jungen Naturalisten in erster Linie als individuelle 'Charaktere', die dem dilettantischen Einerlei einer zum Klischee erstarrten Dichterei ihre je eigene Handschrift entgegensetzen wollte."[20]

Der junge Löns wählt sich in dieser Zeit keinen Stürmer und Dränger zum Vorbild, sondern Heinrich von Kleist, mit dem er sich im Bild des

18 Zit. nach Literarische Manifeste des Naturalismus, a.a.O., S. 44.
19 Eine bevorzugte Zielscheibe polemischer Angriffe war der "Haus-Poet" der "Gartenlaube", Albert Träger (1830-1912), den Karl Henckel im zweiten Vorwort der "Modernen Dichter-Charaktere" als "Phrasendrescher und Reimpolterer" verhöhnt; vgl. Literarische Manifeste des Naturalismus, a.a.O., S. 48. Zu dessen Gedichten vgl. Lyrik der Gründerzeit, hrsg. v. Günther Mahal, Tübingen 1973 (= Deutsche Texte 26), S. 192 f.
20 Mahal: Naturalismus, a.a.O., S. 186 f.

verkannten und leidenden Künstlers identifiziert. In einem nicht ins "Grotemeyersche Manuskript" aufgenommenen Gedicht schreibt er über Kleist:

"Er hungerte, fror und darbte,
Sie lachten den Narren aus,
Er schenkte goldne Geschmeide,
Sie stiessen ihn aus dem Haus.

Verzweifelnd an der Menschheit
Schoss er sich vor den Kopf,
Das fanden sie unmoralisch
Und schimpften über den Tropf.

Dann setzten sie ihm ein Denkmal
Und rühmten sich dessen sehr
Und dichteten Lobgesänge:
Heinrich, was willst du noch mehr?

Er aber liegt im Grabe,
Geschützt vor Schande und Ruhm -
Ich wollte, es hole der Teufel
Das ganze Philistertum."
(UBibl. Mü)

Das Bild vom Künstler als Ausnahmemenschen zelebriert Löns auch in dem Gedicht "Poeta Laureatus":

"Zeitalter gab's, wo Lorbeer
Den Dichter hat gekrönt,
Den Prediger der Wahrheit,
Der heute wird verhöhnt,
Wer jetzt die Wahrheit singet,
Den steinigt man tot,
Sie bieten Gold dem armen Volke,
Man weigert ihnen Dach und Brot.

Wer schmeicheln nicht und kriechen
Und sich verleugnen kann,
Den morden die Federhelden,
Den liest kein Biedermann,
Nur himmelblaue Liedlein
Und Sittsamsimpelei
Ist Geistesbrot dem Volk der Denker,
Doch nicht der Wahrheit Hungerschrei.

Ich ruf euch alle zusammen,
Ihr Sänger unsrer Zeit,
Zum Kampfe für der Wahrheit
Beschmutzte Heiligkeit,
Mit wilden Liedern rüttelt
Das taube Deutschland wach,
Und handelt wie ein strenger Vater,
Dem schlechten Kind frommt jeder Schlag!"
(C I,177)[21]

Löns strapaziert hier einen Kernbegriff des Naturalismus: die Wahrheit. Während im späteren Naturalismus darunter die wissenschaftlich objektive Erkenntnis verstanden wird, ist in der frühnaturalistischen Phase mit "wahr" das Individuell-Ungekünstelte gemeint, das sich nicht dem Publikumsgeschmack anpaßt. Diese "Wahrheit", aufgefaßt als subjektive Authentizität, drückt sich literarisch in einer individualistischen und unwiederholbaren Expression aus. Der Begriff "Wahrheit" deutet damit auf eine neue Ästhetik hin, die den Naturalismus von vorhergehenden Literaturrichtungen abgrenzt.

Als selbsternannter "Prediger der Wahrheit" beschäftigt sich Löns nicht nur mit einer auf Gefühl und Individualität bezogenen Wahrheit, sondern darüber hinaus mit dem Zustand der Industriegesellschaft. Wie andere Frühnaturalisten zeigt Löns Interesse für den "vierten Stand" und die "soziale Frage", welches sich allerdings auf eine emotionale Solidarität beschränkt. Zwar ergeht Löns sich in seinen Gedichten in Revolutionspathos[22], oder er beschäftigt sich mit Proletarierfamilien, die durch Arbeitsunfälle und Streiks dem Verhungern nahe sind[23], doch leitet sich daraus kein gesellschaftspolitisches Engagement oder sogar ein parteipolitisches Programm ab, das sich die Errichtung einer klassenlosen Gesellschaft zum Ziel setzt.[24]

Das Verhältnis der Frühnaturalisten zum Proletariat und zur Revolution war ambivalent und nicht frei von Ängsten.[25] Trotz aller Sympathie für

---

21 Vgl. auch das Gedicht "Den Alltagsmenschen" (C I,98).
22 "Ja, Blut und Eisen,/ Die werden beweisen/ Der neuen Zeit ihr altes Recht,/ Es wird zerschlagen/ In kurzen Tagen/ Die Kerkerwand der müde Knecht." ("Blut und Eisen"; C I, 159)
23 So im Gedicht "Dortmund" (C I,162 ff).
24 Zum Verhältnis von Naturalismus und Sozialismus vgl. Mahal: Naturalismus, a.a.O., S. 135-148; Dieter Pforte: Die deutsche Sozialdemokratie und die Naturalisten, in: Naturalismus. Bürgerliche Dichtung und soziales Engagement, a.a.O., S. 175-205.
25 Zum Bild des Proletariats vgl. Klaus-Michael Bogdal: "Schaurige Bilder". Der Arbeiter im Blick des Bürgers am Beispiel des Naturalismus, Frankfurt a.M. 1978, S. 47-116.

die Unterdrückten existierte eine Furcht vor dem Proletariat, welches eine unkontrollierbare Revolution entfesseln könnte. Löns z.B. versieht die Arbeitermassen in einem Revolutionsgedicht sogar mit animalisch-brutalen Zügen:

> "Millionen Hände ballen
> Sich nach oben grausenhaft,
> Millionen Finger krallen
> Fest sich um den Messerschaft.
>
> Blitz und Donner - auf die Tausend
> Stürzt das Millionentier,
> Geller Angstschrei, sterbensgrausend,
> Hungerschrei voll Wut und Gier."
> ("Wetterleuchten"; C I,129 f)

Löns mag vielleicht eine "Tendenz nach unten" gehabt haben, wie ein Lehrer einmal seinen Umgang mit Angehörigen der unteren Schichten erklärt haben soll (SB 35), doch ist dies nicht gleichzusetzen mit einer Identifikation mit dem Proletariat. Der Lehrersohn Löns bleibt ein Sohn des mittelständischen Bürgertums, aus dessen Sicht er seine Gedichte schreibt. Das Bürgertum - nicht die Angehörigen des "vierten Standes" - sind die Adressaten seiner Gedichte. Fast mitleidheischend schreibt Löns:

> "Geh nicht vorüber an den Armen
> Mit kaltem Pharisäerblick,
> Laß ihnen einen milden, warmen
> Mitleid'gen Liebesgruß zurück."
> ("Zuchthäusler"; C I,173)

Hinter Revolutionspathos und Solidarität mit gesellschaftlichen Außenseitern steht weder eine demokratische Grundüberzeugung noch eine sozialistische Weltanschauung, oft ist es ein Provokationsgestus, eine Bürgerschreckattitüde. Löns' rebellische Gedichte müssen vor dem Hintergrund der bürgerlichen Gesellschaft und seiner privaten Umgebung gelesen werden. Vermutlich waren die Gedichte für Löns ein Weg, in dem gespannten Verhältnis zum strengen Vater seinen Protest zu artikulieren. Hinzu kommt, daß Löns' Oppositionshaltung durch ein Ereignis im Spätsommer 1888 bestärkt worden war. Zu diesem Zeitpunkt wurde nämlich der Greifswalder Student Löns aus der studentischen Verbindung "Cimbria" unehrenhaft ausgeschlossen, da er eine Geldschuld nicht rechtzeitig begleichen konnte. Löns fühlte sich in dieser Zeit selbst als ein Außenseiter, ein Ausgestoßener der Gesellschaft, die er mit seinen Gedichten schockieren wollte (siehe 8.4.3).

Das Posieren als Außenseiter oder als einsames Genie teilt Löns sicherlich mit anderen Frühnaturalisten, doch einige von ihnen haben versucht, den Schritt in die von ihnen beschriebene Welt des Proletariats zu wagen. In den 80er Jahren des 19. Jahrhunderts zogen zahlreiche sich zur jungen Generation zählende Schriftsteller aus der Provinz nach Berlin. In der Großstadt Berlin, dem wirtschaftlichen, wissenschaftlichen, technischen und intellektuellem Zentrum, wurden sie "mit der Hektik, der Unübersichtlichkeit, den Menschenmassen, dem Elend der industriellen Metropole" konfrontiert[26]. Hier erlebten die Naturalisten die Lebensbedingungen der Arbeiter und Außenseiter hautnah mit, und einige wohnten zeitweise im kleinbürgerlich-proletarischen Milieu des Berliner Nordens.

Löns hat nie in Berlin gelebt; zwar war er zu kurzen Besuchen in der Reichshauptstadt, wie etwa 1888 zur Beisetzung Wilhelms I. (Brief an Apffelstaedt vom 6.4.1888; UBibl. Mü), doch von einem Großstadterlebnis finden sich zu dieser Zeit weder in seinen Gedichten noch in seinen Briefen Spuren.

Sein Leben ist mit der Provinz verknüpft: Er verließ Münster nicht in Richtung Berlin, sondern ging nach Greifswald und Göttingen, um dort zu studieren. Diese biographische Abweichung, dieser Mangel an großstädtischer ("moderner") Lebenswelt macht den entscheidenden Unterschied zwischen dem jungen Löns und den Frühnaturalisten aus, der seinen weiteren Weg als Schriftsteller bestimmen sollte.

3.2 Abkehr vom Naturalismus

Als etablierter Journalist hat Löns später nichts mehr von seinen Frühgedichten wissen wollen. In seiner kurzen Selbstbiographie von 1909 stellt er die Zeit um 1890 als kurze Abschweifung dar:

> "In wenigen Jahren verschlang ich alles, was ich an deutscher und fremder Literatur in die Finger bekam. Die Revolution in der Literatur war hereingebrochen; Bleibtreu, die Harts, M.G. Conrad fochten in der ersten Reihe, Zola war Feldgeschrei. Zu meinem Entsetzen sah ich ein, daß ich ein ganz altmodischer Mensch war, der romantische Balladen schrieb, Zola langweilig fand und wider

---

26 Einleitung zu: Die Berliner Moderne 1885-1914, hrsg. v. Jürgen Schutte/Peter Sprengel, Stuttgart 1987 (= Reclam Universal-Bibliothek Nr. 8359), S. 16.

Willen höchst bösartige Epigramme gegen Leo Tolstoi schreiben mußte. Der ganze hochgepriesene naturalistische Quark war mir in der Seele zuwider; mein Herz war bei Annette von Droste-Hülshoff und nachher bei Liliencron."
(SB 39)

Tatsächlich finden sich schon gegen Ende des Jahres 1890 Zeugnisse, die belegen, wie Löns allmählich von naturalistischen Positionen abrückt: "Diese ganze naturalistische Dichtung kommt mir vor wie ein Bildhauer, welcher die Klabusterbeeren, Hühneraugen und Warzen mitmeisselt." (Brief vom 22.12.1890; UBibl. Mü) Bezeichnend für diese Entwicklung ist das Gedicht "Entschuldigung":

> "Ich bin ein Mensch und bin ein Mann -
> Dagegen ich wenig machen kann.
>
> Die Folgen davon sind schlimm genug -
> Wer liest eines Mannes und Menschen Buch?
>
> Nur Engel und Weiber, die liebt man heut,
> Doch nicht den Mann und die Menschlichkeit,
>
> Ich sah das ein und habe mit Macht
> Die modernsten Gefühlchen in Reimchen gebracht.
>
> Doch, ach, das wurde ein klägliches Zeug,
> Wie Wasser so dünn, wie Semmel so weich.
>
> Ich hege dafür keine Schwärmerein,
> Ich eß lieber Schwarzbrot und trink' lieber Wein.
>
> Nach kurzer Zeit bin ich abgezehrt
> Zur gewohnten Kost zurückgekehrt.
>
> Denn stell' ich es noch so künstlich an -
> Ich bleib' ein Mensch, ich bleib ein Mann."
> (C I,168 f)[27]

---

27 Auch in dem Gedicht "Das neue Lied" (C I,157 f) ist ein Abrücken vom Naturalismus zu bemerken. Zwar kritisiert Löns in den ersten Versen noch den "veilchenblauen Goldschnittsklingklang", der eindeutig auf die sentimentale Gründerzeitlyrik und ihre Epigonen zielt, doch schon in der ersten Strophe verurteilt er auch die naturalistische Schilderung der Schattenseiten der Gesellschaft: "Verfaulten Leichen gilt ihr Singen, / Voll Aasgestank die Poesie". Diese Zeilen bezieht Löns in dem Brief vom 22. 12.1890 ausdrücklich auf Tolstoi (UBibl. Mü). Problematisch ist allerdings die Datierung des Gedichts: Im "Grotemeyerschen Manuskript" ist Juni 1890 angegeben. Es ist aber nicht auszuschließen, daß Löns dieses Gedicht wie auch andere später überarbeitet hat, was die gleichzeitigen Angriffe gegen die Gründerzeitlyrik und den Naturalismus erklären würde.

An die Stelle der "modernsten Gefühlchen" setzt Löns Bodenständigkeit und Kraft. Dieser Männlichkeitsgestus, mit dem Löns eine neue Phase seiner literarischen Entwicklung einleiten will, war aber schon ein Bestandteil der frühnaturalistischen Dichterstilisierung. Ein typischer Topos im Frühnaturalismus ist die Klage über die "Verweichlichung" und "Verweiblichung" der konventionellen Literatur.

Einen nachhaltigen Einfluß des Naturalismus weist Löns dennoch entrüstet von sich. In seiner Erinnerung stellt sich seine naturalistische Phase als eine kurze Verirrung dar, die er dank eines Erweckungserlebnisses schnell und unbeschadet überstanden habe. Entscheidend sei dabei die Bekanntschaft mit dem Werk Peter Hilles (1854-1904) gewesen, besonders mit dessem Roman "Die Sozialisten". Ein Mitglied seines literarischen Kreises in Münster, in dem man die Werke der Naturalisten diskutierte, soll Löns dieses Buch zum Lesen gegeben haben. Löns schreibt rückblickend:

> "Denn das Buch war für mich eine Offenbarung, war für mich der Handweiser an dem längst geahnten Wege zu einer künstlerischen Erkenntnis. Schon lange graute mir innerlich vor dem Realismus und Naturalismus. Die ewigen aschgrauen Elendsschilderungen, die fortwährende eselfarbige, humorlose Detailmacherei, diese durch undichterischen Arbeitsfleiß und unkünstlerisches Sitzfleisch zusammengeharkte Milieuwurzelei langweilte mich, und schon seit einem Jahre hatte ich mich bei Goethe, Keller, Grillparzer und Hebbel davon erholt."
>
> ("Ein Zigeuner der Literatur"; NS II,251/D V,440)

Hille war ein schillernder Außenseiter der Literaturszene des Kaiserreichs (siehe 8.2.1).[28] Er galt als dichtender Vagant, der in Opposition zu jeder gesellschaftlichen Ordnung stand. Seine oft spontan verfaßten Gedichte erheben die Sinnesempfindungen zu den einzigen Quellen der Erkenntnis. So enthält auch sein Roman "Die Sozialisten" keine naturalistische Sozialkritik, sondern setzt an deren Stelle einen subjektiven Individualismus.

Statt einer stringenten Handlung bestimmen Reflexionen und Unterbrechungen des Autors den Roman. Durchgehender Handlungsfaden ist

---

28 Zu Hille vgl. Franz Glunz: Peter Hille. Der Lebensweg eines ruhelosen Dichters, Höxter 1976; vgl. außerdem Dietmar N. Schmidt: Artikel "Hille, Peter", in: Neue deutsche Biographie, hrsg. von der Historischen Kommission bei der Bayerischen Akademie der Wissenschaften, Bd. 9, Berlin 1972, S. 146 f; Albert Soergel/Curt Hohoff: Dichtung und Dichter der Zeit. Vom Naturalismus bis zur Gegenwart, Bd. 1, 11.-20. Tsd., Düsseldorf 1964, S. 238-245.

die Geschichte von Viktor Huschen, der von seinem Vater, einem be-
güterten Bremer Bürger, im Sinne der marxistischen Weltanschauung erzogen wird. Mit dem Sozialistenführer Beber (eine Anspielung auf August
Bebel) läßt der Vater Viktor nach Leipzig gehen, damit er dort in die sozialistische Bewegung hineinwachse. Viktor, der zudem Erfahrungen in
London und in den Niederlanden sammelt, entfernt sich aber immer mehr
von den sozialistischen Ideen wie inzwischen auch sein Vater.

Für Viktor Huschen und wohl auch für seinen Autor, der autobiographische Erlebnisse hat einfließen lassen, ist sozialistisches Gedankengut
unvereinbar mit der Idee der Individualität und einem aristokratischen
Lebensgefühl. Zwar hält Viktor soziale Reformen für unverzichtbar, befürchtet aber, daß das Individuum bei der Verwirklichung der sozialistischen Gesellschaftsprinzipien seine persönliche Freiheit verliert:

> "Das Theorem des sozialdemokratischen Staats ist der Individualität noch weit
> mehr entgegengesetzt, als dieses mit Staat und Kirche heutzutage der Fall ist.
> Die Sozialdemokratie entwickelt nicht weiter. Deshalb darf man auf sie als den
> Zustand, in welchem man die schönsten menschlichen Kräfte entfaltet, nicht
> rechnen.
> Die ästhetisch, harmonisch human angelegten Naturen werden erst im sozialen
> Staat ihre recht eigentliche Marterbank finden."[29]

Zwar ist Hille, der die Praxis der Sozialdemokratie als kleinbürgerlich
und unsinnig empfindet, kein Naturalist[30], doch ist seine Einstellung
typisch für die Entwicklung vieler naturalistischer Schriftsteller. Aus einer
Art Sozialromantizismus und emotionaler Solidarität mit den Arbeitern
heraus hatten sich viele Naturalisten der Sozialdemokratie an-
geschlossen.[31] Doch im Laufe der 90er Jahre lösten sie sich weitgehend
von der Partei und distanzierten sich vom Parteisozialismus, versuchten
aber weiterhin, einen Sozialismus genereller Art zu verwirklichen, den sie
mit individualistischen Konzepten und Nietzsches Idee vom "Übermenschen" verbanden.

---

29 Peter Hille: Die Sozialisten, in: ders.: Gesammelte Werke in sechs Bänden, hrsg. v.
Friedrich Kienecker, Bd. 3: Romane, Essen 1985, S. 93.
30 Hille wurden in naturalistischen Kreisen sehr verehrt. Mit den Gebrüdern Hart verband
ihn eine lebenslange Freundschaft, die aus der gemeinsamen Schulzeit in Münster her-
rührte. Sie waren Schüler des Gymnasiums Paulinum, an dem später Löns' Vater unter-
richtete und das der junge Löns besuchte.
31 Vgl. Helmut Scheuer: Zwischen Sozialismus und Individualismus - Zwischen Marx und
Nietzsche, in: Naturalismus. Bürgerliche Dichtung und soziales Engagement, a.a.O., S.
150-174.

Diese Wende - weg vom sozialen Engagement und hin zu individualistischen Konzepten und einem "Sozialaristokratismus" - kann beispielhaft bei den Gebrüdern Heinrich und Julius Hart (1855-1906 und 1859-1936) verfolgt werden, die wie Löns ihre literarische Laufbahn in Münster begannen.[32] Sie begründeten dort den "Westfälischen Verein für Literatur", zogen später nach Berlin, wo sie als Kritiker, Publizisten und Lyriker entscheidend an der Durchsetzung des Naturalismus in Deutschland beteiligt waren. Doch bereits Ende der 80er Jahre kehrten sie der Großstadt Berlin den Rücken und gründeten in Friedrichshagen am Müggelsee die Künstlerkolonie "Die neue Gemeinschaft". Dort kümmerten sich die Harts auch um Peter Hille in seinen letzten Lebensjahren.

Diese Bewegung "zurück zur Natur"[33] ist der späteren Entwicklung Löns' vielleicht nicht ganz fremd. Aber setzt diese Entwicklung bereits 1890 ein, in dem Jahr, in dem Löns sein "Erweckungserlebnis" durch Peter Hille gehabt haben will? Da "Die Sozialisten" vermutlich im Dezember 1886 oder im Januar 1887 erschienen waren, hätte Löns das Buch zu diesem Zeitpunkt durchaus gelesen haben können. Es gibt jedoch einige Hinweise, die dagegen sprechen oder zumindest Löns' Version vom "Erweckungserlebnis" durch diese Lektüre in Frage stellen.

Im Nachlaß des Löns-Forschers Wilhelm Deimann existiert ein handschriftliches Gedicht, in dem Löns Bezug auf die "Weber" von Gerhart Hauptmann nimmt. Das Stück, eines der Hauptwerke des naturalistischen Dramas, wurde 1893 uraufgeführt und löste einen Skandal aus, der Löns nicht unberührt ließ:

"Bravo, Bravo - wie Hyänen
Stürzt die Rotte auf die Bühne,
Perlenprunkend in den Logen
Starren sie mit Fiebermiene.

Das ist spannend - ihre Zukunft
Schauen sie und sind nicht bang,
Zähnefletschend zeigt das Drama
Ihnen ihren Untergang."[34]

---

32 Zu den Harts vgl. Dietmar N. Schmidt: Artikel "Hart", in: Neue deutsche Biographie, hrsg. v. der Historischen Kommission bei der Bayerischen Akademie der Wissenschaften, Bd. 7, Berlin 1966, S. 706 f; Schutte: Lyrik des deutschen Naturalismus, a.a.O., S. 13, 62 f.
33 Vgl. Mahal: Naturalismus, a.a.O., S. 32, 36.
34 Heinrich Mann beschreibt in seinem Roman "Im Schlaraffenland" (1900) ebenfalls das wohlige Grausen, das das bürgerliche Publikum angesichts eines naturalistischen Dramas befällt. Das Stück "Rache!", mit dem er satirisch überspitzt auf die "Weber" anspielt, han-

Das Verhältnis zum Naturalismus, aber auch zum Sozialismus war nach 1890 enger, als Löns je zugab. In dem Gedicht "Solamen miseris" (Deimann-Nachlaß) spricht Löns sogar von den "Genossen":

> "Wenn du hungerst, wenn die Noth
> Dir mit Schmutz und Schande droht,
> Alter Freund, sei unverdrossen,
> Denk daran, du hast Genossen."

Damit können zwar auch Leidensgenossen gemeint sein, doch eine Episode aus Löns' Leben legt nahe, daß es sich um Parteigenossen handelt: Vermutlich war Löns 1892 Mitglied der SPD gewesen. Nachdem er nach knapp drei Monaten seine erste Anstellung bei einer Zeitung in Kaiserslautern verloren hatte, kam Löns auf Vermittlung des Pfälzer Sozialdemokraten Eduard Clement in Gera bei der "Reußischen Tribüne" unter.[35] Diese Zeitung war ein Presseorgan der SPD, so daß anzunehmen ist, daß Löns Parteimitglied war oder daß doch zumindest keine Zweifel an seiner politischen Überzeugung bestanden. Zwar wurde Löns nach drei Wochen im August 1892 schon wieder entlassen, doch die Gründe dafür lagen nicht in politischen Meinungsverschiedenheiten als vielmehr in Löns' Unzuverlässigkeit und seinem Alkoholkonsum. Einen Monat später war Löns dann im Lemnitzer "Sozialdemokratischen Arbeiterbildungsverein" aktiv, wo er einen Vortrag hielt.[36]

Die Erinnerung an das "Erweckungserlebnis" durch den antisozialistischen Roman "Die Sozialisten" in der Zeit um 1890 ist somit eine nachträgliche Stilisierung des etablierten Journalisten Löns. Durch das Lesen des Romans hätte Löns eigentlich vor der Arbeit bei einer sozialdemokratischen Zeitung, die er zwei Jahre nach dem angeblichen "Erweckungserlebnis" antrat, gewarnt sein müssen, denn Hille läßt seinen Helden

---

delt von Arbeitern im preußischen Osten, die gegen ihren ausbeuterischen Fabrikherrn und seiner mannstollen Ehefrau revoltieren:
"Der Racheschrei des ausgesogenen, geschändeten Volkes ging durch das ganze Haus. Er durchschüttelte die Damen, daß ihre Brillanten klirrten. Frau Pimbusch stieß unverständliche Laute aus, während sie auf ihrem Stuhl auf- und niederflog. Sie mußte von Frau Türkheimer beruhigt werden. Die Millionäre auf den Stehplätzen schrien da capo." (Heinrich Mann: Im Schlaraffenland. Ein Roman unter feinen Leuten, Frankfurt a.M. 1988 [= H.M.: Studienausgabe in Einzelbänden; Fischer Taschenbuch 5928], S. 127.)

35 Vgl. Deimann: Hermann Löns (1922), a.a.O., S. 147 f.

36 Vgl. ders.: Hermann Löns - Leben und Schaffen, in: Hermann Löns: Werke. Gesamtausgabe, hrsg. v. Wilhelm Deimann, Bd. 6, Hamburg 1960, S. 543.

für eine Parteizeitung schreiben und macht sich sowohl über das Arbeitsklima als auch über den Inhalt der Zeitung lustig:

> "Die Zeitungen enthielten den langweiligsten, wildesten Parteijargon. Kein Feuilleton, das Erquickung gebracht hätte. In den Anzeigen empfahl Bürger Schröder seine Blutwurst und Bürger Kien seine Bürstenwaren den geehrten Herren Parteigenossen. Eng materialistischer Kreis, es gibt auch Zeitungen, in denen die Anzeigen Freiheit atmen."[37]

Als Lokalgröße in Hannover verdrängte Löns seine naturalistische und sozialdemokratische Phase, da er sich inzwischen auf dem Weg ins Establishment befand, der durch eine derartige Vergangenheit nur versperrt werden konnte. 1897, als er sogar schon zeitweise den Posten eines Chefredakteurs einnahm[38], fällt er über die Gedichte des "Grotemeyerschen Manuskripts" das Verdikt: "All das posierte, krampfhafte, gemachte Zeug soll nicht vor die Welt." (Brief an Apffelstaedt, 8.3.1897; BD 175)

Sicherlich "posiert" der junge Löns mit seinen frühen Gedichten; er reproduziert die Posen des Frühnaturalismus und das zu einem Zeitpunkt, als dieser schon längst in einem Wandel begriffen war (von der Lyrik hin zum Drama, vom Individuell-Ungekünstelten hin zum Wissenschaftlich-Objektiven). Doch hinter diesen Posen steht mehr als eine Mode, die abgelegt wird, wenn sie nicht mehr gefragt ist. Sie resultieren bei Löns wie bei anderen Naturalisten aus einer Protesthaltung gegen die Generation der Väter, die in einem hedonistischen Lebensgefühl der Jugend wurzelt.

Damit sind die zwei Grundströmungen genannt, die das ganze Lönssche Werk durchziehen: Zum einen ist es das "Posenhafte", das "Sich-in-Pose-werfen" Löns', der sich zum kämpferischen Genie oder zum Jäger, Bauer oder Krieger stilisiert; zum anderen stehen die Lönsschen Texte unter dem Zeichen der Suche nach Sinnlichkeit und Lebensgenuß.

---

37 Hille: Die Sozialisten, a.a.O., S. 39.
38 Vgl. Uwe Kothenschulte: Hermann Löns als Journalist. Dargestellt am Beispiel seiner Tätigkeit bei der "Hannoverschen Allgemeinen Zeitung" und bei der "Schaumburg-Lippischen Landes-Zeitung", Dortmund 1968 (= Dortmunder Beiträge zur Zeitungsforschung Bd. 13), S. 25 f.

3.3 Von Blumen, Rehen und freier Liebe: Erotik und Sexualität

Den Schriftstellern einer "neuen Generation" nacheifernd tritt der junge
Löns für sexuelle Freiheit, das Recht auf freie Liebe und ein unver-
krampftes Verhältnis zwischen den Geschlechtern ein. Er will Sexualität
und Erotik frei wissen von einengenden Normen und gesellschaftlichen
Zwängen. Um 1890 schreibt er für die damalige Zeit recht gewagt:

> "Laß mich deinen Leib umfassen,
> Wilde Dirne, küsse mich,
> Laß an deinem Mund mich hangen,
> Heut, nur heute liebe mich,
> ..."
> ("Opium"; C I,101)

> "Marie, ich hör's an deinem schnellen
> Herzschlag, daß dich dein Kleid bedrängt,
> Entdämme deines Busens Wellen,
> Die du so grausam eingezwängt,
> Und sei nicht spröde, blick nicht düster,
> Ich will dich ganz, auch deinen Leib,
> Der König Mai ist unser Priester,
> Er traut dich jetzt zu meinem Weib".
> ("Mai"; C I,116)

> "Die Maske fort, das Antlitz bloß;
> Die Lippen frei zum Küssen!
> All unsre Lust kann schleierlos
> Die ganze Menschheit wissen.
> Solang dein Herz für mich noch warm,
> Umschlingt dich fest mein starker Arm,
> Du wirst mein ehlich Treugemahl,
> Trotz Priesterfluch und Kirchbannstrahl,
> Zum Hohn der großen Lüge!"
> ("Februar"; C I,135 f)

In solchen Gedichten artikuliert sich nicht nur der Protest gegen gesellschaftliche Autoritäten, darüber hinaus zeichnet sich ein hedonistisches
Moment ab, das mehr als eine Pose ist. Der Genuß von Sexualität ohne
Reue und Verantwortung scheint die Phantasie des jungen Löns sehr beschäftigt zu haben. In dem Gedicht "Freie Liebe" läßt er dieselbe von seinem lyrischen Ich mit einer Zigeunerin am Wegesrande praktizieren:

> "Das war doch andre Liebeslust
> Als zierliches Poussieren,
> Heißfeuchte Seufzer, Brust an Brust,
> Kein Zappeln und kein Zieren,
> Wie Flammen hat ihr Kuß gebrannt,
> Und all mein Geld flog hin wie Sand,
> Wie Steppensand im Ostwind."
> (C I,132)

Zwar ist diese "freie Liebe" nichts anderes als ein bezahlter Geschlechtsakt, doch kommt dieser Löns' Vorstellung von der freien, "natürlichen" Liebe sehr nahe: Die Frau gibt sich nicht geziert, sondern lebt ihre Lust aus.

In den späteren Gedichten Löns' wird ebenfalls eine freie, voreheliche Liebe thematisiert, die von Mann und Frau gleichermaßen gewollt wird: "Und das Lieben ist ja keine Sünd", läßt Löns eine junge Frau singen, die ihren Freund zur Nacht erwartet ("Das Fensterlein"; D V,122). Allerdings formuliert der gealterte Löns seine Männerphantasien nicht mehr so unverblümt wie in seiner Jugendzeit. Im Hinblick auf die Veröffentlichung hat Löns in seinen späteren Gedichten den freizügigen Ton relativiert und sagt es lieber "durch die Blume": Der "Kleine Rosengarten" wuchert nur so von floristischen Umschreibungen für körperliche Begierden. In dem Gedicht "Der Jungfernkranz" (D V,172) bietet eine junge Frau denselben den Männern dar; "Das einsame Mädchen" (D V,176 f) hofft auf einen Reitersmann, der den Schlüssel zu ihrem Gärtlein bekommen soll; selbst "Die Nonne" (D V,190) bedauert, daß sie mit einem jungen Reiter keine Rosen tauschen konnte.

Mit diesen Blumenmetaphern ordnet Löns die Liebe dem Bereich des Natürlichen zu, in dem die Frau ihre "Natürlichkeit" durch ständige Liebesbereitschaft für einen Mann unter Beweis stellt, während der Mann seine "natürliche" Polygamie auslebt (siehe 7.5.2). Die Frauen in Löns' Gedichten sind nur für die Liebe geboren und sollen dem Manne Zärtlichkeit erweisen:

> "Will jetzt Küssekraut pflücken
> Bei Tag und bei Nacht;
> Denn zum Küssen, ach Küssen
> Sind wir Mädchen gemacht."
> ("Küssekraut"; D V,199)

Seine Geschlechtsgenossen hingegen stilisiert Löns zu den Herrschern der Natur, die über Frauen und Tiere gleichermaßen bestimmen können.

In der Sicht Löns' ist für den promiskuitiven Mann die Frau lediglich ein Besitzgegenstand und Werkzeug seiner Lust:

> "Er liebt sie auch am hellen Tag,
> Er liebt sie heiß und treu;
> Er liebt nicht eine ganz allein,
> Er liebt auch zwei und drei.
>
> Die eine liebt er offenbar,
> Auch wenn er sie nicht freit;
> Die andre liebt er bei der Nacht
> In aller Heimlichkeit.
>
> Und geht ein Mädchen in den Wald,
> Und ist es ganz allein,
> Und trifft sie dort den Jäger an,
> Sein eigen muß sie sein."
> ("Der gefährliche Jägersmann"; D V,191)

Ebenso markant für das Verhältnis Mann-Frau ist die Darstellung der Frau als Jagdbeute. Sie ist "das beste Wildpret", das der Jäger, sprich: der Mann, erlegen kann:

> "Es ist nicht Hirsch, noch Hase
> Und auch kein wildes Schwein,
> Und ist mir doch viel lieber
> Als eines von den drein. (...)
>
> Denn was ich geh zu jagen,
> Das ist ein schlankes Reh,
> Und wenn ich es erlege,
> Das tut ihm gar nicht weh."
> ("Das beste Wildpret"; D V,126)

Dieser Männlichkeitsgestus läßt den Ansatz zur Gleichberechtigung von Mann und Frau vergessen, den Löns in seiner naturalistischen Phase heraufbeschworen hat. Es dominiert das Verlangen nach sinnlicher Liebe, die Löns auch auf Kosten der Frau ausleben will[39].

Diese Forderung nach Sinnlichkeit bleibt nicht nur auf den Bereich der Sexualität beschränkt. Löns strebt in seinen Gedichten eine "Versinnli-

---

39 Die möglichen Folgen der "freien Liebe" für die Frau läßt Löns beiseite. Nur in "Die Verehrung" (D V,178 f) beschäftigt er sich mit einer Frau, die ein uneheliches Kind bekommen hat. Löns vertieft das Problem jedoch nicht, sondern fällt in eine saloppe Ausdrucksweise, die mehr euphemistisch beschönigt als erklärt; das uneheliche Kind ist für ihn - fast scherzhaft - eine "Verehrung".

chung" des Lebens überhaupt an, das in einer bürokratischen und industriellen Gesellschaft zum durchrationalisierten Arbeitsalltag erstarrt ist. Mit seinen Texten erschafft sich Löns den Zufluchtsort einer idealisierten Natur: In seinen Gedichten sowie seinen Tier- und Jagderzählungen, in denen sich Natur und Tierwelt durch eine latente Erotisierung auszeichnen (siehe 4.4), stellt die sinnliche Erlebniswelt "Natur" einen Gegenpol zur Stadt mit ihrem Lärm, der Massenhaftigkeit und der Geschäftigkeit dar.

In einem Gedicht aus dem "Goldenen Buch" (1901) kontrastiert Löns diese Bilder miteinander:

> "Was frag ich nach dem Menschen
> Und nach der lauten Stadt,
> Wenn mich die Bergwaldwildnis,
> Die weiße Stille hat.
>
> Die Buchenstämme stehen
> So schwarz im weißen Schnee,
> Seinen Schlafbaum sucht der Bussard,
> Zu Felde zieht das Reh.
>
> Der Fuchs bellt unten im Grunde,
> Die Eule gibt keine Ruh,
> Der Abendwind rührt an den Zweigen,
> Der Schnee fällt immerzu.
>
> Im Tale funkeln die Lichter,
> Was kümmert mich ihr Schein,
> Ich stehe oben am Hange
> Und bleibe für mich allein."
> ("Was frag ich ..."; D V,10)

Der glitzernden Sphäre der Stadt steht die ruhige Natur gegenüber, die sich zu einem Bild des Friedens und der Eintracht formiert. Diesen Frieden sucht der Naturbetrachter, der die Stadt hinter sich gelassen hat und sich in dieser Umgebung ganz auf sein Ich zurückziehen kann. - Hier wird nicht erwähnt, daß eine alte, absterbende Gesellschaft einer neuen Zeit mit ihren technischen Innovationen weichen muß. Dies meinte Löns noch 1890:

> "Schafft ab die ungesunde Mode,
> Den Leib zu betten in die Gruft,
> Verbrennt, was zinsbar ward dem Tode,
> Und zerstreut die Asche in die Luft;
> Die Asche soll den Acker düngen,
> Friedhof, mach' Platz der Industrie -
> Und laßt das neue Lied uns singen
> Nach einer neuen Melodie."
> ("Das neue Lied"; C I,157)

So wie Löns den Naturalismus hinter sich läßt, ändert sich auch seine Einstellung zur Industrialisierung und Verstädterung, die er als Gefahr für die Natur und den Menschen verurteilt. Die moderne Großstadt wird in seinen späteren Gedichten so gut wie gar nicht vorgestellt, und wenn doch wie in dem Gedicht "Ein Lied vom Lande" aus dem "Blauen Buch" (1909), so sind ihre negativen Eigenschaften klar gezeichnet: Die Stadt ist eng, voller Lärm und ohne jegliche Natur; sie ist anonym und gefühllos: "Der billige Tand bleibt seelenlos und stumm;/ Daheim im Dorf sprach ein jedes Stück" (D V,48). In dieser Umwelt wird eine junge Frau vom Lande, die Löns in den Mittelpunkt des Gedichts stellt, gleichgültig, müde und blaß - ihre Sinne stumpfen ab.

In der Regel ist die Stadt in Löns' späteren Gedichten nie eine reale Großstadt, sondern entweder das negative Gegenbild zum Land oder ein Fremdraum, wie er in Volksliedern von Wanderern oder Soldaten erlebt wird. Die Stadt als Volkslied-Fremde ist typisch für die Gedichte des "Kleinen Rosengarten":

> "Narzissen und Nelken und Veilchen sind schön,
> Ich will in die Fremde, die Fremde jetzt gehn;
> In der Stadt sind die Mädchen
> Noch einmal so schön,
> Ich such mir eine andre
> Und lasse dich stehn."
> ("Denn nicht"; D V,159)

Diese Volkslied-Fremde hat keinen realen Bezug zu einem industriellen Ballungsraum; zumeist wird sie nur aus der Ferne erlebt, ohne genauer geschildert zu werden. Die nachempfundene Welt des Volksliedes ist in der Lönsschen Version ein geschichtsloses Niemandsland, in dem die sozialen Probleme der Gegenwart außen vor bleiben.

Die Welt dieser Lönsschen Gedichte umreißt Günter Hartung knapp mit den Worten: "Der 'Kleine Rosengarten' gibt eine Kleinwelt einfachster menschlicher Beziehungen wieder, der alle gesellschaftlichen Vermittlungen fehlen."[40] Statt Gesellschaftskritik offeriert Löns eine Zuflucht in einen fast gesellschaftsleeren Raum, in dem soziale Beziehungen nicht wie in der Großstadt von zahlreichen, nicht durchschaubaren Mechanismen bestimmt werden, sondern auf einer emotionalen, sprich: "natürlichen", Basis funktionieren. Die Gesellschaftskritik der frühen Jahre verblaßt so vor der Harmonie der ländlichen Idylle.

Weder das "Goldene" noch das "Blaue Buch" kennen die Zeitkritik der Jugendjahre[41]: An die Stelle der Sozialkritik setzt Löns die Natur als sinnliche Erlebniswelt und als Ordnungsprinzip, das die privaten Konflikte des Individuums löst. Im "Blauen Buch", dessen Gedichte vor allem historische Themen aus germanischer Mythologie, dem Mittelalter und der frühen Neuzeit zum Inhalt haben, findet sich allerdings ein technikkritisches Gedicht: "Der Bohrturm" (D V,39/N V,35). Löns kritisiert darin die Ölförderung in der Lüneburger Heide und die damit verbundenen Umwälzungen für Mensch und Natur (siehe 8.3.3). Diese Kritik kommt aber in einem altertümlichen Gewand daher: Der Bohrturm ist ein "schwarzes Gespenst", die Ölindustrie der "schwarze Tod", also die mittelalterliche Pest. Diese Anknüpfung an alte Bilderwelten wird auch in den Inhalten der anderen Gedichte des "Blauen Buchs" offenbar. Löns läßt die germanischen Gottheiten "Wode und Frigga" in der Heide weiterleben:

"Unser Gesetz war kurz, unser Gesetz war das:
Liebe um Liebe, aber auch Haß um Haß."
("Das Osterfeuer"; D V,58)

Neben dem Ordnungsprinzip Natur treten hier archaische Religions- und Rechtsinstanzen hervor, die gesellschaftliche Konflikte auf der Grundlage von Rache, Sühne und Strafe regeln.

Seine Idealvorstellung von Natur hat Löns aber am deutlichsten in den Gedichten des "Kleinen Rosengartens" vorgetragen, mit denen er die Tradition des Volksliedes weiterführen wollte. Für Volkslieder typische Themen wie Liebesleid, Trennung, Abschied, Wandern oder Erfahrung der Jahreszeiten werden verarbeitet, wobei Löns auf sangbare Verse ach-

---

40 Günter Hartung: Über die faschistische Literatur, in: Weimarer Beiträge, 14. Jg. (1968), S. 517.
41 Vgl. den Artikel "Hermann Löns", in: Kindlers Neues Literatur Lexikon, hrsg. v. Walter Jens, Bd. 10, München 1990, S. 526 f.

tete[42]. Dabei verfiel er auf Refrains wie "Valleri, vallera/und juchheirassa" ("Auf der Lüneburger Heide"; D V, 121/N V,51) oder "Widdewiddewitt-bummbummjuchhe" ("Heckenkind"; D V, 145). Löns' Gedichte erhalten dadurch ein hohes Maß an Redundanz; die Idylle manifestiert sich in der stereotypen Wiederholung von Allgemeinplätzen:

> "Aber dies, aber das,
> Und grün ist das Gras;
> Und das Gras, das ist grün,
> Und die Rosen, die blühn."
> ("Das Scheiden"; D V,144)

Walther Killy urteilt über diese Art Lyrik:

> "Man kann über solche Verse nichts mehr sagen, weil sie selbst nichts zu sagen haben. Insofern die Verse aus überlieferten Elementen bestehen, sind diese zu Leerformen geworden. Sie erschließen nichts mehr, sondern verdecken mit den Mitteln einer unzeitgemäßen Tradition den eigenen Augenblick."[43]

Mit diesen Inhalten nähert sich Löns der einst von ihm verurteilten Grün-derzeitlyrik an, die in verkrampften Posen erstarrte. Die "Reproduktion des immer Gleichen"[44], die diese Lyrik kennzeichnet, wird auch zum Merkmal der "Rosengarten"-Gedichte, die außerdem in ihrer Epigonalität Anleihen bei Annette von Droste-Hülshoff und Detlev von Liliencron machen[45].

---

42 Löns: "ich habe wenig Sinn für unsangbare Lyrik." (BD 270) Zum Thema Volkslied vgl. auch Alfred Potthoff: Hermann Löns und das Volkslied. Ein Beitrag zur Löns-Forschung, Hannover 1928 (= Beiträge zur niedersächsischen Literaturgeschichte Bd. II), S. 101 ff.

43 Walther Killy: Elemente der Lyrik, München 1972, S. 128.

44 Mahal: Wirklich eine Revolution der Lyrik? a.a.O., S. 16.

45 Am Anfang der deutschen Heidedichtung stehen von Droste-Hülshoffs "Heidebilder" (1841/42), die von einem schaurig-phantastischen Ton geprägt sind, wie er sich z.B. im Gedicht "Der Knabe im Moor" niederschlägt. Allerdings ist dieser Einfluß weniger in der Lyrik Löns' deutlich als in seinen Naturskizzen. Vgl. Lotte Köhler: Annette von Droste-Hülshoff, in: Benno von Wiese (Hg.): Deutsche Dichter des 19. Jahrhunderts. Ihr Leben und Werk, 2. überarb. Aufl., Berlin 1979, S. 279-305; vgl. außerdem Robert Minder: Lü-neburger Heide, Worpswede und andere Heide- und Moorlandschaften, in: ders.: Dichter in der Gesellschaft. Erfahrungen mit deutscher und französischer Literatur, Frankfurt a.M. 1966, S. 265-286, bes. 279 ff. Siehe auch die Gedichte in Annette von Droste-Hülshoff: Sämtliche Gedichte. Mit einem Nachwort von Ricarda Huch, Frankfurt a.M. 1988 (= Insel-Bibliothek).
   Die Heide, die Detlev von Liliencron in seinen Gedichten darstellt, ist, "anders als jene der Droste, nicht unerlöst, sondern erlösend, nicht Bannzone, sondern Refugium des Freiheitsuchenden ..., Landschaft der kreatürlichen Liebe, der ungebundenen spielenden Phantasie." Seine Liebesgedichte sind oft neckisch-frivol und geben in ihrer relativen

Während Löns Gedichte reproduziert, die alten Volksliedern nacheifern, beginnt um 1900 eine neue Phase in der Entwicklung der Lyrik, die man stichwortartig an den Namen Stefan George, Hugo von Hofmannsthal und Rainer Maria Rilke festmachen kann[46]. Zur selben Zeit, als andere Lyriker sich mit der Problematik der Poesie in einer prosaischen Zeit beschäftigen, verschwendet Löns keinen Gedanken an eine Weiterentwicklung künstlerischer Mittel, um auf ästhetische Weise der Mechanisierung und Industrialisierung zu begegnen, die dem einzelnen Subjekt die Möglichkeit zur Selbstverwirklichung und Identitätsfindung einschränken. Er bleibt bei seinen epigonalen Stilmitteln, der Heraufbeschwörung einer Idylle und der Suche nach Sinnlichkeit.

3.4 Die Lönssche Heimat: Im Rausch der Idylle

Löns' Wunschvorstellung von einer intakten Tier- und Pflanzenwelt verdichtet sich zu einer Traumwelt, in der der Mensch in einer Volkslied-Idylle Natur und Liebe sinnlich erfährt und erlebt. Löns erschafft sich und seinen Lesern mit literarischen Mitteln eine ideale Heimat, in der die sozialen, wirtschaftlichen und politischen Probleme der Gegenwart ausgeschaltet sind. Diese Reduktion des menschlichen Lebens auf Liebe, Heimatglück und Harmonie mit der Natur sichert den Lönsschen Gedichten einen großen Teil ihres Erfolges, da sie Bedürfnisse stillen, die der Leser bzw. Sänger in seiner real erfahrbaren Umwelt nicht befriedigen kann.

Diese Heimat ist kein konkreter Raum, auch wenn Löns von der Lüneburger Heide ausgeht, sondern ein imaginärer Ort mit großem Gemütsgehalt. Obwohl "Heimat" ein subjektiver Begriff ist, der an jeden einzelnen Menschen gebunden ist (an seinen Geburts- oder Aufenthaltsort, seine zwischenmenschlichen Beziehungen, seine Sprache, Tradition und Kultur)[47], schafft Löns mit seinen Versen eine allgemeine "Heimat", die bei

---

Freizügigkeit wohl das Vorbild für die frühen Liebesgedichte Löns' ab. Vgl. Ursula Jaspersen: Detlev von Liliencron, in: Benno von Wiese (Hg.): Deutsche Dichter des 19. Jahrhunderts, a.a.O., S. 580. Zu Liliencron vgl. auch Schutte: Einleitung, in: Lyrik des Naturalismus, a.a.O., S. 28. Siehe auch seine Gedichte in der Sammlung "Der Heidegänger", in: Detlev von Liliencron: Gesammelte Werke, Bd. 2: Gedichte, Berlin/Leipzig 1923, S. 5-204.

46 Zur Lyrik um 1900 vgl. Lawrence Ryan: Jahrhundertwende, in: Geschichte der deutschen Lyrik vom Mittelalter bis zur Gegenwart, a.a.O., S. 387-419, bes. S. 390.

47 Zum Heimatbegriff vgl. Till Bastian: Herausforderung Freud. Ökologie, Psychotherapie und politisches Handeln, Stuttgart 1989 (= Edition Universitas), S. 35-46; Jürgen Bolten:

vielen Menschen ähnliche Konnotationen von Geborgenheit und Glück weckt.

Die Kulturanthropologin Ina-Maria Greverus hat untersucht, welche Bedeutung das Vorhandensein von Heimat (Greverus arbeitet lieber mit dem Begriff "Territorium") für das menschliche Leben hat:

> "Der Mensch benötigt - und erstrebt bei Verlust oder Versagung - einen Raum, der ihm Satisfaktion gewährt, in dem er vorgebildete und erlernte Strebungen verwirklichen kann. Ist dieser realisierungsunmöglich, wird er in Vorstellungs-räumen angesiedelt, die retrospektiv oder prospektiv anvisiert werden können, aber immer mit Werten als Symbolen durchsetzt sind, hinter die oft die eigentli-chen Strebungen - bewußt oder unbewußt - verdrängt werden."[48]

Für den Löns-Leser bedeutet dies: Da seine Bedürfnisse in seiner aktuellen Lebenswelt (in der Industriegesellschaft, im Krieg, in der Inflation etc.) nicht erfüllbar sind, schafft er sich einen Vorstellungsraum, in dem eine "heile Welt" herrscht. "Heimat" wird so zu einem Oppositionsbegriff gegen alles "Unheile", sprich: gegen die Lebenswelt der Rezipienten, in der grundlegende Bedürfnisse unerfüllt bleiben.

Greverus sieht drei Basisbedürfnisse - Sicherheit, Stimulation, Identität -, denen letztendlich die Lönssche Heimat entgegenkommt. Die Idylle, die Löns in der Natur und den zwischenmenschlichen Beziehungen walten läßt, vermittelt ein Gefühl der Geborgenheit; die Lönssche Heimat ist überschaubar und transparent im Gegensatz zur hektischen, chaotisch anmutenden Massengesellschaft. Die Idylle bildet einen idealen Identifi-kationsraum, in dem der Leser glaubt, seinen festen Platz in der Natur be-stimmen zu können. Die Löns-Lieder bieten zudem die Möglichkeit zur stimulierenden Aktivität; man kann sie auf Wanderungen singen, sei es in

---

Heimat im Aufwind. Anmerkungen zur Sozialgeschichte eines Bedeutungswandels, in: Hans-Georg Pott (Hg.): Literatur und Provinz. Das Konzept 'Heimat' in der neueren Li-teratur, Paderborn 1986 (= Schriften des Eichendorff-Instituts an der Universität Düs-seldorf), S. 23-38; Eduard Führ: Wieviel Engel passen auf die Spitze einer Nadel?, in: Worin noch niemand war: Heimat. Eine Auseinandersetzung mit einem strapazierten Be-griff. Historisch-philosophisch-architektonisch, hrsg. v. Eduard Führ, Wiesbaden/ Berlin 1985, S. 10-32; Ina-Maria Greverus: The "Heimat" Problem, in: Der Begriff "Heimat" in der deutschen Gegenwartsliteratur. The concept of "Heimat" in contemporary German literature, hrsg. v. Helfried W. Seliger, München 1987, S. 9-27; dies.: Auf der Suche nach Heimat, München 1979 (= Beck'sche Schwarze Reihe Bd. 189); dies.: Der territoriale Mensch. Ein literaturanthropologischer Versuch zum Heimatphänomen, Frankfurt a.M. 1972; Bernhard Waldenfels: Heimat in der Fremde, in: Worin noch niemand war, a.a.O., S. 33-41.

48 Greverus: Der territoriale Mensch, a.a.O., S. 50.

der Lüneburger Heide oder in anderen Landschaften, die in ihrer äußeren Gestalt das Vorbild für den Vorstellungsraum "Heimat" abgeben können.

Die reale Folie für den Vorstellungsraum der Lönsschen Heimat stellt zwar die Lüneburger Heide dar, doch liefert sie nichts anderes als den Auslöser einer Phantasmagorie. Löns phantasiert sich in eine urwüchsige Natur mit einer intakten Tier- und Pflanzenwelt hinein, die in seiner Gegenwart schon nicht mehr bestand und eigentlich nie bestanden hatte. Die Lüneburger Heide ist keine Ur-Natur, sondern eine Kulturlandschaft, die durch den jahrhundertelangen Einfluß von Menschen entstanden ist:

> "Die Lüneburger Heide ist geradezu ein Musterbeispiel dafür, wie eine Landschaft über lange Zeiträume hinweg durch das Zusammenspiel ökologischer, ökonomischer, sozialer und administrativer Faktoren geprägt und grundlegend verändert werden kann."[49]

Die Heideflächen kamen zustande, als im Mittelalter begonnen wurde, systematisch Wälder zu beseitigen, um Anbau- und Weideflächen zu vergrößern. Diese Entwicklung setzte sich über Jahrhunderte hinweg fort und wurde im 19. Jahrhundert durch den Strukturwandel in der Landwirtschaft und die Industrialisierung weiter intensiviert.

Über solche Fakten kann sich die Lönssche Heimat ohne weiteres hinwegsetzen, da sie trotz ihres regionalen Bezuges universell angelegt ist; ihr Reich ist allein die Phantasie der Rezipienten, die sich eine Idealheimat erträumen.

In der Löns-Begeisterung der 20er Jahre, die sich vor allem in der Popularität von Löns-Liedern und Naturerzählungen artikulierte, wird deutlich, wie die Vorstellung der Lönsschen Heimat die Bedürfnisse nach Stimulation, Identifikation und Sicherheit stillt. Löns-Lieder und -Geschichten "berauschen" das Publikum und entführen sie in eine Welt bunter Bilder:

> "Oft genug, wenn er sich mit uns am Feldrain, am Waldrande, am Wassertümpel niederläßt und uns mit seinen Augen sehen lehrt - eben lehrt! - dann fliegt es wie im Kaleidoskop bunt vor unsern Blicken vorüber, Aufzählungen

---

49 Gerd Völksen: Landschaftsentwicklung der Lüneburger Heide, in: Dieter Brosius u.a.: Die Lüneburger Heide, Hannover 1984 (= Schriftenreihe der Niedersächsischen Landeszentrale für politische Bildung; Landschaften Niedersachsens und ihre Probleme, Folge 3), S. 5; vgl. auch Rainer Köthe: Auf der Lüneburger Heide, in: Kosmos (1991), H. 8, S. 14-23.

mit knapper Charakterisierung, als ob einer zwischen Daumen und Zeigefinger die Blätter eines Buches rasch vor unsern Augen vorbeischnurren ließe."[50]

Erst durch Literatur wird die Natur real und erfahrbar; Löns-Texte werden zu einem Zauberwort, welches das Tor zu einer Wunschwelt öffnet, zu einem Rausch von Farben und Tönen. Die Worte (oder der Gesang) lassen die Natur zum eigentlichen Erlebnis werden; hat die Lönssche Lyrik schon einen Erlebniswert an sich, der sich durch das Lesen oder Singen einstellt, so wird dieser noch potenziert, wenn Löns-Lieder im Freien auf Wanderungen gesungen werden. Natur und Literatur verbinden sich so zu einem einzigartigen Erlebnis.

Das Naturerlebnis kommt quasi erst durch Literatur zustande, indem die Worte eine imaginäre Welt vor den Augen der Wandernden und Singenden in einem Kaleidoskop von Farben und Landschaften erzeugen (siehe 4.4). In einem Vorwort zu dem "Löns-Liederbuch" von Hanns Heeren und Otto Koch heißt es 1920:

> "Löns-Lieder! Wer kennt nicht die zarten und die frischen, die feinen und die derben, die ernsten und die übermütig lustigen Lieder aus dem kleinen Rosengarten von Hermann Löns, dem Heidedichter? Wer hat nicht schon den berauschenden Zauber dieser Verse aus sich wirken lassen, die so einfach und natürlich und doch so eigenartig klangvoll sind? Fast von selbst finden sich Melodien zu den Worten, schon beim Lesen möchte man singen! Und wie wunderbar farbenprächtig sie sind! Seht ihr da nicht die blühende Heide vor euch, und wie die ersten Lerchen im Morgendämmern jubelnd zum Himmel hinaufzwitschern, der Sonne entgegen, die bald die Tautropfen auf den Gräsern wie Tausende von Perlen und Edelsteinen funkeln und blitzen läßt."[51]

Vor allem in der Jugendbewegung wurden Löns-Lieder gesungen und Löns-Erzählungen gelesen. Bücher wie "Aus Wald und Heide" oder "Mümmelmann" wurden als "so recht für uns Wandervögel jung und alt" gepriesen: "Ganz fein ist 'Das braune Buch'. So mit Löns in der einsamen Heide zu sitzen, 'um die Uhlenflucht', das ist ein Erlebnis."[52]

Gerade dieser Erlebniswert der Lönsschen Texte korrespondiert mit der Natursehnsucht und dem Lebensgefühl der Jugendbewegung, die in

---

50 Walther Kühlhorn: Tierdichtung. Hermann Löns zu Ehren, in: Zeitschrift für Deutschkunde, 38. Jg. (1924), S. 428.

51 Hanns Heeren/Otto Koch: Das Löns-Liederbuch, 2. Aufl., Wolfenbüttel 1920 (Erstauflage 1917), S. 3.

52 Roderich Waldmeister: Von Mümmelmann und Genossen. Köstliche Bücher schreibt Hermann Löns, in: Wandervogel. Monatsschrift für deutsches Jugendwandern, 6. Jg. (1911), H. 12 (abgedruckt in: Hermann-Löns-Blätter [1988], H. 4, S. 22).

einer sich verändernden Gesellschaft nach Identitätsräumen suchte. In einer Aufbruchstimmung strebte die deutsche Jugendbewegung, die sich 1901 mit der Gründung des "Wandervogel" organisierte[53], nach einer Erneuerung der industriellen und bürokratischen Gesellschaft. Diese sollte von einem gemeinsamen Lebensgefühl ausgehen, welches durch das Erlebnis von Natur und von Gemeinschaft auf Wanderungen in Gruppen gleichaltriger Jugendlicher gestiftet wurde.

Dieses Erlebnis wird zudem entscheidend durch den Gesang unterstützt. Das Singen von Löns-Liedern intensiviert das Naturerlebnis, wenn es dieses nicht sogar erst initiiert: Das gemeinsame Singen wirkt kollektivbildend und führt zu einem Gefühl der Identifikation mit einer gleichgesinnten Gemeinschaft. Löns-Lieder lassen für einige Minuten die Illusion von Sicherheit, Gemeinschaft und Geborgenheit erstehen, die in der "Lönsschen Traumwelt" (zeitweise) die Flucht aus der Alltagswelt erlauben und den Wunsch nach Regression in die Natur befriedigen[54].

Getragen von der schwärmerischen Sehnsucht nach dem Idyll einer heilen Welt, in der der Mensch im Einklang mit der Natur lebt, erkor sich die Jugendmusikbewegung Löns zur Kultfigur, mit der den Folgen der Industrialisierung Einhalt geboten werden sollte. Neben Musikwerken aus Renaissance und Barock sowie alten Volksliedern sollten auch "neue Volkslieder" die befürchtete Enthumanisierung der Gesellschaft stoppen, und man glaubte, in der Lyrik Löns' mit ihren eingängigen Refrains und simplen Versen die geeignete Vorlage gefunden zu haben.[55]

---

53 Zum folgenden vgl. Ulrich Aufmuth: Die deutsche Wandervogelbewegung unter soziologischem Aspekt, Göttingen 1979 (= Studium zum Wandel von Gesellschaft und Bildung im neunzehnten Jahrhundert Bd. 16), S. 74 ff, 171 f; Hermann Giesecke: Vom Wandervogel bis zur Hitlerjugend. Jugendarbeit zwischen Politik und Pädagogik, München 1981 (= Juventa Paperback), S. 11-38; Coronna Hepp: Avantgarde. Moderne Kunst, Kulturkritik und Reformbewegungen nach der Jahrhundertwende, München 1987 (= Deutsche Geschichte der neuesten Zeit vom 19. Jahrhundert bis zur Gegenwart; dtv 4514), S. 85-89; Ulrich Linse: Lebensformen der bürgerlichen und der proletarischen Jugendbewegung, in: Jahrbuch des Archivs der deutschen Jugendbewegung, Bd. 2 (1978), S. 24-55; Jakob Müller: Die Jugendbewegung als deutsche Hauptrichtung neukonservativer Reform, Zürich 1971 (= Wirtschaft-Gesellschaft-Staat. Zürcher Studien zur allgemeinen Geschichte Bd. 28); Frank Trommler: Mission ohne Ziel. Über den Kult der Jugend im modernen Deutschland, in: "Mit uns zieht die neue Zeit". Der Mythos Jugend, hrsg. v. Thomas Koebner/Rolf-Peter Janz/Frank Trommler, Frankfurt a.M. 1985 (= edition suhrkamp 1229), S. 14-49.
54 Vgl. Hartung: Faschistische Literatur, a.a.O., S. 517.
55 Vgl. die Aufsätze Manfred Ehrhorn: Das chorische Singen in der Jugendmusikbewegung. Erneuerungsbestrebungen nach 1900 und Ulf Jöde: Liedsatzbeiträge in der deutschen Jugendmusikbewegung und späteren Veröffentlichungen im Rahmen dieser Tradition, in:

Pathetisch wurde verkündet, mit Löns das "neue deutsche Volkslied zu schaffen, das unserer Zeit entspricht und ihre innersten Regungen wiedergibt"[56]. Fritz Jöde, der als "Führer der Jugendmusikbewegung" galt und 1916 seine Lieder zum "Kleinen Rosengarten" veröffentlichte, erinnerte sich, wie seine Löns-Lieder zum Auslöser für eine ganze Reihe von weiteren Kompositionen wurden, die alten Volksliedern nachahmten: "sie entfesselten eine wahre Flut von Liedweisen im Wandervogel"[57].

Die zum festen Liedgut der Jugendbewegung zählenden Löns-Lieder haben bei "Wandervögeln" eine derart "berauschende" - sprich: stimulierende - Wirkung entfaltet, daß in den 20er Jahren kritische Stimmen laut wurden. Julius Jensen bewertet 1926 aus evangelischer Sicht die Löns-Begeisterung als einen "Löns-Rausch" und warnt vor seinen Folgen. Ausgehend von Löns' persönlicher Situation analysiert er dessen Werke:

> "Löns ist auf der Flucht. Er leidet an der Zeit, die ihm ein Leben gibt, mit dem er nicht fertig zu werden vermag. Er betäubt sich - und andere. Ja, es gibt einen 'Lönsrausch', mancher weiß das. Es ist ein Rausch, der uns dem verachteten Jetzt entrückt und uns hinträgt zu einem großen Einst, das niemals war. Diese herrliche Flucht, diese berauschende Stimmung des Enthobenseins aus dem Jetzt aber packt den Menschen mit unheimlicher Wucht, am meisten in der Jugend, und hier ist der Grund für die fast wunderbare Wirkung, die Löns auch mit seinen unbedeutendsten Werken ausübt."[58]

Das "Rauschmittel" Löns entpuppt sich vor allem in Krisenzeiten als adäquates Mittel, der Wirklichkeit zu entfliehen. Karl Blume z.B., der es in den 20er und 30er Jahren zu einiger Berühmtheit als Löns-Sänger brachte, berichtet, daß er seine Melodie zu "Grün ist die Heide", die noch in

---

Karl-Heinz Reinfandt (Hg.): Die Jugendmusikbewegung. Impulse und Wirkungen, Wolfenbüttel/Zürich 1987, S. 37-55, 56-62.
    Die 1907 und 1915 erschienenen "Kaiserliederbücher", die zu den Vorläufern der Jugendmusikbewegung gehören, versammelten zahlreiche Chorwerke aus vergangenen Jahrhunderten; im Vorwort dieser Liederbücher wurde das Vordringen der Technik und die "mechanische Wiedergabe der Grammophone" bedauert. Die bekannteste Sammlung von Volksliedern erschien im selben Zeitraum: Der "Zupfgeigenhansl" (1908).
56 Else Frobenius: Mit uns zieht die neue Zeit. Eine Geschichte der deutschen Jugendbewegung, Berlin 1927, S. 384.
57 Fritz Jöde: Wandervogel und Jugendmusik, in: Gerhard Ziemer/Hans Wolf: Wandervogel und Freideutsche Jugend, 2. Aufl., Bad Godesberg 1961, S. 490. Zu Jöde vgl. außerdem Günter Trautner: Die Musikerziehung bei Fritz Jöde. Quellen und Grundlagen, Zürich 1968; Karl-Heinz Reinfandt: Fritz Jödes Schaffen zwischen Idee und Wirklichkeit, in: ders. (Hg.): Die Jugendmusikbewegung, a.a.O., S. 277-296.
58 Julius Jensen: Hermann Löns in seiner religiösen Haltung, in: Eckart. Blätter für evangelische Geisteskultur, 3. Jg. (1926), H. 1, S. 10.

den 50er Jahren für gefüllte Kassen und Momente sentimentalischer Weltflucht sorgte, im Ersten Weltkrieg inmitten eines feindlichen Angriffes komponiert habe.[59]

Blume schildert außerdem, welche Wirkung dieses Lied in der Revolution 1918 in Berlin gehabt haben soll. Am Bahnhof mit Gitarre und einem Schinken angekommen, sollen ihn Revolutionäre bedrängt haben:

> "... ich wäre wohl kaum unbehelligt davongekommen ... - wenn mich nicht ein plötzlicher Einfall gerettet hätte. Blitzschnell handelte ich, klemmte mir den Schinken zwischen die Beine, nahm die Gitarre auf und sang ... sang 'Grün ist die Heide' - die Augen fest auf meine Gegner gerichtet. Verblüfft blieben die rauhen Burschen stehen, unbeweglich, wie erstarrt ... meine Sehnsucht nach dem Wald und der Heide klang über den ungepflegten Bahnhof, dessen Fensterscheiben im Schmutze der letzten Monate blind geworden waren - zwischen den rostigen Schienen erzitterte hie und da ein schwindsüchtiger Grashalm - doch ich sah nur das blühende Heidekraut vor mir ...
> Wie aus dem Boden gewachsen umgab mich auf einmal eine große Menschenmenge. Verhungerte, blasse Gesichter, mit verwunderten Augen, ungläubig, zweifelnd, sehnsuchtsvoll - einem uralten Mütterchen liefen dicke Tränen die grauen Wangen hinunter - ich glaube, wenn mich jetzt noch einer von den Matrosen angerührt hätte, es wäre ihm schlecht bekommen..."[60]

Selbst wenn diese Episode eine stilisierte Wunschprojektion ist, zeigt sie doch ganz deutlich, welche emotionalen Konnotationen mit Löns-Liedern verbunden sind: Solidarität, Geborgenheit, Friede, Harmonie und Sehnsucht nach der Idylle. Löns-Lieder erscheinen als Friedens- und Einheitsstifter, die die Menschen an eine bessere Zukunft glauben lassen.[61]

Die eskapistischen Züge der Löns-Lieder fanden weit über die Jugendbewegung hinaus Gefallen. Die Löns-Begeisterung der 20er Jahre ist nicht an eine bestimmte Rezipientenschicht gebunden, sondern verbreitete sich in den verschiedensten sozialen Schichten, was folgende Details belegen: 1914 komponierte der gerade 14-jährige Kurt Weill das "Reiterlied" nach einem Löns-Gedicht[62]; auch in einem deutsch-jüdischen Haus-

---

59 Vgl. Henry Peters-Arnolds: Karl Blume. Ein Leben für das Lied. Erinnerungen an den Komponisten und Wahrer des Volksliedes. Zu seinem 100. Geburtstag am 13.10.1983, Hagen 1982 (= Lönsdichtungen im Klangbild H. 1; Westfälische Musikmemoiren und -biographien H. 2; Düsseldorfer Buch '75, H. 4), S. 9.

60 Zit. nach ebd., S. 15.

61 Die Sentimentalität dieser Episode besitzt implizit einen politischen Aspekt, der die Löns-Lieder für propagandistische Zwecke geeignet erscheinen läßt. In Blumes Darstellung sind die Revolutionäre nichts anderes als Straßenräuber, die es auf seinen Schinken abgesehen haben, während die schweigende Mehrheit, die dem Löns-Lied lauscht, die gemütvolle Solidargemeinschaft darstellt. Zur Propaganda siehe auch 5.5.

62 Vgl. David Drew: Kurt Weill. A Handbook, Berkeley/Los Angeles 1987, S. 98.

halt mit gutbürgerlichem Hintergund - Weills Vater war jüdischer Kantor - gehörten Löns-Gedichte zum guten Ton. 1925 stehen in einem Liederbuch des Berliner "Arbeiterjugend-Verlages" nicht nur die "Internationale", der "Sozialistenmarsch" und "Brüder, zur Sonne, zur Freiheit", einige Seiten weiter findet man Löns-Lieder wie "Auf der Lüneburger Heide" oder "Es blühen die Rosen, die Nachtigall singt"[63].

Was die Löns-Verehrer verbindet, ist die Sehnsucht nach der Idealheimat, in die ihre Phantasie sie entführt. Diese Phantasie ist aber dann nicht mehr notwendig, als der Film Löns-Lieder mit Stimmungsbildern aus der Heide illustrierte. Die Phantasmagorie wurde dingfest gemacht: Bereits 1929, also noch in der Stummfilmzeit, konnten Löns-Verehrer einen Film mit dem Titel "Hermann Löns und seine Heide" bewundern. Es handelte sich um einen Naturfilm, der die Landschaft und die Tierwelt der Lüneburger Heide ins Kino holte.[64] Drei Jahre später erklangen dann Löns-Lieder im Kino: Ende 1932 kam "Grün ist die Heide" auf die Leinwand und wurde zu einem Überraschungserfolg.[65] Dank der Löns-Filme mußte der Rezipient nicht selbst wandern und singen, der Vorstellungsraum "Heimat" wurde konsumgerecht verabreicht und massenhaft angenommen.[66]

Die Natursehnsucht der Jugendbewegung und die Suche nach Sinnlichkeit und Identität in einer krisenhaften Gesellschaft verwandeln sich im Heimatfilm in eine gut verkäufliche Mixtur aus Heimatgefühl, Liebesglück, Naturschönheit und Schlagerseligkeit. Löns-Lieder empfahlen sich mit ihren eingängigen Refrains und redundanten Texten für die in den Jahren zwischen 1924 und 1929 zu einer eigenständigen Größe herange-

---

63 Vgl. August Albrecht: Jugend-Liederbuch, 7. Aufl., Berlin 1925, S. 136 f, S. 161.

64 Vgl. den Artikel "Weltspiele. 'Hermann Löns und seine Heide'", in: Hannoverscher Anzeiger, 4.6.1929 (HLA).

65 Ein zeitgenössischer Filmkritiker schrieb über den Erfolg des Films:
    "Das beste daran ist, daß hier nicht mit irgendwelchen faden Sensationen gearbeitet wird, sondern an das Gefühl der Heimatliebe appelliert wird. Wir hatten ja bisher so wenige ausgesprochene Heimatfilme, hier ist einer, und es wäre gar nicht übel, wenn nach all den meist recht dummen Filmmoden nun einmal der Heimatfilm Mode würde, gerade auf diesem Gebiet könnte wirklich noch viel Neues und Schönes gebracht werden."
    (Fritz Olimsky: Grün ist die Heide, in: Berliner Börsen-Zeitung, 10.12.1932; Kinemathek Berlin.)

66 Das gilt für die drei Verfilmungen von "Grün ist die Heide" (1932, 1951, 1972) wie für die Löns-Filme "Dahinten in der Heide" (1936; Regie: Carl Boese) und "Rot ist die Liebe" (1956; Regie: Karl Hartl). Daneben gibt es eine Reihe von Filmen, die auf der Löns- und der Heide-Welle mitschwammen: "Heideschulmeister Uwe Karsten" (1954; Regie: Hans Deppe), "Heidemelodie" (1956; Regie: Ulrich Erfurth), "Wenn die Heide blüht" (1960; Regie: Hans Deppe).

wachsenen Schlagerindustrie[67], die Löns-Lieder in verschiedenen musikalischen Aufbereitungen an ein Massenpublikum verkaufte. In den Bereichen Film, Musik und Buch machte sich die Kulturindustrie, die die Identitätskrise in der modernen Gesellschaft registrierte, die Lönssche Heimat für ihre Produkte zunutze.

Wie sehr sich die Kulturindustrie dabei zeitbedingten Faktoren anpaßt, beweisen die zweite und die dritte Verfilmung von "Grün ist die Heide".[68] Die Werbung für das letzte Remake von 1972, in dem der Schlägersänger Roy Black die Hauptrolle mimt, spielt auf die Gesundheits- und Fitness-Welle der 70er Jahre an, indem sie den Film als "die gesündeste Diät für den Kinobesucher" anpreist[69].

Die bekanntere Version von 1951 bezieht sich eindeutig auf die Situation der Nachkriegszeit, obwohl sie die Handlung der Erstverfilmung (junger Förster liebt Mädchen, dessen Vater wildert) fast unverändert übernimmt: Der Vater Lüder Lüdersen ist jetzt aber ein Heimatvertriebener, der den Verlust seines Gutes nicht verkraftet und auf der Jagd "alten Zeiten" nachtrauert.

Die Heimatvertriebenen erhalten in dem Film Platz für einen großen Auftritt. Auf einem Volksfest, das den Höhepunkt des Films ausmacht, dürfen sie ihre Heimatlieder singen, und Lüder Lüdersen bedankt sich stellvertretend für alle Vertriebenen:

> "Nie werde ich die Tage vergessen, die ich bei Ihnen in der Heide sein durfte, in der Heide, die auch meine zweite Heimat geworden ist. Macht es den Menschen, die zu Euch geflüchtet sind, nicht schwer. Wer nicht von der Heimat weg mußte, der kann es nicht ermessen, was es bedeutet, heimatlos zu sein. Ich weiß, wir sind ja manchmal auch nicht so gewesen, wie wir hätten sein sollen. Aber wir sind ja am härtesten gestraft. Wenn ich hier im Walde war, dann hab

---

67 Vgl. Dietrich Kayser: Schlager - Das Lied als Ware. Untersuchungen zu einer Kategorie der Illusionsindustrie, Stuttgart 1975 (= Metzler Studienausgabe), S. 22 ff; Werner Mezger: Schlager. Versuch einer Gesamtdarstellung unter besonderer Berücksichtigung des Musikmarktes der Bundesrepublik Deutschland, Tübingen 1975 (= Untersuchungen des Ludwig-Uhland-Instituts der Universität Tübingen, Bd. 39), S. 132 ff.
68 Vgl. Bandman/Hembus: Klassiker des deutschen Tonfilms, a.a.O., S. 70 f; Ursula Bessen: Trümmer und Träume. Nachkriegszeit und fünfziger Jahre auf Zelluloid. Deutsche Spielfilme als Zeugnisse ihrer Zeit. Eine Dokumentation, Bochum 1989 (= Veröffentlichungen des Stadtarchivs Bochum), S. 264-272; Gerhard Bliersbach: So grün war die Heide. Der deutsche Nachkriegsfilm in neuer Sicht, Weinheim/Basel 1985 (= Beltz-Bewußtsein), S. 32-49; Bredow/Foltin: Zwiespältige Zufluchten, a.a.O., S. 107-123; Willi Höfig: Der deutsche Heimatfilm 1947-1960, Stuttgart 1973, S. 279-284.
69 Ein anderer Slogan der Produktionsfirma "Constantin Film" lautete: "Trimm dich fit in der grünen Heide" (Stiftung Deutsche Kinemathek).

ich mich oft wieder wie zu hause gefühlt. Die schöne Natur, sie hat mich hinweggetröstet über das, was ich verloren habe."[70]

Die im Film dargestellte und im Lied besungene Natur lindert die Qual des Zuschauers angesichts seiner Lebensumstände in einem schwer zerstörten Land. Die Heide in diesem Film ist ein friedliches, unzerstörtes Refugium, in das sich der westdeutsche Zuschauer zurückziehen konnte. Mit Hilfe von Löns-Liedern wird eine geschlossene Welt postuliert, die die Illusion einer solidarischen Gemeinschaft und einer tröstenden Natur entstehen läßt. Flüchtlinge werden ohne große soziale Probleme integriert, so daß dem Zuschauer eine "Pseudoheimat" suggeriert wird.

In diesem Film wird Lüder Lüdersen selbstverständlich vom Verdacht befreit, ein skrupelloser Wilderer zu sein. Als eigentlicher Übeltäter entpuppt sich ein Fremder namens Pistek, der mit dem Zirkus ins Heidedorf gekommen ist. Anders als dieser Fremde ist der Heimatvertriebene Lüdersen integriert - so sagt es der Film, der mit dieser Botschaft unterschwellig Politik macht. Das Problem der Heimatvertriebenen wird als gelöst dargestellt, die Integration als bereits gelungen gefeiert. Daß die Eingliederung der Vertriebenen bis in die 60er Jahre ein soziales, wirtschaftliches wie auch politisches Problem war, ist nicht das Thema des Films. Der Film zeigt eine "heile Welt": Die Heimat ist nach Krieg und Nationalsozialismus wieder in Ordnung.

Inmitten dieser Stimmung haben Löns und seine Texte nicht nur die Funktion, die "heile Welt" zu bestätigen, er wird außerdem zu der geeigneten Integrationsfigur für die Heimatvertriebenen stilisiert: Der gebürtige Westpreuße galt in den 50er Jahren als eine "geistige Brücke von West nach Ost und wieder zurück"[71], die die Verbundenheit von Ost- und Westdeutschland, aber auch die gelungene Integration eines Ostdeutschen symbolisierte. Löns wurde in die "Ostdeutschen Charakterköpfe" eingereiht und somit zu einem Identifikationsangebot für Flüchtlinge.

Durch diese Funktion erhält Löns eine politische Dimension, die auch den Heimatfilmen zu eigen ist. Trotz ihrer betont apolitischen Handlung erlauben sie Rückschlüsse auf die geistige und politische Verfassung der jungen Bundesrepublik. In der Restaurationszeit unter Adenauer gaben sie die Leitlinien für eine kollektive Suche nach Heimat und Identität

---

70 Bobby E. Lüthge: Drehbuch zu "Grün ist die Heide" (HLA). Der Film ist eine Produktion der Berolina 1951, Regie: Hans Deppe.

71 Eberhard Krieger: Hermann Löns und der deutsche Osten, in: ders.: Ostdeutsche Charakterköpfe. Buch der Lebensbilder, Bd. 1, Bad Homburg vor der Höhe 1959, S. 212.

wieder.[72] Mit Löns wurde ein Heimat- und Gesellschaftsbild verbreitet, das seine Ordnung aus überkommenen Gesellschaftsmodellen bezieht und eskapistische Züge hat.

Unterstützt wurde dieses Konzept der westdeutschen Restauration durch den Auftritt beliebter Schauspieler. Sonja Ziemann und Rudolf Prack, die Liebenden aus "Grün ist die Heide", waren das Traumpaar der 50er Jahre. In ihnen bzw. ihren Filmrollen schlugen sich die gewünschten Leitbilder vom männlichen und weiblichen Rollenverhalten nieder[73]. Sonja Ziemann spielte die gehorsame Tochter, die in ihrer Fürsorge mütterliche Züge besitzt, und der "junge Förster" Rudolf Prack, der damals fast 50 Jahre alt war, ist Kamerad und Kavalier zugleich, ohne seine Autorität zu verlieren. Diese Rollenverteilung findet sich schon in der Erstverfilmung von "Grün ist die Heide". 1932 spielte die junge Camilla Spira die Tochter namens Grete, und den Förster stellte Peter Voß dar.

Sentimentale Weltflucht, Identifikationsangebot und Einbindung in ein politisches Konzept kennzeichnen die Lönssche Heimat durch die Jahrzehnte der Löns-Rezeption hindurch. Allerdings veränderte sich die politische Nuancierung: Während Löns-Lieder in der Propaganda der NS-Zeit eine Heimat erstehen ließen, die es zu verteidigen galt und für die zu sterben sich angeblich lohnte (siehe 5.5), suggerierten die Löns-Lieder in den 50er Jahren eine neue Heimat - eine "Pseudoheimat" - als Integrationsmodell für die westdeutsche Nachkriegsgesellschaft.

---

72 Vgl. Friedrich P. Kahlenberg: Der Film der Ära Adenauer, in: Bessen: Trümmer und Träume, a.a.O., S. 241.
73 Vgl. Margot Schmidt: Zeitzeichen 17.12.1990 - "Bambi" für das Filmtraumpaar Sonja Ziemann und Rudolf Prack (WDR II), Rundfunkmanuskript, S. 5.

4. Die Lönsschen Tier-, Jagd- und Naturerzählungen: Die Philosophie des Organischen

> "Nicht zu Unrecht sagt schon Hermann Löns in seinem
> Buch 'Der Gewehrwolf' sowie Gorch Fock in 'Erhöhung
> des Marineetats tut not!' - beide sagen fast übereinstim-
> mend: 'Die deutsche Seele flüchtet sich gern aus der har-
> ten Wirklichkeit des rauhen Alltags in das Paradies der
> Tiere. Im Anschluß hieran machen wir auf die famose 'An-
> leitung zu schwierigen Laubsägearbeiten' (bei Holzapfel,
> Eutin, in Mecklenburg) aufmerksam."
> (Kurt Tucholsky: Büchertisch, 1925)

4.1 Hermann Löns in der Geschichte der Tiererzählung

Neben der sangbaren Lyrik bilden die Erzählungen, in denen Löns Tiere, Jagderlebnisse und Natureindrücke schildert, die Grundlage für seinen Ruhm als "Dichter der Lüneburger Heide". Seine Erzählungen fanden zu verschiedenen Zeiten und in verschiedenen Gesellschaftssystemen eine breite Zustimmung, die sowohl die sentimentalen Aspekte dieser Texte betraf als auch die aggressiven.

Schon zu Lebzeiten wurde Löns als "Jägerpoet" gefeiert[1], und nach seinem Tod war er der "echt deutsche Weidmann" schlechthin[2]. 1939 lobte Hermann Göring ihn als "deutsche(n) Jäger in seinem tiefen Empfinden für die Natur"[3], und auch nach der NS-Zeit ist Löns immer noch der "Inbegriff des waidgerechten Jägers"[4] oder ein "Jagdklassiker"[5].

Während sich diese Urteile auf die Jagdbücher das "Grüne Buch" (1901), "Kraut und Lot" (1911), "Auf der Wildbahn" (1912) und "Ho Rüd' hoh!" (1918) gründen, haben Sammlungen von Tiererzählungen wie

---

1 Hermann Binder: Hermann Löns, in: Die Bücherwelt. Zeitschrift für Bibliotheks- und Bücherwesen, 10. Jg. (1912/13), H. 7, S. 153.
2 Heinrich Schauerte: Hermann Löns. Sein Leben, sein Schaffen und seine Werke, 2. Aufl., Dortmund 1920, S. 19.
3 Hermann Göring: Geleitwort, in: Hermann Löns: Ho Rüd' hoh! Jagderlebnisse, Hannover 1939, o.S.
4 Franz Friese: "Zum Aufjuchzen herrlich ist die Welt!", in: Feld und Wald. Das freie deutsche Bauernblatt, 85. Jg. (1966), Nr. 34, o.S.
5 Widar Lehnemann: Zur einhundersten Wiederkehr des Geburtstages von Hermann Löns, in: Westfälischer Jägerbote, 19. Jg. (1966), Nr. 8, S. 174.

"Mümmelmann" (1909), "Was da kreucht und fleugt" (1909), "Aus Forst und Flur" (1916), "Widu" (1917) und "Wasserjungfern" (1919) ihm den Ruf des "Vater(s) der deutschen Tiergeschichte" eingebracht, der sich bis heute hält.[6]

Die Lönssche Tiergeschichte - so die verbreitete Darstellung - steht "am Schnittpunkt wissenschaftlicher und dichterischer Gestaltungsabsichten"[7]. Als besonderes Verdienst Löns' wird die auf wissenschaftliche Beobachtung fußende und doch unterhaltsame Darstellung des tierischen Lebens genannt, so daß Löns als "Tierpsychologe"[8] und "Vorläufer der modernen Verhaltungsforschung"[9] gilt.

Diese Beurteilungen basieren auf seinen literarischen Texten, aber auch seine wissenschaftlichen Aufsätze wurden mit besonderen Weihen ausgestattet:

> "Von bleibenden Wert sind auch seine faunistischen Arbeiten; sie sind wichtige Beiträge zur Landesforschung, insbesondere für Westfalen und Niedersachsen."[10]

---

6 Verantwortlich für dieses Urteil ist vermutlich der Tierschriftsteller Egon Freiherr von Kapherr, der Löns schon 1924 so nannte; vgl. Egon Freiherr von Kapherr: Einleitung zu Hermann Löns: Sein letztes Lied. Eine Auswahl der schönsten Jagdgeschichten, Hannover 1924, S. 10. Löns-Forscher Wilhelm Deimann hat diesen Ehrentitel fleißig weiterverbreitet, so daß Löns heute noch so genannt wird. Selbst im "Lexikon der Kinder- und Jugendliteratur", das immerhin auf die nationale Überbetonung seines Werkes in den Jahren zwischen 1914 und 1945 hinweist, wird ihm ein großer Einfluß auf das Tierbuch zugesprochen.
     Vgl. Karl Huber: Hermann Löns als Tierdichter, in: Das literarische Echo, 19. Jg. (1917/17), Sp. 338-343; Wilhelm Deimann: Vom Werden der Lönsschen Tierdichtung, in: Markwart, 3. Jg. (1927), H. 8, S. 119; ders.: Der Werdegang der Lönsschen Tiererzählung. Ein Beitrag zur Geschichte der neueren Tierdichtung, in: Festschrift zur XXIII. Versammlung deutscher Bibliothekare in Dortmund, Dortmund 1927, S. 147; ders.: Nachwort, in: Hermann Löns: Ausgewählte Tiergeschichten, Stuttgart 1986 (= Reclam Universal-Bibliothek Nr. 7701), S. 76-79. Vgl. außerdem Martin Anger: Hermann Löns. Schicksal und Werk aus heutiger Sicht, 2. Aufl., Braunschweig 1986, S. 170; Margarete Dierks: Artikel "Löns, Hermann", in: Lexikon der Kinder- und Jugendliteratur. Personen-, Länder- und Sachartikel zur Geschichte und Gegenwart der Kinder- und Jugendliteratur, hrsg. v. Klaus Doderer, Bd. 2, Weinheim/Basel 1977, S. 391 f; Harry Dugall: Hermann Löns. Eine biographische Studie, Mainzlar 1966, S. 26 f.
7 Klaus Stetter: Hermann Löns - der "Übersetzer", in: Annali Sezione Germanica (Istituto Universitario Orientale), 12 (1969), S. 356.
8 W. Kropp: Hermann Löns, in: Niedersachsen, 15. Jg. (1909), Nr. 4, S. 73.
9 Herbert Ringleben: Hermann Löns als Zoologe, in: Lebensbilder. Hermann Löns, hrsg. v. Elbing-Kreis, Nienburg 1966, S. 27.
10 Herbert Ant: Hermann Löns als Naturwissenschaftler, in: Das kleine Hermann-Löns-Buch, hrsg. v. Josef Bergenthal, Münster 1973, S. 40.

1988 ist aus Löns sogar "ein wahrhaft großer westfälischer Naturwissenschaftler und Malakologe" geworden[11].

Löns' Tier- und Jagderzählungen sowie Naturstimmungen ("Mein braunes Buch", 1906; "Da draußen vor dem Tore", 1910; "Heidbilder", 1913; "Mein buntes Buch", 1913) galten als derart "naturnah" und realistisch, daß sie exemplarisch für Lehrzwecke in Schulen eingesetzt wurden. 1909 stellte der Jugendschriftenausschuß des Lehrervereins Hannover-Linden einen für Jugendliche gedachten Auswahlband zusammen: "Aus Wald und Heide. Geschichten und Schilderungen"; ein zweiter Auswahlband erschien 1914: "Goldhals. Tier- und Jagdgeschichten". 1929 auf dem 3. Kongreß des Weltverbandes der pädagogischen Vereinigungen in Genf wurde Löns sogar als "Jugendklassiker" empfohlen[12].

Löns-Texte gehörten im deutschen Schulunterricht zu den Konstanten, die Kaiserreich, Weimarer Republik und "Drittes Reich" überdauerten[13] und die ebenso über Jahrzehnte hinweg den Umweltschutz in Deutschland untermauerten. Löns als "Pionier und Fackelträger der deutschen Heimat- und Naturschutzbewegung"[14] oder als der "Urvater deutscher

---

11 Karl-Heinz Beckmann: Hermann Löns - Ein bedeutender westfälischer Malakologe, Wiesbaden 1988, S. 180.

12 Vgl. Wilhelm Deimann: Nachwort, in: Hermann Löns: Sagen und Märchen, hrsg. von Wilhelm Deimann, Hameln 1965, S. 114 f.

13 Im "Dritten Reich" und in der Bundesrepublik wurden die Lönsschen Tiergeschichten für den Schulunterricht empfohlen. Vgl. Rosa Aibauer: Das Tierbuch, in: Pädagogische Welt, 15. Jg. (1961), S. 655-657; Peter Aley: Jugendliteratur im Dritten Reich. Dokumente und Kommentare, Hamburg 1967 (= Schriften zur Buchmarkt-Forschung 12), S. 44; Wilhelm Helmich: Die erzählende Volks- und Kunstdichtung in der Schule, in: Handbuch des Deutschunterrichts im ersten bis zehnten Schuljahr. Auf der Grundlage einer offensiven, operativen Didaktik, hrsg. v. Alexander Beinlich, Bd. 2, 5. erw. Aufl., Emsdetten 1970, S. 1157-1262; Hans Kügler: Schule - Dichtung - Wirklichkeit, in: Die Schulwarte, 20. Jg. (1967), S. 866-881; Otto Metzker: Die wertvolle und die minderwertige Tiergeschichte, in: Der Deutschunterricht, 9. Jg. (1957), H. 4, S. 33-50; Robert Ulshöfer: Methodik des Deutschunterrichts. Bd. 1: Unterstufe, 2. Aufl., Stuttgart 1965, S. 137 f.

Vgl. außerdem die Aufsätze W. Duggen: Die Verwertung Lönsscher Erzählungen im Unterricht, in: Pädagogische Warte, 25. Jg. (1918), S. 327-330; Josef Graul: Hermann Löns im Deutschunterricht, in: Zeitschrift für deutsche Bildung, 12. Jg. (1936), H. 7/8, S. 390-401; R. Genschel: Hermann Löns und der Biologieunterricht, in: Der Biologe. Monatsschrift des deutschen Biologen-Verbandes, 3. Jg. (1934), S. 307-310; Franz Schnaß: Hermann Löns, in: Pädagogische Warte, 41. Jg. (1934), S. 877-879; Paul Vogt: Hermann Löns und sein Werk in der völkischen Schule, in: Die deutsche Schule, 43. Jg. (1939), H. 9, S. 335-338.

14 Vgl. Heinrich Oellers: Hermann Löns als Pionier und Fackelträger der Heimat- und Naturschutzbewegung, in: Rheinisches Land, 6. Jg. (1926/27), S. 108-113; vgl. außerdem Hans Köpp: Hermann Löns - der Naturschutz und die Jagd, Walsrode 1989 (= Höret 2, Beiträ-

Umweltschützer"[15] diente sowohl im Faschismus als auch in der Demokratie zur Propagierung naturschützerischer Gedanken (siehe 8.3.3).

Löns' Bedeutung für den Naturschutz und die Naturvorstellung in der deutschen Gesellschaft leitet sich aus seinem Einfluß auf das Genre der Tiererzählung ab. Mit Löns beginnt in Deutschland die Entwicklung zum modernen Tierbuch hin, die auf internationaler Ebene schon früher eingesetzt hatte. Rudyard Kipling (1865-1936), Ernest Thompson Seton (1860-1946) und Jack London (1876-1916) gelten als Begründer der realistischen Tiererzählung, in denen aggressive und darwinistische Elemente zum Tragen kommen, während Beatrice Potter (1866-1943) in einer idyllischen Tierwelt sentimentale und verniedlichende Züge der Tierdichtung weiterführt.

Zwischen diesen beiden Polen (Aggressivität und Sentimentalität) pendeln die Erzählungen Löns', die so zum Abbild des "modernen" Verhältnisses zwischen Mensch und Tier werden[16]. Dieses Verhältnis ist das Ergebnis eines durchgreifenden Modernisierungsprozesses, der die Entwicklung weg von der feudalen Gesellschaft und der darin eingebundenen bäuerlichen Lebensweise hin zur bürgerlichen Produktions-, Erwerbs- und Konsumgesellschaft vorantreibt.

---

ge und Veröffentlichungen des Verbandes der Hermann-Löns-Kreise in Deutschland und Österreich e.V.).

15 Hans-Peter Klatt: Grüne Heide ließ früh grüne Gedanken wachsen, in: Neue Presse, Ausgabe Süd (Hannover), 29.8.1986, S. 11.

16 Zum Verhältnis Mensch-Tier vgl. Jost Hermand: Gehätschelt und gefressen: Das Tier in den Händen des Menschen, in: Reinhold Grimm/Jost Hermand (Hg.): Natur und Natürlichkeit. Stationen des Grünen in der deutschen Literatur, Königstein/Ts. 1981, S. 55-76; Orvar Löfgren: Natur, Tiere und Moral. Zur Entwicklung der bürgerlichen Naturauffassung, in: Utz Jeggle/Gottfried Korff/Martin Scharfe/Bernd Jürgen Warneken (Hg.): Volkskultur in der Moderne. Probleme und Perspektiven empirischer Kulturforschung, Reinbek bei Hamburg 1986 (= rowohlts enzyklopädie; rororo 431), S. 122-143; Rolf Peter Sieferle: Fortschrittsfeinde? Opposition gegen Technik und Industrie von der Romantik bis zur Gegenwart, München 1984 (= Die Sozialverträglichkeit von Energiesytemen Bd. 5).
Vgl. außerdem zur Geschichte der Tiererzählung den Artikel "Tierdichtung" in: Metzler Literatur Lexikon. Stichwörter zur Weltliteratur, hrsg. v. Günther u. Irmgard Schweikle, Stuttgart 1984, S. 439 f; Gerhard Haas: Artikel "Tierbuch", in: Lexikon der Kinder- und Jugendliteratur, Bd. 3, Weinheim/Basel 1979, S. 538-541; ders.: Das Tierbuch, in: Kinder- und Jugendliteratur. Zur Typologie und Funktion einer literarischen Gattung, hrsg. v. Gerhard Haas, 2. Aufl., Stuttgart 1976, S. S. 335-367; Otto Metzker: Die Gestalt des Tieres in der Literatur, besonders im Jugendschrifttum, in: Das gestaltete Sachbuch und seine Probleme. Das geschichtliche und erdkundliche Jugendbuch, das Tierbuch, Reutlingen 1955, S. 57-80.

Über Jahrhunderte hinweg wurde im christlichen Abendland das Verhältnis zwischen Mensch und Tier von der in der Bibel vorgetragenen Doktrin vom Menschen als Herrscher der Natur geprägt, der sich die Erde auf göttlichem Befehl untertan macht. Diese mosaisch-christliche Einstellung basierte auf dem Verhältnis von Herr und Knecht, von Jäger und Beute: Das Tier an sich hatte keinen Eigenwert oder eine eigene Seele.

Diese Vorstellung blieb bis ins Mittelalter und in die beginnende Neuzeit bestehen. Zwar existierte schon in der Antike eine Form der Tierdichtung in Gestalt der Fabel, doch der Fabeldichter benutzte die Tiere, um menschliche Eigenschaften und Verhaltensweisen zu verdeutlichen oder zu kritisieren. Das Tier ist hier das Bild bzw. die Chiffre des Menschen und interessiert weniger als spezifische Seinsform.

Eine Änderung dieser Einschätzung setzte erst im 18. Jahrhundert mit der Aufklärung ein, unter deren Einfluß die Natur sowohl zum Gegenstand der Wissenschaften als auch zum Objekt ästhetischer Anschauung wurde. Im Gartenbau des 18. und beginnenden 19. Jahrhunderts versuchte man unter dem Konzept der "Landesverschönerung" Landschaft zu modellieren, um das "Naturschöne", den Ausdruck einer göttlichen Ordnung, zum Vorschein zu bringen. In der Absicht, den Menschen in einen ästhetisch-befriedigenden Einklang mit der Natur zu versetzen, wurde die Natur gesellschaftlichen Zwekken angepaßt: Moore, Feuchtgebiete und auch Wälder sollten einer Landschaft weichen, die dem Wohlergehen des Menschen den Vorrang einräumte.

Trotz der Priorität des Menschen in diesem Konzept ist die "Landesverschönerung" geprägt von der Vorstellung eines Naturhaushaltes, in dem die verschiedenen Arten (auch der Mensch) harmonisch aufeinanderwirken. Diese Idee hatte zur Folge, daß die Einteilung der Tierwelt in Nützlinge und Schädlinge, wie sie aus den bäuerlichen Arbeitsbedingungen resultierte, in Frage gestellt wurde: Jedes Tier erfüllte eine Aufgabe im Naturhaushalt, auch wenn diese nicht sofort ersichtlich war.

Angeregt durch Rousseau (1712-1778), der die Natur zur alleinigen Richtschnur des menschlichen Handelns erhob, und durch die Strömung der Empfindsamkeit wurde das Tier aufgewertet: Man sah es als fühlendes, mit einer Seele ausgestattetes Wesen, zu dem man in Kontakt treten konnte. Im Zuge eines romantischen Pantheismus wurde das Tier und mit ihm das Organische zu einem Gegenbild des Mechanischen stilisiert.

Je weiter der durch die Aufklärung initiierte Modernisierungsprozeß in der bürgerlichen Gesellschaft voranschritt, Wirtschaft und Industrie expandierten und die Urbanisierung zunahm, desto stärker sahen die Bürger des 19. Jahrhunderts in der Natur und ihren Lebewesen ein Gegenbild zum effektiven und rationalen Leben, wie es sich in Produktion und Öffentlichkeit präsentierte. Die in Deutschland erst in der zweiten Hälfte des 19. Jahrhunderts massiv einsetzende Industrialisierung führte nicht nur zu einer rapiden Ausbeutung und Zerstörung der Natur, sondern auch dazu, daß die noch verbleibende Natur als Kompensationsraum von der Industriegesellschaft entdeckt und "genossen" wurde: Die Natur diente als touristisches Erholungs- und Freizeitgebiet, in der der Bürger, anders als in der Produktionssphäre, seinen Gefühlen und seiner Selbstentfaltung freien Lauf lassen konnte.

Während in der bäuerlichen Kultur eine pragmatische Auffassung vom Tier als Nutztier vorherrschte, belegte der Bürger das Verhältnis zum Tier mit Emotionen. Es entstand das Massenphänomen der Heimtiersentimentalität oder der "Heimtierverkultung", wie es Jost Hermand ausdrückt[17]. Das Tier bekam Ersatzfunktionen zuerkannt, die den "Widerspruch zwischen Möglichkeit und Realität menschlich-menschenwürdiger Daseinsverwirklichung überdecken sollen."[18] Der Bürger, dem - so jedenfalls in Deutschland nach der mißglückten Revolution von 1848 - die Verwirklichung seiner Vorstellungen und seines Selbstverständnisses im Bereich der Politik nahezu unmöglich gemacht worden war, schuf sich im privaten Bereich den gewünschten Ausdruck seiner selbst. Die bürgerlichen Wohnungen wurden pompös ausgestattet, sie verwandelten sich zu Fluchträumen, in denen das Tier seinen festen Platz erhielt. Das Haustier, speziell der Schoßhund, wurde Gegenstand des bürgerlichen Inventars.

Neben dieser eher emotionalen Komponente im Verhältnis Mensch-Tier, steht eine sachinformative, die aus einem wissenschaftlichem Interesse herrührt und sich in enzyklopädischen Sachbüchern wie "Brehms Tierleben" (1864-1869) niederschlägt. Dieses wissenschaftliche Interesse hängt mit der Neubewertung des Tieres zusammen, die Charles Darwin 1859 durch sein Buch "On the Origin of Species by Means of Natural Selection, or the Preservation of Favoured Races in the Struggle for Life" ("Über die Entstehung der Arten durch natürliche Auslese oder die Er-

---

17 Hermand: Gehätschelt und gefressen, a.a.O., S. 58.
18 Haas: Artikel "Tierbuch", a.a.O., S. 540.

haltung der begünstigten Rassen im Kampf ums Dasein") anregte.[19] Seine Annahme, daß eine genealogische Verwandtschaft aller Lebewesen bestehe, ließ das Tier als eine biologische Einheit erscheinen, die sich in ihrer Eigenwelt entwickelt. Diese Vorstellung wirkte sich in der Tierdarstellung aus: Sie wurde sachlicher und orientierte sich mehr an naturalistischen Prinzipien, indem die exakte Beobachtung mit biologischen und psychologischen Erkenntnissen kombiniert wurde.

Doch auch für das Selbstverständnis des Menschen in der modernen Gesellschaft und seinem Standort in der Natur bedeutete die Evolutionstheorie eine radikale Wende: Darwins Vorstellung von der Evolution, die durch Selektion das Überleben des jeweils Besten sichert, widersprach dem biblischen Schöpfungsbericht und löste eine hitzige Diskussion aus, die vor allem in der Zeit um die Jahrhundertwende eine Flut wissenschaftlicher und polemischer Literatur nach sich zog. Der Gedanke, Mensch und Affe könnten gemeinsame Vorfahren haben, führte zu einem regelrechten Glaubenskrieg der Kreationisten, der Verfechter der wortwörtlichen Auslegung der biblischen Genesis, gegen die Evolutionisten.

Darwins Ansichten waren nicht allein aus religiösen Gründen brisant, sondern sie beeinflußten darüber hinaus das Gesellschaftsmodell in der imperialistischen Phase des ausgehenden 19. Jahrhunderts, da seine Theorie sehr bald in popularisierter Fassung auf das soziale und politische Leben übertragen wurde. Aus dem Darwinismus wurde der Sozialdarwinismus, der nicht nur Menschen im "Kampf ums Dasein" verstrickt sah, sondern ganze Völker bzw. Rassen.[20]

Meinte Darwin mit "struggle for life" noch den Wettstreit um die Nutzung der Lebensgrundlage, so sahen seine Epigonen im "Kampf ums Dasein" den Kampf gegeneinander - in der Gesellschaft und in der Politik. Auch Darwins Prinzip vom "survival of the fittest" erfuhr eine Akzentverschiebung: Nicht mehr das Überleben desjenigen war gemeint, der sich

---

19 Zu Darwin vgl. Günter Altner (Hg.): Der Darwinismus. Die Geschichte einer Theorie, Darmstadt 1981 (= Wege der Forschung Bd. CDIL); Rolf Winau: Biologie, Medizin, Psychoanalyse, in: Funkkolleg Jahrhundertwende, Studienbegleitbrief 5, Weinheim/Basel 1989, S. 16 ff.

20 Zum Sozialdarwinismus vgl. Alfred Kelly: The Descent of Darwin. The Popularization of Darwinism in Germany, 1860-1914, Chapel Hill 1981, S. 100-122; Hannsjoachim W. Koch: Der Sozialdarwinismus. Seine Genese und sein Einfluß auf das imperialistische Denken, München 1973 (= Beck'sche Schwarze Reihe Bd. 97), S. 63 ff; Hans-Günther Zmarzlik: Der Sozialdarwinismus in Deutschland als geschichtliches Problem, in: Vierteljahreshefte für Zeitgeschichte, 11. Jg. (1963), S. 246-273.

am besten an neue Situationen anpassen kann, sondern das des Stärkeren, der die anderen im Kampf besiegt.[21]

Im Genre der Tiererzählung spiegeln sich sowohl die aggressiven Tendenzen des (Sozial-)Darwinismus wider als auch die sentimentalen Aspekte einer industriefernen und rückwärtsgewandten Idylle oder einer pantheistischen Märchenwelt. Löns' Erzählungen sind jedoch nicht ohne weiteres der einen oder der anderen Richtung zuzuordnen, da sich in seinem Naturbild Gewalt und Idylle zu einer besonderen Mischung verbinden.

4.2 Die Natur als Modell des Lönsschen Lebensentwurfes

Das Tierbuch, so Gerhard Haas,

> "dient ... der Ausbildung eines in die Gesellschaft eingebundenen Lebensentwurfs, aber ebenso der individuellen Selbstklärung und Selbstfindung des Menschen."[22]

Das Lönssche Selbstbild und sein Vorschlag für den Lebensentwurf in einer modernen Gesellschaft lassen sich am ehesten aus den Tiererzählungen abstrahieren, in denen die Beziehung zwischen Mensch und Tier zur Sprache kommt. Denn Löns schildert keine menschenfreie Natur, in der die Tiere in anthropomorphisierter Darstellung die Rolle der Menschen übernehmen wie z.B. in den Kinderbüchern von Beatrice Potter, sondern er stellt die Menschen in erster Linie als Jäger dar, die z.B. die Hasen der "Mümmelmann"-Geschichte massiv bedrohen.

Mit dieser Darstellung übt Löns wie in seinen Jagderzählungen Kritik an der Sorte Jäger, die ihre Beute nicht auf der freien Pirsch erlegen, sondern auf der Treibjagd abschießen und damit einen "Hasenmassenmord" begehen ("Hasendämmerung"; D I,85/N I,356); aus der Sicht der

---

21 In Deutschland förderte vor allem der Zoologe und Naturphilosoph Ernst Haeckel (1834-1919) sozialdarwinistische Vorstellungen. Haeckel glaubte, in Darwins Evolutionstheorie das Mittel zu einer einheitlichen Deutung von physikalischen, biologischen und psychologischen Phänomenen gefunden zu haben. Der Darwinismus war für ihn die Möglichkeit, die sich spezialisierenden Einzelwissenschaften zu einer Synthese zusammenzuführen; er entwickelte eine umfassende Weltanschauung, eine Art monistische Naturreligion, die er in seinem 1899 erschienenen Werk "Die Welträtsel" darlegte. Dieses Buch erregte große Aufmerksamkeit, in kurzer Zeit wurde es in 20 Sprachen übersetzt und erreichte in Deutschland bis 1914 eine Auflage von über 300.000.
22 Haas: Das Tierbuch, a.a.O., S. 357.

Hasen ist der Mensch damit das "böseste Raubzeug" überhaupt ("Mümmelmann"; D I,12/N I,280).

Löns erzählt in der "Mümmelmann"-Geschichte, wie der Hase Haanrich Mümmelmann diese Jäger überlisten kann, so daß sie sich gegenseitig anschießen. Der Hase Jans Mümmelmann aus der Geschichte "Hasendämmerung" hat hingegen weniger Glück. Er kann zwar seinen Neffen Ludjen Flinkfoot vor den Menschen retten, erliegt aber seinen Verwundungen. Kurz vor seinem Tode hat er eine Vision, in der er die Zukunft der Hasen und der Menschen sieht:

> "Der Mensch ist auf die Erde gekommen ..., um den Bären zu töten, den Luchs und den Wolf, den Fuchs und das Wiesel, den Adler und den Habicht, den Raben und die Krähe. Alle Hasen, die in der Üppigkeit der Felder und im Wohlleben der Krautgärten die Leiber pflegen, wird er auch vernichten. Nur die Heidhasen, die stillen und genügsamen, wird er übersehen, und schließlich wird Mensch gegen Mensch sich kehren, und sie werden sich alle ermorden. Dann wird Frieden auf Erden sein. Nur die Hirsche und Rehe und die kleinen Vögel werden auf ihr leben und die Hasen, die Abkömmlinge von mir und meinem Geschlecht. (...) Der Hase wird der Herr der Erde sein, denn sein ist die höchste Fruchtbarkeit und das reinste Herz."
> (D I,89/N I,359)

Was in diesem Hinweis auf das menschliche Aggressionspotential als harsche Zivilisationskritik erscheint, wird relativiert, indem am Ende der Erzählung märchenhafte Elemente eingesetzt werden. Ludjen Flinkfoot glaubt, daß sein Onkel von den kleinen weißen Hasen ins Hasenparadies gebracht worden sei, "wo der große weiße Hase auf dem unendlichen Kleeanger sitzt" (D I,89/N I,359). Außerdem ist Löns' Vision einer friedlichen Hasenwelt nicht frei von Ironie. Das "reinste Herz", das den Hasen zur Weltherrschaft befähigen soll, erinnert an das "Hasenherz", also nicht an den mutigen Kämpfer, sondern an den ängstlichen Feigling.

Dennoch haben die Tiere in den Lönsschen Erzählungen Vorbildfunktion für den umweltzerstörenden Menschen, der sich zu weit von der Natur und ihren Gesetzen entfernt hat.[23] Löns betont immer wieder die "Natürlichkeit" der Tiere im Gegensatz zur Zivilisiertheit der Menschen. Die Tiere seiner Erzählungen sollen "natürlich", d.h. ausgestattet mit ihren Instinkten und Arteigenschaften sein. So ist es auch kein Wunder, daß in einem Terrier, einem "ästhetisch veranlagten Hund", der bislang seinem ad

---

23 Ein satirisches Porträt dieser Stadtmenschen zeichnet Löns in "Ein Schreckenstag" aus dem "Zweckmäßigen Meyer"(D II,510-514/N II,54-60).

ligen Frauchen als Schoßhund Freude bereitete, die Jagdinstinkte erwachen:

> "Aber was ist Kultur, was bedeutet Zivilisation? Dünner Lack ist es, unter dem die Natur sitzt und darauf wartet, daß irgendwo in dem sauberen Anstrich ein Riß entsteht, und dann bricht sie hervor, und der Lack blättert ab wie die Rinde der Platanen, wenn es auf den Winter geht."
> ("Fifichen"; D I,206)

Fifichen ist ein literarischer Nachfahre eines berühmten Hundes: Jack London hat mit dem Mischlingshund Buck in dem Roman "Ruf der Wildnis" (1903) den Prototyp des Tieres erschaffen, das seine verschütteten Instinkte wiederentdeckt. Löns kannte diesen Hunderoman recht gut; seine zweite Frau Lisa hat ihn als erste ins Deutsche übersetzt (1907), und Löns hat seinen Verleger Sponholtz zur Veröffentlichung des Romans geraten (Brief an Sponholtz, 1.7.1911; BK 35).

London erzählt in diesem Roman, wie aus Buck, der einst der Haushund eines kalifornischen Richters war, ein Schlittenhund in Alaska und schließlich der Anführer eines Wolfsrudels wird. Einerseits erlebt Buck eine Regression, die ihn aus der Zivilisation zurück in die Natur führt; andererseits stellt London diesen Prozeß als eine vorwärtsgerichtete Entwicklung zu einem vollwertigen Tierleben dar:

> "Die letzten Tiefen seines Wesens offenbarten sich, und auch die vergessenen Triebe seiner Vorväter entstiegen dem Schoß der Zeit und erwachten in ihm zu neuem Leben. Ein ungezügeltes Aufbegehren, eine Flutwelle vergleichbar, riß ihn fort, und er genoß eine ungezügelte Freude an jedem Muskel, jedem Gelenk, jeder Sehne seines Körpers; denn all das schwoll, das bewegte sich mächtig und war von Leben erfüllt, während er unter den Sternen triumphierend über tote, reglose Materie dahinflog."[24]

Buck erfährt in der "Welt der wilden Urwüchsigkeit" das Gesetz der Natur und seiner Wolfsvorfahren; ganz darwinistisch lautet es: "Töte oder werde getötet, friß oder werde gefressen"[25].

---

24 Jack London: Der Ruf der Wildnis, Zürich 1987 (= detebe-Klassiker 21511), S. 44. Zu London vgl. außerdem den Artikel in Kindlers Neues Literatur Lexikon, hrsg. v. Walter Jens, Bd. 10, München 1990, S. 559-571.

25 London: Wildnis, a.a.O., S. 83.
Jack London war nicht der erste, der die Natur zur zivilisationsfreien Zone und zum Modell der bürgerlichen Gesellschaft erhebt. Er war nicht nur von der Darwinschen Evolutionstheorie beeinflußt, sondern auch von Rudyard Kiplings "Dschungelbuch" (1894/95). Kipling erzählt dort vom Menschenjungen Mowgli, der im indischen Dschungel aufwächst und von Wölfen erzogen wird; auch er wird schließlich der Anführer des Ru-

Ganz wie die darwinistischen Vorstellungen Londons' ist auch Löns' Naturbild geprägt von der Wiederentdeckung des Archaischen und Animalischen, die den einzelnen Menschen in ein Urmenschentum und eine Urnatur zurückführen soll, was Löns explizit in den Jagderzählungen und dem "Wehrwolf"-Roman vorführt. Löns "entdeckt" in dieser Natur einen Lebensentwurf, der zur Grundlage seiner Weltanschauung und Gesellschaftsidee wird: Die Natur funktioniert nach dem Gesetz des ewig gleichen Kreislaufs; stirbt ein Tier, so wird sein Platz von einem anderen eingenommen. Wenn der alte Rehbock erlegt wird, übernimmt ein junger Bock seine Rolle ("Achtzacks Ende"; D I, 51/N I,320); wird ein Frosch vom Hecht gefressen, ist bald ein anderer an seiner Stelle ("Der Kantor"; D IV,599/N III,285 f). Das Gesetz der Natur verbindet Leben und Tod zu einem Prinzip der sich ewig perpetuierenden Natur, die die Gegensätze in sich vereint.

"Frühling, süßer Frühling, der du die Liebe bringst, den bitteren Tod hälst du in derselben Hand", heißt es in den "Wasserjungfern" ("Die Rohrweihe"; D IV,417 f/N III,228). Liebe und Tod sind für Löns zwei Seiten desselben Sachverhalts: Natur ist, ganz darwinistisch gesehen, Leben und Sterben, damit wieder neues Leben möglich wird. Diese "Philosophie des Organischen"[26] zeigt sich bereits in den Frühgedichten aus der Zeit um 1890, so im Gedicht "Leichtsinn":

> "Breiter, blutigroter Rachen,
> Platter Kopf mit Mörderblicken -
> Lustig tanzen über Gräbern
> Auf und ab die Eintagsmücken.
>
> Wie ein Blitz aus blauem Himmel
> Saust der rote Rachen nieder -
> Und die Schwalbe flattert weiter
> Und die Mücken tanzen wieder."
> (UBibl. Mü)

---

dels und lebt nach dem "Gesetz des Dschungels": "Essen und gegessen werden war das faire Gesetz am Fluß ..." (Rudyard Kipling: Die Bestatter, in: ders.: Das zweite Dschungelbuch, Zürich 1987 [= Rudyard Kipling. Werke. Neu übersetzt und herausgegeben von Gisbert Haefs], S. 113).
    Zu Kipling vgl. den Artikel in Kindlers Neues Literatur Lexikon, hrsg. v. Walter Jens, Bd. 9, München 1990, S. 402-408; Gisbert Haefs: Kipling Companion, Zürich 1987; Helene von Kieseritzky: Englische Tierdichtung. Eine Untersuchung über Rudyard Kipling, Charles G.D. Roberts und Ernest Thompson Seton, Diss. phil. Jena 1935; Edgar Mertner: Rudyard Kipling und die Tiergeschichte, in: Germanisch-romanische Monatsschrift, 24. Jg. (1936), S. 195-216.
26 Rolf Vollmann: Mißvergnügen mit Hermann Löns, in: Stuttgarter Zeitung, 27.8.1966.

Löns sieht den zivilisierten Menschen von diesem Prinzip abgekoppelt, da er in seinen gesellschaftlichen Zwängen befangen ist. Die Tiererzählungen offerieren in dieser Situation eine Fluchtmöglichkeit, wie sie Löns überhaupt der Naturbetrachtung zuschreibt:

> "... vieles, über das unsere Aufmerksamkeit hinweggleitet, spricht doch zu uns, hinterläßt Eindruck auf Eindruck, erweckt eine heitere Stimmung, ein beschauliches Gefühl in uns, läßt uns, ohne daß wir es ahnen, den Tag schöner finden und das Leben leichter tragen, und sei es auch nur das Knistern und Schimmern der Libelle, die unsern Weg kreuzt."
> ("Auf der Heide"; D IV,304/N III,102 f)

Die Natur - oder besser: die spezifisch Lönssche Natur - übernimmt so eine Doppelfunktion, die bereits bei der Lönsschen Lyrik deutlich wurde: sie bietet die Möglichkeit zur Kompensation in einer Industriegesellschaft, und zugleich liefert sie das Modell für einen Lebensentwurf, der in dieser Gesellschaft gelten soll. Löns greift dabei auf die Ideenwelt des Sozialdarwinismus zurück, ohne dabei aber die Mittel der auf Sentimentalität ausgerichteten Tierdichtung zu vergessen. In den Lönsschen Tiererzählungen stehen darwinistische Elemente neben den sentimentalen und gehen eine Verbindung ein, wie die verschiedenen Arten der Anthropomorphisierung bei Löns belegen.

Ausgehend von der Meinung der Löns-Verehrer, Löns sei ein innovativer Mitbegründer der deutschen Tiererzählung gewesen, da er "biologisch richtig"[27] schildere, dürften Anthropomorphisierungen in den Lönsschen Tiergeschichten gar nicht oder nur am Rande vorkommen. Doch schon die "Mümmelmann"-Erzählung weist eine stark ausgeprägte Vermenschlichung der Tiere auf.[28] Da heißen die Hasen Haanrich Mümmelmann, Geesche Wittblaume, Kunrad Flinkfoot, Dorette Quappbuk oder Lischen Hopsinskraut. Sie fühlen, denken und reden miteinander - letzteres sogar im Dialekt. Löns geht allerdings nicht so weit, die Tiere mit Menschenkleidern auszustatten und sie als bloße Chiffren für den Menschen einzusetzen wie z.B. in Beatrice Potters "The Tale of Peter

---

27 Egon Freiherr von Kapherr bemängelt in seinem Vorwort zu Hermann Löns: Sein letztes Lied, a.a.O., S. 11, daß englische und amerikanische Tierschriftsteller im Gegensatz zu Löns "biologisch unrichtig" schreiben würden.

28 Vgl. W. Rolf Morgenstern: Artikel "Anthropomorphismus", in: Lexikon der Kinder- und Jugendliteratur, Bd. 1, 2. Aufl., Weinheim/Basel 1977, S.44-46; vgl. auch Widar Lehnemann: Hermann Löns und die Vermenschlichung des Tieres, in: Westfalenspiegel, 13. Jg. (1964), H. 10, S. 16 f.

Rabbit" (1901).[29] Peter Rabbit und seine Artgenossen sind dort putzige Lebewesen, die mit ihren menschlichen Verhaltensweisen dem lesenden Kind ein Abbild der bürgerlichen Ordnung präsentieren.

Löns' Tiere haben jedoch immer den Anspruch, "natürlich" zu sein, was allerdings der an feuilletonistische Schreibweisen geschulte Löns nicht immer glaubhaft machen kann. In einigen Erzählungen neigt er deutlich zur Verniedlichung der Tiere, die er zu einem Bestandteil einer heiteren Idylle macht. Der Terrier Bob heißt dann im Diminutiv eben Böbchen ("Böbchen"; D I,51-57/N I,320-326), und aus dem Dachs wird ein Dächschen ("Mein Dachs und mein Dackel"; D I,68-74/N I,338-344). Diese Tiere, die von Menschen im Haus aufgezogen werden, vollführen allerhand Streiche und tragen zur Belustigung der Menschen bei. Zwar denken und fühlen sie nicht wie die Tiere in den Erzählungen mit starker Anthropomorphisierung, dennoch werden sie auf gewisse Weise dem Menschen angeglichen. Sie werden zu Familienmitgliedern oder guten Freunden, an die man sich gerne erinnert:

> "Er hat mich viel geärgert und oft in Wut gebracht, wenn er mich durch Piepen und Kratzen bei der Arbeit störte. Aber viel Freude habe ich doch an ihm gehabt, und immer denken wir gern zurück an unser Böbchen."
> ("Böbchen"; D I,57/N I,326)

Der Erzähler selber vergleicht seine "Haustiere" mit Menschen: Böbchen machte es "so wie manche Männer, er beugte sich vor und schnauzte, sobald er ins Haus kam, damit er nicht angeschnauzt wurde" (D I,54/N I, 323). Der Rabe Jakob betrinkt sich "wie ein Pole am Zahltage" ("Jakob"; N I,331)[30], und aus dem Dachs wird ein "ganz unverschämter Brite" ("Mein Dachs und mein Dackel"; D I,71/N I,341).

Derartige Erzählungen stellen keineswegs - wie Löns-Freunde meinen - "einen entscheidenden Schritt weiter auf das realistische Tierbuch" dar[31], in dem der Leser sich in die Eigenwelt des Tieres hineinversetzen kann. Noch weiter von einer naturnahen Darstellung des Tieres entfernt sich Löns in der Erzählung "Teckliges, Allzuteckliges" (D II,501-506/N II,130-136), in der er seinen Dackel Putt Battermann "philosophische Erkenntnisse" in der Nachfolge von Nietzsches "Menschliches, Allzumenschliches"

---

29 Vgl. Beatrice Potter: Die Geschichte von Peter Hase, Zürich 1973.
30 Deimann - in seinem Bemühen, Löns zu entpolitisieren - änderte diesen Text in seiner Werkausgabe ab: "wie mancher Mann am Zahltage" (D I,61).
31 Haas: Tierbuch, a.a.O., S. 353.

kundtun läßt. In dieser Satire wird das anthropomorphisierte Tier zum Sprachrohr der Kritik: Der Hund - und mit ihm der Autor - kritisiert die Überzüchtung von Hunden oder lobt die Vorzüge der Jagd und darf schließlich Löns' Ideal vom natürlichen Leben formulieren:

> "Ein Mensch möchte ich aber auf keinen Fall sein. Was müssen die sich quälen um Wohnung und Nahrung und Kleidung und um diese blödsinnigen Einrichtungen, die sich Familie und Gesellschaft und Staat nennen. Oft sitzt Herrchen eine Woche lang täglich zehn bis zwölf Stunden am Schreibtisch und läßt die Feder piepen ... Ich an seiner Stelle würde in der Jagdbude wohnen, einen einzigen Anzug haben, und wenn ich es nicht allein aushalten kann, abends nach dem Dorfe gehen, wo es Mädchen genug gibt. Vor allem sollte er das Denken und Schreiben lassen; dabei kommt nichts Vernünftiges heraus. Außerdem ist es eine Arbeit, die sich für einen Mann von Rasse nicht paßt."
> (D II,505 f/N II,135)

Verläßt Löns den Kontext der Satire und der ironischen Plauderei, schwächt sich der Grad der Anthropomorphisierung ab und sein darwinistisches Naturbild wird nicht mehr programmatisch formuliert, sondern fließt in die Tierdarstellung mit hinein. Wenn Löns bestrebt ist, die Umwelt und Lebensverhältnisse eines Tieres zu schildern, die er aus eigener Beobachtung kennengelernt hat, denken und fühlen seine Tiere zwar sehr oft noch in menschlichen Formen, doch sind ihre animalischen Eigenschaften stärker herausgearbeitet. So z.B. beim Marder, der mit seiner Beute, einer Maus, spielt:

> "'Spaß muß sein', denkt Goldhals und läßt sie los, faßt aber sofort zu, ehe sie in ihr Loch kann. Siebenmal läßt er sie springen, siebenmal packt er sie wieder. Beim achten Male quiekt sie nicht mehr.
> 'Is doch was, sagte Schnabel, und brät' sich 'ne Mücke', meint Goldhals, als er die Maus binnen hat, und schleicht den Pirschsteg weiter."
> ("Goldhals"; D I,32-37/N I,300-306)

Dieser allzu schnoddrige Ton des Journalisten Löns verliert sich zusehends in den späteren Tiererzählungen. Im "Murrjahn" aus dem Buch "Widu" (1917) heißt es:

> "'Sonne ist das beste, was wir in der Art haben', denkt Murrjahn und räkelt sich vor seinem Bau.
> Besonders die Morgensonne ist sehr wohltätig. Das fühlt Murrjahn deutlich ..."
> (D I,144/N III,160)

Aber es bleibt offensichtlich, daß Löns aus der Perspektive des Tieres erzählt; "er zieht das Tier auf die Ebene des Menschen"[32]. Es fehlt eine
klare Distanz zwischen Autor und Erzählgegenstand, was auch deutlich
wird durch die Verwendung des Präsens.

Diese Distanz ist jedoch größtenteils in den Beiträgen gegeben, die in
einem populärwissenschaftlichen Kontext entstanden sind. In den Texten,
die Löns für das Sammelwerk "Lebensbilder aus der Tierwelt" schrieb,
dominiert ein deskriptiver Stil, in dem naturwissenschaftliche Erkenntnisse und eigene Beobachtungen miteinander verwoben werden, so z.B.
wenn Löns den Geschlechtsakt der Libellen beschreibt ("Am Graben"; D
IV,273-279/N III,70-76).

Trotz der "Wissenschaftlichkeit" und der fehlenden Anthropomorphisierung lassen sich sentimentale Züge in diesen Texten erkennen. Zwar
verniedlicht Löns in den Beiträgen zu "Wasserjungfern" und "Aus Forst
und Flur" nicht mehr, sondern erschafft eine Idylle, indem er zu einem
betont "poetischen" Stil greift:

> "Aber zu Tausenden leben sie im Schilf, so daß genug von ihnen übrigbleiben,
> die steif und still über Winter in den Uferlöchern unter dem Randeise verhar-
> ren, bis die Sonne das Eis bricht, das Wasser erwärmt und sie wieder erweckt,
> daß sie sich häuten und fressen und strecken und schließlich das Schilf erklim-
> men, um sich aus häßlichen Larven zu den zauberhaften, märchenschönen See-
> jungfern zu entwickeln, die flirrend und flatternd, schimmernd und flimmernd
> der schönste Schmuck des Schilfes sind."
> ("Am Schilfe"; D IV,273/N III,70)

Löns nähert sich hier der monistischen Auffassung Waldemar Bonsels'
(1880-1952) an, dessen Tierdichtungen die Motive der romantischen Blu-
men-, Tier- und Elfenmärchen weiterführen und der noch in den
kleinsten Naturregungen den Hauch einer Spiritualität erfühlt. Der
Schöpfer der "Biene Maja" (1912), die sogar die Verkaufszahlen der
Lönsschen Tiergeschichten übertrifft, gilt als exponierter Vertreter der
mehr sentimentalen Richtung innerhalb der modernen Tiergeschichte[33],

---

32 Ebd., S. 333.
33 Bis 1979 konnte die "Biene Maja" eine Gesamtauflage von 1,7 Millionen Exemplaren ver-
buchen; es erschienen an die einhundert fremdsprachige Auflagen. Zu Bonsels vgl. Lini
Hübsch-Pfleger: Waldemar Bonsels. Eine biographische Studie, in: Waldemar Bonsels:
Wanderschaft zwischen Staub und Sternen. Gesamtwerk, hrsg. v. Rose-Marie Bonsels,
Bd. 1, München/Wien 1980, S. 9-65; Lothar Müller: Die Biene Maja von Waldemar
Bonsels, in: Marianne Weil (Hg.): Wehrwolf und Biene Maja. Der deutsche Bücher-
schrank zwischen den Kriegen, Berlin 1986 (= Edition Mythos Berlin), S. 56-75. Vgl.

der - so die Meinung von Tierfreunden - im krassen Gegensatz zu Löns steht; schon in den 20er Jahren galten Bonsels und Löns als "Verfechter zweier Weltanschauungen"[34]. Löns wurden Beobachtungsgabe und naturwissenschaftliche Kenntnisse zugute gehalten, Bonsels hingegen ein ins Metaphysische zielendes Empfinden der Natur:

> "Dem einen [Bonsels] sind Naturschilderungen ein Sich-Versenken in den großen, heiligen Schöpfungswillen, dem anderen [Löns] ein Verweilen bei schönen, freundlichen Erinnerungen. Löns kommt von der Natur her, er ist ihr Herr, mindestens ihr gleichgestellt, der sie überwand, seit er bewußt streben lernte. Bonsels ahnt in der Natur und allen ihren Erscheinungen das Brüderliche (in der Richtung des Zieles), die letzte Heimat..."[35]

Doch Löns' Hang zur Anthropomorphisierung und zur "poetischen" Verklärung seiner Natur-Idylle widersprechen einer klaren Polarisierung von Löns und Bonsels. Idylle kombiniert mit sachlicher Beobachtung und Aggression sind die bestimmenden Merkmale der Lönsschen Tiererzählungen, die neben der darwinistischen und der sentimentalen Richtung in der Tierdichtung eine dritte Spielart konstituieren.

4.3 Zurück in die Urnatur: Der Lönssche Jäger

Stärker noch als in den Tiergeschichten drückt sich in den Jagderzählungen die Sehnsucht nach Regression in eine Urnatur aus, in der der Mensch seine atavistischen Triebe ausleben kann. Diese evasive Aggression, die sowohl dem Autor als auch dem Leser die Möglichkeit zur Kompensation jenseits der Industriegesellschaft eröffnet, verbindet sich mit einer prospektiven Harmonie, die die dargestellte Natur zu einer utopischen Idylle und zu einem Modell für die aktuelle Gesellschaft erhebt.

Jagen - das bedeutet für Löns, die Fesseln der Zivilisation abzustreifen und in eine dunkle Vorzeit hineinzutauchen, in der es allein auf den Mann

---

außerdem Waldemar Bonsels: Die Biene Maja und ihre Abenteuer, Frankfurt a.M./Berlin/Wien (= Ullstein-Buch Nr. 20287).

34 Hans Georg Schick: Löns und Bonsels als Beispiele entgegengesetzter Naturbetrachtung, in: Das literarische Echo, 24. Jg. (1922), H. 18, Sp. 1093. Vgl. auch Kopernikulus: Natur und Kunst, in: Das literarische Echo, 23. Jg. (1920/21), Sp. 1043-1046.

35 Schick: Löns und Bonsels, a.a.O., Sp. 1092 f.

und seine Kraft ankommt.[36] Der Lönssche Jäger findet in der Natur seine wahre Identität. Im "Grünen Buch" heißt es:

> "Wenn ich jage, will ich Wildnis haben, will ich keinen Menschen, keinen Wagen hören, nichts hören und sehen will ich dann von Kultur. Urmensch will ich sein in der Urnatur."
> ("Am Fuhrenkamp"; D II,568/N I,57)[37]

Für Löns ergibt sich eine Konfrontation Urmensch versus Stadtmensch, dessen Fähigkeiten in der modernen Gesellschaft degenerieren. Das einzige Mittel, diesen Verfall zu stoppen, ist für Löns die Jagd. In "Kraut und Lot" schreibt er:

> "Die Hauptsache ist, sich als Urmensch zu betätigen, seine Sinne zu gebrauchen, seine Kräfte anzuspannen, einmal wieder ganz Mann zu sein und Mensch, den Asphalt zu vergessen und die ganze städtische Lackiertheit, die uns allen Murr und Purr aus den Knochen saugt und uns so lange knechtet und knetet, bis wir uns wie unsere eigenen Urgroßväter vorkommen und ganz vergessen, daß der Mensch seine Augen nicht nur zum Lesen und Schreiben über die Nase gesetzt bekommen hat und mit den Ohren auch noch etwas anderes anfangen kann, als den Hörer des Fernsprechers davor zu halten."
> ("Wenn der Tauber ruft"; D I,262 f/N II,153)

Dem Idealbild des Jägers steht das ironisierte und abgewertete Bild der Stadtmenschen gegenüber. Sie sind "Küchenjäger" ("Der Schwarze vom Jammertal"; D II,585/N I,75), "Stadtjapper" und "Asphaltmänner" ("Auf Birkwild"; D I,301/N II,194), die sich mit technischen Hilfsmitteln die Jagd erleichtern ("Der Überjäger"; N II,305-311) und "den Pfiff der Lokomotive für das Bellen des Waldkauzes halten" ("Balzjagdsünden"; N II,239).

Zu den Gegensatzpaaren Jäger-Stadtmensch und Natur-Stadt gesellt Löns eine dritte Gegenüberstellung - gesund-krank:

---

36 Zur allgemeinen Funktion des Jagdmotivs vgl. den Artikel "Jagd (Jagen)", in: Horst S. und Ingrid Daemmrich: Themen und Motive in der Literatur. Ein Handbuch, Tübingen 1987 (= UTB für Wissenschaft, Große Reihe), S. 185-188.
37 Diese Urmenschphantasie gleicht den Regressionswünschen, die Jack London am Beispiel des Hundes Buck in "Ruf der Wildnis" schildert. Die Wiederentdeckung von Bucks Raubtiereigenschaften geht einher mit der "Vision des kurzbeinigen, behaarten Mannes". Er träumt vom Urmenschen und der archaischen Welt seiner Vorfahren - dieselbe Welt, in der sich auch der Lönssche Jäger hineinphantasiert. Vgl. London: Wildnis, a.a.O., S. 99.

"In der Stadt habe ich alle naselang einen Schnupfen, Migräne wie eine Lehrerin und Nerven wie eine Madame. Hier merke ich nichts davon, obgleich ich nachts mit feuchten Füßen im Graben saß ..."
("In der Jagdbude"; D II,629/N I,122)

Dieses Gegensatzpaar beschränkt sich aber nicht nur auf den privaten Bereich, Löns überträgt es auf das ganze Volk. Er geht davon aus, daß sich die Deutschen zu weit von der Natur entfernt haben und daß es so zu einer "Entartung" kommt. Sein Bild von der Gegenwart ist das der Heimatkünstler, die das städtische Leben von Hektik, Nervosität, Materialismus und demokratischen Ideen geprägt sehen:

"Noch niemals gab es eine Zeit, in der das Leben so verwikkelt und infolgedessen so anstrengend war wie heute; selbst auf das Land dringt schon die Nervösität, die Krankheit der Zeit, denn Eisenbahn, Telegraph und Telephon und Tagespresse tragen Hast und Unrast in Handel und Wandel, Klassenkampf und Parteigetriebe bis in den stillsten Winkel, erfüllen das ganze Volk mit einer nervösen Erwerbssucht, einem ungesunden Genußfieber, einer krankhaften Sucht nach Veränderung, einer Überschätzung der geistigen und Geringschätzung der körperlichen Tätigkeit."
("Jagd und Politik"; C V,207)

Um diesen Gefahren zu entgehen, empfiehlt Löns die Jagd mit ihrer "rassestärkenden, rasseerhaltenden Wirkung" ("Ein rohes Vegnügen"; N II, 232). Zwar diene auch der Sport der körperlichen Ertüchtigung, doch sei dieser nur ein Notbehelf, der das Verhältnis des Menschen zur Natur nicht begünstige und nicht in einen harmonischen Zustand überführe. Löns' Wunschbild vom Menschen kann nur durch die Jagd erreicht werden: Sie ist "ein wichtiges Mittel, die Schäden der Überkultur abzuschwächen und der Rassenentartung vorzubeugen" (N II,233). Darüber hinaus erfüllt die Jagd eine wichtige Funktion für die "Volksgemeinschaft"; führt sie doch Städter und Bauern zusammen und hilft, Verständnis zwischen ihnen aufzubauen:

Sie "frischt das Gefühl des Volksgenossentums, das der aus den wirtschaftlichen Interessenkämpfen entspringende Parteizwist Tag um Tag schwächt, Tag um Tag wieder auf, die negative Wirkung der Parteipolitik durch positive politische Tat aufhebend."
(C V,213)

Die Jagd bedeutet aus dieser Sicht nicht nur das erholsame Erleben der Natur, sondern sie wird zu einer Schule der Erneuerung des eigenen Körpers wie des "Volkskörpers" überhaupt idealisiert. Der Urmensch, der auf sich allein gestellt mit dem Tier und der Natur kämpft, wird zur Bezugsfigur einer "Volksgemeinschaft", die sich auf ihre atavistischen Triebe zurückbesinnen soll. Doch Löns vergißt dabei, daß die von ihm gepriesenen Vorteile der Jagd auf einem exklusiven Vorrecht basieren: Wenn die Jagd wirklich massenhaft, quasi als "Volksertüchtigung", betrieben würde, wäre in überfüllten Jagdrevieren keine Erholung und sinnliches Erleben der Natur möglich, ganz zu schweigen davon, daß der Wildbestand sich rasch in Pulverdampf auflösen würde.

Trotz solcher Paralogismen ist der Kampf in der Natur, Mann gegen Tier oder Mann gegen Mann, für Löns das Leitbild einer sich im Wandel befindenden Gesellschaft, die das Erlebnis von Freiheit und Sinnlichkeit nur in der als gesellschaftsfrei definierten Sphäre der Natur verwirklicht sieht und die aus diesem Erlebnis heraus Kraft beziehen will, um den als bedrohlich empfundenen Tendenzen der modernen Gesellschaft zu trotzen.[38]

Löns-Verehrer tun sich bis heute schwer anzuerkennen, daß Kampf und Gewalt die beherrschenden Prinzipien der Lönsschen Jagderzählungen sind. Ihrer Meinung nach zeigt sich in den späten Jagdbüchern "Auf der Wildbahn" (1912) und "Ho Rüd' Hoh!" (1918) der "wahre Löns", da dort die Beobachtungslust des Naturliebhabers in strikter Opposition zur todbringenden Jagdleidenschaft stehen soll:

> "Der Kampf zwischen dem Naturfreund, der alles leidenschaftlich liebt, was da 'kreucht und fleugt', und dem Jäger wird immer sublimer. Immer kritischer wird Löns' Einstellung zum 'Schuß an sich', denn immer schwerer fällt ihm die Antwort auf die Frage, ob und wann ein Mensch berechtigt ist, ein Leben, wenn auch nur das eines Tieres, gewaltsam zu beenden."[39]

"Kraut und Lot" (1911) wird vom Löns-Biographen Martin Anger geradezu zu einem Lehrbuch für fortgeschrittene Jäger erhoben, zu einem Ehrenkodex für den weidgerechten Jägersmann. Der Lönssche Jäger aus "Kraut und Lot" ist demnach der verantwortungsbewußte Heger und Pfleger der Natur und erfüllt elementare Funktionen für die Wirtschaft; mit statistischem Material legt Löns in diesem Buch die volkswirtschaftliche

---

38 Diese Vorstellung von der Jagd breitet Löns auch in dem Roman "Der letzte Hansbur" aus, in dem der Titelheld Göde Hehlmann als "verhinderter Urmensch" mit den Gesetzen und Konventionen der Gesellschaft hadert. Die Jagd ist für ihn ein Fluchtraum, in dem er seine Frustrationen kompensieren kann: "Wenn Hehlmann nicht die Jagd gehabt hätte, wäre ihm das Leben bald leid geworden." (D III,62)

39 Anger: Hermann Löns, a.a.O., S. 123.

Bedeutung der Jagd dar ("Ein rohes Vergnügen"; C V,102-107/N II,229-234).

Von diesen hehren Aufgaben und Zielen des Jägers ist in Löns' erstem Buch mit Jagdschilderungen wenig zu merken. Im "Grünen Buch" (1901), zehn Jahre vor "Kraut und Lot" veröffentlicht, scheint die Jagd purer Selbstzweck zu sein. Die Erzählungen enden oft mit einem Ausblick auf die nächste Jagd; nach der einen Jagd kräftigt man sich "für die Abendbalz des Birkhahns oder den Ansitz auf den Bock" ("Am Fuchsbau"; D II, 566/N I,46). Das Motiv zur Jagd liegt ganz profan in der Sucht nach Jagdtrophäen ("Ein Pirschtag am Kahnstein"; D II,578/ N I,68) oder geht völlig verloren in einem Jagdfieber, das jegliche berufliche oder gesellschaftliche Verpflichtung zurückdrängt ("Auf den Fuchs"; D II,640/N I, 133).

Zwar kommt es sogar - wenn auch selten - zu Momenten der Reue und des Mitleids für das erschossene Tier, doch diese halten nie lange an und werden sofort beiseite geschoben:

> "Aber dann, als ich sie alle drei da liegen hatte, faßte es mich wieder wie Reue, und mir ist, als hätte ich Unrecht getan. Tat ich es, um die Fasanen zu schützen, die meine Jagdfreunde aussetzen, um die Birkhenne vor den Fängen des Räubers zu sichern und Taube und Junghase und Kitz? oder aus reiner Mordlust? Sie, sie morden, um zu leben, aber wir ...? Ohne Nutzen sind sie mir. Den Hasen und das Huhn, sie zu erlegen, mir liegt nichts daran, gelangweilt hat mich stets die Jagd darauf, aber der Bock und alles Raubzeug, das ist die Jagd. Und im Urwald muß es sein, im Wildwald, im Moor und in der öden Heide, daß ich denke, ich sei ein Wilder."
> ("Im Rauhhorn"; D II,606/N I,97)

Sofort unterdrückt das Verlangen, sich wie ein Urmensch zu fühlen, jegliches Mitleid. Die "Mordlust" wird nicht reflektiert, denn was zählt, ist nicht das Resultat der Jagd, die Beute, sondern der Weg dorthin, die Jagd an sich. Der Kampf soll sich perpetuieren, er ist das eigentliche Ziel. Das Erlegen des Tieres bedeutet aber das Ende des Kampfes. In dieser Erkenntnis liegt die eigentliche Ursache für die kurz auflodernde Reue: "Und jetzt tut es mir leid, daß er daliegt, denn nun kann ich ihn ja nicht mehr erlegen ..." ("Heidfrühling"; D II,552/N I,42).

Diese Einstellung findet sich ebenso in den späteren Jagderzählungen. Auch in "Ho Rüd' Hoh!" (1918) packt den Lönsschen Jäger immer noch das Jagdfieber. Dieser Anfall von Jagdleidenschaft kann so mächtig sein, daß der Jäger erst nach dem Schuß bemerkt, wie ihm geschah:

> "Ich atme auf und gehe heran und merke jetzt, daß diese wenigen Augenblicke
> mein Blut zum Sieden und meine Stirn zum Tropfen brachten ..."
> ("Rauhreif"; D I,528/N III,370)

Der von den Löns-Verehrern ins Feld geführte Wandel vom leidenschaft-
lichen Jäger zum friedliebenden Naturfreund, der Mitleid für das gejagte
Tier empfindet, ist nur oberflächlich. Der Lönssche Jäger bemitleidet
nicht das erschossene Tier, sondern sich selber, da mit dem Tod des
Tieres sein Wunsch nach ewigem Kampf nur eine zeitlich begrenzte Erfüllung gefunden hat:

> "Und jetzt, wo er an der Fuhre hängt, und die Heide unter ihm sich purpurn
> färbt, da ist mir, als hätte ich mich selber um viele reiche Tage bestohlen, an
> denen ich in Hoffnung und Enttäuschung noch weidwerken könnte den Bock in
> den Hungerbergen."
> ("In den Hungerbergen"; D I,448)

Der Wunsch nach immerwährendem Kampf und der Symbiose mit der
Natur ist auch in den späten Jagdgeschichten lebendig. Jedoch im Bewußtsein, daß dieser Wunsch nicht erfüllt werden kann, verlegt sich Löns
auf die Erinnerung und die Beobachtung. So bedeuten ihm die Jagdtrophäen nicht mehr viel, aber "die Erinnerung an den Augenblick, da ich
den Meeraar jagen sah" ("Strandgang"; D I,619).

Das Beobachten bedeutet den eigentlichen Lustgewinn des Lönsschen
Jägers, in dem sich Aktivität und Passivität vermischen. Es ist die unab-
dingbare Voraussetzung für eine erfolgreiche Jagd: Inmitten der Geräu-
sche und optischen Eindrücke im Wald muß ein bestimmter Laut, ein bestimmter Anblick herausgefiltert werden, um dem Tier auf die Spur zu
kommen. Das Beobachten und das Belauschen sind für Löns aber nicht
nur Mittel zum Zweck, sondern besitzen einen Wert an sich und vermitteln ihm Erholung und Genuß:

> "Ich liege im fahlen Grase, den Rücken gegen die unterste Sprosse der Kanzel
> gelehnt, und sehe der rotleibigen Sandwespe zu, die eine durch den Giftstachel
> gelähmte Spinne zu ihrer Höhle schleppt, beobachte den grünen Raubkäfer, der
> hastig über die grauen Flechten rennt und necke mit einem langen Halme eine
> Eidechse, die wütend danach schnappt, bis ihr die Sache zu albern wird und sie
> sich grollend in ihre Brombeerburg zurückzieht.
> Dann ist der Baumpieper meine Unterhaltung."
> ("Ein Ringeltauber"; D II,539 f/N I,28)

Das passive Genießen gleitet jedoch oft über in die Vorbereitung zur Aktivität, zum todbringenden Schuß. Immer wieder gewinnt der Zwang zur Destruktion die Oberhand, vor allem dann, wenn die Tiere den aus der Sicht des Jägers schönsten Lebensabschnitt durchleben, nämlich die Balz. Statt auf die erhoffte Liebe trifft das Tier auf den Tod: "Er verhofft und äugt nach mir hin: Ist das die Liebste? Nein, der Tod!" ("Ein Pirschtag am Kahnstein"; D II,584/N I,74) Zwar beschleicht den Lönsschen Jäger manchmal ein kurzer Moment des Mitleids, doch sieht er in einem solchen Tod einen positiven Aspekt: "Ist ein Tod mitten im ersten, frühen, weltstürmenden Lieberwachen nicht neidenswert?" ("Junghahnenbalz"; D II,622/N I,115)

Hier spricht nicht nur der von seinen Liebesbeziehungen enttäuschte Mann, hinter dieser Einstellung verbirgt sich ein Aspekt, der eine wichtige Komponente in der Jagdleidenschaft Löns' darstellt: Der Lönssche Jäger ist ein Voyeur, der sich am Liebesspiel der Tiere, aber auch an deren Kämpfen untereinander ergötzt ("In der Krähenhütte"; D II, 537 f/N I, 26).[40] In seinem Blick erfährt die Natur eine latente Sexualisierung: Erblickt der Jäger ein günstiges Revier, lachen seine Augen, "als sähen sie in liebe, schöne Frauenaugen" ("Auf dem Fuchs", D II,640/N I,133). Das ganze Jagdgeschehen mit seiner Annäherung an das Tier, der körperlichen Anstrengung des Jägers und dem die Anspannung beendenden Schuß gleicht dem Akt der körperlichen Liebe.

Die unbewußte Verarbeitung einer libidinösen Beziehung zur Jagd läßt sich mit weiteren Beispielen illustrieren. In der Erzählung "Im grünen Maienwald" (D II,557-561/N I,46-51) befindet sich der Jäger in einem Zustand höchster Erregung, als er kurz vor dem Schuß auf einen Rehbock steht:

"Ich dampfe. Die zweihundert Gänge haben mir den Schweiß durch die Haut gejagt; alle Schlagadern hüpfen, und das Herz trommelt mir laut unter der Joppe. Und immer noch sehe ich nichts von dem Bock als das Gehörn. Noch ein Weilchen, und das Büchsenlicht ist fort.
Da bewegen sich die schwarzen, dreizackigen Stangen. Das Geäse schiebt sich vor, der Hals, und jetzt das Blatt. Nur ein kleines bißchen lasse ich den Büchsenlauf sinken, dann rühre ich am Abzug. Im roten Strahl sehe ich den Bock vornüberschlagen, dann legt der weiße Dampf sich vor ihn, und der Widerhall des Schusses überbrüllt, was ich hören möchte."
(D II,561/N I,50)

---

40 Vgl. Gert Ueding: Die entgleiste Idylle, in: Frankfurter Allgemeine Zeitung, 12. 11.1980, S. 26.

Noch deutlicher zeigt sich die sexuelle Komponente in der Erzählung "Ein roter Bock" (D II,607-613/N I,98-104):

> "Ich bin klatschnaß vor Schweiß; das Herz sitzt mir im Hals, der Atem pfeift, daß ich denke, man kann es zehn Gänge weit hören, und der Büchsenlauf tanzt mir vor den Augen auf und ab. Aber nur so lange, bis ein großer roter Fleck auf die Bahn tritt; da werde ich ruhig, habe mit einem Blick das hohe, langendige Gehörn weg und rühre am Abzug.
> Roh zerstört der Feuerstrahl die sanften Farben der Dämmerung, groß verdirbt der Knall die Waldabendstille, dick kriecht der weiße Dampf über Weg und Wald. Und ich bin wieder ganz ruhig, denn durch das Feuer sah ich den Bock zusammenbrechen."
> (D II,612/N I,104)

Aus dem Phallussymbol des Gewehrlaufs quellen als Ejakulat ein Feuerstrahl und weißer Dampf, die Tod und Zerstörung bringen.[41] Sexualität paart sich bei Löns mit Destruktion, höchste Lust kann sich nur in der Zerstörung ausleben. Doch selbst diese Zerstörung besitzt für Löns einen außerordentlichen ästhetischen Reiz; im toten Tier erblickt er eine Schönheit des Todes, die auf ihn eine eigentümliche Anziehungskraft ausübt:

> "Ein einziges Hagelkorn durchschlug ihm den Hals; wie Rubine perlt es über die schwarzweiße Kehle."
> ("Unter den hohen Fuhren"; D II,596/N I,87)

> "Da liegt er, feuerrot im Nacken, offen den schweißenden Fang, mit zuckender Lunte. ... Das sieht schön aus neben dem grauen Fels, dem grünen Moos und dem roten Buchenlaub, ebenso schön wie ein roter Bock in grünem Gras und blauem Vergißmeinnicht."
> ("Auf den Fuchs"; D II,642/N I,136)

Der Tod wird so zu einem Teil der Idylle, d.h. zu einem Teil der Natur, wie Löns sie sieht. Gewalt und Tod, Idylle und Liebe sind Bestandteile eines Lebensprinzips, das in der Jagd realisiert werden soll: das darwinistische Prinzip vom ewigen Überlebenskampf in der Natur. Der Lönssche Jäger, der weitab von der sinnesabstumpfenden Reizüberflutung der Städte zur sinnlichen Erfahrung des Beobachtens und Lauschens geführt

---

41 Die These von der Gleichsetzung von Liebe und Jagd wird auch von den Löns-Gedichten gestützt. Im "Kleinen Rosengarten" läßt Löns einen Jäger die "Freie Pirsch" besingen:
"Wenn die lauten Hunde jagen, / Fährt der Fuchs zum Baue ein, / Und in jedem dritten Dorfe/ Ist ein wacker Mädchen mein.
Heute die und morgen jene / Heut ein Rehbock, dann ein Hirsch, / Rosen blühn in jedem Garten, / Überall ist frei die Pirsch." (D V,153 f/N V,74)

wird, soll in die Natur eingebunden werden. Hinter dem libidinösen Aspekt der Jagd steht der Wunsch zur Regression, zur Symbiose mit der Natur. Der Jäger will als Urmensch in einen Urzustand zurückkehren, will den Höhepunkt sinnlicher Erfahrung erleben (siehe 8.4.3/4).

Diese sinnliche Erfahrung versucht Löns auch in Sprache umzusetzen. Er formt onomatopoetisch Tierlaute wie "düdliü, düdliü" oder "tschjuhuit" nach ("Heidfrühling"; D II,545 f/N I,34 f). Er bildet aus diesen Lauten sogar Verben, die er reimend verbindet: "Das surrt und burrt und fliegt und kriecht, krimmelt und wimmelt, singt und springt ..." ("Ein Pirschtag am Kahnstein"; D II,581/N I,71). Der angemessene Ausdruck seiner Sinneserfahrung kann aber nur die Synästhesie sein, die Bündelung verschiedener Sinneseindrücke: "Mit den Augen liebkose ich die tiefen, weichen Töne vor mir." ("Auf dem Abendstrich"; D I,561)

4.4 Die Lönssche Natur: Die Symbiose von Aggression und Idylle

Wie die bisherige Textanalyse gezeigt hat, ist Löns nicht der innovative Begründer der modernen Tiergeschichte, der eine Synthese von wissenschaftlicher Information und literarischer Intuition geschaffen hat. Löns greift zurück auf erprobte Gestaltungsmittel der Tiererzählung, die Anthropomorphisierung, und kombiniert diese mit sachlichen Beobachtungen. Zwar beschäftigte sich Löns mit Naturwissenschaften, doch zog er keine weitergehenden Schlüsse für Biologie und Zoologie oder gar Verhaltensforschung. Seine naturwissenschaftliche Tätigkeit erstreckte sich auf vier Gebiete, die sich hauptsächlich mit dem Beobachten, Sammeln und Erfassen von Tieren beschäftigen: Ornithologie, Malakologie und Psocidenfauna, die Wirbeltierfauna Hannovers und die Quintärfauna.[42]

Als Jugendlicher in Deutsch-Krone interessierte er sich besonders für Vogelkunde und verfaßte als Sechzehnjähriger (1882) sogar eine Übersicht über 117 Vogelarten im Kreis Deutsch-Krone, die er später dem Provinzialmuseum in Danzig übergab. Den Malakozoen, also den Schnecken und Muscheln, und den Psociden, den Holzläusen, galt in Münster sein besonderes Augenmerk. Schon 1885 konnte in der zoologischen Sek-

---

42 Vgl. Martin Anger: Hermann Löns, a.a.O., S. 85 ff; Wilhelm Deimann: Vorwort zu "Naturwissenschaftliche Aufsätze und Plaudereien", in: Hermann Löns: Nachgelassene Schriften, hrsg. v. Wilhelm Deimann, Bd. 2, Leipzig/Hannover 1928, S. 9-14; ders.: Der Künstler und Kämpfer. Eine Lönsbiographie und Briefausgabe, Hannover 1935, S. 28 ff; ders.: Der andere Löns, Münster/Hameln 1965, S. 36 ff.

tion des Westfälischen Provinzvereins für Wissenschaft und Kunst vermeldet werden, daß der junge Löns eine für Münster neue Schneckenart gefunden hatte. 1891 berichtete Löns sogar von einer besonderen Form einer kleinen Wasserschnecke, die er entdeckt hatte und zu Ehren von Annette von Droste-Hülshoff "planorbis albus drostei" nannte. Seine Schneckensammlung übergab er dem Westfälischen Provinzialmuseum in Münster.[43]

Als Löns nach gescheitertem Studium schließlich Journalist wurde und sich in Hannover etablieren konnte, blieb ihm wenig Zeit für seine Tätigkeit als "Liebhaber-Biologe"[44], er war aber Mitglied in der Naturhistorischen Gesellschaft Hannover und arbeitete dem Niedersächsischen Landesmuseum zu. 1905 begann Löns mit einer groß angelegten Arbeit zur Erfassung der Wirbeltierfauna Hannovers, die er aber immer wieder hinter seinen schriftstellerischen Arbeiten zurückstellte. Er vernichtete sie schließlich im November 1911 während seiner Arbeit am "Wehrwolf"-Roman.

Sein viertes Arbeitsgebiet war die Quintärfauna, mit der Löns den Bereich des bloßen Katalogisierens und Sammelns verließ und eine neue Terminologie einzuführen versuchte. Mit Quintär bezeichnete er eine geologische Schicht, die dem Quartär, der jüngsten Periode der Erdgeschichte, nachfolge:

> "Unter dem Quintär verstehe ich jeden Teil der Erdrinde, dem der Mensch unmittelbar oder mittelbar den Urlandcharakter nahm, also jedes Stück Land, auf dem ein Haus steht, oder das als Straße, Acker, Wiese, Weide, Garten, Park, Anlage, Kirchhof, Deich, Steinbach usw. durch den Menschen sein von der Urform des Landes abweichendes Aussehen erhielt."
> (NS II,17)[45]

Das Quintär ist also eine Kulturschicht, die durch den Menschen und seine Arbeit entsteht; die Tierwelt dieser Schicht ist die Quintärfauna. Dazu zählen Tiere, die an Kulturboden gebunden sind, z.B. Storch, Schwalbe oder Hausmaus.

---

43 Vgl. D. Steilen: Hermann Löns als Schneckenforscher, in: Heimatkalender für die Lüneburger Heide (1956), S. 83-87. Einen genauen Überblick über die malakologischen Aufsätze Löns' gibt Beckmann: Löns - Ein bedeutender westfälischer Malakologe, a.a.O., bes. S. 212 ff.

44 Vgl. F. Steininger: Hermann Löns und die Arbeitsgemeinschaft zoologische Heimatforschung in Niedersachsen, in: Natur, Kultur und Jagd, 17. Jg. (1964), H.5/6, S. 129 ff.

45 Vgl. auch Löns' Aufsatz "Das Quintär und seine Fauna", in: Kosmos, 7.Jg. (1910), S. 447-449.

Der Begriff "Quintär" hat in der Wissenschaft keinen Anklang gefunden, ebenso wie die anderen naturwissenschaftlichen Arbeiten Löns'. Seine biologischen Jugendarbeiten (z.B. die Übersicht der Vogelarten) haben für die Wissenschaft keinerlei Wert[46]; die Arbeiten zur Malakologie und zur Wirbeltierfauna zeigen "Schwächen in seinen zoologischen Kenntnissen"[47] und sind nicht fehlerlos[48]. Der Biologe Herbert Ant konstatiert bei Löns theoretische Defizite, die den Wert seiner Arbeit deutlich relativieren:

> "Da Löns sich mit Fragen der Evolution nur am Rande beschäftigte und dem Darwinismus sehr kritisch gegenüberstand, fehlten ihm einige Voraussetzungen für zoogeographische Analysen. Seine Äußerungen über den Varietätsbegriff lassen erkennen, daß er keine klaren Vorstellungen von den unteren systematischen Kategorien hatte."[49]

Löns versah sich und seine Arbeiten zwar mit dem Anstrich wissenschaftlicher Gründlichkeit, doch blieb vieles in einem naturwissenschaftlichen Gestus stecken, mit dem Löns Wissenschaftlichkeit imitierte. Allenfalls für den niedersächsischen und westfälischen Raum ist der "Wissenschaftler" Löns von Bedeutung.

Obwohl seine Tier- und Jagderzählungen unter dem Zeichen des (Sozial-)Darwinismus stehen, wußte Löns wenig mit dieser wissenschaftlichen Theorie anzufangen; er galt sogar als "Darwinverächter"[50]. Löns lehnte die Darwinsche Theorie ab, da sie ein Erklärungsmodell anbot, das die Geheimnisse der Natur entzaubert und die herausragende Stellung des Menschen in dieser Natur angreift. Für Löns ist der Mensch, auch der Urmensch, der Herrscher der Natur, dessen Position nicht angetastet werden darf:

> "Zwischen einem Kulturprodukt, wie es der Mensch ist, und dem Tier kann es keine Vergleichsmomente geben, und anders wie als ein scherzhaftes philosophisches Spiel darf man solche Vergleiche nicht auffassen. Aber schließlich, zwischen Ernst und Scherz gibt es keine Grenze, und Darwins Evolutionstheorie und Haeckels Weltschöpfungsideen, so ernst sie gemeint sind und so vorzügliche Brücken sie der Wissenschaft waren über dem Graben, der unser

---

46 Vgl. Horst Maeck: Hermann Löns als Naturkundler in seiner Heimat Deutsch-Krone, in: Hermann Löns. Lebensbilder, a.a.O., S. 15.
47 Ringleben: Löns als Zoologe, a.a.O., S. 25.
48 Vgl. Heinrich Schreiber: Löns, der Forscher, in: Türmer, 37.Jg. (1935), Bd. II, S. 435.
49 Ant: Löns als Naturwissenschaftler, a.a.O., S. 36.
50 Harry Heyworth: Natur und Wissenschaft bei Hermann Löns, Diss. phil. München 1950, S. 22.

Begreifen trennt von dem Unbegreiflichen: schließlich sind sie auch nur kindische Spiele, die der kleine Menschengeist mit dem großen All treibt."
("Den Grenzgraben entlang"; NS I,168)[51]

Löns' Devisen lauten: "Lieber ein Loch in der Wissenschaft, denn in der Natur" und "Alles menschliche Wissen ist Stückwerk" (NoN 32, 35). Die Natur soll ein großes Geheimnis bleiben - unergründlich und ehrfurchtgebietend. Dementsprechend stattet Löns die Natur in seinen Erzählungen mit sakralen Weihen aus. Sie besitzt etwas Jungfräuliches, etwas Verehrungswürdiges:

> "Nur deshalb liebe ich die Jagd so. Nichts bringt uns der Natur so nahe wie diese Viertelstunde zwischen Tag und Nacht, und nur die Jagd ist es, die uns dazu erzieht, diese kurze Spanne Zeit zu verstehen in ihrer großen Feierlichkeit, in ihrer geheimnisvollen Andacht."
> ("Um die Ulenflucht", D II,138/N I,180 f)

Das religiöse Gut "Natur" erhält so eine Aura, deren Geheimnis unantastbar ist (siehe 8.1.3). Wissenschaftliche Theorien, die die Natur ihrer Rätsel berauben, haben in dieser Natur keinen Platz. Mit diesem Naturbild schafft sich Löns ein Welterklärungsmodell, das das wissenschaftlich fundierte Weltbild des Industriezeitalters durch einen Mythos der Natur ersetzt (siehe 8.4.2).

Dieser Naturmythos basiert nicht auf der realen Natur, wie sie zur Zeit Löns' existierte. Wie die "Lönssche Heimat" ist die "Lönssche Natur" eine Traumlandschaft und kein wissenschaftlicher Gegenstand. Löns präsentiert in seinen Texten eine imaginäre Ersatzlandschaft, ein künstliches Paradies, in dem er phantasmagorisch sein Wunschdasein verwirklicht. Die "Lönssche Natur" stellt einen Identifikations-, Satisfikations- und Stimulationsraum zugleich dar, in dem der Lönssche Jäger seine Strebungen nach Herrschaft und Urmenschentum, Sinnlichkeit und Identität befriedigen kann.

Indem Löns in seiner Wunschwelt dem sinnlichen Erleben nachjagt, unterzieht er seine Umwelt einer latenten Erotisierung. Der Voyeur Löns kämpft sich durch eine Natur, deren Tiere und Pflanzen mit sinnlichen oder sexuellen Konnotationen belegt sind. Seine Texte steigern sich von

---

51 Noch schärfere Urteile gegen Darwin bei Konrad Buchwald: Hermann Löns und die Gegenwart. Anregungen für eine künftige wissenschaftliche Beschäftigung mit seinem Werk, in: Natur, Kultur und Jagd, 17. Jg. (1964), H. 5/6, S. 116 f.

Entspannung zur Erregung, die nach ihrem Höhepunkt (dem Schuß des Jägers) wieder abklingt und sich bei der nächsten Jagd wieder aufbaut.

Die Sehnsucht nach Liebe und nach Aggression verbinden sich in der "Lönsschen Natur" zu einem einzigen Erlebnis, im Erfüllen dieser Sehnsüchte besteht für Löns das Naturerlebnis überhaupt. Seine Tier- und Jagderzählungen versuchen, dieses Erlebnis in der Literatur zu wiederholen, und der Löns-Leser kann es beim Lesen nachvollziehen. Wie ein Filter können sich die Lönsschen Erzählungen zwischen das Auge des Lesers und der schon teilweise zerstörten Natur seiner Gegenwart schieben und damit die Naturvorstellung beeinflussen. Löns' "Philosophie des Organischen" konstituiert eine literarische Natur, die schließlich die reale ersetzen kann: Um Trost zu finden oder Stimmungen auszuleben, braucht der Mensch der Industriegesellschaft nicht erst eine Landschaft zu durchstreifen, das Lesen von Löns-Texten erfüllt denselben Zweck - Literatur wird so zum Natursurrogat.

Das trifft nicht allein auf Löns-Texte zu. Das Nebeneinander von Idylle und Aggression ist Ausdruck einer international verbreiteten Stimmung zu Beginn des 20. Jahrhunderts, einer Kulturkritik, die ihr Heil in einer idealen Natur und in Kampf und Gewalt zu finden glaubte. Aggressive Urmenschphantasien und Träume von der wilden Natur finden sich fast zur selben Zeit bei Rudyard Kipling und Jack London, und das Motiv des friedfertigen Hasen ist nicht allein auf den Lönsschen "Mümmelmann" beschränkt.

Helmut Heißenbüttel, der der Verbreitung dieses Motivs nachspürte, sieht darin ein Indiz für das "Aufscheinen bestimmter historisch motivierter Bildvorstellungen"[52]. Er stellt die These auf, daß unter dem Code eines Tierfabelbildes eine historisch-politische Vorstellung weitergetragen wurde, die allerdings theoretisch und ideologisch nicht auflösbar ist. Zwar gibt es Unterschiede zwischen den verschiedenen Hasen-Texten, doch sind diese, laut Heißenbüttel, nicht grundsätzlicher, sondern nur gradueller Art. Zwar fehlt beispielsweise bei Beatrice Potter die naturwissenschaftliche Kenntnis der Tiergewohnheiten, die bei Löns zu finden ist, doch alle Texte enthalten den Aspekt eines friedfertigen Ausgleichs.

Löns' Tiererzählungen werden somit zu einem Teil eines kollektiven Bildgedächtnisses, in dem sich Sehnsüchte und Hoffnungen, aber auch

---

52 Helmut Heißenbüttel: Mümmelmann oder Die Hasendämmerung, Wiesbaden 1978 (= Abhandlungen der Klasse der Literatur/Akademie der Wissenschaften und der Literatur; Jg. 1978, Nr. 1), S. 8.

Ängste und Gewaltphantasien einer Zeit ausdrücken. Doch ebenso wie das Motiv vom friedfertigen Hasen gehören die Lönsschen Regressionswünsche und Urmenschvisionen zu diesem Bildgedächtnis.

Dieses Nebeneinander von Aggression und Idylle setzt sich auch in der Tiererzählung nach Löns fort. Svend Fleuron (1874-1966), im Deutschland der 20er und 30er Jahre als "dänischer Löns" gefeiert, schrieb mit "Schnipp Fidelius Adelzahn. Roman eines Dackels" (1917) seine Version vom Haushund, der seine Instinkte wiederentdeckt. Das Hasen-Motiv lebt bei Fleuron in "Meister Lampe" (1918) fort, wo er ähnlich wie Löns in der "Mümmelmann"-Geschichte einen utopischen Ausblick auf eine friedliche Zukunft entwickelt.[53]

Felix Salten (1869-1945), der mit "Bambi" (1923) Weltruhm erlangte, verbindet gleichfalls die sentimentale Idylle mit dem darwinistischen Ausleseprozeß. Er schildert die Entwicklung Bambis vom Rehkitz zum ausgewachsenen Rehbock, indem er das "Recht des Stärkeren" mit einer naturreligiösen Vorstellung, die Waldemar Bonsels' Monismus ähnelt, verknüpft.[54]

Keiner dieser Schriftsteller verzichtet auf die Anthropomorphisierung des Tieres, so wie auch bei Löns in verschiedenen Abstufungen eine Ver-

---

53 Fleuron verbindet den Appell für die Fruchtbarkeit der Hasen mit einem universellen "Natur-Gesetz":
"Schaffe neues Leben aus deinem eigenen, setze Junge in die Welt und dünge das Gras, das du äsest, auf daß es dir neue Halme aus seiner Wurzel gebäre, trage die Samen der Klette, die sich in deinem Balg verfilzen, weit umher und lege sie ins Erdreich, wenn du dir dein Lager scharrst. Sei ein Glied im All, sei Einsiedler im Dasein; doch vergiß niemals, daß du jeden Tag, den du lebst, bereit sein mußt zu sterben, um Platz für andere hier auf dieser Welt zu schaffen."
(Svend Fleuron: Meister Lampe, in: ders.: In Wald und Feld, München 1989, S. 444.)
Zu Fleuron vgl. Thyra Dohrenburg: Svend Fleuron. Werk und Persönlichkeit, in: Svend Fleuron: Die Welt der Tiere, Bd. 1, Jena 1940, S. 15; außerdem den Artikel im Lexikon der Kinder- und Jugendliteratur, Bd. 1, a.a.O., S. 392 f; Günther Mehren: Kein Teller in der Hafenkneipe, in: Stuttgarter Zeitung, 5.1.1974.
54 Deutlich wird dies, als Bambi von seinem Lehrmeister, einem alten Rehbock, zu einem toten Wildschützen geführt wird:
"'Siehst du wohl, Bambi', sprach der Alte weiter, 'siehst du nun, daß Er daliegt, wie einer von uns? Höre, Bambi, Er ist nicht allmächtig, wie sie sagen. Er ist es nicht, von dem alles kommt, was da wächst und lebt. Er ist nicht über uns! Neben uns ist Er und ist wie wir selbst, denn Er kennt wie wir die Angst, die Not und das Leid. Er kann überwältigt werden gleich uns, und dann liegt Er hilflos am Boden, wo wie wir andern, so wie du Ihn jetzt vor dir siehst.'"
(Felix Salten: Bambi. Eine Lebensgeschichte aus dem Walde, 98.-103. Tsd., Rüschlikon/Zürich 1946, S. 142.)

niedlichung des Tieres festzustellen ist.[55] Was Löns jedoch von seinen Nachfolgern unterscheidet, ist die besondere Mischung von Aggression und Idylle. Bei Löns stehen sie nicht nur nebeneinander; sie bilden eine Synthese, die das Naturbild Löns' strukturiert und sich in seinen Romanen zu einem (komplexen) Welt- und Gesellschaftsbild verdichtet.

---

55 Die deutschen Tiererzählungen haben sich nur schwer von dem Einfluß Löns' und Bonsels' befreien können. Eine von Anthropomorphisierung freie Darstellung eines Tieres ist im deutschen Sprachraum vielleicht erst 1989 gelungen: Horst Stern schildert in seiner "Jagdnovelle", wie der deutsche Banker Joop in einem osteuropäischen Land einen mächtigen Bären jagt. Stern betont immer wieder, daß er nicht weiß, was das Tier fühlt oder denkt:
"Was der Bär überlegt, kann man nicht wissen."
"Der Bär machte sich keine Gedanken darüber, daß er, indem er dem Fleisch Tag für Tag folgte, immer näher an die Lichtung geriet. Es hat ein Bär wohl doch keine Gedanken."
Außerdem stellt Stern die libidinösen Aspekte der Jagd, die bei Löns nur unbewußt eingeflossen sind, ganz bewußt dar; er läßt die für westliche Gäste arrangierte Jagd ein "Hirschbordell" nennen, die Jäger sind "Freier", und Blei wird ejakuliert. Vgl. Horst Stern: Jagdnovelle, München 1991 (= Knaur 3173), S. 92, 134 ff, 145.

5. "Der Wehrwolf": Modell und Mythos der bäuerlichen Volksgemeinschaft

> "Längst sitzen die Werwölfe unter den röhrenden
> Hirschen im schwedischen Wohnzimmer, und der letzte
> Hansbur düngt mit Hyperphos Kali gekörnt und Rustica
> Stickstoffmagnesia."
> (Ludwig Harig: Auf der Suche nach den verlorenen Dich-
> tern, 1980)

5.1 Vom Kaiserreich zum NS-Staat: Der Siegeszug des "Wehrwolfs"

5.1.1 "Der Wehrwolf" als historisches Modell

Mit dem "Wehrwolf", dem bekanntesten Roman Löns', reklamierten die Nationalsozialisten Hermann Löns als einen der ihren: Erziehungsmini-ster Rust erhob Löns offiziell zum Ahnherrn des Nationalsozialismus[1], und die Löns-Freunde griffen diesen Titel stolz auf und wurden nicht müde, den "Held unseres Dritten Reiches"[2] und den "Künder des Reiches Adolf Hitlers"[3] zu loben.

Eine Presseverlautbarung des Diederichs Verlages zum 25-jährigen Jubiläum des "Wehrwolfs" aus dem Jahre 1935, in der das Buch zum "nationalen Besitz des deutschen Volkes" erklärt wird[4], gibt nicht nur einen Werbeslogan wieder, sondern spiegelt das offizielle Literaturverständnis. Der "Wehrwolf"-Roman galt als "die große Prophetie der deutschen Revolution und ihres tiefsten Wollens"[5]. Kurz vor Beginn des Zweiten Weltkriegs schreibt Wilhelm Deimann in der "Bücherkunde", dem offiziellen

---

1 Vgl. Wilhelm Deimann: Der Kämpfer um die deutsche Seele, in: Löns-Gedenkbuch. Neue Bearbeitung, Bad Pyrmont/Hannover 1940, S. 177 f.

2 Georg Widmann: Hermann Löns - der Wanderer zwischen zwei Welten, in: Der Turner-schafter, 51. Jg. (1934), H. 6, S. 258.

3 Paul Vogt: Hermann Löns und sein Werk in der völkischen Schule, in: Die deutsche Schule, 43. Jg. (1939), H. 9, S. 338.

4 Presseverlautbarung des Eugen Diederichs Verlages "25 Jahre 'Wehrwolf' von Hermann Löns", 1935 (Archiv des Diederichs Verlages).

5 Herbert Blanck: Hermann Löns, Oldenburg/Berlin 1934 (= Schriften an die Nation Nr. 64), S. 47.

Organ der von Alfred Rosenberg geleiteten "Reichsstelle zur Förderung des deutschen Schrifttums":

> "Der Roman ist weniger als historischer Roman zu bewerten denn als Niederschlag der politischen Sorge des Dichters. 'Ringsherum schleifen sie die Messer gegen uns, und unser Volk schläft', so und ähnlich drückt er sich in den Jahren vor Ausbruch des Weltkrieges öfter aus. Der Roman gibt das Vorbild eines bewunderungswürdigen Gemeinschaftsgeistes in Not und Tod; er ist die Verherrlichung des Ehr- und Wehrgedankens. 'Jeder ist sich selbst der Nächste. Besser fremdes Blut am Messer als ein fremdes Messer im eigenen Blut.'"[6]

In der Geschichte von Harm Wulf, der im Dreißigjährigen Krieg zum Anführer der Wehrwölfe wird - einer Truppe von Bauern, die gegen marodierende Soldaten vorgeht -, entdeckten die Nationalsozialisten ein Verhaltensmodell für die faschistische Gegenwart: Durch die Konstruktion einer von sozialen Antagonismen gereinigten Gesellschaft entsprachen die Wehrwölfe der nationalsozialistischen Vorstellung einer "Volksgemeinschaft", in der jeder Interessengegensatz zum Wohl der rassisch reinen Gemeinschaft zurückgestellt wird.

Besonders akut wurde dieser Vorbildcharakter im Vorfeld des Zweiten Weltkriegs. Die Kampfparolen aus dem Roman sollten einen wichtigen Beitrag zur psychologischen Kriegsvorbereitung und zur Motivierung während des Krieges leisten. Bereits in den Schulen wurde der Roman als "ein Werk nationalsozialistischen Geistes" gepriesen und nach seinem wehrerzieherischen Nutzen gefragt.[7]

Vor allem als sich der Krieg zu ungunsten des Regimes entwickelte, genoß der "Wehrwolf" besondere Hochachtung. Noch 1945 sollte er den Kampfeswillen stärken: In den letzten Kriegstagen erschien der "Wehrwolf" beispielsweise als Fortsetzungsroman in der "Ludwigsburger Zeitung"; und - noch wichtiger - der Roman fungierte als Vorbild für die letzten Aktionen der NS-Diktatur[8].

---

6 Wilhelm Deimann: Ein Deutscher, ein Soldat und ein Dichter. Hermann Löns zum Gedächtnis, in: Bücherkunde der Reichsstelle zur Förderung des deutschen Schrifttums (1939), S. 508.

7 Vgl. Josef Graul: Der Wehrwolf, ein Werk nationalsozialistischen Geistes, in: Die deutsche höhere Schule, 2. Jg. (1935), S. 726-729; Albert Meerkatz: Erläuterungen zu Hermann Löns: "Der Wehrwolf", Leipzig 1938 (= Dr. Wilhelm Königs Erläuterungen zu den Klassikern, Bd. 257/258); Hans Paulmann: Wie läßt sich "der Wehrwolf" von Hermann Löns wehrerzieherisch auswerten?, in: Zeitschrift für deutsche Bildung, 18. Jg. (1942), S. 65-72.

8 Vgl. Arno Rose: Werwolf 1944-1945. Eine Dokumentation, Stuttgart 1980, S. 23 ff, 103 ff.

Als die Alliierten dem Gebiet des Deutschen Reiches immer näher rückten, ordnete Heinrich Himmler 1944 die Gründung eines Kleinkrieg-Verbandes an, dessen Angehörige sich vom Feind überrollen lassen sollten, um dann im Rücken des Gegners Spionage und Sabotage zu betreiben. Der Name dieser Organisation wurde von Hermann Löns übernommen: "Werwolf". Zwar wurde das "h" gestrichen, damit die aggressive Bedeutung des Begriffs stärker hervortrat, doch die Anlehnung an Löns ist nicht zu leugnen. Das war nicht das erste Mal, daß der Löns-Roman den Nationalsozialisten als Anregung im Krieg diente: Schon 1942 wurde das Führerhauptquartier bei Winniza in der Ukraine "Werwolf" getauft[9].

Im geheimen aufgebaut wurde Himmlers "Werwolf"-Organisation von Hans-Adolf Prützmann, der zuvor "Höchster SS- und Polizeiführer Ukraine" und "Höherer SS- und Polizeiführer Rußland-Süd" gewesen war. Schon Ende 1944 registrierte seine Spezialeinheit 5000 Freiwilligenmeldungen. Die Ausbildung lag in den Händen der Waffen-SS. Auf das Konto der Organisation gingen mehrere politische Morde; so tötete ein "Werwolf"-Kommando am 25. März 1945 den von den Alliierten eingesetzten Oberbürgermeister von Aachen.

Neben diesem Kleinkrieg-Verband existierte noch eine zweite Organisation gleichen Namens, die Goebbels aus der Taufe hob. Er versuchte, den "Werwolf" zu einer Massenbewegung, zu einem Volksaufstand zu machen. Am 1. April 1945 ging über den Sender "Werwolf" ein vermutlich von Goebbels selbst verfaßter Aufruf in den Äther, der jeden feindlichen Soldat zu Freiwild erklärte: "Wo immer wir eine Gelegenheit haben, ihr Leben auszulöschen, werden wir das mit Vergnügen und ohne Rücksicht auf unser eigenes Leben tun."[10] Getreu dieser "We(h)rwolf"-Mentalität traten in den letzten Kriegswochen noch Jugendliche gegen die Alliierten an, um für das NS-Regime zu kämpfen und zu sterben.

Angesichts dieses Propgandaeinsatzes ist der Roman in der Nachkriegszeit lange mit peinlichem Schweigen übergangen worden, bis Mitte der 60er Jahre in der Germanistik eine Auseinandersetzung mit der Literatur des "Dritten Reiches" begann. Jost Hermand beispielsweise sieht im "Wehrwolf" "die reaktionäre Verherrlichung einer bodenstämmigen Bauernkaste im Kampf gegen die Umwälzung"[11], und Günther Hartung er-

---

9 Vgl. den Artikel "Führerhauptquartiere", in: Das große Lexikon des Dritten Reiches, hrsg. v. Christian Zentner/Friedemann Bedürftig, München 1985, S. 197 f.
10 Zit. nach Rose: Werwolf, a.a.O., S. 263.
11 Richard Hamann/Jost Hermand: Stilkunst um 1900, 2. Aufl., München 1973 (= Epochen deutscher Kultur von 1870 bis zur Gegenwart, Bd. 4; Sammlung Dialog 52), S. 337.

kennt eine "faschistische Vereinigung von Totschlagelust mit äußerer Legitimität"[12]. Der "Wehrwolf" galt quasi als ein Kriegsbuch und Löns als Chauvinist.

Damit nicht einverstanden war die Löns-Gemeinde, die sich vehement gegen die These einer möglichen Verwandtschaft von Löns und Nationalsozialismus wehrte. "Man kann den 'Wehrwolf' mit dem besten Willen nicht als militaristisch einstufen und abtun", versucht Deimann 1965 eine Ehrenrettung[13]. Der Roman thematisiere nämlich die Notwehrfrage und sei schließlich ein "Buch des Ehr- und Wehrgedankens". Auf diese Formel brachte Deimann in seiner Löns-Biographie von 1960 die Verteidigung des "Wehrwolfs"[14], die noch Jahre später von Lönsianern eifrig repetiert wurde: Löns-Biograph Martin Anger bedauert beispielsweise, daß kaum ein anderes Buch der neuen deutschen Literatur so mißverstanden worden sei wie der "Wehrwolf"[15]. Doch die Formel vom "Ehr- und Wehrgedanken" benutzte Deimann schon in seiner Biographie von 1935[16] - zu einer Zeit, als er Löns "als einen starken Vorkämpfer der neuen Staat- und Gesellschaftsordnung" im faschistischen Deutschland darstellte.[17]

Eine solche politische Vereinnahmung fand auch schon vor 1933 statt. Völkische, rechtsradikale und deutsch-nationale Gruppen der Weimarer Republik sahen im "Wehrwolf" ein Gleichnis für ihre jeweilige Situation:

> "Der 'Wehrwolf' ist zu einem Spiegelbild unserer Not geworden. Wie im Dreißigjährigen Krieg ist auch in diesem harten Ringen um Sein oder Nichtsein die Kulturarbeit von Menschenaltern vernichtet; und hat auch die Tapferkeit unseres Feldheeres bis zuletzt verhütet, daß Deutschland nach dem Willen seiner Feinde wieder zum Weltkriegsschauplatz wurde, so haben doch die Schrecken des Krieges: Tod, Hunger und Krankheit wiederum den besten Teil unseres Volkes gefordert. Wie im dreißigjährigen Kriege herrscht auch jetzt die Willkür unserer Feinde bei uns. An Stelle fremder Landsknechte schalten und walten die feindlichen Kommissionen als die wirklichen Herren im Lande."[18]

---

12 Günter Hartung: Über die faschistische Literatur, in: Weimarer Beiträge, 14. Jg. (1968), S. 519.

13 Wilhelm Deimann: Der andere Löns, Münster 1965, S. 75.

14 Vgl. ders.: Hermann Löns - Leben und Schaffen, in: Hermann Löns: Werke. Gesamtausgabe, hrsg. v. Wilhelm Deimann, Bd. 5, Hamburg 1960, S. 612.

15 Vgl. Martin Anger: Hermann Löns. Schicksal und Werk aus heutiger Sicht, 2. Aufl., Braunschweig 1986, S. 152.

16 Vgl. Wilhelm Deimann: Der Künstler und Kämpfer. Eine Lönsbiographie und Briefausgabe, Hannover 1935, S. 105.

17 Ders.: Hermann Löns - wie man ihn nicht kennt, in: Heimat und Reich, 1. Jg. (1934), Juli-Heft, S. 27.

18 Wilhelm Spickernagel: Hermann Löns und unsere Zeit, Leipzig 1920 (= Zellenbücherei Nr. 33), S. 60.

Für die Soldaten der Freikorps, die das Ende des Krieges nicht akzeptierten und mit der "Dolchstoß-Legende" demokratische, linksgerichtete und jüdische Kräfte für die Niederlage und den "Versailler Vertrag" verantwortlich machten, bildete der Roman einen wichtigen Bezugspunkt. Sie betrachteten sich selbst als Wehrwölfe, die ihre Heimat vor den siegreichen Alliierten und deren Hilfskräften (also demokratischen Politikern) schützten. Einer dieser militanten Freikorpsmänner, die gegen die Weimarer Republik kämpften, war Peter von Heydebreck; er schrieb die "Erinnerungen eines Freikorps-Führers" mit dem Titel: "Wir Wehr-Wölfe".[19]

Als am 11. Januar 1923 französische Truppen das Ruhrgebiet besetzten, sah sich ein Studienrat und ehemaliger Hauptmann der Reserve namens Fritz Kloppe genötigt, einen "Wehrwolf"-Kampfbund zu gründen:

> "Nach seinen 'Reichsrichtlinien' war der 'Wehrwolf' von 1923 eine den Krieg bejahende, politisch-kämpferische, paramilitärische Wehrbewegung, völkisch, sozial und 'großdeutsch'. Seine männlichen Mitglieder pflegten Soldatentugenden wie Tapferkeit, Kameradschaft, Manneszucht und Opferbereitschaft, seine weiblichen förderten deutsche Art und Sitte."[20]

Der Kampfbund war antidemokratisch und antikapitalistisch ausgerichtet und sympathisierte zeitweise mit dem sozialrevolutionären Flügel der NSDAP um Gregor Strasser. Gute Beziehungen besaß die Organisation, die über rund 30.000 Mann verfügte, auch zum "Stahlhelm", dem rechtsgerichteten Frontkämpferbund, und zur Reichswehr; die militärische Ausbildung der "Wehrwölfe" Kloppes wurde zum Teil von Reichswehr-Instrukteuren besorgt.

---

19 Vgl. Peter von Heydebreck: Wir Wehr-Wölfe. Erinnerungen eines Freikorps-Führers, Leipzig 1931.
20 Rose: Werwolf, a.a.O., S. 56. Zum "Wehrwolf"-Kampfbund vgl. außerdem Volker R. Berghahn: Der Stahlhelm. Bund der Frontsoldaten 1918-1935, Düsseldorf 1966, S. 32 f; Günther Ehrenthal: Die deutschen Jugendbünde. Ein Handbuch ihrer Organisation und ihrer Bestrebungen, Berlin 1929, S. 80 f; Emil Julius Gumbel: Verschwörer. Zur Geschichte und Soziologie der deutschen nationalistischen Geheimbünde 1918-1924, Heidelberg 1979 (Reprint der Erstauflage 1924), S. 65; Albrecht Lehmann: Militär und Militanz zwischen den Weltkriegen, in: Handbuch der deutschen Bildungsgeschichte. Bd. V: 1918-1945, hrsg. v. Dieter Langewiesche/Heinz-Elmar Tenorth, München 1989, S. 418; Ernst H. Posse: Die politischen Kampfbünde Deutschlands, Berlin 1930 (= Fachschriften zur Politik und staatsbürgerlichen Erziehung), S. 45-51. Vgl. zusätzlich das Selbstzeugnis von Fritz Kloppe: Wesensfragen für die Zukunft des deutschen Volkes. Im Lichte der Wehrwolf-Bewegung, Halle 1926.

Die paramilitärische, auf Stereotypen und Schwarz-Weiß-Malerei basierende Weltdeutung der Freikorps und der Verbände der äußeren Rechte sicherte dem "Wehrwolf"-Roman einen aktuellen politischen Bezug[21], der auch soziale und ökonomische Interpretationsmöglichkeiten zuließ. So wie die Wehrwölfe sich gegen Heimatlose abgrenzen, sollten die bürgerlichen Unter- und Mittelschichten in der Inflationszeit dem Abstieg ins Proletariat entgehen - mit Arbeit, Zusammenhalt und Gewalt:

> "Vorbild sollen die Wehrwölfe vor allem dem *deutschen Bürgertum* sein, das heute durch seine Gleichgültigkeit und Uneinigkeit zur leichten Beute seiner Feinde zu werden droht.[22]

Löns konnte so in der Weimarer Republik zum "nirgends bekämpfte(n) Dichter gerade völkischer Kreise" werden.[23] Gemeinsam mit den ebenfalls im Ersten Weltkrieg gestorbenen Schriftstellern Gorch Fock und Walter Flex gehörte Löns zu einem Dreigestirn von Weltkriegshelden, das völkisch-konservativen Gruppen als Leitstern diente. Die drei wurden als "Vaterlandsbejaher" gefeiert, die den "deutsche(n) Wille(n) zum Wiederauferstehen" verkörperten.[24]

Diese politische Vereinnahmung fand bereits im wilhelminischen Kaiserreich statt: 1914 stellte sich für viele Deutsche die weltpolitische Lage wie im Löns-Roman dar. Ebenso wie die "Wehrwolf"-Bauern von feindlichen Soldaten umzingelt waren, sahen sich die Deutschen im Verein mit dem "germanischen" Waffenbruder Österreich einer Welt von Feinden gegenüber. Der "Burgfrieden", den Kaiser Wilhelm II. in dieser Situation zwischen den Parteien beschwor, fand seine literarische Entsprechung im Zusammenhalt der Wehrwölfe.

1916 stellt Löns-Freund Traugott Pilf pathetisch einen Zusammenhang zwischen dem Roman und der Kriegsgegenwart dar:

> "Das Werk paßt für alle Zeiten, für alle Völker; es hat Ewigkeitsgedanken und Ewigkeitswerte: Gerade für unsere Zeit ist alles groß, schwer, heilig und erhe-

---

21 Zur paramilitärischen Weltdeutung und zur Sozialpsychologie der Freikorpsmänner vgl. Hans-Joachim Mauch: Nationalistische Wehrorganisationen in der Weimarer Republik. Zur Entstehung und Ideologie des "Paramilitarismus", Frankfurt a.M./Bern 1982 (= Europäische Hochschulschriften: Reihe 31, Politikwissenschaft Bd. 32), S. 79 ff, 131 ff.

22 Spickernagel: Hermann Löns, a.a.O., S. 61.

23 Paulk: Hermann Löns und das deutsche Weib, in: Der Psychokrat. Monatsschrift der Führenden, H. 6 (Juni 1922), S. 86.

24 Carl Kahle: Hermann Löns, Gorch Fock und Walter Flex als Vaterlandsbejaher, Berlin/Minden/Leipzig 1928, S. 11.

bend, was darin zu lesen ist, und mit erschauerndem Herzen übertragen wir manches auf unsere Tage.
Gebt den Wehrwolf unsern Soldaten in die Hände, und sie werden immer wieder neuen Mut und Erhebung daran gewinnen, denn auch sie sind Wehrwölfe im gerechten Kampfe ..."[25]

Noch im letztem Kriegsjahr 1918 fordert ein Leutnant der Reserve:

"Lest dieses Buch, Ihr da draußen vor dem Feind, besonders aber Ihr daheim, damit Ihr alle werdet wie die Wehrwölfe."[26]

Löns selbst hat diese politische Implikation seines Romans unterstützt. Zu Kriegsbeginn betonte er: "Mein Kriegslied habe ich bereits 1910 geschrieben; das ist der Wehrwolf."[27] Im ersten Kriegsmonat August schrieb er einem Freund:

"Ein pfui dem Mann,
Der sich nicht wehren kann!
Not kennt kein Gebot
Als das: Slah dot!"[28]

Mit dem Kriegsruf "Slah dot!" auf den Lippen stürzen sich die Wehrwölfe auf ihre Gegner, und mit diesem Propagandaruf wurde in zwei Weltkriegen geistige und moralische Aufrüstung betrieben.

5.1.2 *"Der Wehrwolf" als Roman der Heimatkunstbewegung*

Angesichts der Rezeptionsgeschichte und des Vorbildcharakters für rechtsextreme und faschistische Aktionen ist die Versuchung groß, den "Wehrwolf" einer faschistischen bzw. präfaschistischen Literatur zuzuschlagen. Jedoch sind mit dieser Kategorisierung einige Schwierigkeiten verknüpft: Zum einen ist der Bereich einer faschistischen Literatur definitorisch nicht klar abgrenzbar, zum anderen impliziert der Begriff einer

---

25 Traugott Pilf: Hermann Löns, der Dichter, Jena 1916, S. 58 f.
26 Karl Mews: Hermann Löns - der Dichter, in: Neuphilologische Blätter, 25. Bd. (1918), S. 103.
27 Zit. nach Friedrich Castelle: Leben und Schaffen, in: Hermann Löns: Sämtliche Werke in acht Bänden, hrsg. v. Friedrich Castelle, Bd. 1, Leipzig, S. 73.
28 Zit. nach Erich Griebel: Hermann Löns, der Niederdeutsche. Eine Einfühlung in Leben und Werk, Berlin/Leipzig 1934, S. 345, 491.

präfaschistischen Literatur eine zwangsläufige Entwicklung von Löns zu Hitler (siehe 1.4).[29]

Löns' Werke entstanden aber im Kaiserreich und sind zuallererst vor diesem Hintergrund zu lesen, bevor weitere Kontinuitätslinien gezogen werden können. Sie sind Teile einer völkisch-nationalen bzw. völkisch-national-konservativen Literatur, die die Errichtung einer organischen Volksgemeinschaft anstrebt und sich an den konservativen Ordnungsmodellen einer machtvollen politischen Nation und des autoritären Staates orientiert.

Unter dieser allgemeinen Sammelbezeichnung fallen die Werke eines Ernst Jüngers, die rechten Frontromane der Weimarer Republik von Schauwecker, Beumelburg und anderen, aber auch Werke, die aus der Heimatkunstbewegung des Kaiserreiches hervorgegangen sind und deren

---

29 Klaus Vondung hat versucht, allgemeine Kriterien für eine faschistische Literatur aus ihren Inhalten zu abstrahieren und an drei Ideologemen festzumachen: das Ideologem des Völkischen, des Heroischen und das einer neuen Religiosität. Davon ausgehend können die literarischen Werke des Nationalsozialismus in drei Klassen eingeordnet werden. Erstens in die Kategorie der "volkhaften Dichtung", die den Heimat- und Bauernroman sowie den historischen Roman umfaßt. Zu der zweiten Kategorie, der "heldenhaften Dichtung", zählen Weltkriegsliteratur und nationalsozialistische Kampflyrik. Die dritte Klasse ist die der "Weihedichtung", in der mittels dramatischer Feierspiele und chorischer Dichtungen die NS-Weltanschauung zu einer neuen Religion sakralisiert werden sollte.
Neben diesen inhaltlichen Kriterien führt Vondung auch zwei formale an, die aber keineswegs so ausschlaggebend sind wie die oben genannten. Das erste Kriterium bezieht sich eindeutig auf die zur Zeit der NS-Bewegung lebenden Autoren. Denn anhand deren öffentlichen Stellungnahmen zum Nationalsozialismus oder eventuellen Parteimitgliedschaften kann eine Nähe zur faschistischen Literatur angenommen werden. Wichtiger für Löns und die Schriftsteller des Kaiserreichs ist das zweite Kriterium: Inwieweit hat sich der Nationalsozialismus selbst auf diese Werke und Autoren berufen und sie zu einem Teil seines offiziellen Selbstverständnisses gemacht?
Ausgehend von diesen Kriterien könnte man versuchen, rückwirkend eine "präfaschistische" Literatur zu definieren: Sie wäre demnach eine Literatur, die bereits vor 1933 und sogar vor Gründung der NSDAP (1919) geschrieben, aber vom "Dritten Reich" für dessen Propaganda in Anspruch genommen wurde, und in der gebündelt die Ideologeme des Völkischen, des Heldischen und der neuen Religiosität auftreten. Da jedoch der Begriff "präfaschistisch" Assoziationen einer teleologischen Geschichtsentwicklung weckt, bevorzuge ich den Begriff einer völkisch-national-konservativen Literatur.
Dazu vgl. Klaus Vondung: Der literarische Nationalsozialismus. Ideologische, politische und sozialhistorische Wirkungszusammenhänge, in: Die deutsche Literatur im Dritten Reich. Themen-Traditionen-Wirkungen, hrsg. v. Horst Denkler u. Karl Prümm, Stuttgart 1976, S. 44-66 und ders.: Völkisch-nationale und nationalsozialistische Literaturtheorie, München 1973 (= List-Taschenbücher der Wissenschaft Bd. 1465: Literatur als Geschichte, Dokument und Forschung), S. 14 ff, 37-67, 122 ff.

Einfluß auf die Herausbildung einer faschistischen Literatur in der Forschung unbestritten ist.[30]

Die sich in den 90er Jahren des letzten Jahrhunderts konstituierende Literatur der Heimatkunst[31] stellt ebensowenig wie die faschistische Literatur einen monolithischen Block dar, was allein schon in den verschiedenen Typen des Bauernromans deutlich wird: Da steht die liberale Variante, die eine Abwendung von der Landwirtschaft zugunsten einer raschen industriellen Expansion propagiert, neben konservativ-agrarischen

---

30 Zu dem Verhältnis von Heimatkunst und faschistischer Literatur vgl. Rolf Geissler: Dichter und Dichtung des Nationalsozialismus, in: Handbuch der deutschen Gegenwartsliteratur, hrsg. v. Hermann Kunisch, München 1965, S. 721-730; Günter Hartung: Über faschistische Literatur, in: Weimarer Beiträge, 14. Jg. (1968), S. 474-542, Sonderheft 2, S. 121-159, S. 677-707; Uwe-K. Ketelsen: Völkisch-nationale und nationalsozialistische Literatur in Deutschland 1890-1945, Stuttgart 1976 (= Sammlung Metzler 142), S. 31-57; Ernst Loewy: Literatur unter dem Hakenkreuz. Das Dritte Reich und seine Dichtung. Eine Dokumentation, Frankfurt a.M. 1983 (= Fischer Taschenbuch 4303), S. 21 ff (zuerst erschienen 1966); James M. Ritchie: German Literature under National Socialism, London/Canberra 1983, S. 3-20; Franz Schonauer: Deutsche Literatur im Dritten Reich. Versuch einer Darstellung in polemisch-didaktischer Absicht, Freiburg i. Br. 1961, S. 15-37; Erhard Schütz: Literatur des deutschen Faschismus, in: Erhard Schütz/Jochen Vogt u.a.: Einführung in die deutsche Literatur des 20. Jahrhunderts, Bd. 2: Weimarer Republik, Faschismus und Exil, Opladen 1977 (= Grundkurs Literaturgeschichte), S. 251-262.

Einen ausgezeichneten Überblick über die Erforschung von völkisch-nationaler und nationalsozialistischer Literatur bis Anfang der 70er Jahre gibt Vondung, der die Beiträge von Hartung, Loewy und Schonauer analysiert; vgl. Vondung: Völkisch-nationale und nationalsozialistische Literaturtheorie, a.a.O., S. 157-178.

31 Grundlegend zur Heimatkunst informiert Karlheinz Rossbacher: Heimatkunstbewegung und Heimatroman. Zu einer Literatursoziologie der Jahrhundertwende, Stuttgart 1975 (= Literaturwissenschaft-Gesellschaftswissenschaft 13). Vgl. außerdem Uwe Baur: Die Ideologie der Heimatkunst. Populäre Autoren in deren Umkreis, in: Geschichte der deutschen Literatur vom 18. Jahrhundert bis zur Gegenwart, hrsg v. Victor Zmegac, Bd. 2: 1848-1918, Königstein/Ts. 1980 (= Athenäum-Taschenbücher 2157), S. 397-412; Klaus Bergmann: Agrarromantik und Großstadtfeindschaft, Meisenheim am Glan 1970 (= Marburger Abhandlungen zur Politischen Wissenschaft Bd. 20), S. 102-121; Hamann/Hermand: Stilkunst, a.a.O., S. 326-347; Ketelsen: Völkisch-nationale und nationalsozialistische Literatur, a.a.O., S. 31-57; Eckart Koester: Literatur und Weltkriegsideologie. Positionen und Begründungszusammenhänge des publizistischen Engagements deutscher Schriftsteller im Ersten Weltkrieg, Kronberg/Ts. 1977 (= Theorie-Kritik-Geschichte Bd. 15); Erhard Schütz: Heimatkunstbewegung, in: Erhard Schütz/Jochen Vogt u. a.: Einführung in die deutsche Literatur des 20. Jahrhunderts. Bd. 1: Kaiserreich, Opladen 1977 (= Grundkurs Literaturgeschichte), S. 56-68; Hans Schwerte: Zum Begriff der sogenannten Heimatkunst in Deutschland, in: Hermann Glaser (Hg.): Aufklärung heute - Probleme der deutschen Gesellschaft. Ein Tagungsbericht, Freiburg i. Br. 1967 (= Das Nürnberger Gespräch), S. 177-189; Peter Zimmermann: Heimatkunst, in: Deutsche Literatur. Eine Sozialgeschichte, hrsg. v. Horst Albrecht Glaser, Bd. 8: Jahrhundertwende. Vom Naturalismus zum Expressionismus. 1880-1918, hrsg. v. Frank Trommler, Reinbek bei Hamburg 1982 (= rororo 6257), S. 154-168.

Romanen, die eine Rückkehr zum ländlichen Leben beschreiben. Während in Gustav Frenssens "Jörn Uhl" (1901), einem der bekanntesten und erfolgreichsten Heimatromane jener Jahre, der Titelheld seinen verschuldeten Hof aufgibt, um schließlich Ingenieur zu werden und als Deichbauer in sein Dorf zurückzukehren, schlägt Löns' Held Lüder Volkmann aus "Dahinten in der Heide" (1909) einen anderen Weg ein: Der studierte Zoologe Volkmann kehrt aus Kanada zurück, übernimmt einen Heidehof, bewahrt sein Dorf vor einem Berliner Bohrunternehmer, der Öl- und Kalivorkommen ausbeuten will, und wird sogar Dorfvorsteher.

Neben dem agrarkonservativen und dem liberalen Typus kristallisiert sich im wilhelminischen Kaiserreich ein drittes Genre der Heimatkunst heraus: der völkische Bauernroman, als dessen Paradebeispiel der "Wehrwolf" gilt[32]:

> "Von liberaler Tendenz kann bei diesem Roman ["Der Wehrwolf"] ebensowenig die Rede sein wie von konservativ-agrarischer Gesellschaftskritik. Der Roman stellt weder dar, wie das Bauerntum von Vertretern des Handels- und Industriekapitalismus wirtschaftlich ruiniert wird, noch thematisiert er Klassengegensätze innerhalb der Landwirtschaft, er setzt sich weder für die Reagrarisierung noch für die Abwendung vom Bauerntum ein."[33]

Diese Beispiele lassen erkennen, wie sehr die Lösungsvorschläge, die die Heimatkünstler für die Krise der modernen Industriegesellschaft gemacht haben, divergierten und wie breit das Spektrum von Einstellungen in der Bewegung war. Die beiden bekanntesten Programmatiker z.B. nahmen sehr unterschiedliche Positionen ein: Friedrich Lienhard (1865-1929) sah in der Heimatkunst eine Vorstufe zu einer an der Klassik orientierten Kunst, einer "Höhenkunst" mit Goethe als Vorbild; Adolf Bartels (1862-1945) hingegen verfolgte eine aggressiv-sozialdarwinistische Richtung: Heimatkunst war ihm ein Mittel, Landflucht und Verstädterung zu bekämpfen und die rassische Reinheit des deutschen Volkes zu bewahren. Mit einem schon fanatisch zu nennenden Antisemitismus teilte Bartels in

---

32 Vgl. Norbert Mecklenburg: Erzählte Provinz. Regionalismus und Moderne im Roman, Königstein/Ts. 1982, S. 44.
33 Peter Zimmermann: Der Bauernroman. Antifeudalismus - Konservativismus - Faschismus, Stuttgart 1975, S. 124.

seiner "Geschichte der deutschen Literatur" (1901) Schriftsteller in rassische Kategorien ein.[34]

Trotz dieser Unterschiede und dem Mangel an einem einheitlichen Theoriekonstrukt gibt es Konstanten, die zum Allgemeingut der Heimatkunst zählen. Schriftsteller und Programmatiker der Heimatkunst sahen sich als Teil einer umfassenden Bewegung, die eine Erneuerung des Menschen durch Volkstum, Natur und organisches Landleben anstrebte, ähnlich wie in der Lebensreform- oder Naturschutzbewegung. Die Heimatkunstbewegung nahm - mit ein paar Ausnahmen - eine bewußte Oppositionshaltung gegenüber Naturalismus, Technik, Industrialisierung, Internationalismus und Intellektualismus ein. Die für die Heimatkunst positiven Werte waren die Kräfte des Volkes, des Stammes und der heimatlichen Natur sowie Traditionalismus und Provinzialismus.

In der Parole "Los von Berlin!" drückte sich die großstadtfeindliche Haltung der Heimatkünstler aus, die das Negativbild der "kranken" Stadt dem erstrebenswerten Ideal der "gesunden" Natur gegenüberstellten. Die Großstadt als Zentrum der Industrie, der Wissenschaft, der Intellektuellen und des Kapitals galt als verdorben und minderwertig. Glorifiziert wurden Gefühle und Triebe: Glaube, Liebe, Leidenschaft sind Bestandteile eines Lebensgefühls, das nach Freisetzung von Affekten und Emotionen strebte. Optimismus, Emotionalität und Ländlichkeit gehen in diesem Lebensbegriff eine Verbindung ein, die ihre Erfüllung in dem Bild des einfach-natürlichen, schollengebundenen Bauerntums fand.

Zu der daraus resultierenden Idylle gesellen sich im "Wehrwolf"-Roman ausführliche Gewaltdarstellungen, die bereits das biologistisch und sozialdarwinistisch geprägte Naturbild der Lönsschen Tier- und Jagderzählungen bestimmen. In dieser Synthese von Gewalt und Sentimentalität offenbart sich Löns' Gesellschaftsmodell, das Komplexität reduziert und in ein antinomisch-konfrontatives Weltbild umformt. Der "Wehrwolf" gehört mehr als jeder anderer Roman Löns' zu der "aktionistische(n) Form des Weltanschauungsromans"[35], der die idyllischen und kontemplativen Züge der Heimatliteratur zugunsten einer noch näher zu bestimmenden Ideolo-

---

34 Zu Bartels vgl. Karl Otto Conrady: Vor Adolf Bartels wird gewarnt. Aus einem Kapitel mißverstandener Heimatliebe, in: ders.: Literatur und Germanistik als Herausforderung. Skizzen und Stellungnahmen, Frankfurt a.M. 1974 (= suhrkamp taschenbuch 214), S. 227-232; Hans von Hülsen: Neid als Gesinnung: der manische Antisemitismus des Adolf Bartels, in: Propheten des Nationalismus, hrsg. v. Karl Schwedhelm, München 1969, S. 176-188.

35 Ketelsen: Völkisch-nationale und nationalsozialistische Literatur, a.a.O., S. 51.

gie von Volks- und Bauerntum, Heimat und Rasse, Scholle und Vaterland, Idylle und Gewalt verdrängt.

5.2 Die Elemente des "Wehrwolfs"[36]

5.2.1 Ländlicher Schauplatz

Die Romane der Heimatkunstbewegung weisen eine Reihe von Charakteristika auf, die sich auch im Lönsschen Werk wiederfinden. Schauplatz
der Handlung in diesen Romanen ist oft ein überschaubarer Ort, vor-
zugsweise ein Dorf oder ein Hof. Diese Schauplätze werden als bäuerliche Sozialgebilde dargestellt, die im Gegensatz zum Negativbild der
Stadt Geschlossenheit und Geborgenheit vermitteln sollen. In diesem
ländlich-dörflichen Milieu - in einigen Fällen auch das kleinstädtische
Umfeld - stellen die Provinzbewohner die Romanhelden.

Im "Wehrwolf" sind es die Bewohner des Heidedorfes Ödringen, die
ihre Abgeschlossenheit von der Welt gegen Eindringlinge verteidigen.
Das Modell des Dorfes erhält geradezu den Charakter einer Festung, als
sich die Bauern während des Dreißigjährigen Krieges immer weiter ins
Moor zurückziehen und dort eine Fliehburg errichten. Zum Zentrum
eines solchen Sozialmodells wird die Kirche, die die Ödringer bzw.
Peerhobstler, wie sie sich später nennen, nach einiger Zeit erbauen.

Eine Stadt als Gegenpol zum ländlichen Leben taucht im "Wehrwolf"
nicht auf. Das sonst in Heimatromanen oft überstrapazierte Bild der
feindlichen Großstadt entfällt aus verständlichen Gründen, denn das
Verhältnis Stadt-Land zur Zeit des Dreißigjährigen Krieges ist keineswegs mit der Situation zu vergleichen, die die industrielle Revolution im
19. Jahrhundert geschaffen hat. Zwar fährt Harm Wulf, der Anführer der
Wehrwölfe in die Stadt Celle, doch diese ist von Soldaten bevölkert, die
dort wie auf dem Lande Eindringlinge sind.

Den eigentlichen Gegenpol zum Land stellt der Krieg dar, dem Löns im
"Wehrwolf"-Roman all die Eigenschaften zuordnet, die sonst in der Heimatkunst mit der Stadt konnotiert werden: Chaos, Verbrechen, Zerstörung der Idylle, Internationalität und unkontrollierte Sexualität. Die Soldaten sind in der Regel Ausländer, die sich schon durch ihre Physio-

---

36 Zu den Elementen des Heimatromans vgl. Rossbacher: Heimatkunstbewegung und Heimatroman, a.a.O., 137-242; Schütz: Heimatkunstbewegung, a.a.O., S. 56-68.

gnomie von den Bauern abheben. Einer z.B. hat einen "gefährlichen pech-schwarzen Schnauzbart" und ein "gelbes Gesicht" (D III,123 f/N IV,18) und redet ein verballhorntes Deutsch: "Brudderhärz mainiges! Wie lange haben wir uns nicht gesähenn?" (D III,124/N IV,18). Die Soldaten tragen oft fremdländische Namen wie Ferdl, Tonio, Pitter, Wladslaw (D III,125/ N IV,20), während die Heidbauern so betont naturverbundene und volks-tümliche Tiernamen wie Reinecke, Hingst, Bock, Bolle, Otte, Katz, Duw oder Specht haben (D III,115/N IV,9).

Das Verhalten der Soldaten zeichnet sich durch besondere Grausamkeit aus: Sie "hausten schlimmer als das Vieh" (D III,254/N IV,155), vergreifen sich sexuell an Kindern (D III,125/N IV,19), schlagen alte Frauen (D III, 222/N IV,121), plündern und brandschatzen: "Frauenschänden und Kin-derschinden, das war ihnen weiter nichts als ein kleiner Spaß." (D III, 254/N IV,121) Sie sind im Roman

> "Takelzeug ..., das fraß, was der Bauer säte, und soff, was die Bäuerin melkte; das Rauben und Plündern, Sengen und Brennen, Schimpfen und Schänden, Morden und Martern, es war das Ende davon weg."
> (D III,268/N IV,155)

In "Dahinten in der Heide" hat Löns die Frontstellung von Stadt und Land noch expliziter herausgestellt, indem er einen Intellektuellen zum Protagonisten seines Romans machte[37]: Lüder Volkmann entspricht nicht ganz dem Lönsschen Helden, der von seiner Herkunft und seinem ganzen Wesen in der Heimat und im Bauerntum wurzelt; er ist akademisch gebil-det und hat lange Zeit in der Stadt gelebt. Löns läßt Volkmann zum Bau-erntum zurückfinden (allein schon sein sprechender Name weist auf die-ses Ende hin) und erkennen, daß sich in der Stadt das Negative sammelt:

> "Unsere Parteipolitik, unsere Kunst, unser Feuilleton, lieber Mann, es ist wie der Asphalt; es sieht nicht glatt und sauber aus, und besieht man es in der Son-ne, dann klebt und stinkt es. Ich danke ergebenst! Ich will das werden, was mei-ne Ahnen waren: Ein Bauer, und von dem ganzen Stadtkrempel mit seiner Tal-mikultur keinen Schwanzzipfel mehr sehen."
> (D III,325)

Die Opposition von Stadt und Land führt in reduktionistischer Weise das Lönssche Gesellschaftsbild vor, demzufolge sich das Handlungspersonal

---

37 Zur Darstellung von Stadt und Land in Heimatromanen vgl. Friedrich Sengle: Wunsch-bild Land und Schreckbild Stadt. Zu einem zentralen Thema der neueren deutschen Lite-ratur, in: Studium generale, 16. Jg. (1963), S. 619-631.

seiner Romane fein säuberlich in negativ und positiv teilt: Städter und Fremde sind Außenseiter, die als Störenfriede in der als positiv gesehenen Dorfgemeinschaft abgestempelt werden.

5.2.2 Die Stereotypen Einheimische - Fremde

Der "Wehrwolf" lebt sehr stark von der Typisierung seiner Figuren; auf der einen Seite gibt es das Stereotyp des guten Blonden und auf der anderen sein Gegenbild, der böse Schwarze. Diese zwei Gruppen, Einheimische und Fremde, sind schon durch ihr Äußeres und durch ihre Sprache gekennzeichnet. Die Unterschiede werden sofort zu Beginn des Romans herausgestellt, als Löns schildert, wie die Heide dereinst besiedelt wurde. Da verdrängen die Vorfahren der Heidbauern, die "blanke Gesichter und gelbes Haar hatten", die "paar armseligen Wilden", die "schwarzbraunen Leute" (D III,115/N IV,9 f).

Schwarze Haare sind auch das Merkmal der Zigeuner (D III,245 f/N IV, 146), die ein ungeordnetes Leben führen und heimatlos durchs Land ziehen; ihre Kinder laufen nackt umher (D III,129/N IV,24), und ihre Sexualität ist ungezügelt (D III,127/N IV,22). Zudem sprechen sie schlecht deutsch, was den Eindruck der Fremdheit extrem verstärkt. Zusammen mit den Soldaten, für die sie spionieren, bilden sie die Gruppe der Eindringlinge. Sie besitzen von sich ein positives Selbstbild, die Bauern aber sind "besses Leit" und "machen alles tott, was gutes Leit ist, Suldatten und Zigeiner!" (D III,276/N IV,178)

Das Weltbild der Bauern ist ebenfalls in schwarz-weiß gemalt. Sie sehen sich trotz ihrer Racheaktionen als "ehrliche und rechtliche Bauern" (D III, 186 f/N IV,84), die anderen aber, die in ihr Gebiet eindringen, sind für sie "Ungeziefer" (D III,134/N IV,29), "Hirschläuse" (D III,129/N IV,24) oder "Flöhe" (D III,201/N IV,99), die ausgemerzt werden müssen.

In der Heimatkunst sind die Bauern schlichtweg der "Inbegriff einer intakten völkischen Gemeinschaft"[38]; in ihnen sollten sich Kraft, Naturverbundenheit, Tradition und Wehrhaftigkeit bündeln. Ein Beispiel für diesen Typus ist neben Harm Wulf der Titelheld des "Letzten Hansbur", in dem sich atavistische Triebe aus einer grauen Vorzeit mit den Tätig-

---

38 Rolf Peter Sieferle: Fortschrittsfeinde? Opposition gegen Technik und Industrie von der Romantik bis zur Gegenwart, München 1984 (= Die Sozialverträglichkeit von Energiesystemen; Bd. 5), S. 188.

keiten des Säens und Erntens letztendlich zu einem bäuerlichen Idealbild verbinden.

Löns stellt den Anführer der Wehrwölfe, Harm Wulf, als einfachen Bauern dar, der erst aus persönlicher Betroffenheit aktiv wird. Anfangs nimmt er noch eine zögernde, im Vergleich zum Heidbauern Drewes beinahe gutmütige Haltung ein. Für Drewes sind Zigeuner keine Menschen (D III,134/N IV,29), sondern werden ohne viel Federlesen beseitigt: "Einer weniger! Anders geht das nun einmal nicht!" (D III, 135/N IV,30) Dagegen Harm Wulf:

> "Gewiß, die Tatern [i.e. die Zigeuner] waren man ja halbe Menschen, und Christen waren sie erst recht nicht, ... aber gleich darauf loszuschlagen, wie auf ein wildes Tier, das wollte Harm denn doch nicht in den Kopf."
> (D III,135/N IV,30 f)

Die Ermordung seiner ersten Frau und seiner beiden Kinder stellt den Wendepunkt in seiner Einstellung dar: Gemeinsam mit seinem Knecht Thedel macht er sich auf die Suche nach den Tätern. Er handelt nun nach der Devise: "Wer Menschenblut vergießt, dessen Blut soll wieder vergossen werden!" (D III,164/N IV,61). Mit diesem Vorsatz schließen sich die Bauern fest zu einer Gemeinschaft zusammen, die trotz ihrer vom Autor erwähnten Friedensliebe zu den Waffen greift.

Differenzierungen innerhalb der Gruppe ihrer Feinde machen die Bauern nicht. Sowohl die katholische als auch die evangelische Seite im Krieg werden als Bedrohung empfunden, da sie immer in Gestalt von plündernden Soldaten erscheint. Die Bauern sind nicht interessiert an Politik und Machtkämpfen zwischen den Fürsten, sondern am Bestand ihrer bäuerlichen Ordnung, die von außen angegriffen wird:

> "Ob Schwede, ob Kaiserlicher, womit der eine gekocht war, damit war der andere gebrüht; hier wurden die Menschen im Namen der heiligen Maria totgequält, und anderswo wurden sie der reinen Lehre wegen geschunden."
> (D III,268/N IV,170)

Die Konfrontation von Einheimischen und Fremden findet keinen friedlichen Ausgleich, sondern eine gewalttätige Lösung. Diesem Konflikt von außen wird die innere Konfliktlosigkeit gegenübergestellt. Aus dem Gefühl der völligen Einkreisung entwickeln die Heidbauern eine Solidargemeinschaft, die fest zueinander steht:

"Es gab keine Bauern und keine Knechte und keine Bäuerin und keine Mägde in Peerhobstel, es war eine Gemeinde fleißiger Leute, von denen jeder für sich und alle für das Gesamt schanzten, so daß es auf den Dörfern um das Bruch hieß: 'Einig wie die Peerhobstler!'"
(D III,214/N IV,113)

Die von Löns herausgestellte Besinnung auf das eigene Volkstum verstärkt die Abgrenzung zu den Fremden. Jedoch gibt es Ausnahmefälle, die es einem Fremden ermöglichen, sich in die Gemeinschaft einzugliedern. Fehlende Bodenständigkeit kann durch die Identifikation mit der bäuerlichen Ordnung und besonderen Leistungen für diese wettgemacht werden. Der Prediger Puttfarken ist ein Beispiel für einen Ortsfremden, der akzeptiert wird. Anfangs erscheint er noch als eine komische Figur, als "eine ganz putzige Kruke", die geistliche Lieder singend alleine in der Heide sitzt (D III,238/N IV,138). Doch da er als Bauernsohn aus demselben Milieu wie die Wehrwölfe stammt, keine Arbeit scheut, reiten und schießen kann, schafft er sich Vertrauen. Als er sogar einen Angriff auf sich abwehren kann, ist er vollends in die Gemeinschaft aufgenommen, und die Dorfbewohner bauen ihm ein Haus gegenüber der Kapelle.

Die Integration von Fremden ist aber immer die Ausnahme, die nur dem einzelnen widerfährt. Selbst als eine Gruppe von vertriebenen Bauern das Gebiet der Wehrwölfe durchquert, bleibt sie nicht ungeschoren und wird bekämpft (D III,229/N IV,129). Löns stellt dies allerdings als die Schuld der Heimatlosen dar, denn die Aggression geht zuerst von ihnen aus. Nicht die soziale Herkunft ist das verbindende Glied in dieser bäuerlichen Gesellschaft, sondern die gemeinsame Heimat und die daraus erwachsene Naturverbundenheit. Der Seßhafte besiegt den Heimatlosen, selbst wenn er auch ursprünglich aus einem verwandten Milieu stammt.

5.2.3 Das Frauenbild

Die starre Aufteilung des Handlungspersonals bestimmt auch das Frauenbild im Roman. Die Frauen der Heidbauern sind für Löns in geradezu selbstverständlicher Weise positiv. Das Schönheitsideal seiner bäuerlichen Welt findet seine Verwirklichung in Mädchen mit blonden oder goldenen Haaren, die den Haushalt versorgen, Kinder bekommen und, wenn "Not am Manne" ist, das Feld bestellen können. Als schön werden pralle, rundliche Frauen empfunden, da diese Merkmale als ein Zeichen von Gesundheit gelten und künftige Gebärfreudigkeit verheißen.

Die Funktion der Frau in der bäuerlichen Gesellschaft besteht in erster Linie darin, gesunde und starke Kinder zur Welt zu bringen, die die Kontinuität der Wehrhaftigkeit garantieren. Die Reduktion der Frau auf ihre Rolle als Mutter verweist sie mehr als den Mann in den Bereich der Natur. Der Mann bearbeitet zwar den Boden, sät und erntet, doch ihm obliegt auch die Rolle des Kriegers. Im Gegensatz zum Mann ist die Frau "Inbegriff des Heilenden, Sanften, Mütterlichen, das in der Demutsgeste aufgeht."[39]

Sie ist in einer auf einer festen Rollenverteilung fußenden Gesellschaft diejenige, die verzichtet und sich opfert, die uneigennützig bis zur Selbstverleugnung ist. So verhält es sich z.B. mit Meta aus dem "Letzten Hansbur": Sie erscheint fast als eine Heilige, die Kranke pflegt und ein gottesfürchtiges Leben führt. Sie ist "frisch und sauber", "ruhig und bedachtsam" (D III,37). Nicht von ungefähr bringt Löns sie in Verbindung mit weißen Lilien, dem Symbol der Unschuld. Metas Leben ist geprägt von Arbeit, Gottesliebe und Pflichtgefühl. Treu und geduldig wartet sie etliche Jahre, bis der Hansbur sie endlich heiratet.

Zu diesem Frauentyp gehören auch zwei der drei Ehefrauen, die Harm Wulf im Laufe seines Lebens heiratet. Rose, seine erste, und Wieschen, seine dritte Frau, sind Verkörperungen von Reinheit und Tüchtigkeit. Wie die anderen Frauen der Heidbauern sind sie in den Augen Löns' praktisch ein Teil der Natur, in die der Mann ordnend eingreift. Es ist nicht verwunderlich, wenn Löns ihr Äußeres mit naturhaften Vergleichen beschreibt, Wieschen z.B. hat "ein Gesicht wie Milch und Blut, Haare wie Haferstroh und war wie eine Tanne gewachsen" (D III,176/N IV,73). Diese Art der Charakterisierung findet sich auch bei den Frauen im "Zweiten Gesicht" und ist ein durchgängiger Zug im Werk Löns' (siehe 7.5.2).

Eine gewisse Ausnahme stellt jedoch Harm Wulfs zweite Ehefrau Johanna dar. Sie ist rothaarig und stammt aus einer für die Heidbauern fremden Gegend: Bayern. Rote Haare sind bei Löns im allgemeinen ein Zeichen für die sinnliche und damit negative Frau. So im "Letzten Hansbur": Die rothaarige Mike, die Göde Hehlmann verführt, wird als "Allermannslottchen" (D III,36), "heiße Hündin" (D III,58) oder als "Saumensch" (D III,58) tituliert und endet als Prostituierte.

Johanna findet aber wie der Prediger Puttfarken Zugang in die Dorfgemeinschaft, indem sie sich durch außerordentliche Leistungen Aner-

---

39 Baur: Die Ideologie der Heimatkunst, a.a.O., S. 410.

kennung verschafft. Im Gegensatz zu den anderen Bauersfrauen ist sie nicht allein auf Kindererziehung und Krankenpflege beschränkt, sie kann sogar reiten und schießen. Jedoch macht Löns deutlich, daß auch sie in die Sphäre der häuslichen Frau gehört: Bei einem Gewitter fürchtet sie sich und sucht Schutz in den Armen Harm Wulfs (D III,201 f/N IV,100 f). Auch sie ist im Grunde genommen eine "schwache Frau", was Löns nicht nur im Geschlechterverhältnis erkennen läßt, sondern auch in ihrer Gesundheit: Er läßt sie früh an einem Herzfehler sterben.

Das Negativbild der Frau wird verkörpert durch die schwarzhaarigen Frauen mit gelber Haut, den "Taternweibern", wie Löns die Zigeunerinnen bezeichnet. Sie sind listig, verschlagen und spionieren für die Soldaten. Sie kennen keine Loyalität gegenüber einer Heimat oder einer Gemeinschaft. Ihre Sexualität steht nicht im Dienste traditionsbewahrender Nachkommenschaft, sondern im Zeichen ungezügelter Lust und der Prostitution. Naturhafte Vergleiche für sie wählt Löns nur, um ihre Wildheit zu verdeutlichen. Über eine Zigeunerin, die die Wehrwölfe aufgehängt haben, heißt es: "das war ein Biest und schimpfte bloß, als wir sie aufhingen und biß um sich wie ein Fuchs, der im Eisen sitzt." (D III,168/N IV,65)

5.2.4 Dimensionen der Gewalt

Die Darstellung der Gewaltszenen nimmt einen beträchtlichen Raum im Roman ein, so daß eine Meinung aus dem Jahre 1975 nicht unberechtigt ist, daß der "Wehrwolf", "rechnet man die Ergebnisse aller Tötungsaktionen zusammen, noch immer sämtliche Brutalo-Western in den Schatten (stellt)."[40] Löns' Thema ist der Kampf, der aus dem Zusammenstoß von Schollengebundenheit und von außen hereinbrechenden Kräften resultiert. Dieses Thema tritt nicht erst mit dem "Wehrwolf" in das Lönssche Werk ein. Selbst in der Lyrik, in der ansonsten die Bereiche Natur und Liebe überwiegen, schimmern Gewaltphantasien durch. Die Handlung des "Wehrwolfs" ist in einer Ballade vorweggenommen, die 1909 im "Blauen Buch" erschien: "Die rote Rune". Hier sind es nicht herumziehende Marodeure des Dreißigjährigen Krieges, die die Bauern überfallen, sondern Wikinger. Ihr Schlachtlied lautet:

---

40 Rossbacher: Heimatkunstbewegung und Heimatroman, a.a.O., S. 209.

"O du Rune rot, o du Rune fein,
O du Rune so rot wie das Blut,
Rote Runen werden am Himmel sein,
Rote Runen trocknen am Schwerte mein,
Rote Runen schenk' ich dem Mägdelein,
Daß es weiß, wie das Lieben tut!"
(D V,52)

Diese "Meerwölfe" morden und vergewaltigen, bis die Bauern zur Selbst-justiz greifen. Mit der Hilfe eines Mädchens, das sich dem Wikingerführer hingibt, können sie diesen fassen und vor ihr Gericht stellen:

"Bleede Bluthand stand vor dem großen Stein,
Und die Bauern hielten Gericht;
Und das bei ihm geschlafen, das Mägdelein,
Das sticht ihm den Dolch in die Augen hinein,
Nahm das Sonnenlicht ihm und den Mondenschein,
Und spuckte ihm in das Gesicht."
(D V,53)

Zur Strafe binden die Bauern ihn in seinem Boot fest und lassen es aufs Meer hinaustreiben. Die Bauern, die letztlich der Brutalität der Wikinger in nichts nachstehen, stimmen dann bezeichnenderweise das Schlachtlied der Wikinger an.

Auch die Gewalt im "Wehrwolf" versucht Löns mit einer Notwehrsitua-tion zu rechtfertigen, doch erhält sie eine Eigendynamik, die Zögern, Skrupel oder Gnade ausschließt:

"Die Wehrwölfe bedachten sich nicht mehr lange, wenn ganze Haufen von fremden, halbverhungerten Bauern angezogen kamen, sondern machten schnell die Finger krumm."
(D III,244/N IV,145)

Obwohl Löns mit Harm Wulf einen Helden schaffen wollte, der inmitten der Grausamkeit eine gewisse Anständigkeit bewahrt und eigentlich kein Blut sehen kann (D III,287/N IV,189), mißlingt ihm eine reflektierende Betrachtung. Indem sich seine Gewaltdarstellungen mit "gewaltfernen" Aspekten verbinden, enthüllt sich Löns' Einstellung zur Gewaltfrage. Er vermischt Gewalt mit den Bereichen der Rührseligkeit, der Arbeit und der Lust.

Am Anfang des Romans zeigt sich, daß schon die Vorfahren der Heid-bauern Spaß an der Gewalt hatten: "je bunter es herging, um so lieber war es ihnen ..." (D III,116/N IV,10). Umschreibungen für Gewalttaten wie

"Hauptspaß" (D III,137,170/N IV,32,67), "Vergnügen" (D III,171/N IV,68) und Vergleiche mit der Jagd sind keine Seltenheit; die Opfer der Bauern werden wie "eingelappte Hirsche" (D III,150/N IV,46), wie Hasen (D III, 170f/N IV,67) oder wie Füchse (D III,190/N IV,88) erlegt.

Dieser Lust-Aspekt spiegelt sich im zynischen "Schlaah-doot-Humor"[41] des Buches wider. Oft machen die Wehrwölfe noch Scherze über die Toten:

> "Wie der olle Baum aussah, sage ich dir, als die elf Galgenvögel daranhingen! Ulenvater sagte: Das ist ja ordentlich, als wenn wir ein Mastjahr haben!"
> (D III,169/N IV,65)

Die Erhängten werden als "Bruchglocken" (D III,182/N IV,79), "Früchte" (D III,205/N IV,103) und "Hochzeitsglocken" (D III,212/N IV, 111) verunglimpft.

Diese menschenverachtende Ausdrucksweise legt Löns nicht nur seinen Helden in den Mund, sondern befleißigt sich ihrer selbst als Erzähler.[42] Detailliert beschreibt er die Schlachtgemetzel und läßt dabei einen grobschlächtigen Humor walten:

> "Wäre Wulf nicht gewesen, so hätte der Rammlinger all lange unter der Erde gelegen, denn als ihm einmal wieder die Hand vor der Zeit an zu jucken fing, kam er zwischen vier schwedische Reiter und die deckten ihn so zu, daß es meist aus mit ihm war; aber da kam der Peerhobstler angedonnert und schlug dem Mann, der Vieken aus dem Sattel stechen wollte, das Genick ab, und einem anderen schlug er den Arm ab, und der dritte bekam eins vor die Stirn; von dem vierten aber kriegte er den Säbel mitten durch das Gesicht, ehe er ihn in die Heide schmiß. 'Das ist man bloß äußerlich, altes Mädchen', sagte er und schlug seiner Frau auf die Lende; "bind mir 'n Lappen um und gib mir 'n Honigbrot, denn wein ich auch nicht mehr.'"
> (D III,267/N IV,168f)[43]

Für Löns ist die Gewalt mehr als ein Spaß; Töten wird zur Arbeit. Lakonisch meint er bei einem Überfall der Wehrwölfe: "So ging die Arbeit flott vonstatten ..." (D III,205/N IV,103). Die Gewalt ist Bestandteil des

---

41 Hartung: Über faschistische Literatur, a.a.O., S. 520.
42 Bereits der Lyriker Löns geht auf saloppe Art mit dem Töten um. Im Gedicht "Die Varusschlacht" erzählt ein germanischer Heidbauer von seinen Taten im Kampf gegen die Römer (D V,73). Auch hier taucht der Schlachtruf "Schlah' dot, schlah' dot!" auf.
43 Der saloppe Ton, in dem Löns das Schlachtgeschehen wiedergibt, kann als Indiz für die Gleichsetzung von Krieg und Stadt gewertet werden, die gleichermaßen ins ländliche Leben eindringen. Es handelt sich hier um die "Choc-Rede" des Jargons, die aus dem hektischen Großstadtleben resultiert.

Alltags und nimmt den Rang einer landwirtschaftlichen Arbeit ein. So sagt Viekenludolf nach einem Überfall: "Wulfsbäuerin, jede Arbeit ist ihres Lohnes wert, und Dreschen macht einen langen Magen." (D III,279/ N IV,174)[44]

Die Tugenden dieser "wehrhaften Bauern" - Töten und bäuerlicher Fleiß - stehen ganz im Dienst der Gemeinschaft. Als höchster Wert und zu verteidigendes Gut bildet sie einen Raum des Friedens und der Erholung. Hier breitet Löns eine sentimentale Idylle aus, die der Sphäre des Kampfes gegenübersteht. Abrupt können im "Wehrwolf" friedliche Familienszenen mit Gewaltdarstellungen wechseln. Schnattern zuvor noch die Enten, piepen junge Schwalben und lehnt sich Johanna Wulf zärtlich an ihren Mann, so liegen ein paar Absätze weiter gleich sieben Männer niedergestreckt da und färben den Sand rot (D III,229f/N IV,128f). Es kommt zu einem

> "Beieinander von der Idylle im Innern, die durch keinen Streit und keine Dissonanz gestört wird, und dem blutigen Kampf da draußen, der keinen Kompromiß, sondern nur Sieg oder Niederlage kennt."[45]

Dieses Beieinander gerät zu einer Symbiose der unterschiedlichen Sphären, die untrennbar zur bäuerlichen, naturhaften Welt gehören. Wie schon in den Jagderzählungen verquicken Gewalt und Idylle zu einer Einheit (siehe 4.3). Löns schildert nicht die Idylle, um zu zeigen, wie groß die Bedrohung durch den Krieg ist und daß deswegen die Heidbauern zur Gewalt greifen müssen; die Idylle wie die Gewalt sind Möglichkeiten, Lust auszuleben und Arbeit zu verrichten. In der Sentimentalität wie in der Brutalität findet der Wehrwolf-Bauer Befriedigung.

---

44 Die Verbindung Töten - Arbeiten wird ebenso deutlich in dem Gedicht "Der eiserne Flegel", in dem der Friese Hayo an den Kreuzzügen teilnimmt. Im Kampf gegen die Heiden wird sein Dreschflegel zum Mordinstrument:
"Es klang sein Flegel die klapp, die klapp, / Er drosch nach alter Art; / Er drosch ihnen Arme und Beine ab, / Er drosch nicht allzu zart." (D V,45)
45 Marianne Weil: Der Wehrwolf von Hermann Löns, in: Wehrwolf und Biene Maja. Der deutsche Bücherschrank zwischen den Kriegen, hrsg. v. Marianne Weil, Berlin 1986 (= Edition Mythos Berlin), S. 220.

Trotz der Eigendynamik der Gewalt versucht Hermann Löns, die Taten
der Wehrwölfe zu rechtfertigen; sie erfahren im Roman eine dreifache
Legitimierung. Erstens erscheint es den Bauern als eine Selbstverständ-
lichkeit, in einer Zeit der Bedrohung und des Zerfalls der Ordnung von
sich aus die Initiative zu ergreifen. Die Gefahr durch die Soldaten läßt
das herkömmliche Recht außer Kraft treten. "Wenn das so weiter geht,
gibt es kein Recht und kein Gesetz mehr!" stellt ein Heidbauer fest (D
III,131/N IV,26). Wenn die Obrigkeit mit geringem Erfolg um die
Wiederherstellung der Ordnung kämpft, ergibt sich für die Bauern nur
die Schlußfolgerung: "der einzelne Mann muß sich selber wahren" (D
III,132/N IV,26).

Diese Legitimierung, die man als eine naturgesetzliche oder eine darwinistische bezeichnen kann, wird unterstützt durch die Vorstellung von Geschichte als eine Abfolge von Überlebenskämpfen. Da gilt es, gegen Eindringlinge zu kämpfen, "denn erstens sind es keine richtigen Menschen,
und außerdem, warum bleiben sie nicht, wo sie hingehören?" (D III,134/N
IV,29) In diesem Kampf ist das Überleben des eigenen Stammes, der eigenen Gemeinschaft das zu wahrende Gut, das keine Skrupel zuläßt.

Die Wehrwölfe beherzigen Gesetze aus vorzivilisatorischen Zeiten, die
Blutrache und Selbstjustiz heißen. Für sie gilt die alttestamentarische
Forderung "Auge um Auge, Zahn um Zahn", die vor allem durch die Ab-
solution ihres Predigers verstärkt wird:

> "Wer sich und die seinen gegen Schandtat und Greuel wehrt und Witfrauen und
> Waisen beschützt, ... den wird unser Herrgott willkommen heißen, und wenn
> seine Hände auch über und über rot sind."
> (D III,249/N IV,150)

Diese sozusagen göttliche Legitimierung gesteht den Wehrwölfen eine
Ausnahmerolle zu, denn Puttfarken nimmt die bäuerlichen Greueltaten
ausdrücklich von dem Gebot der Rache aus.

Die dritte Legitimierung für ihre Taten ist eine weltliche. Der Herzog
selber fordert die Heidbauern auf, sich zu wehren, daß sie "alle Hunds-
fötter, die hier nicht hingehören, totschießen wie die Hunde" (D III,155/N
IV,51). Als Harm Wulf beim Herzog Georg Eisenhand vorgelassen wird,
rät dieser ihm komplizenhaft zur Vorsicht: "Immer vorsichtig sein, sich
nicht auf mich berufen, wenn es sich nicht um augenscheinliche Räuber

handelt." (D III,218/N IV,117) Diese amtliche Legitimierung spiegelt das gute Verhältnis zwischen den wehrhaften Heidbauern und ihrem Fürsten wider, die zusammen dasselbe Interesse haben: den Schutz ihres Landes und ihrer Gemeinschaft.

Bewerkstelligt wird dieses Ziel durch Führerfiguren, die nicht immer aus dem Adel stammen. Außer dem machtbewußten Herrscher Georg Eisenhand läßt Löns auch den furchtsamen und zaudernden Herzog Christian auftreten. Allerdings ist "Führerschaft" für Löns nicht an ein Adelsprädikat gebunden, sondern an Tatkraft und Arbeit. Diese "adeln" den Bauern Harm Wulf zu einem Führer. Dessen Führertum leitet Löns aus einer naturgesetzlichen Konsequenz ab und nicht aus dem explizit geäußerten Willen des Volkes: Harm Wulfs Führungsanspruch resultiert aus der Kontinuität der wehrhaften Heidbauern, die Löns von der Vorge-schichte über den Dreißigjährigen Krieg bis in seine Gegenwart konstru-iert.

Durch diese Geschichte zieht sich das Recht des Stärkeren, das zugleich auch das Recht des Besitzenden ist. Die Wehrwölfe sind Bauern mit Grund und Boden, die ihren Besitz gegen Soldaten verteidigen und von vornherein gegen Besitzlose vorgehen. Der Besitz ist eine Vorbedingung zur Teilnahme an den Wehrwolfaktionen.[46] Aus diesem Besitzdenken, der Idee eines "natürlichen Führertums" und dem Glauben an eine schick-salhafte Rolle in der Geschichte setzt sich das Rechtsbewußtsein der Wehrwölfe zusammen.

5.2.6 Das Verhältnis Christentum - Heidentum

Das Handeln der Heidbauern wird zwar durch den Prediger Puttfarken von sozusagen göttlicher Seite gerechtfertigt, doch die altestamentari-schen Rechts- und Glaubensvorstellungen sind nicht allein prägend für die Wehrwölfe. Sie sind vermischt mit Elementen des Aberglaubens und heidnisch-germanischer Sitten und Bräuche.

Schon bei den Ahnen der Heidbauern, die gewaltsam von Karl dem Großen christianisiert wurden, ist ein zwiespältiges Verhältnis zum Chri-

---

46 Vgl. Klaus Eberhardt: Literatur - Sozialcharakter - Gesellschaft. Untersuchungen von präfaschistischen Erzählwelten zu Beginn des 20. Jahrhunderts, Frankfurt a.M./Bern/New York 1986 (= Europäische Hochschulschriften: Reihe 1, Deutsche Sprache und Literatur Bd. 913), S. 75. Löns selbst hat in einem Brief vom 26.3.1910 geschrieben, der Roman drehe sich um die Erhaltung des Eigenbesitzes (BD 238).

stentum festzustellen. Zwar wurden sie allmählich "ganz ordentliche Christen" (D III,117/N IV,11), aber nur unter der Androhung von Gewalt. Äußerlich ging eine Anpassung an christliche Religion und Zivilisation vonstatten, doch im Innern konnte die Wildheit der Heidbauern nicht vollends unterdrückt werden: "Ganz zahm wurden sie nach außen hin ... Aber von innen blieben sie die Alten." (D III,117/N IV,11)

Diese urzeitlichen, in den Heidbauern verborgenen Kräfte kommen zum Vorschein in Zeiten der Bedrohung; die Bauern versammeln sich dann nach germanischer Sitte zu einer Beratung unter freiem Himmel an einem alten Heidegrab (D III,152 ff/N IV,48 ff). Marianne Weil sieht darin die Rebellion des lange unterdrückten Germanentums: Es "wirft die Fesseln ab, die seit Jahrhunderten die Religion der Christen ihm auferlegt."[47]

Die Befreiung von den moralischen Fesseln des Christentums, das in seinem Kern ja das Töten verurteilt, bedeutet jedoch nicht, daß die christliche Religion von den Wehrwölfen in Frage gestellt wird. In ihrer religiösen Überzeugung steht Gott selbstverständlich auf ihrer Seite, er schützt und versorgt sie. Das geht so weit, daß sie die marodierenden Soldaten, die sie umbringen, als das tägliche Brot preisen, das Gott ihnen schenkt (D III,172/N IV,69).

Der Bauer Drewes bezieht sich in seiner Rede, die er auf der Versammlung am Heidegrab hält, immer wieder auf Gott, allerdings auf den alttestamentarischen Gott der Rache. Außerdem macht er geltend, daß besondere Zeiten ebensolche Maßnahmen erfordern würden:

> "Es ist, als ob unser Herrgott für eine Weile die Herrschaft abgegeben hat, und nun hat der leibhaftige Satan das Leit in der Hand."
> (D III,153/N IV,49)

In diesen Zeiten scheinen also die Taten der Wehrwölfe legitim und gottgefällig zu sein, wie es der Prediger Puttfarken versichert (D III,250 f/N IV,151). So gesehen wird das Christentum nicht verneint, sondern für die Situation der Wehrwölfe modifiziert. Man kann sagen, daß hier ein spezifisch germanisches Christentum gepredigt wird, dessen Komponenten alttestamentarische Sühnevorstellungen und heidnische Rache- und Femegedanken sind. Uwe Baur meint sogar, daß im "Wehrwolf" das Christentum lediglich "Zierrat eines brutalen Heidentums" ist[48]. Das Christentum

---

47 Marianne Weil: "Der Werwolf" von Hermann Löns, in: Ästhetik und Kommunikation, 15. Jg. (1984), H. 56: Deutsche Mythen, S. 133.
48 Baur: Die Ideologie der Heimatkunst, a.a.O., S. 410.

der Lönsschen Heidbauern, wie es auch im "Letzten Hansbur" dargestellt wird, ist ein Konglomerat aus alten heidnischen Bräuchen und christlichen Glaubensformen.[49]

Die Symbiose von Christen- und Germanentum wird augenscheinlich in der Symbolik. Das Kennzeichen der Wehrwölfe ist die Wolfsangel, eine Falle für Raubtiere, die als Heilsmal verwendet wird. Zwei Wolfsangeln schmücken aber auch die neuerbaute Kapelle des Predigers Puttfarken, übereinandergelegt ergeben sie ein Kreuz: ein Hakenkreuz.[50]

5.2.7 Das Naturbild

Die Wertschätzung des Bauerntums in den Heimatromanen zieht die Empfehlung eines "natürlichen" Lebens nach sich, für das der Bauer als Vorbild herhalten muß: Er gilt als derjenige, der noch nicht der Natur entfremdet ist und im Einklang mit seiner Umwelt lebt. Wie Löns schon in seinen Tier- und Jagderzählungen verkündet, verbindet die "gesunde" Natur den Menschen mit seiner Heimat. Ihr wird eine Kompensationsfunktion zugewiesen, d.h. sowohl der Held gleicht seinen Kampf durch passives Genießen der Idylle aus als auch der Autor bzw. der Leser, der seine Aggression fiktional auslebt: Aggression und Harmonie verbinden sich zur Lönsschen Natur (siehe 4.4).

Auffällig bei Löns ist außerdem, daß Naturerscheinungen oft symbolisch bzw. vorhersagend für Vorgänge im Roman stehen. Als Beispiel sei das Gewitter genannt, bei dem Harm und Johanna nach langem inneren Kampf zusammenkommen (D III,201ff/N IV,100f); kurze Zeit später heiraten sie. Einen vorausweisenden Charakter hat z.B. die Beschreibung des Bruchs im zweiten Kapitel (D III,123/N IV,17): Die rote Farbe des Bruchs läßt an Blut und Mord denken, die ja später ihren Einzug halten.

Die Lönsschen Bauern sehen in der Natur einen Boten des Schicksals. Außergewöhnliche Vorkommnisse wie Rosen, aus denen wieder Rosen wachsen, verkünden Unheil (D III,119/N IV,13). Wenn die Harmonie der Natur aber ungetrübt ist, kündigt sich eine positive Entwicklung an. Als

---

49 Bezeichnend für diese Mischung ist das Begräbnis des Göde Hehlmann, bei dem archaische Zeremonien (die Waschschale des Toten wird zerschlagen und vergraben) die Trauerfeier für den im Sarg mit Bibel und Gesangbuch liegenden Toten begleiten (D III,108-110).

50 Diese Symbolik kam später der nationalsozialistischen Propaganda gelegen; vgl. Artur Kutscher: Löns-Brevier, München 1943, S. 61.

der Krieg endlich beendet ist, blühen mehr Blumen als je zuvor, und die Vögel singen schöner (D III,285/N IV,187).

Die Natur bei Löns erstreckt sich nicht nur auf Pflanzen und Tiere, sondern hängt aufs engste mit der allmächtigen Kraft des Schicksals zusammen; Schicksal und Natur sind quasi eins. Jegliches Menschenleben und historische Ereignis ordnet Löns in einen naturhaften Prozeß ein, der die Weltgeschichte bestimmt. Das grausame Morden erscheint als "ein gleichsam naturhafter und mit der Regelmäßigkeit von Jahreszeiten wiederkehrender Zyklus"[51]. Löns sieht die Weltgeschichte biologistisch: Frieden und Krieg verhalten sich wie Ernte und Mißernte, Wachstum und Naturkatastrophe.

Mit dem "Wehrwolf" erzählt Löns eine Weltgeschichte im kleinen: Der Roman umfaßt eine große Spanne erzählter Zeit, denn er setzt praktisch in der Vorgeschichte ein und endet in der Gegenwart des Autors. Löns benutzt, um die Schicksalshaftigkeit des Geschehens zu unterstreichen, einen "Uranfang":

> "Im Anfange war es wüst und leer in der Heide. Der Adler führte über Tage das große Wort, und bei Nacht hatte es der Uhu; Bär und Wolf waren Herren im Lande und hatten Macht über jegliches Getier...
> Da kamen eines Abends andere Menschen zugereist, die blanke Gesichter und gelbes Haar hatten; mit Pferd und Wagen, Kind und Kegel kamen sie an, und mit Hund und Federvieh...
> Ein jeder suchte sich einen Platz und baute sich darauf ein breites Haus mit spitzem Dach, das mit Reet und Plaggen gedeckt war und am Giebel ein paar bunte Pferdeköpfe aus Holz aufwies."
> (D III,115/N IV,9)

Löns beschreibt, wie die Ureinwohner von den blonden Vorfahren der Wehrwölfe vertrieben werden, und schildert in wenigen Absätzen die Schlacht im Teutoburger Wald, die Christianisierung der Sachsen durch Karl den Großen, die Reformation, die Bauernkriege und gelangt so in die Zeit des Dreißigjährigen Krieges. Der Sprung in die Gegenwart am Ende des Romans verläuft noch rasanter. Gleich nachdem Löns das Begräbnis des Harm Wulf, der noch den Frieden erlebte, beschrieben hat, fährt er fort mit dessen Nachfahren, von denen einer als hoher Offizier in den Freiheitskämpfen gegen Napoleon gekämpft hat. Ebenso verfügt Herman Wulff, mit dem der Roman schließt und der in Löns' Gegenwart lebt, über die Wehrhaftigkeit seiner Vorfahren. Voller Stolz besitzt er noch

---

51 Eberhardt: Literatur - Sozialcharakter - Gesellschaft , a.a.O., S. 74.

den Bleiknüppel Harm Wulffs (D III,290/N IV,192) - das Symbol für die Kontinuität germanischer Wehrkraft in einer zum Naturvorgang deklarierten Weltgeschichte.

5.2.8 Sprache, Stil und Aufbau

Löns' Stil in diesem Roman ist gekennzeichnet durch zwei Eigenheiten. Zum einen benutzt er eine archaisierende Sprache, die vor allem im "Uranfang" an die lutherische Bibelsprache angelehnt ist, und zum anderen verwendet er dialektales Vokabular aus der Lüneburger Heide.

Im feierlichen Ton erzählt Löns zu Beginn des Romans, im "Uranfang", der der biblischen Genesis nachgestaltet ist, die Schöpfungsgeschichte aus seiner Sicht, nämlich als eine Abfolge von Kämpfen, in denen nur der Starke und Gesunde überlebt. Der biblische Stil verleiht der sozialdarwinistischen Weltanschauung des Autors den Anspruch eines der Menschheitsgeschichte zugrundeliegenden und ihrer Entwicklung förderlichen Prinzips.

Anklänge an das Lutherdeutsch finden sich im weiteren Verlauf des Romans des öfteren. Die Bauern stimmen das Lied "Und wenn die Welt voll Teufel wär!" an (D III,253/N IV,155), und selbst Harm Wulf denkt in diesem Sprachduktus: "...statt Heulens und Zähneklapperns würde Jubel und Frohlocken auf den Gefilden sein." (D III,225/N IV,124)

Sehr ausgeprägt ist dieser Stil im Zusammenhang mit dem Prediger Puttfarken. Angeblich betrachtete ihn Hermann Löns als eine seiner Lieblingsfiguren[52], da er der Chronist des Dorfes ist und damit seinem Autor gleicht, der dem "Wehrwolf" den Untertitel "Eine Bauernchronik" gegeben hat. In einer Chronik soll eigentlich in zeitlicher Folge umfassend und ohne großen Anteil an Emotionen ein gewisser Zeitabschnitt nacherzählt werden. Bei Löns jedoch wird aus der "Bauernchronik" schon fast eine Weltgeschichte, die durch die Addition langer Zeitstrecken den Eindruck von Totalität vermittelt und für die der Kampf der Heidbauern zum Exempel wird.

Ebenso wie die Bibelsprache, die sowohl vom Erzähler als auch von den Romangestalten benutzt wird, finden Dialekt und umgangssprachliche Wendungen aus der Lüneburger Heide vielfältige Verwendung. Ländlichbildhafte Formulierungen wie Sprichwörter, Lebensregeln oder Sentenzen

---

52 Vgl. Deimann: Der andere Löns, a.a.O., S. 77.

werden häufig eingesetzt. Dies dient zwar zur Verdichtung der bäuerlichen Atmosphäre, tritt aber in manchen Fällen in zu geballter Form auf:

> "Ja man soll vor dem Mittagbrot den Schnaps aus dem Balge lassen. Na, denn nichts für ungut! Irren ist menschlich, sagte der Hahn, da gab er sich mit der Ente ab. Und nun wollen wir einen nehmen, daß die Heide wackelt!"
> (D III,126/N IV,21)

Für bäuerliches Kolorit sollen auch die Dialektausdrücke sorgen, die Erzähler und Romanfiguren gleichsam von sich geben. Zur besseren Verständlichkeit hat Löns im Anhang ein Glossar mitgeliefert, das den unkundigen Leser informieren soll - eine Methode, die er bereits im "Letzten Hansbur" praktiziert hat. Löns schreibt aber keine regelrechte Mundartdichtung, die sich gänzlich an den Dialekt einer Region hält:

> "Die Heimatdichtung, die auf den Dialekt nicht ganz verzichten kann, weil sie ja echt wirken will, gebraucht ... ein künstliches Idiom, eine der Schriftsprache angenäherte dialektische Redeweise, die im ganzen Sprachgebiet mühelos verstanden werden soll, während die Mundartdichtung ihrem Leser die Bemühung um die Mundart zumutet."[53]

Zu diesem Idiom aus Schriftsprache und Dialekt gehört bei Löns eine bildhafte Sprache, die sich - wie im Falle der Frauendarstellungen schon gezeigt - besonders naturverhaft gibt. In diesem Idiom entsteht aber kein origineller Bilderreichtum, sondern vielmehr beherrschen wiederkehrende Klischees den Stil des Romans, die den Typisierungen des Handlungspersonals entsprechen. Mit diesem Stil schafft es Löns, Gewalt salopp abzuhandeln und eine Psychologisierung seiner Helden vorzutäuschen:

> "Ein archaisierender, mundartlicher Landsknechtjargon verkürzt jede innere Nachwirkung von Gewalt zur Pointe, die Sprachgestik des Verschweigens signalisiert Tiefe ..., ohne sie gedanklich ausbreiten zu müssen."[54]

Auch die Überschriften der dreizehn Kapitel des Romans sind im gewissen Sinne typisiert, bezeichnen sie doch durchgängig jeweils nur eine Gruppe ("Die Heidbauern", "Die Braunschweiger" etc.). Mit der Anordnung der Kapitel versuchte Löns eine Art Kreisschluß zu konstruieren.

---

53 Ernst Waldinger: Von der Heimatkunst zur Blut-und-Boden-Dichtung, in: German Quarterly, 13 (1940), S. 83-87.
54 Baur: Die Ideologie der Heimatkunst, a.a.O., S. 411.

Anfang- und Endkapitel sind mit "Die Heidbauern" betitelt und schlagen den Bogen aus grauer Vorzeit hin zur Gegenwart. Die Heidbauern erscheinen durch diese Konstruktion durchgängig als die Sieger eines großen Überlebenskampfes, der auch in Zukunft nicht enden wird. So gesehen gleicht die dargestellte Entwicklung mehr einer Spirale denn einem Kreis, denn der Kampf wiederholt sich ständig auf einer zeitlich höheren Stufe. Allerdings scheint die Zeit der einzige Faktor zu sein, der sich ändert, das sozialdarwinistische Lebensprinzip bleibt immer bestehen.

Die einzelnen Kapitel wirken nicht so sehr als Stationen einer Weiterentwicklung, denn als kleine Anekdoten oder Folgen eines Fortsetzungsromans.[55] Sie scheinen jeweils für sich geformt und enden bis auf die beiden "Heidbauern"-Kapitel mit einem Gedicht, wodurch die Abgeschlossenheit der Kapitel betont wird. Diese Art des Aufbaus erleichtert den Lesefluß, wie auch sonst Löns der Bequemlichkeit des Lesers entgegenkommt, indem er sich einer für Heimatromane typischen Linearität bedient: Seine Erzählweise folgt der Chronologie der Ereignisse, und er setzt keine komplizierten Techniken wie die der Rückblende ein.

5.3 Der Mythos vom ewigen Bauern:
Archaisches Urbild und aktuelles Vorbild

Im "Wehrwolf" erschafft Löns den Prototyp einer harmonischen Volksgemeinschaft, die sich über ihre Bindung an die Scholle, an die Heimat, über ihre Arbeit und ihren heidnisch beeinflußten Volksglauben definiert. Diese bäuerliche Welt läßt Löns nicht nur in der Kriegssituation des "Wehrwolf"-Romans aufleben, sondern auch dann, wenn er alltägliches Bauernleben darstellen will. In den erst 1917 aus dem Nachlaß veröffentlichten "Häusern von Ohlenhof", laut Untertitel der "Roman eines Dorfes", der aber vielmehr eine Sammlung von Episoden ist, schildert Löns erneut eine Welt mit eigenen Gesetzen und eigener Moral.

Im Gegensatz zum "Wehrwolf" hält sich Löns in diesem Werk jedoch mit Gewaltdarstellungen und der offenen Verherrlichung eines Urmenschentums zurück und konzentriert sich auf das Zusammenleben und den Alltag der Menschen im Dorf. Obwohl eine weltgeschichtliche Einbindung des niederdeutschen Bauern, wie sie im "Wehrwolf" stattfindet,

---

55 Vgl. Johannes Klein: Hermann Löns - heute und einst. Versuch einer kritischen Einordnung, Hameln/Hannover 1966, S. 20 f.

unterbleibt, kristallisiert sich in diesem Rückzug auf das Private und All-täglich die Lönssche Vorstellung des Bauerntums heraus.

Es wiederholen sich die Werte, Rechts- und Gottesvorstellungen sowie die Sozialmechanismen, die schon das Leben der Wehrwölfe regulierten. Die Figuren Löns' definieren sich erneut über die Arbeit, die den sozialen Stellenwert und die eigene Selbstachtung bestimmen ("Die Mühle"; D II, 63-68/N IV,253-259). Nur über besondere Leistungen werden Fremde in die Dorfgemeinschaft aufgenommen ("Jan"; D II,121-126/N IV,313-318), ansonsten schotten sich die Dorfbewohner ab ("Der neue Krug"; D II,7-17/N IV,197-207 und "Unkraut"; D II,113-117/N IV,305-308). Es existiert eine eigene, aus der bäuerlichen Tradition stammende Gerichtsbarkeit, die an die Feme erinnert ("Die Erbfeinde"; D II,97-103/N IV,287-294); und teilweise werden sogar noch heidnische Bräuche ausgeübt ("Der Rappenhof", D II,117-121/N IV,309-312).

Auch ohne den Hintergrund des Dreißigjährigen Krieges erscheinen die Lönsschen Bauern als mit archaischen Zügen versehene Gestalten aus der germanischen Sagenwelt. Ganz gleich in welcher historischen Situation Löns sie ansiedelt, für ihn sind sie die beherrschenden Figuren der Geschichte. Der Bauer wird zu einem mythischen Wesen, das

> "geschichtslos und von jeder Veränderung unberührt, ... auf seiner Scholle (hauste), ein Hort der Beharrung gegenüber dem unfruchtbaren, nomadischen Zivilisationsmenschen. Das bäuerliche Leben, die Unterordnung der Individuen unter die Familie und ihre Wirtschaft, wird als urtümliche Keimzelle einer stabilen Ordnung beschrieben. Generationen von Bauern leben jeweils auf dem gleichen Hof und bearbeiten das gleiche Land. Innerhalb dieser Generationenkette ist der einzelne Bauer nur ein Glied, ein verschwindendes Moment, das in seinen Bedürfnissen und Ansprüchen hinter dem größeren ganzen von Familie, Haus und Hof zurückzustehen hat und in der Regel auch zurücksteht."[56]

Der Bauer wird zum "Urtyp des völkischen Seins"[57], in dem Volk, Natur und Individuum eine organische Symbiose eingehen. Mit dem Urbild des Bauern will Löns für sich und seine Zeitgenossen einen Wegweiser errichten, der aus der Stadt und der Industriegesellschaft hinaus in die Natur des Urmenschen führt. Der Lönssche Bauer ist das Ideal einer vorbildhaften Gemeinschaft, die durch unbarmherzige Auslese der Stärksten und striktes Primat der Gemeinschaft die Keimzelle eines Volkes bilden soll.

---

56 Sieferle: Fortschrittsfeinde?, a.a.O., S. 188.
57 Hamann/Hermand: Stilkunst, a.a.O., S. 334.

Löns ist nicht der erste und nicht der letzte, der diesen Weg einschlägt. So läßt sich 1906 Otto Ammon, einflußreiches Mitglied des Alldeutschen Verbands, über "Die Bedeutung des Bauernstandes für den Staat und die Gesellschaft" aus, und bereits 1900 erkundet Adolf Bartels die Stellung des "Bauer(n) in der deutschen Vergangenheit"[58]. Dies sind nur zwei Beispiele aus der Zeit um die Jahrhundertwende, die zeigen, daß nicht Löns allein den "Mythos vom ewigen Bauern" geschaffen hat. Seine Literatur ist ein Amalgam aus verschiedenen Bestandteilen, die zur Zeit Löns' Mode waren und allgemeinen Zeitströmungen (politischer wie ästhetischer Natur) entsprangen.

Der "Wehrwolf"-Roman ist Teil einer großangelegten Mythenbildung, die die Geschichte des Deutschen Reiches durchzieht und wesentlich das Selbstverständnis des jungen Nationalstaates prägte. Das Deutsche Reich, das nach 1871 in kurzer Zeit zu einer industriellen und militärischen Großmacht wurde, bemühte sich um eine geschichtliche Identität, die ein übersteigerter Nationalismus in einer konstruierten Tradition Deutschlands zurück bis in die Germanenzeit zu finden glaubte. Der Germanenmythos[59] wurde in der Gründerzeit zu einem idealen Spekulationsobjekt für die nationale Identität: Germanen galten durch die Überlieferung von Tacitus als treu, gesund, freiheitsliebend, tapfer, ehrlich und sittsam. Diese "germanischen" Eigenschaften wurden rückwirkend für die Deutschen aller Jahrhunderte in Anspruch genommen; "germanisch" wurde gleichbedeutend mit "deutsch".

Löns stellt seine Wehrwölfe bewußt in diese germanische Traditionslinie. Mit dem Uranfang im Roman begründet er die Kontinuität deutsch-germanischer Kraft und Wehrwillens und initiiert Geschichte neu; gesellschaftliche Prozesse werden nicht mehr durch das Verhältnis von Ursache und Wirkung und in Abhängigkeit von politischen, sozialen

---

58 Vgl. ebd., S. 328.
59 Zur Geschichte des Germanenmythos vgl. Jost Hermand: Germania germanicissima. Zum präfaschistischen Arierkult um 1900, in: ders.: Der Schein des schönen Lebens. Studien zur Jahrhundertwende, Frankfurt a.M. 1972 (= Athenäum Paperbacks Germanistik), S. 39-54; George L. Mosse: Ein Volk, ein Reich, ein Führer. Die völkischen Ursprünge des Nationalsozialismus, Königstein/Ts. 1979, S. 78-98 (amerikanische Originalausgabe 1964); Ruth Römer: Der Germanenmythos in der Germanistik der dreißiger Jahre, in: Literatur und Germanistik nach der "Machtübernahme". Colloquium zur 50. Wiederkehr des 30. Januar 1933. Vorträge am 27. und 28. Januar 1983, hrsg. v. Beda Allemann, Bonn 1983 (= Studium Universale und Germanistisches Seminar der Universität Bonn), S. 216-231; Klaus von See: Deutsche Germanen-Ideologie. Vom Humanismus bis zur Gegenwart, Frankfurt a.M. 1970.

und ökonomischen Faktoren erklärt, sondern zum Mythos bzw. Naturvorgang verklärt. Der Mythos der Naturhaftigkeit verwandelt laut Roland Barthes Geschichte in Natur; historisch Gewordenes wird zu einer scheinbar natürlichen und nicht zu ändernden Gegebenheit.[60]
Mit den Worten Saul Friedländers bedeutet der Mythos folgendes:

> "Der Mythos als Moment der Offenbarung verborgener Wahrheiten und ursprünglicher Werte, ist Kraft- und Inspirationsquelle, Träger von Kohärenz und Verkünder einer immerwährenden Gegenwart."[61]

Diese "immerwährende Gegenwart" überformt die Zeit Löns': Mythen als eine Weise des Bedeutens heben Geschichte und gesellschaftliche Realität mit einer verschleiernden Ideologie auf.[62] Löns' mythische Weltsicht überdeckt die Realität und rekurriert gleichzeitig auf sie, indem sie aktuelle Bezüge enthält.

In der ersten Auflage von 1910 läßt Löns die Handlung mit einem Nachfahren Harm Wulfs enden, der sich politisch engagiert:

> "Hermann Wulff war der erste Bauer um das Bruch herum, der dem Bund der Landwirte beitrat. Er ist ein ernster Mann, der nicht oft lacht und kaum flötet. Aber an dem Tage, als der liberale Kandidat dem Bündler weichen mußte, lachte Hermann Wulff, und als er nach Hause ging, flötete er das Brummelbeerlied."[63]

Mit dem Eintreten für den "Bund der Landwirte" (BdL) bezieht Löns politisch Stellung und verknüpft seine mythische Geschichtsbetrachtung mit der Realität des Kaiserreiches. Der "BdL" formierte sich 1893 aus Protest gegen die staatliche Landwirtschaftspoltitik, forderte Schutzzölle auf ausländisches Getreide und trat gegen die Landflucht ein.[64] Obwohl 75 %

---

60 Vgl. Roland Barthes: Mythen des Alltags, 2. Aufl., Frankfurt a.M. 1970 (= edition suhrkamp 92), S. 85 ff. Auf Barthes aufbauend: Rolv Heuer: Die ersten 100 Jahre Hermann Löns, in: Konkret (1966), Oktoberheft, S. 42-46.

61 Saul Friedländer: Kitsch und Tod. Der Widerschein des Nazismus, München 1986 (= dtv 10621) (Originalausgabe Paris 1982) S. 43; vgl. im folgenden bes. S. 19, 118.

62 Vgl. Wolfgang Emmerich: Zur Kritik der Volkstumsideologie, Frankfurt a.M. 1971 (= edition suhrkamp 502), S. 132-138; Rolf Geissler: Dekadenz und Heroismus, Zeitroman und völkisch-nationalsozialistische Literaturkritik, Stuttgart 1964 (= Schriftenreihe der Vierteljahreshefte für Zeitgeschichte Nr. 9), S. 130-140.

63 Zit. nach Deimann: Löns (1960), a.a.O., S. 676.

64 Zur Beziehung zwischen Heimatkunstbewegung und dem "BdL" vgl. Rossbacher: Heimatkunstbewegung und Heimatroman, a.a.O., S. 118-125; Zimmermann: Bauernroman, a.a.O., S. 48-60.

der Mitglieder dieser zu einer Massenorganisation herangewachsenen Interessenvertretung Kleinbauern waren, wurden Politik und Organisation des Bundes kontinuierlich von den Interessen des ostelbischen Großgrundbesitzes bestimmt. Handfeste politische Interessen verbanden sich hier mit einer Agitation, die eine harmonische Gesellschaft postulierte, sozialdarwinistische und rassistische Vorstellungen vortrug und Züge eines radikalen, völkisch-biologistischen Nationalismus besaß.

Zwar verschwindet in den späteren Auflagen die ausdrückliche Erwähnung des "BdL", da Löns auf Anraten seinen Verlegers Eugen Diederichs den Schluß allgemeiner formulierte und nur noch schreibt, daß die Bruchbauern "ihren Mann" bei der Wahl durchbekamen (D III,291/N IV, 193). Dennoch war für viele Leser im Kaiserreich klar, daß der "Wehrwolf" sich auf ihre Gegenwart bezieht und kein verklärender historischer, sondern ein politischer Roman ist.

Die Wehrwölfe geben das Modell einer von heimtückischen Fremden umzingelten Gemeinschaft ab, die sittsam, tapfer und aus der Not heraus ihre Heimat verteidigt. Die Idee des Umzingeltseins steigerte sich im wilhelminischen Deutschland zu einer Einkreisungsphobie, genährt von nationalen Verbänden und Parteien. So verkündete 1907 Ernst Hasse, Vorsitzender des "Alldeutschen Verbandes":

> "Feinde ringsum: Das war von jeher unsere Lage. Und wir haben darunter gelitten wie kein anderes Volk. Feinde ringsum, das bleibt auch unsere Lage für alle Zukunft. Und das ist unser Glück."[65]

Der "Wehrwolf" spiegelt ein kollektives Bewußtsein wider und ordnet sich in eine selbstgerechte Sicht der deutschen Geschichte ein. Er ist ein Modell für historische Situationen, in denen Deutschland als wehrhaftes Opfer erscheint, so z.B. im Krieg gegen Frankreich 1870/71. Ein Rezensent des "Wehrwolfs" zieht im Juni 1912 eine Parallele zwischen dem Dreißig-

---

Zum "BdL" vgl. Hans-Jürgen Puhle: Der Bund der Landwirte im Wilhelminischen Reich - Struktur, Ideologie und politische Wirksamkeit eines Interessenverbandes in der konstitutionellen Monarchie (1893-1914), in: Zur soziologischen Theorie und Analyse des 19. Jahrhunderts, hrsg. v. Walter Rüegg/Otto Neuloh, Göttingen 1971 (= Studien zum Wandel von Gesellschaft und Bildung im Neunzehnten Jahrhundert Bd. 1), S. 145-162.

65 Zit. nach Roger Chickering: Die Alldeutschen erwarten den Krieg, in: Bereit zum Krieg. Kriegsmentalität im wilhelminischen Deutschland 1890-1914, hrsg. v. Jost Dülffer/Karl Holl, Göttingen 1986, S. 24.

jährigen Krieg und dem deutsch-französischen: "Wir meinen diese furcht-
baren Zeiten selbst vor Jahrzehnten mit durchlebt zu haben."[66]
Aus deutscher Sicht hatte Frankreich den Krieg provoziert und begonnen, und die Deutschen hätten sich in dieser Notsituation zu einer Gemeinschaft zusammengeschlossen und sich gewehrt - wie die Wehrwölfe.
Diese Sicht der Dinge läßt das diplomatische Ränkespiel Bismarcks in
Bezug auf Frankreich und auf die bis dahin noch selbständigen deutschen
Staaten außer acht. Der Mythos der Reichsgründung, der das Selbstverständnis und die Identität der Deutschen im Kaiserreich mitbegründete,
vertrug sich nicht mit den historischen Tatsachen. Er ging Hand in Hand
mit dem Mythos des ewig kämpfenden deutschen bzw. germanischen Volkes und wurde unterstützt von einem Kult der Kraft.

Die zeitgenössischen Rezensionen zeigen, daß der "Wehrwolf" vor allem
unter diesem Aspekt besprochen wurde; immer wieder wurde das "Kraft-
volle" an dem Roman hervorgehoben. So läßt der "Fox-Terrier" im Juli
1911 verlauten:

> "Kraft ist in diesem Buche, kein Kraftmeiertum, Psychologie, aber keine Ana-
> lyse neurasthenischer Seelen, lohnende Schönheit, aber keine Schöngeisterei.
> Bauern in ihrer eigenen Denkart und Sprache dargestellt, keine sentimentalen
> Idealbauern, wie sie uns jetzt so oft vorgesetzt werden, sondern Menschen, die
> eins sind mit ihrer Umgebung und ihrem Werk."[67]

Die Rezensenten urteilen fast durchweg positiv, bisweilen sogar eupho-
risch. Ein gewisser Gottfried Doehler bezeichnet in der "Illustrirten Zeitung" vom 14.9.1911 den "Wehrwolf" als "die bedeutendste Dichtung ...,
die seit langen Jahren erschienen ist"[68]. Mal ist der Roman ein "dichterisch hervorragendes Werk"[69], ein "Heldenbuch"[70] oder "ein wuchtiges
Buch. Ein Buch, schwer wie Eichenholz alter Truhen, gewichtig wie so ein
Heidbauernschrank"[71], ein "kerndeutsche(s) Buch", das die "Lebenskraft
eines alten Volksepos" besitzt[72].

---

66 Anonym: Hermann Löns: "Der Wehrwolf", In: Weser-Zeitung, 3.6.1912. Die zeitgenössischen Rezensionen sind größtenteils im Archiv des Eugen Diederichs Verlags überliefert, aber nicht immer vollständig bibliographiert.
67 Anonym: Der Wehrwolf, in: Der Foxterrier, Juli 1911.
68 Gottfried Doehler: Hermann Löns, in: Illustrirte Zeitung, Nr. 3559, 14.9.1911.
69 K.M.: Hermann Löns, Der Wehrwolf, in: Leerer Anzeigenblatt; Nr. 94 (1910).
70 Anonym: Hermann Löns: "Der Wehrwolf", in: Wir leben!, No. 6 (1912).
71 Karl-Hans Strobl: Der Wehrwolf, in: Die Zeit (Wien), 3.3.1912.
72 Erich Beckmann: Ein neues Buch von Hermann Löns, in: Magdeburgische Zeitung, Nr.
   631, 13.12.1910.

Auch in den großen, reichsweit beachteten Zeitungen fand der "Wehrwolf" freundliche Resonanz. Die "Neue Preußische Kreuz-Zeitung", das Sprachrohr der Konservativen, lobt "das treffliche Buch" und die Wehrwölfe als "stark und wurzelecht gezeichnet, historisch treu und psychologisch wahr."[73] Der Rezensent des "Berliner Börsen-Couriers" erblickt in den Wehrwölfen den "Typus zähester Widerstandsfähigkeit", der in den Zeiten des Krieges und der Not "Zucht und Ordnung" hält.[74]

Die Rezensenten erkennen zwar die brutale Gewalt, die in dem Kult der Kraft zelebriert wird, doch wird diese als Notwehr verstanden, die sich aus der Verteidigung der Heimaterde ergibt. So schreibt Eugen Kalkschmidt in der "Frankfurter Zeitung":

> "Die Scholle wird lebendig, sie wehrt sich, sie hilft dem Menschen, den sie gebar, wider den zerstörenden Eindringling. Das gibt dann dem erbarmungslosen Morden und Totschlagen den ethischen Rechtsgrund und macht die Härte einer Zeit erträglich, die in ihrer Barbarei weit hinter das dunkelste Mittelalter zurücksank."[75]

Trotz der Kritik an der "gewisse(n) Eintönigkeit des Buches" und seiner "konventionelle(n) Motive" lautet Kalkschmidts Resümee zum "Wehrwolf": "es ist aufrichtig und kraftvoll, und hält mehr als es verspricht."

Diese Rezension in einer mehr liberal orientierten Zeitung zeigt, wie sehr der Kult der Kraft und der Mythos von Heimat und Vaterland im Kaiserreich auf einen öffentlichen Konsens trafen. In einer weit verbreiteten mythischen Weltsicht galt Gewalt als integraler Bestandteil. Auch in "Velhagen und Klasings Monatsheften" wird die Gewalt toleriert und verziehen:

> "Aber wenn hier die Bleiknüppel niedersausen und Menschenleben wie Ungeziefer getilgt werden, so sieht man wenigstens Sinn und Zweck der Übung ein, ist mit seinem ganzen Herzen dabei und salutiert zum Schlusse mit Respekt und Freude einen Dichter (sic)."[76]

Interessant an dieser Besprechung ist, daß bereits eine Beziehung zwischen Gewalt und Idylle konstatiert wird, allerdings ohne ihren symbioti-

---

73 Anonym: Der Wehrwolf, in: Neue preußische Kreuz-Zeitung, 20.12.1910.

74 Anonym: "Der Wehrwolf", in: Berliner Börsen-Courier, Morgen-Ausgabe, 27.8.1912.

75 Eugen Kalkschmidt: Neue deutsche Erzählungsliteratur, in: Frankfurter Zeitung, 7.3. 1911.

76 Carl Busse: Neues vom Büchertisch, in: Velhagen und Klasings Monatshefte, 25. Jg., 2. Bd. (1910/1911), H. 5, S. 152.

schen Charakter zu erkennen. Die Idylle wird als Gegengewicht zur Brutalität gewertet: "Zum Glück unterbrechen freundlichere Episoden das blutige Bild." Die Gewalt wird als Notwendigkeit verteidigt und die idyllischen Passagen als ästhetisches Komplement genossen.

Diese Richtung schlägt auch die Kritik in der "Christlichen Frau" ein. Während Josef Ettlinger, der Herausgeber der Zeitschrift "Das literarische Echo", noch einen Vorabdruck des "Wehrwolfs" mit der Begründung ablehnte,

> "daß im allgemeinen der Zeitungsleser und speziell der weibliche, auf den es in erster Linie ankommt, sich nicht gerne jeden Morgen zum Frühstück einige frisch erschlagene Leichen servieren lassen will"[77],

meinte die "Christliche Frau":

> "Die Schilderungskraft des Dichters an sich, dieses dämonisch Fürchterliche und doch Lebenswahre, dieses Rauhe und sogar Rohe der Bauernsprache und dazwischen doch dann und wann das Aufblitzen des deutschen Gemüts, dieses Ausschöpfen der Naturstimmung kann nicht genug bewundert werden."[78]

Die Kombination von Idylle und Gewalt übt Faszination auf Rezensenten und Leser aus. Nicht nur die idyllischen Passagen wurden vom Leser genossen, sondern auch die gewaltdarstellenden. Die Zeitschrift "Kunstwart" leitet denn auch einen Abdruck eines "Wehrwolf"-Kapitels mit dem Satz ein: "Wir geben aus Löns' kräftigem und da und dort 'wildem' Buche gleich als erstes ein Stück, bei dem man das Gruseln lernen kann ..."[79]

Die bevorzugte Annäherung an Löns und den "Wehrwolf", das zeigen die Rezensionen, verläuft über Emotionen, Mythisierung der Gegenwart, Begeisterung am Kult der Kraft, unterschwelliger Lust an Gewalt und gleichzeitiger Sehnsucht nach Idylle. Diese Mischung legt den Grundstein für die Popularität des "Wehrwolfs" wie des Lönsschen Werkes überhaupt; sie ist aber kein originäres Produkt Löns'.

Löns und andere Autoren der Heimatkunstbewegung haben auf bereits vorhandene Vorstellungen aufgebaut, diese popularisiert, modifiziert, vergröbert oder verfälscht. Ideen Nietzsches, Schlagwörter der konservativen Kulturkritik eines Langbehn oder Lagarde und des sich in der zweiten

---

77 Zit. nach Markwart, 5. Jg. (1929), H. 2, S. 28.
78 Anonym: Der Wehrwolf, in: Die Christliche Frau, Nr. 3, Dezember 1910.
79 Wilhelm Kiesewetter: Aus dem "Wehrwolf" von Hermann Löns, in: Kunstwart, 24. Jg. (1911), 2. Februarheft, S. 245.

Hälfte des 19. Jahrhunderts entwickelnden Rassismus sowie Elemente von Volkssagen und -mythen wurden zu einer Melange vermischt, die Löns im "Wehrwolf" plastisch werden ließ und die Jahre später entscheidend zur Herausbildung einer nationalsozialistischen Weltanschauung mitgewirkt hat.

5.4 Das ideengeschichtliche Umfeld des "Wehrwolfs"

5.4.1 Der Werwolf-Mythos

Bei der Vorbereitung des Romans hat Löns auf verschiedene Texte zurückgegriffen, die ihm bei der Ausgestaltung des historischen Hintergrundes geholfen und in den Motiven beeinflußt haben. Er zog nicht nur historische Studien wie Gustav Freytags "Bilder aus der deutschen Vergangenheit" (1859-67) heran[80], sondern auch literarische Texte, wie den inzwischen in Vergessenheit geratenen Roman "Magister Nothold" von Luise Reischauer.

Dieser Text, den Löns 1908 für die "Schaumburg-Lippische Landes-Zeitung" rezensierte[81], nimmt einige Motive des "Wehrwolfs" vorweg: Luise Reischauer ahmt eine Pfarrchronik nach, in der das Schicksal einer Pfarrersfamilie und eines Heidedorfes während des Dreißigjährigen Krieges erzählt wird; wie im "Wehrwolf" leiden hier die Bauern unter den Soldaten; Zigeuner ziehen durchs Land und arbeiten den plündernden Soldaten zu. Allerdings fehlt hier die Wende zur Aktion, die den "Wehrwolf" charakterisiert.[82]

Weitere Anregungen bezog Löns aus Grimmelshausens "Simplicius Simplicissimus". In dem in unmittelbarer Nähe zum Dreißigjährigen Krieg entstandenen Roman (1668) erlebt der Held die Wirren des Krieges hautnah mit[83]: Am Anfang ist Simplicius ein tumber Bauernjunge, der in die Hände von Soldaten fällt, die Rolle des Narren annimmt, später sogar

---

80 Vgl. Anger: Löns, a.a.O., S. 153.

81 Vgl. Uwe Kothenschulte: Hermann Löns als Journalist. Dargestellt am Beispiel seiner Tätigkeit bei der "Hannoverschen Allgemeinen Zeitung" und bei der "Schaumburg-Lippischen Landes-Zeitung", Dortmund 1968 (= Dortmunder Beiträge zur Zeitungsforschung Bd. 13), S. 161.

82 Vgl. Luise Reischauer: Magister Nothold. Erzählung aus der ersten Hälfte des siebzehnten Jahrhunderts, Stuttgart 1908, S. 59 f, 71.

83 Vgl. Hans Jakob Christoffel von Grimmelshausen: Der Abenteuerliche Simplicissimus Teutsch, 6. Aufl., München 1981 (= dtv weltliteratur 2004).

Offizier wird und sich nach vielen Reisen in eine Einsiedelei zurückzieht; als Eremit erzählt er schließlich seine Lebensgeschichte.

Eventuell ist sogar der Titel des Löns-Romans auf Grimmelshausen zurückzuführen. In einer Ausgabe des "Simplicissimus" von 1684, die in der Herzoglichen Bibliothek zu Wolfenbüttel aufbewahrt wurde und die Löns möglicherweise kannte[84], ist ein Kupferstich enthalten, der mit dem lateinischen Spruch: "Die menschliche Wildheit (ist wie die) Raubgier der Wölfe" versehen ist. Außerdem sind zwei fletschende Wölfe abgebildet, die ein Schriftfeld halten:

> "Schau die gemenschte Wölff allhier
> Wie Sie der Simplex stellet für
> Als Wolffs-verwildete Menschen-Thier."

Der Krieg macht die Menschen zu gewissenlosen Raubtieren - das ist eine der Aussagen, die Grimmelshausen vermittelt. Doch gerade die Darstellung des Krieges und der Gewalt unterscheidet die beiden Romane. Auch im "Simplicissimus" werden Bauern von Soldaten überfallen und in schrecklicher Weise gequält - Grimmelshausens Schilderungen sind keineswegs zurückhaltend -, doch es ergibt sich ein prinzipieller Unterschied zum "Wehrwolf". Der "Simplicissimus"[85] ist ein satirischer Roman, in dem der Held die Ereignisse nicht kommentarlos an sich vorüberziehen läßt. Er reflektiert über den Krieg einerseits aus der Position des Schelmen, andererseits als Eremit, der ja als Ich-Erzähler fungiert. Narrensatire und Allegorien lassen das Geschehen nicht als bloße Aneinanderreihung bunter, vitaler und zum Teil derber Abenteuer erscheinen, sondern bieten dem Leser die Möglichkeit, eine eigene Bewertung zu entwickeln.

Dem "Wehrwolf" in seiner Handlungsintensität fehlt diese Dimension der Reflexion. Der Aktionismus des Buches transportiert eine sozialdarwinistische Weltsicht, die das Handeln dem Denken allemal vorzieht. Dies entspricht dem für die Heimatkunstbewegung typischen Antiintellektualis-mus, der sogar Männer des Wortes wie den Prediger Puttfarken erst durch gewalttätiges Handeln zu vollwertigen Mitgliedern der Gemein-

---

84 Vgl. Friedrich Castelle: Einleitung, in: Herbert Rothgaengel: Hermann Löns' "Wehrwolf" in Bildern, Berlin 1924, S. 5-12.

85 Vgl. Volker Meid: Grimmelshausen. Epoche - Werk - Wirkung, München 1984 (= Arbeitsbücher für den literaturgeschichtlichen Unterricht, Beck'sche Elementarbücherei), S. 93-150.

schaft werden läßt. Hermann Löns selbst verdeutlicht diese Einstellung in einem Brief: "ich bin stolz darauf, daß man bei meinen Büchern nicht zu denken braucht." (Brief vom 22.11.1912; BD 282)

Zwar versucht Löns die Gewaltfrage zu entschärfen, indem er betont, daß seine Wehrwölfe nichts mit der Sagengestalt - dem Menschen, der sich in einen Wolf verwandelt und in solcher Gestalt raubt und mordet - zu tun hat. Das "Sich-Wehren" soll die bestimmende Eigenschaft der Lönsschen Wehrwölfe sein und nicht die blutgierige Mordlust eines dämonischen Wesens.

Löns selbst spielt aber mit der doppelten Bedeutung des "We(h)r-wolf"-Begriffs. Schon der Name seines Helden Harm Wulf deutet auf den eigentlichen Werwolf der Volkssage hin. Harm ist eine Form von Hermann und verweist nicht nur auf den Autor, sondern auch auf den "Mann". Mann bedeutet im Althochdeutschen "Wer", daher der Name Werwolf: "Mannwolf".

Wie sehr sich Löns der Ambivalenz des Begriffs bewußt gewesen ist, beweist ein Ratschlag, den er seinem Verleger Eugen Diederichs zur Titelbildgestaltung des "Wehrwolfs" gegeben hat:

> "Der weiße Raum zwischen dem Vordergrunde und den Kiefern, also der Himmel, gibt eine visionäre, rein illusorische Vorstellung eines Wehrwolfkopfes, halb Mensch, halb Bestie, eben nur als Illusion, da die Wehrwölfe ja auch nur illusorische Werwölfe sind oder vielmehr mit dem Urbegriff des Werwolfs kokettieren."
> (BD 240)

Von Koketterie kann bei Löns jedoch keine Rede sein. Was Löns spielerisch andeuten will, ist blutiger Ernst: Die Notwehr der Wehrwölfe geht unter in einem Szenarium von Mord und sadistischer Grausamkeit.

Der Lönssche "Wehrwolf" zeigt nicht nur Spurenelemente der alten Volkssage auf, sondern auch Einflüsse der Literatur des 19. Jahrhunderts, die wiederholt auf das Werwolf-Motiv zurückgegriffen hat. Schon vor Löns wurde das Thema der Sage aufgenommen und von Autoren wie Willibald Alexis, Karl Gutzkow und Richard Dehmel mit aktuellen und mythischen Bezügen abgewandelt.[86]

---

86 1848 erschien von dem damaligen Bestseller-Autor Willibald Alexis ein "vaterländischer Roman" mit dem Titel "Der Werwolf". In dem Roman, der in Brandenburg zur Zeit der Reformation spielt, kommen Werwölfe eigentlich gar nicht vor. Nur am Rande und mit symbolischer Bedeutung versehen tauchen sie auf: Der Werwolf ist der Geist der Unruhe und der Umwandlung. Alexis bemüht sich mit mythischen Bezügen um eine schicksals-

Ein Werwolf taucht auch in Charles de Costers "Ulenspiegel" (1868) auf, den Löns nachweislich gelesen hat[87]. Thyl Ulenspiegel, der Mitte des 16. Jahrhunderts zur Zeit des Aufstandes der Niederlande gegen Habsburg, durch Flandern zieht, kann sogar einen Werwolf fangen. Dieser hatte zuvor die Umgebung von Thyls Heimatstadt unsicher gemacht, Menschen ermordet und ausgeraubt. Er entpuppt sich aber nicht als Zaubergestalt, sondern als ein in Wolfsfell gehüllter Mann, der mit einem gezähnten Waffeleisen seinen Opfern Bißspuren zufügte. Der Täter, ein Fischhändler, der einst für den Tod von Thyls Vater verantwortlich war, mordete aus Geldgier und unverstandener Liebe.

Dieses literarische Vorbild zeigt deutliche Querverbindungen zum Lönsschen "Wehrwolf": Als die aufgebrachte Menge den gefangenen Werwolf lynchen will, erschallt der Ruf: "Slaa dood"[88] - derselbe Ausruf, mit dem sich die Lönsschen Wehrwölfe auf ihre Opfer stürzen. Der Werwolf von Coster ist genausowenig ein dämonisches Wesen wie die Lönsschen Wehrwölfe, er ist ein psychopathischer Mörder, der Lust an der Gewalt findet. Die Sagengestalt des Werwolfs wird mit Momenten lustvoller Gewalt und Brutalität angereichert, mit denen auch Löns "kokettiert".

Abgesehen von der Mehrdeutigkeit des "We(h)rwolf"-Begriffes offenbart allein der Begriff des Wolfes, wie Löns zur Gewalt steht. Der Wolf

---

hafte preußisch-protestantische Traditionslinie, vergleichbar der weltgeschichtlichen Einbindung, die Löns vornimmt. Vgl. Willibald Alexis. Der Werwolf. Ein vaterländischer Roman, Leipzig o.J. (= Bilder deutscher Vergangenheit Bd. 3).

Auf symbolische Bedeutungen von weltgeschichtlichem Ausmaß verzichtet Karl Gutzkow in seiner 1870 entstandenen Erzählung "Der Werwolf": Der österreichische Landedelmann Sigmund von Landeck wird im Jahre 1582 verdächtigt, einen Teufelspakt eingegangen zu sein, und der Vater seiner Braut glaubt, in ihm einen Werwolf zu sehen. Vgl. Karl Gutzkow: Der Werwolf, in: ders.: Gutzkows Werke. Auswahl in zwölf Teilen, hrsg. v. Reinhold Gensel, 5. Teil, Berlin/Leipzig/Wien/Stuttgart 1912, S. 275-339.

Richard Dehmel schildert in seiner Erzählung "Der Werwolf" (1908) einen Kriminalfall um einen angeblichen Raubmord, in dem der Hauptverdächtige von seinen Nachbarn als Werwolf bezeichnet wird. Nachdem er in Haft Selbstmord begangen hat, stellt sich seine Unschuld heraus. Vgl. Richard Dehmel: Der Werwolf, in: ders.: Gesammelte Werke in drei Bänden, 3. Bd., 12.-14. Tsd., Berlin 1919, S. 24-35.

Vgl. auch allgemein: Von Werwölfen und anderen Tiermenschen. Dichtungen und Dokumente, hrsg. v. Klaus Völker, München 1972, bes. das Nachwort (S. 409-443).

87 Löns gibt in einem Brief vom 22.3.1910 an Diederichs an, das Buch fünfmal gelesen zu haben (HLA).

88 Charles de Coster: Ulenspiegel. Die Legende und die heldenhaften, fröhlichen und ruhmreichen Abenteuer von Ulenspiegel und Lamme Goedzak im flandrischen Lande und anderswo, Darmstadt 1966, S. 544.

galt im Volksglauben als blutgierig und hinterlistig[89], und so wird der Wolf auch im "Wehrwolf"-Roman beschrieben:

> "... wer seinem Bruder aus dem Hinterhalte nach dem Leben trachtet, der ist wie ein Wolf; sein Blut befleckt den nicht, der ihn erschlägt. Unsere Hände sind rein vor dem Herrn."
> (D III,250/N IV,151)

Dies sind die Worte des Predigers Puttfarken, der damit die Taten der Bauern rechtfertigt. Zwar sollen die Attribute des Wolfes nicht auf die Wehrwölfe zutreffen, doch entlarvt diese Beurteilung den eigentlichen Charakter ihrer Aktionen. Ihre Brutalitäten werden im Laufe des Romans immer grausamer; die Wehrwölfe haben längst den Schritt von bloßer Verteidigung zu skrupelloser Gewalt vollzogen (siehe 5.2.4). Einer der Bauern, Viekenludolf, bringt es auf den Punkt:

> "Wehrwölfe waren wir; jetzt müssen wir Beißwölfe werden. Der Wulfsbauer denkt genauso, Drewes! Wer heute nicht zubeißt, der wird gebissen."
> (D III,225/N IV,125)

Der Wolf wird bei Löns zur Identifikationsfigur, deren Eigenschaften als vorbildlich für den Menschen hingestellt werden. Diese Feier des Archaischen und Animalischen, die sich ja auch in den Lönsschen Tier- und Jagderzählungen zeigt, zieht sich als ein roter Faden durch die Literatur der Jahrhundertwende. Vom Raubtier, speziell dem Wolf, geht eine ambivalente Anziehungskraft aus, die exemplarisch an Jack Londons "Seewolf" (1904) nachvollziehbar ist.

Auf Wolf Larsen, dem Kapitän eines Robbenfängers, hat London die Eigenschaften eines Wolfes übertragen: Kraft, Instinkt und Ungezähmtheit. Der dämonisch anmutende Held tyrannisiert seine Mannschaft, doch ein Gehirntumor führt schließlich zu seinem körperlichen Verfall; blind und gelähmt stirbt er. Trotz der negativen Darstellung erscheint Wolf

---

89 Zum Wolf vgl. den entsprechenden Artikel im Handwörterbuch des deutschen Aberglaubens, hrsg. v. E. Hoffmann-Krayer/Hans Bächtold-Stäubli, Bd. IX, Berlin 1938/41, Sp. 716-794. Zum Werwolf vgl. die Artikel in Brockhaus Enzyklopädie in zwanzig Bänden, 17. völlig neu bearb. Aufl., Bd. 20, Wiesbaden 1974, S. 246 f; Deutsches Wörterbuch von Jacob und Wilhelm Grimm, 14. Bd., I. Abt. 2. Teil, Leipzig 1960, Sp. 504-507 und Konrad Müller: Die Werwolfsage. Studien zum Begriff der Volkssage, Diss. phil. Marburg 1935.

Larsen als eine überlebensgroße Figur, die den Autor sichtlich fasziniert.[90]

Wolf Larsen und Harm Wulf sind Brüder im Geiste: Sie sind literarische Nachfolger von Nietzsches "Übermenschen", in dem das Raubtier,
der Wolf, zum Sinnbild des "Urmenschen" wird.

5.4.2 Zwischen Nietzsche, Lagarde und Langbehn

In dem Amalgam der verschiedenen Einflüsse, die völkisches Gedankengut konstituiert haben, nehmen die von Friedrich Nietzsche entliehenen
Schlagwörter der "blonden Bestie" und dem "Übermenschen" eine besondere Stellung ein. In den 90er Jahren des 19. Jahrhunderts herrschte geradezu eine "Übermensch-Mode"[91], die die "blonde Bestie" als germanisches Urbild und damit als Verkörperung des Deutschtums feierte.[92] Die
popularisierte Nietzsche-Rezeption ließ aber völlig außer acht, daß Nietz-

---

90 Vgl. Michael Qualtiere: Nietzschean Psychology in London's The Sea-Wolf, in: Western
American Literatur, 16 (1982), S. 261-278; Charles N. Watson: Nietzsche and The Sea-
Wolf: A Rebuttal, in: Jack London Newsletter, 9 (1976), S. 33-35.
91 Vgl. Jens Malte Fischer: Deutsche Literatur zwischen Jahrhundertwende und Erstem
Weltkrieg, in: Neues Handbuch der Literaturwissenschaft, hrsg. v. Klaus von See, Bd. 19:
Jahrhundertende - Jahrhundertwende (II. Teil) von Hans Hinterhäuser, Wiesbaden 1976,
S. 235.
92 Die Vorstellung vom "Übermenschen" verkündet Nietzsche in "Also sprach Zarathu-
stra" (1883-85). Dort läßt er Zarathustra einen "Übermenschen" fordern, um mit ihm die
lähmenden Folgen des Nihilismus zu überwinden. Diese Idee findet eine Fortsetzung in
der 1887 veröffentlichten Streitschrift "Zur Genealogie der Moral". Dort fällt auch das
Stichwort von der "blonden Bestie":
"Auf dem Grunde aller dieser vornehmen Rassen ist das Raubthier, die prachtvolle nach
Beute und Sieg lüstern schweifende *blonde Bestie* nicht zu verkennen; es bedarf für
diesen verborgenen Grund von Zeit zu Zeit der Entladung, das Thier muss wieder heraus,
muss wieder in die Wildnis zurück: - römischer, arabischer, germanischer, japanischer
Adel, homerische Helden, skandinavische Wikinger - in diesem Bedürfnis sind sie alle
gleich."
(Friedrich Nietzsche: Zur Genealogie der Moral. Eine Streitschrift, in: ders.: Kritische
Gesamtausgabe, hrsg. v. Giorgio Colli/Mazzino Montinari, 6. Abteilung, 2. Bd., Berlin
1968, S. 288 f.)
Vgl. dazu D. Brennecke: Die blonde Bestie: Vom Mißverständnis eines Schlagworts, in:
Nietzsche-Studien, 5. Jg. (1976), S. 113-145; Wolfram Hogrebe: Deutsche Philosophie im
XIX. Jahrhundert. Kritik der idealistischen Vernunft, München 1987 (= UTB 1432), S.
155 ff; Mosse: Ein Volk, ein Reich, ein Führer, a.a.O., S. 75; Fritz Stern: Kultur-
pessimismus als politische Gefahr. Eine Analyse nationaler Ideologie in Deutschland,
München 1986 (= dtv 4448), S. 336 ff (amerikanische Originalausgabe 1961).

sche (1844-1900) diese Begriffe nicht allein auf die Germanen bezog[93] und daß er außerdem keine Kontinuitätslinie von den Germanen zu den Deutschen herstellte, wie es in der Mythenbildung des Kaiserreichs üblich war[94].

Diese Vulgarisierung Nietzscheanischer Begriffe trug entscheidend zur Herausbildung einer völkischen Ideologie bei[95], unter deren Einfluß auch Löns geriet. Zwar meint Löns 1909 in seiner Selbstbiographie etwas distanziert und mit einer leichten Geringschätzung: "Nietzsche war mir nur interessant, da er so hübsch dunkel über die hellsten Sachen schrieb."(SB 39) Dennoch läßt sich aus Löns' Werken ersehen, daß die Idee des "Übermenschen" eine Konstante in seinem Denken bildet, die ihren Anfang bereits in den naturalistischen Frühgedichten nimmt. Löns' Stilisierung des kämpferischen Genies gegenüber den Alltagsmenschen bzw. den "Bildungsphilistern", um es mit einer Wortschöpfung Nietzsches zu sagen, weist auf eine Nietzsche-Rezeption Löns' um 1890 hin.

Ob Löns zu dieser Zeit Nietzsche selbst gelesen oder in veränderter Form durch Nietzsche-Epigonen kennengelernt hat, ist nicht festzustellen. Auf jeden Fall gehört Nietzsche für Löns fest zu seiner naturalistischen Phase, und in dem Maße, wie er deren Bedeutung für seine Entwicklung herunterspielt, sucht er auch die Distanz zu Nietzsche (siehe 3.2). 1898 urteilt er in einem Brief an den Freund Apffelstaedt über den Löns jener Jahre; die Frühgedichte sind ihm gleichgültig geworden und über seine damalige Einstellung spottet er:

> "Was habe ich davon, wenn später im Zukunftsstaat die kleinen Anarchisten die 3 Zeilen auswendig lernen: H. Löns, Lyriker, geb. 29. August 1866 zu Dt. Krone, in der Jugend Anarchist, später Reaktionär, schließlich Nitscheaner (sic), endlich Verteidiger des Satzes: omnia schnuppe mihi kai panta moi egali est."
> (Brief vom 10.4.1898; BD 177)

---

93 Vgl. von See: Deutsche Germanen-Ideologie, a.a.O., S. 53 ff.

94 "Alles fasste sich für die, welche daran litten, in das Bild des 'Barbaren', des 'bösen Feindes', etwa des 'Gothen', des 'Vandalen' zusammen. Das tiefe, eisige Misstrauen, das der Deutsche erregt, sobald er zur Macht kommt, auch jetzt wieder - ist immer noch ein Nachschlag jenes unauslöschlichen Entsetzens, mit dem Jahrhunderte lang Europa dem Wüthen der blonden germanischen Bestie gesehn hat (obwohl zwischen alten Germanen und uns Deutschen kaum eine Begriffs-, geschweige eine Blutsverwandtschaft besteht)." (Nietzsche: Zur Genealogie der Moral, a.a.O., S. 289 f.)

95 Vgl. R. Hinton Thomas: Nietzsche in German Politics and Society, 1890-1918, Manchester 1983, bes. S. 96-124.

Der popularisierten Philosophie des "Übermenschen" hängt Löns aber weiterhin an. Vermutlich hat bei dieser Vermittlung Nietzsches August Julius Langbehn eine wichtige Rolle gespielt, der 1890 seine Schrift "Rembrandt als Erzieher. Von einem Deutschen" veröffentlichte und die "Übermensch"-Philosophie in das verherrlichende Individualismusdenken der Heimatkunstbewegung überleitete. Karlheinz Rossbacher stellt fest: "Der Persönlichkeitskult der Heimatkunst ist Nietzsche-Denken aus dritter Hand. Ist Langbehn schon ein Verflacher Nietzsches, so sind Lienhard und Bartels Verflacher Langbehns."[96]

August Julius Langbehn (1851-1907) hat zusammen mit Paul de Lagarde (1827-1891) den systematischen Rahmen für völkische Ideen in Deutschland gelegt. Über Lagarde und Langbehn fand das Bild von Nietzsche als Prophet einer Herrenrasse und als Kämpfer gegen den "Bildungsphilister", also den saturierten Bildungsbürger und Kulturkonsumenten des Kaiserreiches, Eingang in das Bewußtsein der deutschen Öffentlichkeit. Gerade in den 90er Jahren des letzten Jahrhunderts waren ihre Schriften bekannt und verbreitet, so daß es nicht auszuschließen ist, daß der junge Löns - 1890 gerade mal 24 Jahre alt - hier wichtige Impulse für seine eigene Arbeit bekommen hat, zumal sich etliche weltanschauliche und sogar stilistische Überschneidungen feststellen lassen.

Lagardes[97] wichtigste Veröffentlichung, die "Deutschen Schriften", erschienen zwar schon 1878, doch kamen nach seinem Tod 1891 Neuauflagen auf den Markt. In dieser Aufsatzsammlung konstatiert Lagarde, daß sich die deutsche Kultur in einem Zustand des Zerfalls befände. Die Furcht vor Industrialisierung, Demokratisierung und Urbanisierung lassen ihn zu diesem Schluß kommen, doch spielen für dieses Urteil auch persönliche Beweggründe eine Rolle. Lagarde, der eigentlich Paul Anton Bötticher hieß, haderte mit dem deutschen Bildungssystem, das ihm, einem bekannten Orientalisten, lange Zeit keine Berufschancen bot; fast

---

96 Rossbacher: Heimatkunstbewegung und Heimatroman, a.a.O., S. 42.
97 Zu Lagarde vgl. Bernd Behrendt: Zwischen Paradox und Paralogismus. Weltanschauliche Grundzüge einer Kulturkritik in den neunziger Jahren des 19. Jahrhunderts am Beispiel August Julius Langbehn, Frankfurt a.M./Bern/New York 1984 (= Europäische Hochschulschriften: Reihe 1:, Deutsche Sprache und Literatur Bd. 804), S. 154-171; Corona Hepp: Avantgarde. Moderne Kunst, Kulturkritik und Reformbewegungen nach der Jahrhundertwende, München 1987 (= Deutsche Geschichte der neuesten Zeit vom 19. Jahrhundert bis zur Gegenwart; dtv 4514), S. 58-63; Doris Mendlewitsch: Volk und Heil. Vordenker des Nationalsozialismus im 19. Jahrhundert, Rheda-Wiedenbrück 1988, S.116-155; Mosse: Ein Reich, ein Volk, ein Führer, a.a.O., S. 40-49; Fritz Stern: Kulturpessimismus, a.a.O., S. 23-123.

könnte man sagen, er gehörte zum akademischen Proletariat. Diese Au-
ßenseiterrolle unterstützte das Bewußtsein einer Einzigartigkeit, das ihn
zum Verkünder einer "germanischen Renaissance" werden ließ: Nur eine
Rückbesinnung auf germanische Werte könne den gesellschaftlichen Verfall verhindern. Ihm schwebte eine germanisch-christliche Kirche vor, in
der jüdische Elemente ausgemerzt und altheidnische Riten wiederbelebt
würden. Diese neue Religion sollte die Grundlage eines neuen, hierar-
chisch organisierten Staates werden.

In dieser Konzeption war der Natur ein besondere Funktion zugewiesen: Nur in der Natur, so Lagarde, könne der Mensch aus der Unzu-
friedenheit zu seinem wahren Ich gelangen:

> "Lieber Holz hacken, als dies nichtswürdige zivilisierte und gebildete Leben
> weiter leben: zu den Quellen müssen wir zurückkehren, hoch hinauf in das ein-
> same Gebirg, wo wir nicht Erben sind, sondern Ahnen."[98]

Bei Lagarde wird noch nicht der Urmensch Lönsscher Prägung gefeiert,
aber deutlich dem primitiven Leben gehuldigt und eine Wiederkehr des
Germanentums gefordert. Im Verein mit Nietzsches Schlagwort von der
"blonden Bestie" hat Lagardes "germanische Renaissance" den Grundstein
für völkische Utopien gelegt, die dann von August Julius Langbehn weiter
untermauert wurden.

Mit seiner "Rembrandt"-Schrift übte der promovierte Kunsthistoriker
Langbehn im Sinne Lagardes Kritik an einer zersetzten Kultur.[99] Bernd
Behrendt bringt Langbehns weltanschauliche Ausrichtung auf den Punkt:

> "Getragen sind Langbehns wesentliche ... Vorstellungen von einer Zeitkritik,
> einem pangermanisch rassistischen Nationalismus, einem Antisemitismus in
> Form mystischer Religiösität, die, gepaart mit dem vermeintlichen Zukunfts-
> blick eines lebenden Propheten, Sehers oder gar 'heimlichen Kaisers', zu der
> konservativen Utopie eines Kunstzeitalters führen sollen. Dabei geht es Lang-
> behn weniger um eine stringente Diskussion der von ihm angesprochenen

---

98 Zit. nach Stern: Kulturpessimismus, a.a.O., S. 56.
99 Zu Langbehn vgl. Behrendt: Zwischen Paradox und Paralogismus, a.a.O.; Hepp: Avant-
garde, a.a.O., S. 63-69; Ernst Keller: Nationalismus und Literatur. Langemarck - Weimar -
Stalingrad, Bern/München 1970, S.9-22; Clara Menck: Die falsch gestellte Weltenuhr: Der
"Rembrandtdeutsche" Julius Langbehn, in: Propheten des Nationalismus, hrsg. v. Karl
Schwedhelm, München 1969, S. 88-104; Mendlewitsch: Volk und Heil, a.a.O., S. 74-115;
Mosse: Ein Volk, ein Reich, ein Führer, a.a.O., S. 50-61; Stern: Kulturpessimismus, a.a.O.,
S. 125-220.

Themenkreise als vielmehr um das Bemühen, originell und aufrüttelnd zu wirken."[100]

Dieses Bemühen ist dann auch der Grund, warum Langbehns Werk wie eine Aneinanderreihung von Sentenzen wirkt. Die Kapitelüberschriften "Deutsche Kunst", "Deutsche Wissenschaft", "Deutsche Politik", "Deutsche Bildung" und "Deutsche Menschheit" lassen zwar eine gewisse Struktur nach Themenkomplexen vermuten, doch bietet Langbehn seinen Lesern ein "Pamphlet, Sammelsurium verwirrender und verworrener Gedanken, endlos abstruse Reihung philosophischer Feuilletons"[101]. Das tat dem Erfolg des Buches aber keinen Abbruch: Innerhalb von zwei Jahren kam es auf vierzig Auflagen.

In seinem Werk erwählt Langbehn den Bauern zum besten aller Deutschen; er verkörpert schlechthin das Volk: "Bauernseele ist Volksseele. Der Mensch, in seiner urtümlichsten Lebensform, ist Bauer ..."[102] Reste dieses idealisierten Bauerntums, das sich durch Einfachheit, Natürlichkeit und Intuition auszeichnet, sind laut Langbehn noch in Niederdeutschland lebendig. Zur Idealfigur dieser niederdeutschen Lebensform kürt er den Holländer Rembrandt, in dem er eine Art Führer erblickt, der die Deutschen wieder auf den rechten Weg bringen soll. In der geschichtlichen Perspektive Langbehns ist die Zeit Rembrandts noch nicht infiziert mit dem "demokratisierende(n), nivellierende(n), atomisierende(n) Geist des jetzigen Jahrhunderts"[103].

Als Medizin empfiehlt er die bäuerliche Kultur, wie sie später Löns in den höchsten Tönen lobt. In dem Aufsatz "Bauernrecht und Bauernmoral" schreibt Löns, der seinen "Rembrandt als Erzieher" gut gelesen hat:

> "... der Bauer ist das Volk, ist der Kulturträger, ist der Rasseerhalter. Ehe die Stadt war mit ihrem Lack, war der Bauer da. Sein Stammbaum reicht in die Zeiten, da noch mit der Steinhacke der Boden gelockert wurde, da er, der Bauer, als erster Zucht und Sitte dort keimen ließ, wo bisher Horden von halbwilden Jägern und Fischern ein Dasein führten, dem des Wolfes und Otters ähnlich." (NS I,448/D V,488)

---

100 Behrendt: Zwischen Paradox und Paralogismus, a.a.O., S. 2.
101 Ebd., S. 1.
102 August Julius Langbehn: Rembrandt als Erzieher. Von einem Deutschen. Illustrierte Volksausgabe, 6.-15. Tsd., Weimar 1922 (= Bücher von deutscher Art), S. 183.
103 Ebd., S. 1.

Löns übernimmt auch Langbehns Vorstellung von Aristokratie und "natürlicher" Führerschaft. Für Langbehn ist der Adel nicht so sehr eine Sache der jahrhundertelangen Abstammung, sondern der körperlichen und seelischen Ausstattung des einzelnen:

> "Alles Aristokratische ist angeboren; deshalb kann es eine körperliche, eine geistige, eine sittliche Aristokratie geben; aber eine Wissens- oder Geldaristokratie kann es nicht geben ..."[104]

Diese körperliche, geistige und sittliche Aristokratie faßt Löns zu dem "Adel der Rasse" zusammen:

> "Ein adelig Volk sind sie, diese Bauern, adelig an Blut und Sinn. Denn Adel ist Rasse, einen anderen gibt es nicht. Adel ohne Reinrassigkeit ist Tressenstand und Ordensgeglitzer, alte reine Rasse ist immer Adel, ob der Mann goldstrotzende Uniform an hat oder den Beiderwandkittel, ob seine Hand den Degengriff hält oder den Twickenstiel. Mannhafter Sinn zeichnet den ganzen Schlag. Es gibt weibische Völker und kindische, dies hier ist ein männliches."
> ("Der Heidjer"; NS I,309/D V,419 f)

Ein solch männliches Volk sind die Wehrwölfe, und Harm Wulf ist ein "adeliger" Führer. Löns stellt seine wehrhaften Bauern als Kulturträger dar, die ihre bäuerliche Lebensform gegen gewaltsam hereinbrechende Einflüsse verteidigen. So gesehen war der Kampf der Wehrwölfe für den zeitgenössischen Leser, der vielleicht schon durch Lagarde- oder Langbehn-Lektüre vorbereitet war, auch als ein Kampf gegen eine fremde Zivilisation, gegen "undeutsche" Werte zu verstehen, sozusagen als ideologischer Abwehrkampf gegen die Moderne:

> "Die Geschichte der Bauern, die sich gegen Banditen und Plünderer im 30-jährigen Krieg verteidigen, kann durchaus als Illustration der heroischen 'völkischen' Persönlichkeit intendiert gewesen sein, eine Persönlichkeit, die ihre wahre Ordnung gegen die Eingriffe der materialistischen und industriellen Gesellschaft verteidigen mußte."[105]

---

104 Ebd., S. 34.
105 Mosse: Ein Volk, ein Reich, ein Führer, a.a.O., S. 35.

Eine weitere Quelle, die Löns' weltanschauliches Konglomerat speist, ist der "wissenschaftliche Rassismus". Das Konzept der "Rasse", das seit den 80er Jahren des 19. Jahrhunderts im deutschen Kaiserreich an Zulauf gewann, diente einerseits in Verbindung mit dem Germanenmythos zur Identitätsbestimmung, andererseits wurde es in Kombination mit sozialdarwinistischen Ideen zur Erklärung wirtschaftlicher und sozialer Probleme herangezogen.[106]

Angeregt und unterstützt wurden derartige Bemühungen durch die Schriften des Franzosen Arthur de Gobineau (1816-1882). In seinem "Essai sur l'inégalité des races humaines" ("Versuch über die Ungleichheit der Menschenrassen", 1853-1855) erhob er die Arier zur reinsten Rasse. Nach seinem Dafürhalten garantiert nur die reine Rasse die Überlebenskraft, mit der andere Rassen besiegt werden können. Im kaiserlichen Deutschland wurden Gobineaus Gedanken vor allem in den 90er Jahren bekannt; 1894 gründete sich eine Gobineau-Vereinigung, die trotz geringer Mitgliederzahl großen Einfluß im Alldeutschen Verband ausübte und Kontakte zum Richard Wagner-Kreis besaß.

In diesem Umkreis findet sich auch ein weiterer Rassetheoretiker, der für die Popularisierung rassistischer Gedanken in Deutschland von großer Bedeutung ist. Houston Stewart Chamberlain (1855-1927), Sohn eines britischen Admirals und verheiratet mit einer Tochter Wagners, veröffentlichte 1899 seine "Grundlagen des 19. Jahrhunderts". In diesem 1200-Seiten-Werk definiert er Rasse nicht allein über bestimmte biologisch-körperliche Merkmale, die einer Gruppe von Menschen gemeinsam sind, sondern vielmehr als "die angeerbte physische (und mit dieser zugleich moralische) Struktur des Menschen."[107] Chamberlain benutzt den Begriff der Rasse, um mehr als biologische Fakten zu bezeichnen: Rasse bedeutet für ihn eine geradezu metaphysische Existenzweise, die die Geschichte und das Individuum gleichermaßen durchdringt und bestimmt. In seiner Sicht der Menschheitsgeschichte hat sich die germanische Rasse in dem Kampf verschiedener Rassen behauptet, wodurch das deutsche Volk zum Retter der Weltgeschichte und Träger der westlichen Kultur vorher-

---

106 Zur Geschichte des Rassismus vgl. vor allem George L. Mosse: Rassismus. Ein Krankheitssymptom der europäischen Geschichte des 19. und 20. Jahrhunderts, Königstein/Ts. 1978 (amerikanische Originalausgabe 1978) sowie Mendlewitsch: Volk und Heil, a.a.O., S. 18-50; Mosse: Ein Volk, ein Reich, ein Führer, a.a.O., S. 99-119.
107 Zit. nach Mendlewitsch: Volk und Heil, a.a.O., S. 22.

bestimmt sei. Auch das Christentum funktioniert Chamberlain zu einer germanisch-deutschen Domäne um und stilisiert Christus zu einem arischen Propheten.

Der "Wehrwolf" zeigt, daß Löns nicht unberührt von diesen Gedanken geblieben ist, wenn auch seine Vorstellung vom Christentum andere Akzente setzt. Ausgehend vom Germanenmythos - Löns selbst bezeichnete sich einmal als "Teutone hoch vier" (BD 241 f) - bevorzugt er eine heidnische Naturreligion. Im Fall der Wehrwölfe kann diese zwar mit christlichen Elementen verbunden sein, doch das Christentum als solches betrachtet Löns als Angriff auf das germanische Wesen. In einem Brief an den österreichischen Schriftsteller Ottokar Stauff von der March schreibt Löns 1911:

> "Sagen Sie mal, wie finden Sie das? Ein alter Bauer in der Haide sagte mir dieser Tage: 'Die Juden haben das Christentum erfunden, um uns kaputt zu machen.' Ich starrte das alte harte Faltengesicht an, als wäre es das eines Propheten."
> (BD 250)

Die Juden als Gegner der Germanen - dieses Element des Rassismus scheint im "Wehrwolf"-Roman zu fehlen. Wetterte Chamberlain gegen die Juden als Teufel, die die Vorherrschaft anstreben würden, und schrieben konservative Parteien im Kaiserreich antisemitische Parolen auf ihre Fahnen, so scheinen Juden in den Bauernromanen Löns' nicht vorzukommen. Bei genauerem Lesen erscheinen sie aber als Randfiguren, nämlich als übereifrige Händler ("Wehrwolf": D III,208f/N IV,107; "Der letzte Hansbur": D III,17). Löns folgt damit dem antisemitischen Klischee vom Juden als Wucherer, doch führt er diesen Aspekt in seinen Bauernromanen nicht weiter aus.

Deutlicher wird Löns in dem Künstlerroman "Das zweite Gesicht", in dem er weitgehend den Vorgaben des antisemitischen Stereotyps folgt (siehe 7.3.2). Dieses Stereotyp besteht aus vier Elementen, die sich in den Schlagwörtern von der "jüdischen Ausbeutung", der "jüdischen Unfruchtbarkeit", der "jüdischen Herrschaft" und der "ungezügelten jüdischen Sexualität" manifestieren.[108]

---

108 Vgl. Klemens Felden: Die Übernahme des antisemitischen Stereotyps als soziale Norm durch die bürgerliche Gesellschaft Deutschlands (1875-1900), Diss. phil. Heidelberg 1963, S. 52 ff. Vgl. außerdem Martin Broszat: Die antisemitische Bewegung im wilhelminischen Deutschland, Diss. phil. Köln 1952, S. 18 ff.

Die "jüdische Ausbeutung" klingt bei Löns in der Figur des jüdischen Theaterdirektors Meier an, für den der Maler Hagenrieder einen Auftrag ausführt. Meier ist Millionär und denkt in erster Linie an gute Geschäfte (D III,619 f/N V,330). Allein der kleine Hinweis Löns', daß Meier seinen Reichtum einer Heirat verdankt (D III,618/N V,329), läßt das Klischee des habgierigen Juden durchschimmern.

Bei einem Gespräch mit dem Theaterdirektor wird offensichtlich, wie Hagenrieder das Verhältnis von Juden und Deutschen bewertet:

> "Er war lange überzeugter Antisemit gewesen, bis er einsah, daß damit die Judenfrage nicht zu lösen wäre und daß dieses Volk für die Germanen bitter notwendig sei, damit sie sich an dessen Emsigkeit aus ihrer angeborenen Trägheit emporärgerten.
> 'Und außerdem', fiel ihm ein, 'sie sind doch gewaltige Umwerter und Anreger trotz oder vielmehr wegen ihrer völligen Unproduktivität. Produktive Nichtproduzenten! Wie Figura zeigt.'"
> (D III,619/N V,330)

Dem "schaffenden Deutschen" steht der "raffende Jude" gegenüber. Das Schlagwort von der "jüdischen Unfruchtbarkeit" bezieht sich vor allem auf schöpferische Unfruchtbarkeit. Löns meint - wie vor ihm schon Richard Wagner und Houston Stewart Chamberlain -, Juden seien, egal ob sie Künstler oder Wissenschaftler sind, zu keiner selbständigen und originalen Leistung fähig. Wahre schöpferische Kraft macht Löns nur bei den Deutschen aus, die im Bauerntum wurzeln.

Das Schlagwort von der "jüdischen Herrschaft", die die Deutschen und die deutsche Kultur zu unterjochen strebt, klingt im "Zweiten Gesicht" allerdings nur ganz schwach an: Meier leitet das Theater als Geschäftsmann und übt damit auch Einfluß im Kunstbetrieb aus.

Gänzlich zu fehlen scheint das Element der "ungezügelten jüdischen Sexualität". Doch dieses Klischee ist nur verschoben worden auf eine andere Außenseitergruppe: die Zigeuner, die Löns im "Wehrwolf" mit Lüsternheit und einem verschlagenen Charakter ausstattet. Nicht Antisemitismus ist das zentrale Thema des "Wehrwolfs" und des gesamten Lönsschen Werkes, sondern Rassismus überhaupt.

Im rassistischen Denken des Kaiserreichs bildeten neben den Juden die Zigeuner das bevorzugte Angriffsziel. In Meyers Konversationslexikon aus dem Jahre 1884 werden ihnen all die Eigenschaften zugeschrieben, die Löns später in seinem Roman aufführt:

> "Was den Charakter der Zigeuner anlangt, so sind dieselben leichtsinnig, treulos, furchtsam, der Gewalt gegenüber kriechend, dabei rachsüchtig, in höchstem Grade zynisch und da, wo sie glauben es wagen zu können, anmaßend und unverschämt.
>
> Alle sind dem Betteln ergeben, gestohlen wird besonders von Weibern und Kindern; offener Straßenraub ist fast ohne Beispiel. Daß die Kinder stehlen, ist ebenso falsch wie die Beschuldigung des Kannibalismus. Die Frauen und Mädchen der Zigeuner sollen unter den Tartaren der Krim sowie in Spanien ebenso sittsam sein als sie in Ungarn und Rumänien zügellos sind."[109]

Im Kaiserreich wurden Zigeuner offiziell überwacht: 1899 wurde ein "Nachrichtendienst in Bezug auf die Zigeuner" eingerichtet, und preußische Verwaltungsstellen erließen "Anweisungen zur Bekämpfung des Zigeunerunwesens". 1909 kam es aufgrund einer sogenannten "Zigeunerplage" zu mehreren Reichstagsdebatten, bei denen auch ein Abgeordneter über das "Zigeunerproblem" für die Provinz Hannover sprach. Diese Debatten und das tatsächliche Vorhandensein von Zigeunern in Löns' Umgebung können ihn möglicherweise angeregt haben, das Feindbild der Zigeuner im "Wehrwolf" auszuarbeiten.

So klar Löns' Feindbilder auch sind, so verschwommen und unausgegoren ist bei genauerer Betrachtung sein rassistisches Weltmodell. Die Rassentheorien, die im Kaiserreich kursierten, konnten in ihren Details äußerst kontrovers sein, und Löns, der die verschiedenen Rassevorstellungen von Gobineau bis Chamberlain in sich aufnahm, verheddert sich in ihren Widersprüchen.

Dies zeigt sich exemplarisch in einem Textabschnitt des "Zweiten Gesichts", den Löns allerdings nicht in die Endfassung aufgenommen hat. In dem Kapitel "Die Totenmaske"[110] erinnert sich Swaantje Swantenius, wie ihr Vetter Hagenrieder sie einst mit Kunst und Literatur bekannt gemacht hat. Bei einem Museumsbesuch entwickelte sich angesichts ägyptischer Königsbilder folgendes Gespräch:

> "Ganz schüchtern hatte sie einmal gefragt: 'Glaubst du, daß diese Leute Hammiten waren?' Er hatte den Kopf geschüttelt: 'Keine Spur! Arier waren es, Wikinger wie Perseus und ähnliche Strandräuber. Sonst hätten sie nicht so streng auf reine Rasse gehalten und ihre leiblichen Schwestern zu Frauen ge-

---

109 Zit. nach Joachim S. Hohmann: Geschichte der Zigeunerverfolgung in Deutschland, Frankfurt a.M./New York 1981, S. 66.

110 Deimann veröffentlichte Teile des Kapitels zuerst 1924 in der Zeitschrift Hellweg. Wochenschrift für deutsche Kunst, 4. Jg. (1924), H. 2, S. 25-28. Eine längere Fassung erschien im Hannoverschen Tageblatt vom 15.4.1928 (3. Beilage). Im Text wird durchgehend nach dieser Veröffentlichung zitiert.

nommen. Wo auf der Erde etwas Großes geschaffen wurde, immer gab blondes Blut den Anstoß dazu. Die Männer aus Nordland gaben den Ägyptern eine feste Verfassung, Ruhe nach innen und Schutz vor den Schakalen der Wüste; so konnte das Volk im Frieden sein künstlerisches Temperament bebauen. Das ist überall so gewesen, in Indien, in China und danach auch am Euphrat und am Nil. Blond führt und schirmt, braun erfindet und schafft.'
Sie hatte fröhlich aufgelacht und in die Hände geklatscht, daß ein alter Herr sie ganz verwundert ansah; dann hatte sie halblaut gejubelt: 'Ach, Vetter, wie freue ich mich. Keinen anderen Menschen hätte ich das fragen mögen! Gedacht habe ich das immer schon, als ich von dir das Werk über die ägyptische Kunst bekam. Und als ich dann las, Cublai Chan habe rotes Haar und grüne Augen gehabt, wie die Chinesen sagen, und daß Perseus ein Langschwertmann ist bei Herodot, und daß unter den Mandschus viele blonde Leute sind und unter den Berbern nicht wenige, und als du mir dann Gobineau gabest, da war mir mit einemmal so, als sähe ich, wie lauter blonde Männer mit großen Nasen, so wie unsere besten Bauern, aus den Allongeperücken der ägyptischen Königsbilder heraussähen.'"

Arische Rasse wird für Löns - unter Berufung auf Gobineaus Rassentheorie - zum Katalysator von Kunst und Kultur, die sich nur dank der Arier über die ganze Welt ausgebreitet haben. So abstrus die These von der Verwandtschaft niederdeutscher Bauern und ägyptischer Könige heute auch klingen mag, so gehörten doch derartige Phantasien zur Diskussion um die Jahrhundertwende.

Allerdings verfängt sich Löns in Widersprüche, die in dieser Abstrusität nicht weiter auffallen. Wenn er schreibt: "Blond führt und schirmt, braun erfindet und schafft", so stellt dies einen Gegensatz zur Vorstellung vom künstlerisch unproduktiven Juden oder kulturlosen Zigeuner dar. Wenn "blond", d.h. die Germanen, nur führen, beschützen und kämpfen, sind auch sie künstlerisch unproduktiv. Doch Löns sieht sein Ideal von der lebensnahen Kunst ja gerade bei den niederdeutschen Bauern verwirklicht, die die germanische Tradition fortführen sollen.

Ebenso im Widerspruch dazu steht Hagenrieders "Theorie, wonach ein Künstler stets ein Rassenbastard sein muß, und daß ein reiner Germane niemals Künstler sein kann", wie es im "Totenmaske"-Kapitel heißt. Laut Gobineau bedeutet Rassenvermischung aber unweigerlich den Niedergang einer Rasse und ihrer Kultur, und Löns pocht ja auf die Reinrassigkeit seiner Bauern.

Löns hat diese Textstellen nicht aus dem "Zweiten Gesicht" entfernt, weil er die fehlende Logik seines rassistischen Weltmodells eingesehen hätte. Nicht der Inhalt, sondern formale Gründe haben ihn zum Umarbeiten bewogen. In einem Brief erläutert er, daß er das "Totenmaske"-Kapitel gestrichen habe, "weil ich damit meinen Standpunkt veränderte. Ich war sonst immer bei Helmold Hagenrieder, ließ ihn nicht aus der Hand und ließ den Leser alles durch ihn sehen, und mit einem Male war ich bei Swaantje Swantenius." (Brief vom 26.1.1911; BD 244)

Während sonst die Sichtweise Hagenrieders den Romanverlauf bestimmt, wechselt hier die Perspektive zu Swaantje über.

Das Kapitel "Die Totenmaske" gibt also durchaus Zeugnis von Löns' Weltanschauung, von seinen rassistischen Vorstellungen, die er auf Kunst und Kultur überträgt, und von seinen Widersprüchen und Paralogismen. Doch in diesem Konglomerat liegt auch eine "Stärke" des Lönsschen Weltbildes: Indem Löns verschiedene Theorien und Zeitströmungen aufnimmt und einsetzt, erhöht sich die Akzeptanz beim Leser, der unterschiedliche Bestandteile wiedererkennen kann und sich so bestätigt fühlt.[111]

---

111 Im April 1915 wird in der in Prag erscheinenden Zeitschrift "Selbstwehr" eine Rezension veröffentlicht, in der der rassistische und deutsch-nationale Anstrich des "Wehrwolf"-Modells ausnahmsweise vernachlässigt wird. Die "Selbstwehr" ist das Organ der zionistisch beeinflußten Juden in Böhmen und Mähren, die das "Wehrhafte" und die Heimat-Idee der Lönsschen Bauern auf die Gruppe der Ostjuden beziehen:
"Dieser in Form und Inhalt urwüchsige, von einer unsentimentalen Heimatsliebe erfüllte Bauernroman aus dem dreißigjährigen Krieg, dessen Verfasser bekanntlich als Kriegsfreiwilliger in den Kämpfen vor Reims fiel, ist heute besonders zeitgemäß. Vielleicht für einen Juden noch mehr als für jeden anderen. Denn wenn man von den Greueln dieser längst vergangenen und überwunden geglaubten Zeit liest, steigt das Bild der unmenschlichen Greueltaten vor uns auf, die gegenwärtig an den Juden in Polen und Galizien von einer Soldateska verübt werden, die nicht vertierter und roher sein kann als die vor dreihundert Jahren. Wenn man jedoch in diesem Buche von den Bauern liest, die sich zur Wehr setzen, Wehrwölfe werden und gleiches mit gleichem vergelten, steigt in einem ein Gefühl der Bitterkeit empor darüber, daß sich unsere Brüder im Osten wehrlos abschlachten lassen, lassen müssen, nicht bloß weil sie verlernt haben Widerstand zu leisten, sondern weil dieser auch heute einem solchen Millionenheere wie dem russischen gegenüber nutzlos und töricht wäre. Und dann: diese Bauern der Lüneburger Heide verteidigen ihre Heimat, was könnten die russischen Juden verteidigen außer ihr Leben und ihre Armut?"
(Anonym: Hermann Löns, Der Wehrwolf, in: Selbstwehr, 9. Jg. [1915], 9.4.1915.)
Zur Zeitschrift vgl. Hillel J. Kieval: The Making of Czech Jewry. National Conflict and Jewish Society in Bohemia, 1870-1918, New York/Oxford 1988 (= Studies in Jewish History), S. 119-123.

5.5 Mythos und Propaganda: Das "Matrosenlied"

Die Mythisierung, an denen Löns-Texte mitwirken, haben ihnen über
Jahrzehnte hohe Verkaufszahlen, aber auch das Interesse von Machtha-
bern und politischen Kreisen gesichert. Vor allem die NS-Propaganda hat
vorgeführt, wie Löns-Texte für politische Zwecke eingesetzt werden
konnten.

Einen Anknüpfungspunkt für die nationalsozialistische Ästhetik bietet
die antinomische Mischung aus Brutalität und Sentimentalität, die die
Lönssche Mythenwelt auszeichnet. Gerade die Koexistenz von Gewalt
und Idylle, von Mythos und Kitsch, den Saul Friedländer als den getreuen
Ausdruck der Gefühlswelt und des Geschmacks der großen Mehrheit definiert, kennzeichnet die nationalsozialistische Ästhetik.[112] Löns-Werke
konnten aufgrund dieser Mischung propagandistisch - nicht nur von den
Nazis - eingesetzt werden, was vor allem die Geschichte des "Matrosenliedes" belegt.

An diesem Gedicht, das mehrmals vertont wurde, scheiden sich die
Löns-Forscher. Stanley Radcliffe sieht 1955 im Dichter des "Matrosenliedes" den "Prototyp des deutschen Jingoisten".[113] Für Wilhelm Deimann
hingegen ist es 1964 "ein stilles, keusches Liebeslied", das "mit Haß oder
Chauvinismus nichts zu tun (hat). Eine eigenartige Zartheit und Innigkeit
liegt über den einfachen und darum schönen Versen."[114] Faktum ist, daß
sich in beiden Weltkriegen die deutsche Propaganda des "Matrosenliedes"
bedient hat.

Geschrieben wurde es bereits im Juni 1910 und 1911 im "Kleinen Rosengarten" abgedruckt[115]:

---

112 Vgl. Friedländer: Kitsch und Tod, a.a.O., S. 19, 118.

113 Stanley Radcliffe: Hermann Löns als Gesellschaftskritiker, Magister-Arbeit, Liverpool
1955, S. 248.

114 Wilhelm Deimann: Die posthumen Löns-Ausgaben. Eine kritische Übersicht, in: Mit-
teilungen. Stadt- und Landesbibliothek Dortmund, N.F. (1964), H. 6 (Hermann Löns. 29.
August 1866 - 26. September 1914), S. 21. Deimann war 1940 noch ganz anderer Meinung:
Im "Matrosenlied" spiegele sich die "kämpferisch-heldische Lebensauffassung" Löns' und
sein "deutsches Selbstgefühl" (Wilhelm Deimann: Denn wir fahren gegen Engelland. Zur
Entstehung des Lönsschen Liedes, in: Heimat und Reich. Monatshefte für westfälisches
Volkstum, 7. Jg. [1940], S. 143-146).

115 Zum "Matrosenlied" vgl. den Artikel: "Denn wir fahren gegen Engelland ...", in: Berliner illustrierte Nachtausgabe, Nr. 243, 17.10.1939; Max Apffelstaedt: "Denn wir fahren
gegen Engelland". Über die Entstehung des Lönsschen Matrosenliedes, hrsg. vom Luftgaukommando VI,Ic/Wehrbetreuung, Berlin 1941; Holle Christian: "Reich mir Deine
Hand!" Wann entstand das Engellandlied?, in: Markwart (1941), H. 1, S. 12-17; Karl Dilg:

"Heute wollen wir ein Liedlein singen,
Trinken wollen wir den kühlen Wein,
Und die Gläser sollen dazu klingen,
Denn es muß, es muß geschieden sein;
Gib mir deine Hand,
Deine weiße Hand,
Leb wohl, mein Schatz, leb wohl,
Denn wir fahren gegen Engelland.

Unsre Flagge und die wehet auf dem Maste,
Sie verkündet unsres Reiches Macht,
Denn wir wollten es nicht länger leiden,
Daß der Englischmann darüber lacht;
Gib mir deine Hand,
Deine weiße Hand,
Leb wohl, mein Schatz, leb wohl,
Denn wir fahren gegen Engelland.

Kommt die Runde, daß ich bin gefallen,
Daß ich schlafe in der Meeresflut,
Weine nicht um mich, mein Schatz, und denke,
Für das Vaterland da floß sein Blut;
Gib mir deine Hand,
Deine weiße Hand,
Leb wohl, mein Schatz, leb wohl,
Denn wir fahren gegen Engelland."
(C I,325 f)

Wie die anderen Gedichte des "Kleinen Rosengarten" hat Löns das "Matrosenlied" mit volksliedhaften Motiven versehen: Abschied von der Liebsten, Auszug in den Krieg, dazu noch an Studentenlieder gemahnende Trinksprüche (siehe 3.3). Doch das "Matrosenlied" ist mehr als nur ein sentimentales Abschiedslied; in dem Maße, wie der "Wehrwolf" Quellenwert für den wilhelminischen Rassismus besitzt, ist auch dieses Gedicht ein Zeitdokument. Es zeugt von der Flottenbegeisterung im Kaiserreich, die den "Platz unter der Sonne" - die Gleichstellung Deutschlands mit den anderen See- und Kolonialmächten, allen voran Großbritannien - einforderte.

Unser Engelandlied, in: Die Volksschule, 37. Jg. (1941), H. 13/14 (Oktober), S. 189-191; Axel Kahrs: Vom Ende einer Legende - Hermann Löns, Hitzacker und das Engeland-Lied, in: ders.: Wendland literarisch. Von Herzog August bis Nicolas Born - Ein Streifzug durch die Literaturgeschichte des Landkreises Lüchow-Dannenberg, Göttingen 1985, S. 55-59; G.F. Konrich: Wann und wo entstand das "Englandlied"?, in: Niedersachsen (1940), Oktoberheft, S. 158 f; Paul Rössing: England, der wahre Feind aller Völker, Düsseldorf o.J., S. 3 f; Olivier Thiébaud: Hermann-Löns-Rezeption/I: Das umstrittene "Matrosenlied", in: Hermann-Löns-Blätter (1987), H. 2, S. 5-7.

Schon Ende des 19. Jahrhunderts bahnte sich ein Wettrüsten auf dem Meere zwischen Deutschland und dem britischen Empire an. Die Stimmung gegen England wurde angeheizt durch den "Deutschen Flottenverein", der an eine Anti-England-Stimmung anknüpfen konnte, die bereits vor dem Flottenwettstreit herrschte. Ein Beispiel für eine weitverbreitete Einstellung gegenüber England liefert ein Gedicht von dem Löns-Freund Max Apffelstaedt, das er nach einem Englandaufenthalt (1889/1890) geschrieben hat und das wohl auch Löns bekannt war. Es heißt "Albion":

> "Trüb, dumpf und neblig wie dein Land
> Ist, Albion, mir dein Gesicht erschienen;
> Mir war's, als lagre schwer auf ihm
> Die dicke Stickluft der Maschinen.
>
> Du schaffst und raffst und beugst die Welt
> Zum Frondienst mit Despotenblicken;
> O nimmersattes Krämervolk,
> Des Goldes Fluch wird dich ersticken!"[116]

In den Chor derer, die meinen, der "Englischmann" mache sich nur über deutsche Ansprüche lustig, stimmt auch Löns mit ein. Um zum vermeintlichen Recht des deutschen Volkes zu gelangen, greift Löns im "Matrosenlied" auf das Mittel des Kampfes zurück. Er geht davon aus, daß gegen England Krieg geführt werden muß, für den er von vornherein Opfer einkalkuliert, betrachtet er dies doch als notwendigen Dienst am Vaterland. Für das Wohl der Gemeinschaft muß das private Glück zurückstehen: "Weine nicht um mich, mein Schatz, und denke, / Für das Vaterland, da floß sein Blut ..."

Diese Opferbereitschaft und die Stoßrichtung gegen England machten 1914 bei Kriegsbeginn aus dem "Matrosenlied" eine Propagandawaffe, obwohl es zu diesem Zeitpunkt bereits vier Jahre alt war. Die erste Vertonung stammt vom August 1914 aus der Feder eines Lehrers namens Wilhelm Bein, der dafür von Löns noch die persönliche Erlaubnis bekommen hatte. Seine Liedfassung wurde auf Postkarten gedruckt und in 100.000 Exemplaren an Soldaten und Matrosen verteilt. Der Diederichs-

---

116 Zit. n. Kurt Gerritz: Max Franz Apffelstaedt (1863-1950) und die Gründung der Zahnklinik der Westfälischen Wilhelms-Universität zu Münster, Münster 1970 (= Münstersche Beiträge zu Geschichte und Theorie der Medizin Nr. 1), S. 12.

Verlag brachte 1915 das "Matrosenlied" in einer anderen Fassung als "Kriegsflugblatt" unter die Leute.[117]

Verglichen mit anderen Flottengedichten, die die Kriegspropaganda unterstützten, fehlt dem "Matrosenlied" die offene Brutalität gegen England, wie sie z.B. im "Haßgesang gegen England" von Ernst Lissauer oder auch im "Lied für unsre Flotte" von Richard Dehmel zum Vorschein kommt:

> "Der Kaiser, der die Flotte schuf,
> der steht mit Gott im Bunde,
> denn das ist Deutschlands Weltberuf:
> es duckt die Teufelshunde.
>   Unsre blauen Jungen
>   haben rote Zungen;
> die zischen durchs Kanonenrohr,
> dann fliegt der Feind ins Höllentor
>   unterm deutschen Himmel."[118]

Trotz oder gerade wegen seiner mehr sentimentalen Wirkung wurde das "Matrosenlied" während des Ersten Weltkrieges von Soldaten in Schlachten gesungen, um sich Mut zu machen, aber auch um die Kampfbereitschaft anzustacheln. 1920 schreibt Wilhelm Spickernagel schwelgerisch von solch einem Kriegserlebnis:

> "'Denn wir fahren gegen Engelland!' - Da war er, der grimme, der herrliche Haß! Nicht Franzosen oder Russen galt es im offenen Kampf abzuwehren, nicht aufgehetzte Völkerstämme zu erledigen - Englands Söldner kamen heran."[119]

Das "Matrosenlied" besitzt also durchaus ein aggressives Potential, doch ist es eingebettet in eine rührselige Stimmung.[120] Diese Mischung aus

---

117 Vgl. Kriegsflugblatt Nr. 19/20: Denn wir fahren gegen Engelland, Jena 1915 (Zentralarchiv Löns-Vertonung, Hagen)

118 Richard Dehmel: Kriegs-Brevier, Leipzig 1917, S. 21 f.

119 Spickernagel: Hermann Löns, a.a.O., S. 15.

120 Diese beiden Komponenten - Sentimentalität und unterschwellige Gewalt - zeigen sich auch in den Erinnerungen des U-Boot-Kommandanten Edgar Freiherr von Spiegel, der - wenn auch in nachträglicher Stilisierung - die Wirkung des "Matrosenliedes" beschreibt. Es wird in dem U-Boot auf einem Grammophon abgespielt: "Was stierst du in die pechschwarze Nacht? Denkst du an Ruhm und Erfolg? Warum blickt dein Auge so starr in das tiefe Dunkel, das dich umgibt? Denkst du etwa an den Tod? ... Hört ihr denn nicht das leise Singen von unten herauf, ihr blöden Tröpfe? Seid ihr zu stumpfsinnig oder zu feig, um es nachklingen zu lassen? Fühlt ihr denn nicht die berau-schende Macht, die die kleine dünne Blechstimme von dort unten euch aufzwingt?

Sentimentalität und Aggression war auch für die Nationalsozialisten interessant: Appelliert das "Matrosenlied" doch an Gefühle, ohne die "Wehrkraft zu zersetzen"; es ruft zum Kampf auf, ohne durch martialische Parolen an Beliebtheit zu verlieren.

Gleich nach Beginn des Zweiten Weltkrieges präsentierten die Nationalsozialisten eine neue Vertonung des "Matrosenliedes", die von dem Komponisten Herms Niel stammt. Am 15. Oktober 1939 wurde das "Englandlied", wie es im "Dritten Reich" genannt wurde, im Beisein des Propagandaministers Goebbels in einem Wunschkonzert des Winterhilfswerkes uraufgeführt.

"Dieses Lied hilft den Krieg gewinnen" hieß die Botschaft des Liedes[121]. Sowohl in der Marine als auch in der Luftwaffe, die gegen England zum Einsatz kamen, wurde dieses Löns-Lied besonders geschätzt. Der deutsche Rundfunk leitete die Versenkungsmeldungen von feindlichen Schiffen mit der Melodie von Herms Niel ein. Das "Wir fahren gegen Engelland" wurde im Nationalsozialismus quasi zu einem "geflügelten Wort"; Hermann Göring münzte es 1940 in dem Propaganda-Film "Feuertaufe", der die deutsche Luftwaffe verherrlichte, um in: "Wir fliegen gegen Engelland."[122]

Der propagandistische Einsatz von "Wehrwolf" und "Matrosenlied" ist also nicht einfach mit der Perfidie der Nationalsozialisten zu erklären. Die Lönsschen Texte stehen in einer Tradition, die in ihrer Mischung aus Zynismus und Sentimentalität, dem Ideenkonglomerat von Gobineau über Nietzsche bis Langbehn und der Verklärung des Bauerntums die Grundlage für den Nationalsozialismus bildete. Auch die zeitweilige Stagnation der Löns-Popularität in den Jahren 1934/35, als der Plan zu einer prachtvollen Überführung und Beisetzung angeblicher Löns-Gebeine scheiterte (siehe 1.2),[123] kann nicht darüber hinwegtäuschen, daß Löns-Texte,

---

Daß sie euch Grüße bringt über eintausendzweihundert Meilen und durch eintausendzweihundert Minen? Daß sie sich euch entgegenstreckt in zitternder Angst und mutiger Zuversicht, eine kleine treue, lie-i-be Hand? Denkt an sie - denkt ruhig an sie - aber denkt nach innen!"
(Edgar Freiherr von Spiegel: Kriegstagebuch U 202, 351.-360. Tsd., Berlin 1938, S. 17 f.)

121 Vgl. Karl Hermann Brinkmann: Dieses Lied hilft den Krieg gewinnen, in: Markwart. Mitteilungen der Hermann-Löns-Gesellschaft e.V. (1941), H.1, S. 18-20.

122 Vgl. Hilmar Hoffmann: "Und die Fahne führt uns in die Ewigkeit." Propaganda im NS-Film, Bd. 1, Frankfurt a.M. 1988 (= Fischer Taschenbuch 4404), S. 171.

123 Die nicht zustande gekommene Propagandafeier um die Gebeine, hatte allerdings zur Folge, daß ein geplanter "Wehrwolf"-Film, zu dem die Dreharbeiten Ende 1934 beginnen sollten, nicht realisiert wurde. Schon nach dem Ersten Weltkrieg hatten Filmproduzenten versucht, sich die Rechte am Roman zu sichern, doch Lisa Löns sträubte sich lange gegen

speziell der "Wehrwolf", eine Kongruenz zu nationalsozialistischen Ideologemen aufweisen, die die Verherrlichung von Volkstum, das Führersystem und eine neue germanische Religion zum Inhalt haben.

---

eine Verfilmung (vgl. Wilhelm Deimann: Ein Wehrwolf-Film, in: Markwart, 8. Jg. [1932], H. 2, S. 30-32). Das änderte sich erst, als sich Walter Darré, der Reichsbauernführer, für eine Verfilmung einsetzte. Lisa Löns gab ihre Zustimmung und versuchte selbst am Drehbuch mitzuwirken, das dann aber ohne sie verfaßt wurde.

Das Drehbuch konnte ich bei meinen Recherchen nicht auffinden. Obwohl Löns-Forscher Deimann im Besitz eines Exemplars gewesen ist, finden sich in seinem Nachlaß nur vage Hinweise darauf. Als Autoren gibt er Adam und Volz an, als Regisseur sei Frank Wysbar vorgesehen gewesen. Auch Nachfragen in der Stiftung Deutsche Kinemathek und beim Filmarchiv des Bundesarchives waren erfolglos.

Lisa Löns bemängelte, daß nach diesem Drehbuch "dem Film durchweg die Gegensätze zwischen Humor und Grauen (fehlen würden), die den Roman zum Volksbuch machten", und daß durch das Streichen von bestimmten Romanfiguren und die Einführung neu erfundener ein "Film mit gänzlich anderem Inhalt" entstünde (StA Ce, L 9 168). Deimann urteilte über diese Fassung: "In den Mittelpunkt rückte, sensationell aufgemacht mit erotischen und sadistischen Momenten, das Schicksal einer zweiten Frau von Harm Wulf, der Tochter eines Obristen." (Deimann-Nachlaß)

6. Das Kriegstagebuch: Das Ende des Traums

> "Löns beschreibt weder Schlachten, noch schildert er Natur. Er stottert sich ganz einfach durch. Je näher die Granaten einschlagen, um so mehr kommt er vom Stenogramm ins Reden."
> (Jürgen Holwein: Wenn eine Heidschnucke ins Stottern kommt ..., in: Stuttgarter Nachrichten, 1.10.1986)

6.1 Ein "Anti-Wehrwolf"?

Mit dem Ende des Zweiten Weltkriegs hatte das "Wehrwolf"-Modell an Überzeugungskraft verloren. Der Roman wurde als Bestandteil der nationalsozialistischen Literatur verboten oder verschwiegen. In der sowjetischen Besatzungszone wurde der "Wehrwolf" auf die Liste der auszusondernden Bücher gesetzt[1] und in Westdeutschland der ersten Nachkiegsjahre mit Stillschweigen übergangen. Löns wurde zur persona non grata, deren Name sogar wie der von NS-Größen aus dem Stadtbild getilgt wurde[2]. Diese Phase war allerdings nur eine kurze Episode in der Löns-Rezeption, denn der Lyriker und Naturschilderer Löns wurde in der BRD bald wiederentdeckt und kam mit Hilfe des Films zu neuem Ruhm.

Der "Wehrwolf", diskreditiert durch die Nähe zum Faschismus, blieb von diesem Erfolg ausgeschlossen, obwohl Löns-Verehrer auf eine vollständige Rehabilitierung ihres Idols hinarbeiteten. Die Bemühungen um einen "anderen Löns", die schon Mitte der 60er Jahre einsetzten, zielten darauf, die These vom "faschistischen Löns" zu entkräften. Da dies allerdings am Beispiel des "Wehrwolfs" einige Schwierigkeiten bereitete, wurden andere Löns-Texte als Kronzeugen herangezogen: Löns sollte sich quasi selbst widerlegen.

Der Höhepunkt dieser Bemühungen wurde 1986 erreicht. Rechtzeitig zum 120. Geburtstag von Löns erschien im Sommer dieses Jahres das Kriegstagebuch des Schriftstellers. Mit dem pathetischen Titel "Leben ist

---

1 Vgl. Wilhelm Deimann: Der andere Löns, Münster 1965, S. 75.
2 Im März 1946 wurde in Münster die "Hermann Löns-Schule", die diesen Namen seit 1937 trug, umbenannt, da Löns "wegen der Zerissenheit seines Wesens und Lebens der Jugend kein Vorbild sein kann" (Zitat Provinzialschulkollegium Nr. 9550, Nordrhein-Westfälisches Staatsarchiv Münster).

Sterben, Werden, Verderben" deuten die beiden Herausgeber, der "Zeit"-Redakteur Karl-Heinz Janßen und der Privatforscher Georg Stein, bereits an, in welcher Weise sie dieses Zeugnis des Ersten Weltkrieges interpretiert wissen wollen. In seinem Kommentar stellt Janßen das Tagebuch als "ein wahres Antikriegsbuch" vor, das er sogar mit Remarques "Im Westen nichts Neues" vergleicht.[3] Das Kriegstagebuch sollte zu einem "Anti-Wehrwolf" werden.

In der Diskussion um den "Wehrwolf" und das Kriegstagebuch treffen die Löns-Bilder von der "echten Bauernnatur", dem "Kämpfer" und dem "Propheten des Dritten Reiches" auf den "anderen Löns". Kriegstreiber oder Pazifist, Faschist oder kritischer, entlarvender Journalist - das sind, verkürzt und komprimiert, die Frontstellungen in der Löns-Diskussion. Ob Löns tatsächlich durch die realen Kriegserlebnisse seinen Traum vom Urmenschentum und der Selbstverwirklichung im Kampf aufgegeben und sein "Wehrwolf"-Modell revidiert hat, kann nur eine genaue Analyse des Kriegstagebuches ergeben.

Das Kriegstagebuch umfaßt lediglich den Zeitraum von ca. vier Wochen. Es beginnt am 24. August 1914, dem Tag, an dem der 48-jährige Löns für tauglich befunden wurde. Löns hatte schon zuvor erfolglos versucht, sich als Freiwilliger zu melden[4], doch aufgrund seines Alters hatte er zunächst kein Regiment gefunden, das ihn aufnahm. Schließlich kam er beim Füsilier-Regiment Generalfeldmarschall Prinz Albrecht von Preußen (Hannoversches) Nr. 73 unter.

Nach kurzer Ausbildungszeit verließ Löns am 3. September Hannover, um mit dem Zug durch Belgien nach Frankreich zu gelangen. Es ist die Zeit, in der der deutsche Angriff ins Stocken geraten war und der Offensivkrieg in den Stellungskrieg überging. Zwischen dem 9. und dem 13. September mußte der deutsche Generalstab seine Truppen zwischen

---

3 Karl-Heinz Janßen: Kommentar, in: Hermann Löns: Leben ist Sterben, Werden, Verderben. Das verschollene Kriegstagebuch, hrsg. v. Karl-Heinz Janßen/Georg Stein, Kiel 1986, S. 72.
Die Presse-Artikel zum Erscheinen des Kriegstagebuches folgen weitgehend dem Urteil Janßens; vgl. die Zusammenstellung der Rezensionen bei Marita Cordes/Gerhard Zahmel: Hermann Löns: Leben ist Sterben, Werden, Verderben. Das verschollene Kriegstagebuch im Spiegel der Presse, hrsg. v. Verband der Hermann-Löns-Kreise in Deutschland und Österreich e.V., Walsrode 1987.

4 Zu Löns' Soldatenzeit, seinem Tagebuch und dem Kriegshintergrund vgl. Janßen: Kommentar, a.a.O., S. 72-77. Weitere Informationen bieten Martin Anger: Hermann Löns. Schicksal und Werk aus heutiger Sicht, 2. Aufl., Braunschweig 1986, S. 49-57; Wilhelm Deimann: Hermann Löns - Leben und Schaffen, in: Hermann Löns: Werke. Gesamtausgabe, hrsg. v. Wilhelm Deimann, Bd. 5, Hamburg 1960, S. 659-672.

Verdun und Paris um etwa 80 Kilometer zurückbeordern. Diese als "Wunder an der Marne" bezeichnete Wende im Krieg wurde den Soldaten verheimlicht, obwohl sie die Zeichen der verlorenen Schlacht wahrnehmen konnten. Löns bemerkte Flüchtlinge, Autos mit Verwundeten und Deserteure. In diesem Durcheinander verlor Löns selber den Anschluß an seine Truppe und suchte tagelang seine Kompanie, worüber seine Aufzeichnungen Auskunft geben. Die letzte Eintragung datiert vom 25. September 1914, dem Tag vor seinem Tod.

Das Tagebuch gelangte dann als Erbstück in den Besitz von Löns' letzter Lebensgefährtin Ernestine Sassenberg. Von ihr erhielt es Löns-Biograph Wilhelm Deimann, mit dessen Nachlaß es 1976 die Dortmunder Stadt- und Landesbibliothek erwarb. Neben dem Original existiert noch eine maschinenschriftliche Abschrift, die bereits 1914 angefertigt worden war und die sich bis 1945 im Besitz des Heeresarchivs Potsdam befand. Mit anderen Militaria wurde die Abschrift von den Amerikanern beschlagnahmt und kam so in die Washingtoner "National Archives". Heute wird sie im Militärarchiv Freiburg aufbewahrt. Während der Privatforscher Georg Stein dieser Abschrift zufällig auf die Spur kam[5], wurde die "Zeit" auf das Original in Dortmund aufmerksam, so daß Stein in Zusammenarbeit mit Janßen das Tagebuch herausgeben konnte.

Das Original-Tagebuch besteht aus mit Bleistift geschriebenen Notizen, die Löns in einer Mischung aus deutscher, lateinischer und individueller Kurzschrift festgehalten hat.[6] Diese vornehmlich kurzen, abgehackten Notizen, die gelegentlich auch in längere Passagen übergehen, waren vermutlich als Grundlage für später auszuarbeitende Texte gedacht. Etwas schwelgerisch beurteilt Janßen die literarischen Ausarbeitungsmöglichkeiten:

> "Das Unfertige, Unbehauene, Fragmentarische läßt die Phantasie des Lesers viel Raum, denn niemand vermag zu sagen, was Löns dereinst aus diesem Rohmaterial gemacht, was er weggelassen, was stilisiert und in welcher Form er es eingebunden hätte. Einzelne Worte stehen für ein ganzes Kapitel, dessen Inhalt uns verborgen bleibt; ein Satz könnte das Konzept für eine Novelle sein - eine

---

5 Zur Fundgeschichte vgl. "Keulen, wuchten, fegen", in: Der Spiegel, 40. Jg. (1986), Nr. 36, S. 205 f. Georg Stein war ursprünglich auf der Suche nach dem sagenhaften "Bernsteinzimmer" aus der Zarenresidenz "Zarskoje Selo", das die Nazis an einem unbekannten Ort versteckt hatten. Hinweise auf den Verbleib erhoffte er sich von Mikrofilmkopien aus den "National Archives", die aber zufällig ein Typskript mit den Initialen H.L. vermerkten. Es handelte sich dabei um die 1914 angefertigte Abschrift des Tagebuches.
6 Vgl. die Ausführungen zur Edition des Tagebuches in Löns: Werden ist Sterben, Werden, Verderben, a.a.O., S. 49-51.

Schlachtenszene, eine feierliche Abendstimmung der Vorentwurf für ein Gedicht."[7]

Es ist müßig zu spekulieren, was Löns daraus gemacht hätte. Das Tagebuch bleibt ein Text, der in der Edition 40 großzügig gestaltete Seiten einnimmt. An ihnen muß überprüft werden, inwieweit es sich in das Gesamtwerk einfügt, ob sich Löns' Anschauungen aus dem "Wehrwolf" weiter fortsetzen oder durch das Kriegserlebnis modifiziert werden.

6.2 Das Kriegstagebuch: "Frohe Stimmung, und es geht in die Linie."

6.2.1 Das Bild des Krieges

Der knappe, notizenhafte Stil und die journalistisch anmutende Beschreibung hinterlassen einen Eindruck von Unmittelbarkeit, in der eine ausdrückliche Wertung von Seiten Löns' fehlt. Insofern hat Janßen recht, wenn er das Kriegstagebuch als eine "Momentaufnahme" bezeichnet,[8] die eine direkte Vorstellung von den Strapazen und der unwürdigen Behandlung der Soldaten vermittelt.

Aus einer kleinen Notiz vom 6.9. läßt sich z.B. die strenge Hierarchisierung der preußischen Armee ableiten: "Bad unter Lokomotivpumpe. Erst Offiziere, dann Mannschaften." (T 17)[9] Deutlicher wird die Situation der Soldaten, wenn Löns auf die schlechte Versorgung zu sprechen kommt:

> "Alle plagt Hunger und ein schlimmer Durst."
> (14.9.; T 24)
>
> "Augen voll Dreck. Nase, Gesicht, Hände voller borkiger Wunden. Ein Schweineleben."
> (15.9.; T 28)
>
> "Wenn man nur wüßte, wie es mit uns stände, und wenn man genießbares Brod und Wasser hätte und nicht bei jeder Gelegenheit unnütz grob behandelt würde."
> (15.9.; T 29)

---

7 Janßen: Kommentar, a.a.O., S. 77.
8 Ebd., S. 76.
9 Bei Zitaten aus dem Tagebuch werden die Erläuterungen und die Editionszeichen übernommen: [ ] = Hinzufügung des Editors.

Anhand der Notizen kann man verfolgen, wie sich unter den Soldaten Resignation und Verrohung breitmacht. So notiert Löns den Ausspruch eines Soldaten während eines gegnerischen Angriffs: "Wir sind verloren." (14.9.; T 25) Über einen Feldwebel heißt es: "Ein Füs[ilier] bringt dem Feldwebel Totenmarken. Der nimmt sie, ohne Gesicht zu verziehen." (25.9.; T 48)

Löns' Beobachtungen zeigen nicht den großen Heroen, sondern den Soldaten, der inmitten von Dreck, Kot und Leichen steht:

> "Ich gehe cacandi causa in den Wald. Da sieht es böse aus. Zerschrammte Stämme, verwühlte Erde, Zünder, Sprengstücke, lange gelbe Messingpatronen, wie ich sie in Hannover fahren sah, Hülsen, Verhaue, Pullen, Faecalien."
> (16.9.; T 32)

> "Leichen, Leichen, Leichen. Verwesungsgeruch hier und da ganz schlimm. Unsere Schweren brüllen."
> (23.9.; T 44)

Belegen diese Zitate Löns' kritische Einstellung zum Kriege? Das Entsetzen angesichts des modernen Krieges bedeutet nicht die Hinwendung zum Pazifismus. Die Zitate sind vielmehr Ausdruck für die Verfassung eines national gesinnten Mannes, dessen Kriegsbegeisterung mit den Realitäten des Krieges konfrontiert wird.[10] Der Erste Weltkrieg ist nicht mehr der Kampf Mann gegen Mann, wie ihn Löns in seiner Urmenschbegeisterung herbeisehnte, sondern ein durchtechnisierter Krieg mit Granaten und Flugzeugen, später auch mit Panzern oder U-Booten. Löns scheint diese Entwicklung zu erkennen und vergleicht die Schlacht mit dem Signum der Industrialisierung, der Fabrik. Er schreibt am 14.9.1914:

> "Ich finde, der Schlachtenlärm erinnert an Fabriklärm. Er regt mich nicht auf, erfüllt mich mit Widerwillen."
> (T 25/27)

Zum einen drückt sich darin gewiß die Gewöhnung an den Krieg aus; Kanonendonner und Explosionen unterlegen das Leben mit einer Geräuschkulisse, so wie der Lärm der Maschinen die Arbeit begleitet und zu einer Sinnesabstumpfung führt: "Die zwei Stunden im lebhaften Granatfeuer haben mich wie die anderen abgebrüht." (13.9.; T 23) Zum anderen läßt

---

10 Einen Einblick in die Kriegsbegeisterung geben Löns' Briefe vom August 1914. Am 6.8. schreibt er: "Mensch, das Leben ist so schön jetzt, daß es sich lohnt zu sterben. Was bin ich froh, daß ich mich 1911 nicht totschoß!" (BD 291)

der Vergleich Schlacht-Fabrik die Ohnmacht des einzelnen erkennen. Der Soldat ist ein Teil der Fabrik namens Krieg, die von ihm ein reibungsloses Funktionieren verlangt. Der Einsatz des Soldaten wird von oben her bestimmt, eigenes Handeln ist ausgeschlossen. Wenn der Soldat in Aktion treten soll, so meistens in einer Handlung, die den direkten Kontakt mit dem Feind, also Mann gegen Mann, ausklammert.

Natürlich gab es im Ersten Weltkrieg auch den direkten Kampf mit Bajonettangriff, dem Stürmen feindlicher Stellungen und Schützengräben, doch Löns war nicht darin verwickelt. Es scheint fast so, als ob er sich nach solchen Einsätzen sehnt: "Seit vier Tagen nicht gewaschen. Wie wird der Tag werden? Wieder so tatenlos wie der letzte?" (15.9.; T 27)

Trotz der negativen Erfahrungen "genießt" Löns die besondere Situation des Krieges. Sie stellt eine Gegenwelt zu seinem Alltagsleben dar, von der er endlich die Möglichkeit zum Ausagieren seiner vitalistischen Wunschträume erhofft. Für den Rezensenten Heimo Schwilk stellt sich der im Krieg lebende Löns so dar:

> "Die detailverliebten, von Neugier und Entdeckerlust bestimmten Beobachtungen des Soldaten Löns, dem auch das kleinste Insekt, ein Vogelruf, ein fremder Geruch oder verwüstetes Mobiliar wert ist, zu Papier gebracht zu werden, demonstrieren, daß hier ein wacher Mensch lustvoll den Ausnahmezustand genießt."[11]

Wie bei der Jagd scheint hier die Ich-Erfahrung im Sinne einer Erkundung der eigenen körperlichen und psychischen Kräfte in einer Extremsituation möglich zu werden (siehe 4.3). Sehr wahrscheinlich liegt darin das Motiv für Löns, sich freiwillig zu melden, und nicht, wie manche Löns-Freunde spekulierten, in Depressionen und privaten Schwierigkeiten. So stellt auch Karl-Heinz Janßen fest:

> "Das Erlebnis des Krieges als Daseinsform, die es zu bestehen galt, sich mitten im Strudel der Ereignisse aufzuhalten - das waren seine Motive."[12]

Mag der moderne Stellungskrieg sich nicht mit Löns' Vorstellung vom urmenschhaften Kampf decken, so ergibt sich daraus nicht automatisch eine Kritik am Sinn des Krieges. Trotz der katastrophalen Begleitumstände und der Krankheit, die ihn in seinen letzten Tagen befallen hatte,

---

11 Heimo Schwilk: Ein Dandy in Stahlgewittern, in: Rheinischer Merkur/Christ und Welt, 12.9.1986, S. 19.
12 Janßen: Kommentar, a.a.O., S. 73.

wird im ganzen Tagebuch der Krieg nicht in Frage gestellt. Zwar wird die schlechte Versorgung kritisiert, doch dem steht das Kameradschaftserlebnis gegenüber. Dieses Gemeinschaftsgefühl beschränkt sich nicht nur auf die gemeinen Soldaten, sondern verbindet diese mit ihren Vorgesetzten:

> "Fahrt auf offenem Wagen mit Offizier und Feldwebeln, sehr lustig."
> (7.9.; T 8)

> "Leutnant v. E[inem] bekommt Zigaretten geschenkt von Gemeinen und ist sehr froh. Wir teilen Brod, Wein ..."
> (13.9.; T 23)

Löns war nicht gegen den Krieg, er wollte ihn sogar unbedingt an der Front mitmachen. Sogar ein Angebot, als Kriegstagebuchschreiber in den Regimentsstab versetzt zu werden, lehnte er ab.[13] Selbst der letzte Satz, den er in sein Tagebuch eingetragen hat, lautet: "Frohe Stimmung, und es geht in die Linie." (25.9.; T 48) Seine Teilnahme am Krieg ist die logische Konsequenz aus seinem im literarischen Werk vorgetragenen Vitalismus, dem die Jagd als Betätigungsfeld nicht mehr reicht.

Im Tagebuch setzen sich die aus seinen Erzählungen und Romanen bekannten Einstellungen fort. Die Vorliebe Löns' für Germanen und sein Ideal des Bauern wird deutlich, als er während eines Marsches durch französisches Gebiet Ausschau nach blonden Menschen hält:

> "Durch die Stadt Hirson mit Gesang (im Tritt ohne Kommando). Frauen mit Kindern. Viel Blonde."
> (8.9.; T 11)

> "Massen von Flüchtlingen kommen zurück, meist Frauen und Kinder, die vor Angst grüßen. Viel blond darunter."
> (9.9.; T 11)

> "Reizende, schlanke junge Frau, ganz deutsch und sauber, stellt sich neben mich und sieht meine Schmisse an ... Viele blond[e] und hellblond[e], ganz deutsch aussehende Kinder und Frauen."
> (11.9.; T 16)

Diese Zitate zeigen, wie Löns "germanische" Menschen sucht, deren Vorhandensein das von den Deutschen besetzte Gebiet praktisch zu einem "germanischen" Territorium machen würde.

---

13 Vgl. ebd., S. 80.

Mit der Zivilbevölkerung versucht Löns, einen freundlichen Umgang zu pflegen, der dann erleichtert wird, wenn sich Parallelen zum Germanentum ergeben: "Rasieren lassen bei freundl[ichem] Franzosen. Frau ähnlich einer Haidjerin, näht mir Knopf an und Riß in der Hose, will kein Geld." (8.9.; T 9)

Von einem anderen Kontakt mit Franzosen heißt es: "Requirieren Fahrräder: Hübsche junge Frau, Mann im Felde. Laden uns nach Rückkehr ein, wiederzukommen." (12.9.; T 19) In derselben Tagebucheintragung schildert Löns ein Gespräch mit einem französischen Studenten über den Krieg:

> "Im Hôtel de la Croix blanc bei Marcelli Cornu (dem ich Tabak gab) wird Kaffee und Bier getrunken. (La guerre malheur pour vous, pour nous.) Ich spreche mit einem französischem Studenten, er ist gegen den Krieg. Wir kneipen Bier, Wein, Schnaps, Zigaretten (non plus) und immer Kanonendonner ..."
> (12.9.; T 19)

Aus dieser Eintragung geht nicht hervor, ob Löns wie der französische Student den Krieg für ein "malheur", ein Unglück, hält. Auf jeden Fall diskutiert er mit einem Angehörigen eines feindlichen Volkes und hat keine Bedenken, mit ihm zu trinken. Dieses Benehmen verhindert aber nicht, daß Löns auch aggressiv werden kann:

> "Rast am Hof (de l'eau). Der Mann stellt sich bockbeinig. Ich gebe ihm einen Wink mit dem Kolben, und er gibt Wasser ... für die Ko[mpagnie] und verkauft mir ein Brod."
> (12.9.; T 20)

Egal, ob der Wink mit dem Kolben nur eine Drohung oder ein tatsächlich ausgeführter Schlag war, so beweist diese Episode, daß Löns nicht nur der gemütvolle Plauderer ist. Er folgt dem Recht des Besatzers, dem Recht des Stärkeren, das er zuvor in seiner Literatur gefeiert hat. Dieses Recht ist nur scheinbar außer Kraft gesetzt, wenn er freundlich auf das Entgegenkommen der Besetzten reagiert. Löns ist nicht das Opfer, nicht der an der Kriegssituation Leidende, wie ihn Karl-Heinz Janßen sieht. Wie die anderen Soldaten requiriert Löns gnadenlos bei der Zivilbevölkerung. Die Tatsache, daß Löns durch seinen frühen Tod nicht mehr an Grabenkämpfen teilnehmen konnte, erhebt ihn nicht zu einem Pazifisten, der Völkerverständigung predigt.

Die Natur nimmt einen großen Platz im Tagebuch ein; selbst im Felde hat der Füsilier Löns ein Auge für die Tier- und Pflanzenwelt. Das ist nicht weiter verwunderlich, da sich für den Naturbetrachter Löns der Krieg zuerst in der Natur bemerkbar macht. Eines der ersten Anzeichen des Krieges ist die Abwesenheit von Vögeln und ihren Geräuschen:

> "Offiziere klettern Berg rauf. Kein Vogel, Schwalbe, Krähe, Spatz, Meise, Uferläufer, Kolüt. Gefangene, Maschinengewehr, Revolverkanone."
> (5.9.; T 5)

Warum zählt Löns noch verschiedene Vogelarten auf, wenn sowieso kein Vogel zu sehen ist? Dies kann zwei Gründe haben: Erstens können sich in dieser Aufzählung Gedanken an eine spätere Ausformulierung verstekken. In dieser Ausarbeitung würde Löns dann vielleicht diese Vögel erwähnen, da er sie in dieser Gegend zu finden hoffte, und durch ihre Abwesenheit würde deutlich, wie verlassen das Gebiet ist. Im knappen Tagebuchstil finden sich weitere Notizen, die als Vermerke für eine spätere, genauere Ausarbeitung gedacht sein können. Löns setzt dann oft Klammern, deren Inhalt das Geschriebene präzisieren:

> "Weiße Mauer. Steinbrüche (gelb). Blumengarten (Dahlien)."
> (6.9.; T 7)

> "Zugvögel rufen (Kiebitz, Kolüt, Uferläufer)."
> (8.9.; T 11)

Zweitens kann die Aufzählung nicht vorhandener Vögel durch eine starke Sehnsucht nach einer intakten Natur motiviert sein. Die Situation des bedrängten und erschöpften Soldaten kann durch die Naturbetrachtung gemildert werden:

> "Das Feuer wird immer fürchterlicher. Ich kann nicht sitzen, nicht liegen, nicht stehen in dem engen Graben. Botanisiere mit den Augen blauen Rittersporn, rosiges Löwenmaul, eine rosarote andere Blume."
> (14.9.; T 25)

Fast wehmütig erinnert sich Löns angesichts einer Holzlaus an seine schon 28 Jahre zurückliegenden Forschungsarbeiten zu diesem Insekt

(15.9.; T 29). Diese Flucht in die Natur kann sogar so weit gehen, daß Löns inmitten eines gegnerischen Angriffs über Käfer doziert:

> "Die Franzosen beschießen die Füsiliere, die aus den Schützengräben zum Walde ziehn mit Schrapnells, daß es in der Luft blitzt und qualmt, und Granaten, daß Erde und Rauch spritzt, aber sehr weit ab und hinterher. Ich halte Feldwebel Sarstedt derweil Vortrag über Staphyliniden."
> (16.9.; T 33)

Doch nicht nur Löns zieht es vor, aus der Realität des Krieges in den Wunschtraum einer harmonischen Natur zu fliehen. Es ist eine allgemein verbreitete Stimmung unter den Soldaten, die sich damit ein Äquivalent für die verlorengegangene Sicherheit schaffen:

> "Granaten kommen näher. Hänflingflug zwitschert vorüber. Alle Leute bei mir horchen danach hin, mehr als nach Schüssen und Granatgewinsel."
> (15.9.; T 28)

Die Natur bzw. die Sehnsucht nach einer imaginären Naturharmonie bietet eine Art Schutzwall gegen die Eindrücke des Krieges: gegen den Lärm der Schüsse und der Explosionen, dem Anblick von Leichen und Zerstörung, dem Geruch von Kot und Verwesung; ebenso werden die Unbilden des Kommiß gemildert, die sich in der schlechten Versorgung und einem unsinnigen Exerzierreglement ausdrücken. Bei einem Appell schenkt Löns der "interessanten Zwergflora" mehr Beachtung als der preußisch-deutschen Armee (21.9.; T 41).

Der Fluchtraum Natur hat aber in seiner realen Gestalt wenig gemein mit den Phantasien Löns' und der Soldaten (siehe 4.4.). Der Krieg verwandelt Natur in eine künstliche Landschaft von Schützengräben und Granatentrichtern. Im Ersten Weltkrieg entstand

> "eine völlig neue Erfahrungswelt, welche durch die volle Entfaltung der technischen Mittel auf militärischem Gebiete charakterisiert war. Die tradierten und gesellschaftlich akzeptierten Bilder vom Krieg und Heldentod waren nicht mehr oder nur noch partiell in der Lage, Zeugnis von dieser Realität zu geben."[14]

In den Naturschilderungen des Tagebuches, mit denen Löns sein altes Realitätsbild wiederherstellen möchte, schwingt sowohl die Naturbegei-

---

14 Ulrich Linse: Das wahre Zeugnis. Eine psychohistorische Deutung des Ersten Weltkriegs, in: Kriegserlebnis. Der Erste Weltkrieg in der literarischen Gestaltung und symbolischen Deutung der Nationen, hrsg. v. Klaus Vondung, Göttingen 1980, S. 101.

sterung mit, die schon den jungen Hermann in Deutsch-Krone ergriffen hat, als auch Aspekte der Gewalt, die sich bereits im "Wehrwolf" mit der Idylle vermischten. Schlacht- und Naturbeschreibung gehen nahtlos ineinander über; die Beispiele für das Mit- und Nebeneinander von Krieg und Natur sind zahlreich:

> "Ich sitze im Hof. Links und rechts Wein an der Mauer, Lorbeer, tragende Feigen. Über der grauen Mauer Blumen. Tauben kommen und suchen Reste, und es tobt die Schlacht, und immerdar donnern und summen Rotekreuzautos vorbei."
> (11.9.; T 17)

> "... und immer Kanonendonner, Oleanderblüten, Taubengegurre, Schwalbengezwitscher und Kanonendonner."
> (12.9.; T 17)

> "Salve auf Salve von Feldartillerie. Eichelhäher krätscht. Felsen, Wald, Rebgelände mit halbreifen blauen Trauben."
> (12.9.; T 20)

> "Wir liegen kaum, da bekommen wir Granatfeuer, rechts und links schlagen Granaten ein. (Rotkehlchen, Waldgrille.)"
> (13.9.; T 21/23)

> "Wir sehen nach den Bergen, da schrapnelliert man nach uns, daß das Feuer sprüht und die Kugeln spritzen. Rechts Kleingewehrfeuer. Käuzchen fliegt hoch über uns weg. Rebhahn lockt. (In drei Tagen ein Toter.)"
> (16.9.; T 33)

Für Karl-Heinz Janßen sind solche Passagen kein Anlaß zu einer kritischen Analyse, sondern zum ästhetischen Genuß:

> "Das Reizvolle ist die unnachahmliche Kombination von Schlachtenbeschreibung und Naturschilderung, diese Gleichzeitigkeit des ewig gleichen Naturgeschehens und der zerstörerischen Willkür des Menschen."[15]

Was Janßen als "reizvoll" für den Leser empfindet, ist eher verräterisch für die psychische Disposition des Hermann Löns (und vielleicht auch für die seiner Leser). In der Vermengung von Gewalt und Natur zeigt sich die auf zwei Ziele gerichtete Sehnsucht nach Sinnlichkeit: Der Regressionswunsch in eine intakte Natur ist mit dem Ausleben eines Aggressionspotentials gekoppelt. Der Krieg, so sehr er auch die Natur zerstört, erscheint als eine Fortsetzung der Natur mit anderen Mitteln. Was die Men-

---

15 Janßen: Kommentar, a.a.O., S. 77.

schen auf der Erde bewerkstelligen, vollführen ebenso die Vögel in der Luft: "Lerchenfalke jagt Lerche im Granatfeuer." (14.9.; T 25)

Die Natur scheint in Löns' Beschreibung den Krieg in sich zu integrieren, ja fast könnte man sagen: zu absorbieren. "Der Krieg wird in seiner Allgegenwärtigkeit zur zweiten Natur, ja zur Natur selbst."[16] Die bekannte Erfahrungswelt der Natur wird mit der des modernen Krieges zu einer Einheit verschmolzen. Mit den Hummeln summen die Granaten vorbei:

> "Eine dicke Hummel summt vorbei. Granaten zerraspeln rechts die graue Morgenluft."
> (15.9.; T 27)

> "Insektengesumme um die roten, blauen, gelben, weißen Stoppelblüten und furchtbares Duell zwischen unserer und der frz./> französischen/ Artillerie."
> (16.9.; T 32)

> "Ihre Kugeln summen wie Hummeln oder auch wie Mistkäfer, die sich plötzlich ins Gras setzen."
> (16.9.; T 32)

Leben und Tod in Gestalt von Tieren und menschlichen Vernichtungswaffen sind für Löns miteinander verbunden. Seine Lebensvorstellung ist die des aus der Natur kommenden und in die Natur wieder eingehenden Menschen. Von seiner Krankheit schwer angegriffen schreibt Löns am 24.9.:

> "Nacht mild. Trotzdem habe ich eiskalte Füße im dicken Stroh. Sehe von meinem Lager den Sternschnuppen zu. Denke an die Leichen, an den erschoss[enen] Spion. Droben am Firmament dieselbe Not. Leben ist Sterben, Werden, Verderben."
> (T 47)

Diese resignative Weltsicht kann, wie der Herausgeber Janßen vorführt, als verzweifelter Protest gegen den Krieg verstanden werden. Doch sind solche Gedanken nicht neu für das Werk Hermann Löns'. Als Beispiel sei ein Absatz aus den "Wasserjungfern" angeführt:

> "Leicht und lustig erscheint auf den ersten Anblick ein Leben, wie es die Libellen führen, dahinflatternd in Sonne und warmer Luft über die schimmernde Flut, ein Leben, fröhlich wie ein Spiel, heiter wie ein heller Traum. Aber hinter allem Leben steht der Tod, bei jeder Lust der Schmerz, und die silbernen

---

16 Schwilk: Ein Dandy in Stahlgewittern, a.a.O., S. 19.

Flügel im Spinnennetze, die goldenen Kreise auf dem Wasserspiegel, unheimliche Zeichen sollten es den leichten Fliegern sein, die hurtig und behende über den Teich huschen."
("In der Mergelgrube"; D IV,285/N III,82)

Idylle und Tod gehen auch in den Tiergeschichten eine Symbiose ein.Was hinter beiden Zitaten steht, ist die Sinnfrage des Lebens, die sich vor allem in Situationen stellt, in denen man von Chaos, Leiden und Tod bedroht wird. Die Antwort Löns' auf diese Frage schwingt in seinen Äußerungen schon mit: Er sieht das Leben in einem kosmischen Zusammenhang, in dem aber kein transzendentales bzw. religiöses Prinzip existiert, sondern nur das (sozial-)darwinistische Gesetz der Natur. Als übergeordnetes Prinzip läßt Löns lediglich die Rasse gelten. Aus dieser Überzeugung heraus erklärt sich das Verlangen Löns' nach intensiven Erlebnissen: Die Erfahrung der Sinnlichkeit ist das einzige Mittel, das Leben in vollen Zügen auszukosten.

6.3 Die Kriegstagebuchschreiber Hermann Löns und Ernst Jünger

6.3.1 Zwei Hannoveraner in Stahlgewittern

Trotz der Kürze und des stichwortartigen Charakters der Tagebuchnotizen kann man diese mit anderen Berichten über den Ersten Weltkrieg vergleichen. Der bekannteste seiner Art stammt von Ernst Jünger: "In Stahlgewittern". Ein Vergleich ist schon daher angebracht, um Janßens These von Löns' kriegskritischer Einstellung weiter zu überprüfen. Janßen selbst bringt Löns in Verbindung mit Jünger, denn anstelle eines Vorwortes findet man in der Edition des Tagebuches Auszüge aus "In Stahlgewittern". Dennoch ist Janßen bemüht, Löns von Jünger abzuheben und ihn damit vom Makel der Kriegsverherrlichung zu befreien:

"Er hat auch nicht, wie Jünger und andere, Krieg und Kampf ästhetisiert noch über deren Sinn reflektiert - dazu ward ihm auch keine Zeit gelassen."[17]

Ein Vergleich von Löns und Jünger muß zeigen, ob der Vorwurf der Ästhetisierung von Gewalt auch auf Löns zutrifft. Eine kontrastierende Gegenüberstellung der beiden Autoren scheint jedoch mit erheblichen

---

17 Janßen: Kommentar, a.a.O., S. 79.

Schwierigkeiten verbunden zu sein. Löns und Jünger gehören verschiedenen Generationen an[18]: Löns war 1914 48 Jahre alt und Jünger lediglich 19 (geb. am 29.3.1895). Letzterer war bis zum Ende des Krieges aktiv und wurde schließlich hochausgezeichneter Offizier, während der gemeine Soldat Löns schon im zweiten Kriegsmonat fiel. Jünger führte sein Kriegstagebuch von Dezember 1914 bis September 1918, es umfaßt 14 Hefte voller Aufzeichnungen. Löns' Tagebuch hingegen ist aufgrund seines frühzeitigen Todes nicht weit gediehen. Was ihm vielleicht als Rohmaterial für eine spätere Ausarbeitung hätte dienen können, blieb fragmentarisch. Nicht so bei Jünger: Er verwendete seine Aufzeichnungen nicht nur für "In Stahlgewittern", das 1920 zum ersten Mal erschien, sondern ebenfalls für "Der Kampf als inneres Erlebnis" (1922), "Das Wäldchen 125" (1924) und "Feuer und Blut" (1925); vermutlich beruht auch die nicht vollendete Erzählung "Sturm" (1923) auf den Kriegsnotizen. Bei diesen Texten handelt es sich nicht um eigentliche Tagebücher, sondern um literarische Ausgestaltungen seiner Aufzeichnungen, die oft essayistischen Charakter annehmen. Jünger hat zudem seine Werke immer wieder überarbeitet, allein von "In Stahlgewittern" gibt es sechs Fassungen.

Doch den Unterschieden stehen Gemeinsamkeiten gegenüber, die einen Vergleich rechtfertigen. Sowohl Löns als auch Jünger interessierten sich für die Natur. Waren es in Löns' Jugend vor allem Schnecken und Holzläuse, die sein naturwissenschaftliches Interesse fesselten, so war Jünger von Käfern fasziniert. Wie Löns studierte Jünger sogar zeitweilig Zoologie (1923). Beide Schriftsteller sind mit der Stadt Hannover verbunden: Jüngers Vater war gebürtiger Hannoveraner, der mit seiner Familie kurz nach der Geburt des Sohnes Ernst für einige Jahre in die Heimatstadt übersiedelte. Wie Löns lobt Ernst Jünger in seinen Schriften den niedersächsischen Menschenschlag.[19]

Die lokale Verbundenheit zu Hannover und dem umliegenden Land wird außerdem durch eine weitere, wenn auch zufällige Gemeinsamkeit demonstriert. Sowohl Löns als auch Jünger waren beim Hannoverschen

---

18 Zur Biographie Jüngers und dessen Tagebüchern vgl. Wolfgang Kaempfer: Ernst Jünger, Stuttgart 1981 (= Sammlung Metzler; M 201; Abt. D: Literaturgeschichte), S. 60 ff; Hans-Harald Müller: Der Krieg und die Schriftsteller. Der Kriegsroman der Weimarer Republik, Stuttgart 1986 (= Metzler-Studienausgabe), S. 211 ff; Johannes Volmert: Ernst Jünger: "In Stahlgewittern", München 1985 (= Text und Geschichte, Modellanalysen zur deutschen Literatur Bd. 15; UTB 1263), S. 14-19, 119 ff.

19 Vgl. Ernst Jünger: In Stahlgewittern, in: ders.: Sämtliche Werke. Erste Abteilung. Tagebücher. Bd. I: Der Erste Weltkrieg, Stuttgart 1978, S. 139; ders.: Das Wäldchen 125. Eine Chronik aus den Grabenkämpfen 1918, in: ebd., S. 304 f.

Füsilier-Regiment Nr. 73. Jünger hatte aber seinen ersten Fronteinsatz erst im Dezember 1914, also nach Löns' Tod. Er befehligte sogar einmal die 4. Kompanie, der Löns angehört hatte. Immerhin fand Jünger dieses Ereignis so bemerkenswert, daß er es in seinen "Stahlgewittern" erwähnt:

> "Am nächsten Morgen erschien Knigge und las mir die Befehle vor, aus denen mir gegen Mittag klar wurde, daß ich die Führung der vierten Kompanie übernehmen sollte. In ihr war im Herbst 1914 der niedersächsische Dichter Hermann Löns vor Reims als Kriegsfreiwilliger gefallen, fast fünfzig Jahre alt."[20]

Jene Erwähnung Löns' durch Jünger läßt noch nicht die Deutung zu, daß er ihn besonders geschätzt hat oder gar von ihm beeinflußt worden ist. Wesentlich aufschlußreicher ist da die Erstfassung von "Wäldchen 125". Dort lobt Jünger das "Braune Buch" als Werk eines großen "Künstler(s) außerhalb seiner Zeit", der deshalb "auch in den Kreisen, die Literatur machen, wenig Beachtung" gefunden habe.[21] In gewisser Weise nehme Löns sogar eine Leitfunktion ein, denn

> "aus allem, was er über Rasse und Landschaft geschrieben hat, widerklingt nicht das intellektuelle Geschwafel des Kaffeehauses, sondern der Atem einer großen und freien Natur."[22]

Zwar schränkt Jünger Löns' literarische Bedeutung in Hinblick auf die internationale Literatur ein, doch diese spiele keine große Rolle für seinen Wert in Deutschland:

> "Es mag Größere geben, aber sie gehen auf Wegen, die nicht mehr die unseren sind. (...) Unsere Linie ist klar, wir wollen wieder Verbindung mit Blut, Boden und Gefühl."[23]

Diese Lobpreisungen sind umso erstaunlicher, da sich Jünger zu dieser Zeit, abgesehen für Alfred Kubin, für keinen zeitgenössischen Schriftsteller begeistern konnte.[24] 1928 gab Jünger dann den Band "Die Unvergesse-

---

20 Ders.: In Stahlgewittern a.a.O., S. 149.
21 Ders.: Das Wäldchen 125. Eine Chronik aus den Grabenkämpfen 1918, Berlin 1925, S. 125.
22 Ebd., S. 155 f.
23 Ebd., S. 161.
24 Vgl. Karl Heinz Bohrer: Die Ästhetik des Schreckens. Die pessimistische Romantik und Ernst Jüngers Frühwerk, München/Wien 1978, S. 14. Zum Literaturverständnis Jüngers vgl. außerdem Karl Prümm: Die Literatur des Soldatischen Nationalismus der 20er Jahre (1918-1933). Gruppenideologie und Epochenproblematik, Bd. 2, Kronberg/Ts 1974 (=

nen" heraus, in dem er prominente Gefallene des Ersten Weltkrieges ehren wollte. Auch Hermann Löns ist unter ihnen, vertreten in einem Beitrag vom Jünger-Bruder Friedrich-Georg.[25]

Die Bindungen Jüngers zu Löns sind also keineswegs oberflächlich. Inwieweit eine Beeinflussung, oder milder ausgedrückt: Überschneidungen im Stil, der Behandlung des Themas und in der Weltsicht, vorhanden sind, muß ein Vergleich zeigen, der sich nicht allein auf Löns' Kriegstagebuch stützt, sondern der unter Berücksichtigung des übrigen Werkes, vor allem der Tier- und Jagderzählungen, dem Frühwerk Jüngers gegenüber gestellt werden muß.

6.3.2 Die Ästhetisierung des Krieges

Jünger betreibt in seinem Frühwerk eine bewußte Ästhetisierung des Krieges, die mit dem Begriff der Kriegsverherrlichung nur unzureichend beschrieben ist. Die Stilisierung des Tötens inmitten der Materialschlacht erhebt den Krieg zu einem mythischen Geschehen, in dem die Soldaten zu Heroen werden, zu mythischen Kriegern, die eine "neue Rasse" bilden.[26] Töten und Kämpfen werden als extreme Erlebnismöglichkeiten geschildert, die Jünger nicht als bloße Äußerungen eines Blutrausches darstellt, sondern zu einem ästhetischen Erlebnis kultiviert.[27]

Heimo Schwilk weist in seinem Artikel zu Löns' Kriegstagebuch darauf hin, daß die Jüngerschen Kriegstagebücher in Spurenelementen bereits bei Löns angedeutet sind:

Theorie-Kritik-Geschichte 3/2), S. 299 f. Prümm weist darauf hin, daß sich Jüngers Einstellung zur Literatur im Lauf der Zeit geändert hat. Um 1925 "schwankt Jünger orientierungslos zwischen expressionistischer Hyperbolik und völkischer Heimatkunst" (S. 300). Später bildet sich bei Jünger, so Prümm, Traditionsfeindschaft und ein aggressiver Antihistorismus heraus. Markant für diese Entwicklung ist, daß die oben im Text zitierte Passage über Löns in der Gesamtausgabe nicht mehr zu finden ist.

25 Vgl. Friedrich Georg Jünger: Hermann Löns, in: Ernst Jünger (Hg.): Die Unvergessenen, Leipzig 1928, S. 195-206.

26 Vgl. Ernst Jünger: Der Kampf als inneres Erlebnis, in: ders.: Sämtliche Werke. Zweite Abteilung. Essays. Bd. 7: Betrachtungen zur Zeit, Stuttgart 1980, S. 37.

27 Vgl. Erhard Schütz: Kriegsprosa: Remarque, Renn, Jünger, in: Erhard Schütz/Jochen Vogt u.a.: Einführung in die deutsche Literatur des 20. Jahrhunderts, Bd. 2: Weimarer Republik, Faschismus und Exil, Opladen 1977 (= Grundkurs Literaturgeschichte), S. 61-65.

"Die 'Ästhetisierung' (die präzise Schilderung der Ikonographie des Krieges), die Jünger im Bearbeitungsprozeß seiner Notiztagebücher zweifellos vorgenommen hat, ist beim 'fertigen' Schriftsteller... Löns schon in der Vorstufe ungleich deutlicher angelegt. Eine spätere literarische Überarbeitung hätte diese Tendenzen zweifellos verstärkt."[28]

Wie Jünger nimmt Löns die zunehmende Technisierung des Krieges wahr. Der Vergleich Krieg-Fabrik (T 25/27) wird in Jüngers Werk zu einem konstituierenden Merkmal der Ästhetisierung des Krieges. Gleich zu Beginn von "In Stahlgewittern" heißt es:

"Mit ungläubiger Ehrfurcht lauschten wir den langsamen Takten des Walzwerkes an der Front, einer Melodie, die uns in langen Jahren Gewohnheit werden sollte."[29]

Der Krieg wird zu einer "große(n) Maschinerie"[30], die das Artillerie- und Kanonenfeuer zu "Stahlgewittern" oder zu einem "schöne(n) Feuerwerk"[31] macht.

Gleichzeitig ist mit dieser Technisierung eine Regression in einen angeblichen Naturzustand verbunden:

"Hier kann der Mensch nicht anders als wieder ein Stück der Natur werden, die ihn ihren unerforschlichen Gesetzen unterwirft und als ein Wesen gebraucht aus Blut und Muskel, Kralle und Zahn."[32]

Der Krieg wird somit zum Naturereignis - eine Tendenz, die auch bei Löns zu beobachten ist. Eine Vorahnung des "Stahlgewitters" findet sich z.B. in der Eintragung vom 14.9.:

"Die Franzosen beschießen über uns weg den Wald. Ich versuche zu schlafen trotz des Geknalles, Gedonners und Geheuls. Es rauscht wie Brandung über mir."
(T 27)

---

28 Schwilk: Ein Dandy in Stahlgewittern, a.a.O., S. 19. Vgl. auch ders. (Hg.): Ernst Jünger. Leben und Werk in Bildern und Texten, Stuttgart 1988, S. 64.
29 Jünger: In Stahlgewittern, a.a.O., S. 11.
30 Ders.: Das Wäldchen 125 (1978), a.a.O., S. 436.
31 Ders.: In Stahlgewittern, a.a.O., S. 115.
32 Ders.: Das Wäldchen 125 (1978), a.a.O., S. 337.

Zuvor, am 13.9., schreibt Löns:

> "Einige graben sich ein, andere ducken sich platt, andere kriechen unter die Tannenzweige, und die Luft heult und pfeift, jault und flötet, brummt und knurrt es unablässig."
> (T 23)

Löns bemüht den Erfahrungsbereich der Natur, um den Angriff zu schildern. Er ist wie eine Brandung oder gibt tierische Laute von sich. Diese Durchdringung der Sphären Natur und Krieg wird bei Jünger auf extreme Weise vorgeführt:

> "Einmal fuhren wir an einem der Riesengeschütze vorbei, die, nur für entscheidende Stunden aufgestellt, sich schweigend verborgen halten. Es ist wie ein gefährliches Tier in einem Nest aus Reisig und bunten Flicken versteckt ..."[33]

Der Versuch, ein gegnerisches Flugzeug abzuschießen, gerät in Jüngers Schilderung fast zu einer Schmetterlingsjagd:

> "Revolverkanonen werfen ihre Leuchtgarben hoch und selbst die Maschinengewehre senden Schwärme von tödlichen Glühwürmchen aus, denn vielleicht mag es doch einem einzigen davon gelingen, eine Lebenszelle dieses geflügelten Wesens zu durchschlagen ..."[34]

Doch die Natur dient Jünger nicht nur als Vergleich und Metapher. Wie bei Löns ist sie Kompensation und willkommene Abwechslung. Besonders deutlich wird dies in "Wäldchen 125", wo die Naturpassagen einen größeren Raum einnehmen als in den "Stahlgewittern". Naturbegeisterung und die Möglichkeit zum Eskapismus veranlassen den Erzähler seine Umgebung "nicht als Gelände, sondern als Landschaft zu betrachten, wie sie der Wanderer erblickt":

> "Die Sonne schießt schon in den Vormittagstunden glühende Strahlen auf das baumlose Land. Die Felder, über die seit Jahren keine Sense mehr ging, sind mit wilden Blumen überschüttet; ihr Duft strömt in die Gärten wie ein kochendes Bad aus tausend aromatischen Essenzen gemischt, deren Flüchtigkeit an den herben Grundton des in der Hitze verkräuselten Grases gebunden ist. Das Heer der Insekten ist von einer tollen Lust, von einer aufs höchste gesteigerten Lebenskraft gepackt. Sie scheinen der Sinn und der eigentliche Inhalt der Landschaft zu sein. Wolken kristallener und buntbeschuppter Flügel tanzen über den Gräben, ihr millionenfaches Summen, Zirpen und Schwirren schläfert ein wie

---

33 Ebd., S. 308 f.
34 Ebd., S. 308.

ein großer Gesang, den man zuletzt träumend vergißt. Die Luft flimmert über Farben, die bunt und glühend sind wie das Häutchen auf flüssigem Blei und deren Schmelz nur durch das stumpfe Erdbraun der zahllosen Trichter durchbrochen wird. Am Horizont glänzen die Ruinen von Puisieux ..."[35]

Eine solch ausgearbeitete Passage ist zwar nicht in Löns' Tagebuch zu lesen, doch findet sich eine ähnliche Naturstimmung in den "Wasserjungfern":

"Ein Tag ist es für alles, was die Sonne liebt, ein Bienentag, ein Faltertag, ein Schwalbentag; hoch ist der Himmel und wolkenlos, und ein weicher Wind geht über das Korn.
Hoch im hellen Blau spielen die Schwalben, sie haben es heute gut ...
Alles, was Flügelchen hat und den Tag und die Wärme liebt, kam hervor aus Moos und Mulm, Rohr und Ried, Gras und Gesträuch, entfaltete die Schwingen und ließ sich emportragen von der lauen Luft, höher, immer höher, und mit Kurzflüglern und Rapskäfern, Mücken und Fliegen stiegen die Schwalben empor, und nun jagen sie dort oben nach Herzenslust.
Auch den Schmetterlingen gefällt der blanke Tag. Über der Wiese, aus der Hahnenfuß und Kuckucksnelke einen grüngelbroten Teppich machten, ist ein lustiges Getümmel. Weißlinge, Bläulinge und Lieschgrasfalter tanzen bunt durcheinander, die bunten Widderchen schwärmen, Schwalbenschwänze schweben, am Raine sausen die Karpfenschwänze hin und her, und um die zerbohrten Pappeln fahren die Glasschwärmer. Überall ist außerdem ein eifriges Summen und Brummen, Schwirren und Flirren; alle Bienen und Fliegen, Wespen und Hummeln sind unterwegs, denn allerorts ist der Tisch gedeckt."
("Auf der Wanderschaft"; D IV,258 f/N III,54 f)

Schon der Aufbau dieser Passagen weist Übereinstimmungen auf. Von der Sonne geht Jüngers Blick zu den Feldern, von dort strömt ein Duft aus, der über Gärten und Felder schwebt; in der Luft wimmeln die Insekten. Auch der Blick Löns' ist zum Himmel gerichtet; wie Jünger geht er von der Sonne aus, widmet sich dann aber erst den Vögeln, bevor er zu den Insekten übergeht.

Der Unterschied zwischen den Beschreibungen liegt aber eindeutig in der stummen Anwesenheit des Krieges in Jüngers Darstellung: Die Felder werden nicht gemäht, und im Hintergrund sind Ruinen zu sehen. Dieses Beieinander von Krieg und Natur ist allerdings auch für das Lönssche Tagebuch bestimmend und wird schon in der Symbiose von Gewalt und Idylle, die den "Wehrwolf" und die Jagderzählungen charakterisieren, vorweggenommen.

---

35 Ebd., S 319 f.

Sowohl bei Jünger als auch bei Löns wird der Krieg in die Natur eingebettet und dadurch zu einem Naturereignis mit mythischen Dimensionen.
Die Jüngersche Idylle ist die des "schönen Krieges", die zu einem ästhetischen Erlebnis stilisiert wird:

> "Ich genoß die prächtige Landschaft in vollen Zügen, unbekümmert um die
> weißen Bälle der Schrapnells und die springenden Kegel der Granaten, auf die
> ich kaum noch achtete."[36]

Die Ästhetik des Grauens[37] ist in Ansätzen schon bei Löns vorgeformt.
Jüngers abgeklärte Pose angesichts der Gefahr zeigt schon der Soldat
Löns, der während eines Artilleriebeschusses mit den Augen botanisiert
(T 25). Wie für Löns wird für den Jüngerschen Soldaten die neue Erfah-
rungswelt des modernen Krieges dadurch erträglich gemacht,

> "indem er den Krieg als 'Naturgesetz' akzeptierte und in der heroischen Unter-
> ordnung des persönlichen Willens unter das Schicksal einen Wert entdeckte,
> der Haltung und sogar erhöhtes Lebensgefühl vermittelte: durch Todesverach-
> tung gewann er die Fähigkeit, im Chaos des Krieges und im gefahrvollen Leben
> 'Schönheit' zu sehen."[38]

6.3.3 Der soldatische Mann: Urmensch und Krieger

Lassen die eben aufgezeigten Parallelen zwischen den Werken Jüngers
und Löns' darauf schließen, daß der Typus des soldatischen Mannes, als
der der Jüngersche Heros erscheint, auch bei Löns dominiert? Der soldatische Mann, wie er sich z.B. im Ich-Erzähler der "Stahlgewitter" manifestiert, repräsentiert den "Typus der emotional aufgeladenen, hochaggres-
siven, gleichzeitig durch Drill und 'Willen' streng kontrollierten Persönlichkeit", die entscheidend an der Herausbildung des Faschismus beteiligt
war.[39] Klaus Theweleit schildert in seinen "Männerphantasien" ausführlich
die Sozialisation und psychische Konstitution dieses Männertyps.[40] An-

---

36 Ders.: In Stahlgewittern, a.a.O., S. 149.
37 Vgl. Volmert: Ernst Jünger: "In Stahlgewittern", a.a.O., S. 46-54.
38 Klaus Vondung: Propaganda oder Sinndeutung?, in: Kriegserlebnis. Der Erste Weltkrieg
    in der literarischen Gestaltung und symbolischen Deutung der Nationen, hrsg. v. Klaus
    Vondung, Göttingen 1980, S.24.
39 Volmert: Ernst Jünger: "In Stahlgewittern"; a.a.O., S. 19.
40 Vgl. Klaus Theweleit: Männerphantasien, 2 Bde., 51.-62. Tsd., Reinbek bei Hamburg
    1987 (= rororo 8330/8331), bes. Bd. 1, S. 11-234.

hand der Autobiographien von Freikorpskämpfern und Soldaten entwickelt Theweleit das Bild eines an Macht und Autorität orientierten Charakters, der nicht nur Untertan ist, sondern auch Macht ausüben will. Durch repressive Erziehungspraktiken in Familie, Schule und Kaserne werden Gefühle und Affekte des soldatischen Mannes unterdrückt und in einem Körperpanzer eingeschlossen. Der Körperpanzer, der der Realitätskontrolle, der Triebkontrolle und der Triebabwehr dient, läßt ein starkes Aggressionspotential aufstauen, das sich im Kampf, der Lebensform des soldatischen Mannes, entlädt.

Gerade der Jüngersche Held erfüllt die von Theweleit beschriebenen Kriterien. Nur im Kampf kann er sich selbst verwirklichen; in der Destruktion äußert sich sein Lebenswillen: "Leben heißt töten"[41], und Töten bedeutet ihm die größte Sinneserfahrung. Er lebt Gewalt genußvoll aus, und Jünger, "subjektiv in einer sadomasochistischen Triebdisposition wurzelnd"[42], gibt die Gewalt kühl, detailliert, ja fast zynisch wieder:

> "Oft ist es auch ganz nett. Manche sind mit weidmännischem Eifer bei der Sache. Mit dem Genuß von Kennern betrachten sie die Einschläge der Artillerie im feindlichen Graben. 'Junge, der saß!' 'Donnerwetter, sieh mal, wie das spritzt! Armer Tommy! Da bleibt kein Auge trocken!' Gern schießen sie Gewehrgranaten und leichte Minen hinüber ... Das hindert sie ... nicht, ständig darüber nachzudenken, wie sie wohl am besten Handgranaten mit einer Art selbsterfundener Katapulte fortschleudern oder durch irgendeine Höllenmaschine das Vorgelände gefährden könnten ... Ihnen macht der Krieg eben Spaß."[43]

> "Dem einen war der Kopf abgeschlagen, und der Hals saß am Rumpf wie ein blutiger Schwamm. Aus dem Armstumpf des zweiten ragte der zersplitterte Knochen, und die Uniform war vom Blut einer großen Brustwunde durchtränkt. Dem dritten quollen die Eingeweide aus dem aufgerissenen Leib."[44]

Das Kampferlebnis als eine Grenzsituation intensiviert das Bewußtsein des Kriegers und führt trotz der Brutalität zu einem Genuß der Situation, die sich durch die Abweichung vom Alltäglichen und Durchschnittlichen auszeichnet.[45]

---

41 Jünger: Der Kampf als inneres Erlebnis, a.a.O., S. 42.
42 Kämpfer: Ernst Jünger, a.a.O., S. 13.
43 Jünger: In Stahlgewittern, a.a.O., S. 54 f.
44 Ebd., S. 144.
45 Zum Kampferlebnis in den "Stahlgewittern" vgl. Karl Prümm: Die Literatur des Soldatischen Nationalismus der 20er Jahre, Bd. 1, a.a.O., S. 112-118.

Die genaue, fast sezierende Beobachtung ist bei Jünger und Löns gleichermaßen anzutreffen; auch der Landser-Zynismus Jüngers scheint nur die Fortsetzung des "Schlah-doot"-Humors der Wehrwölfe zu sein (siehe 5.2.4). Ein Pendant zu der genußvoll zelebrierten Leichenschau Jüngers findet sich aber nicht im Tagebuch Löns', das zu sehr dem unmittelbaren Eindruck entsprang und nicht nachträglich stilisiert wurde. Unweigerlich stehen dort die eigenen Lebensbedingungen und die seiner Kameraden im Vordergrund.

Doch das von Löns beschriebene "Schweineleben" (T 28) ist ebenso ein Teil von Jüngers "Stahlgewittern". Jünger beschreibt gleichfalls, wie die Soldaten unter Schmutz, andauerndem Regen und schlaflosen Nächten leiden:

> "Die Morgendämmerung beleuchtete erschöpfte, kreidebeschmierte Gestalten, die sich zähneklappernd auf das faule Stroh der tropfenden Unterstände warfen."[46]

Der Held seiner "Stahlgewitter" diskutiert sogar wie der Soldat Löns mit der Zivilbevölkerung über den Krieg.[47] Dadurch wird das Werk Jüngers gewiß nicht zu einer Kriegsanklage, vielmehr dienen Jünger die Umstände des Soldatenlebens als Folie, vor der sich eine Krieger-Rasse herausbildet. Zu dem Wesen eines solchen Kriegers schreibt Jünger in "Der Kampf als inneres Erlebnis":

> "Zwar hat sich das Wilde, Brutale, die grelle Farbe der Triebe geglättet, geschliffen und gedämpft in den Jahrtausenden, in denen die Gesellschaft die jähen Begierden und Lüste gezäumt. Zwar hat zunehmende Verfeinerung ihn geklärt und veredelt, doch immer noch schläft das Tierische auf dem Grund seines Seins. Noch immer ist viel Tier in ihm, schlummernd auf den bequemen Teppichen einer gefeilten, geräuschlos ineinandergreifenden Zivilisation, verhüllt in Gewohnheit und gefälligen Formen; doch wenn des Lebens Wellenkurve zur roten Linie des Primitiven zurückschwingt, fällt die Maskierung: nackt wie je bricht er hervor, der Urmensch, der Höhlensiedler, in der ganzen Unbändigkeit seiner entfesselten Triebe."[48]

---

46 Jünger: In Stahlgewittern, a.a.O., S. 16 f.
47 Vgl. ebd., S. 166.
48 Ders.: Der Kampf als inneres Erlebnis, a.a.O., S. 15. Aus diesem Zitat heraus erkennt Theweleit, wie der "soldatische Mann" den Zustand seiner Triebe als etwas von ihm Losgelöstes, Fremdes betrachtet. Für den Krieg bedeutet das:
"Der Krieg wird ersehnt, weil er allein es erlaubt, daß der so strukturierte Mann mit sich selbst, seinem fremden, 'urmenschlichen', 'tierischen' Innen, identisch werden kann, ohne daß es ihn verschlingt. Man kann auch sagen: nur der Krieg verspricht, das innere Tote

Diese Vorstellung einer Re-Barbarisierung, die auf Nietzsches "blonde Bestie" zurückgreift, entspricht ganz dem Traum des Lönsschen Jägers, die Gesellschaft hinter sich zu lassen und in der regressiven Utopie vom Urmenschen bzw. Germanen aufzugehen. Auf der Jagd kann er seine Männlichkeitsvorstellungen in die Tat umsetzen, die ihm Bedürfnisbefriedigung und Lustquelle zugleich ist.

Ähnlich fühlen Jüngers Helden, die "zu Geschlechtern gehören, denen der Geist des Reitergefechtes seit Jahrhunderten im Blute steckt".[49] So wie Löns die höchste Sinneserfahrung auf der Jagd erlebt, empfindet der soldatische Mann den Krieg als Möglichkeit zur Identitätsfindung und des intensiven Erlebens:

> "Der Krieg gehört zu den Reichen, in denen man die Urlaute wiederentdeckt, so den des Windes, der in immer leiseren, immer dunkleren Gängen über die Felder streift und wiederkehrt. Es gibt keine tiefere Melodie."[50]

Nun kann man einwenden, daß die Bereiche Jagd und Krieg nicht ohne weiteres auf ein und derselben Stufe stehen. Dabei darf man aber nicht vergessen, daß die Jagd für Löns gleichbedeutend ist mit dem Kampf in und mit der Natur. Die Jagd ist ihm Ersatz für ungelebtes Leben, da er seinen Wunschtraum vom Urmenschen in der Gesellschaft nicht ausleben darf (siehe 8.4.3). Außerdem stellt umgekehrt Jünger den Krieg oft als Jagd dar. Da wird ein Patrouillengang zur Pirsch und der Mensch zum Großwild oder auch nur zum Hasen[51], ganz so wie die Opfer der Wehrwölfe.[52]

Obwohl Jagd und Krieg den Tod bringen, sind sie in den Fällen Löns und Jünger Ausdruck von Vitalismus. Die sinnessteigernde Wirkung des Kampfes veranlaßt Jünger zu einer Hymne auf das Leben:

---

zum Leben zu bringen. Krieg ist Wiedergeburt, ist Auferstehung der gestorbenen Masse der toten Wünsche." (Männerphantasien, Bd. 2, a.a.O., S. 25/27)

49 Jünger: Das Wäldchen 125 (1978), a.a.O., S. 355.

50 Ebd., S. 389.

51 Vgl. ebd., S. 342; ders.: In Stahlgewittern, a.a.O., S. 247.

52 Zum Verhältnis Jagd und Krieg bei Jünger schreibt Prümm:
"... der Gegner erscheint als bloßes Objekt des 'Jägers', das 'Opfer' wird auf die Funktion beschränkt, dem 'Weidmann' das Erlebnis konzentrierter und komprimierter Realität zu verschaffen, der Tötungsakt wird zu einem sportlichen und spielerischen Ereignis verharmlost; - wie Jünger überhaupt glaubt, den Krieg in den Bahnen einer sportlich-ritterlichen Auseinandersetzung führen zu können, mit genau festgelegten und eingehaltenen Regeln, unter dem von beiden Seiten anerkannten Ideal eines 'fair play'."
(Prümm: Die Literatur des Soldatischen Nationalismus, Bd. 1, a.a.O., S. 114)

"O Leben du! Noch einmal, noch einmal, vielleicht das letzte! Raubbau treiben, prassen, vergeuden, das ganze Feuerwerk in tausend Sonnen und kreisenden Flammenrädern verspritzen, die gespeicherte Kraft verbrennen vorm Gang in die eisige Wüste. Hinein in die Brandung des Fleisches, tausend Gurgeln haben, dem Phallus schimmernde Tempel errichten."[53]

Sexualität und Gewalt sind für Jünger wie für Löns verbunden. Der soldatische Mann wandelt seine verdrängte Libido in Aggression um.[54] Das Gewehr ist ihm nicht nur Sinnbild seiner Macht, sondern erhält eine sexuelle Bedeutung, indem die Waffe zu seiner Geliebten oder zu seinem verlängerten Penis wird. Auch der Soldat Löns scheint ein inniges Verhältnis zu seinem Gewehr zu haben: "Ich finde mein Gewehr (Nr. 2) wieder. Seit Buire vermißt. Rührendes Wiedersehen." (17.9.; T 36) Aus diesem Eintrag muß man nicht unbedingt ein libidinöses Verhältnis konstruieren. Doch eingedenk der Lönsschen Jagderlebnisse, in denen der todbringende Schuß einem Orgasmus entspricht (siehe 4.3), ist eine solche Beziehung naheliegend.

Aber auch ohne diese Parallele ist die Verbindung zwischen Löns und Jünger offensichtlich. Zwar ist der kränkelnde Löns nicht identisch mit dem Typus des soldatischen Mannes, aber seine in den Jagderzählungen und im "Wehrwolf" vorgetragene Vision eines urzeitlichen Kriegers, der die zivilisatorischen Ketten sprengt und im Kampf die Erfüllung seines Lebens sucht, ist eng verwandt mit dem Jüngerschen Heros.

6.4 Schreiben im Krieg: Zeugnisse des Ersten Weltkrieges

Löns' Eindrücke gleichen anderen Zeugnissen von Weltkriegsteilnehmern, die direkt im Krieg entstanden sind: einerseits Patriotismus und Gemeinschaftserlebnis, andererseits Desillusionierung, Bewußtwerden der Kriegsrealität und Verrohung. In den Briefen von Nicht-Schriftstellern, die an der Front gekämpft haben, kann man dieses Kriegserlebnis vielleicht noch deutlicher herauslesen als in den knappen Notizen Löns':

---

53 Jünger: Der Kampf als inneres Erlebnis, a.a.O., S. 36.
54 Vgl. Theweleit: Männerphantasien, Bd. 1, a.a.O., S. 188-209. Dazu vgl. auch Waltraud Amberger: Männer, Krieger, Abenteurer. Der Entwurf des "soldatischen Mannes" in Kriegsromanen über den Ersten und Zweiten Weltkrieg, Frankfurt a.M. 1984 (= Frankfurter Beiträge zur neueren deutschen Literaturgeschichte Bd. 2), S. 131 f.

"Nun die Totenstille, ringsum brennende Dörfer, Stöhnen von Leicht- und Schwerverletzten: und dann noch mannstief sich eingraben. Um 2 Uhr nachts half ich noch, unseren schwerverwundeten Zugführer suchen.
So geht s Tag um Tag. Fürchterliche Märsche und tagelanges, untätiges Dahinvegetieren, Hitze und Kälte, zu viel Essen und wieder langes Hungern. Die Rede dreht sich nur noch um solche materiellen Dinge und um die Doktorfrage, ob wir morgen noch leben werden."[55]

"Ich habe schon manchen Schuß getan und vielleicht schon getroffen. Ich kann jetzt nur mit Abscheu an die Schlachtbilder denken, die man so in Büchern sieht. Es spricht daraus ein widerwärtiger Leichtsinn. Man nimmt eine Schlacht nie zu leicht. Wenn man mitten drin steht, von ihrer Wirklichkeit völlig gefaßt ist, so kann man nur mit kaltstarrem, tiefernstem Gemüt davon reden. Wie manche blutjungen und verheirateten Kameraden habe ich schon liegen sehen. Das soll man nicht versüßen und verschönern."[56]

Für diese Briefe wie für Löns' Tagebuch gilt, was Bernd Hüppauf über die Berichte von Soldaten im Ersten Weltkrieg sagt:

"Die Konkreta des Krieges spielen eine entscheidende Rolle: die tagelangen Märsche, Greuel, Verwüstungen, Dreck, Kälte, Wasser, Gas, Leichengestank, Verwesungen, Schikanen durch Offiziere und immer wieder der Tod."[57]

Im gleichen Atemzug mit der Desillusionierung wird aber ein - wenn auch gedämpfter - Patriotismus formuliert:

"Wenn nur unser Kampf den rechten Erfolg hat. Wenn er nur zum Segen des Vaterlandes ausläuft und schließlich der Menschheit. Dann wollen wir auch getrost entbehren und leiden. Wie danke ich Gott, daß meine Natur so unverwüstlich ist. Ich fühle mich so stark wie noch nie."[58]

Dieser Glaube an das Vaterland wurde wohl erst mit anhaltender Dauer des Krieges erschüttert, als die Kriegsromantik der Realität des modernen Vernichtungskrieges nicht mehr standhalten konnte. Richard Dehmel, damals vielgefeierter Lyriker, der 1914 mit 51 Jahren, also drei Jahre älter als Löns, begeistert in den Krieg zog, veröffentlichte 1919 sein Kriegstage-

---

55 Brief des Studenten Martin Drescher (22.6.1893-3.11.1914), in: Philipp Witkopp (Hg.): Kriegsbriefe gefallener Studenten, 8. Aufl., München 1928, S. 14.
56 Brief des Studenten Paul Rohweder (18.12.1890-23.4.1915), datiert vom 29.10.1914, in: ebd., S. 52.
57 Bernd Hüppauf: "Der Tod ist verschlungen in den Sieg". Todesbilder aus dem Ersten Weltkrieg und der Nachkriegszeit, in: ders. (Hg.): Ansichten vom Krieg. Vergleichende Studien zum Ersten Weltkrieg in Literatur und Gesellschaft, Königstein/Ts. 1984 (= Hochschulschriften Literaturwissenschaft 61), S. 78.
58 Brief des Studenten Paul Rohweder, in: Witkopp (Hg.): Kriegsbriefe, a.a.O., S. 52.

buch. In dem nachträglich überarbeiteten Werk schätzt Dehmel zwar das Kameradschaftserlebnis, wettert gegen den "englische(n) Vampyrismus"[59] und preist den Krieg als "Rückkehr zum Urzustand der Menschheit"[60] - alles auch für Löns typische Charakteristika -, doch schon am 29. Oktober 1914 wollen ihm Zweifel gekommen sein:

> "Es ist schwer bei alldem des guten Glaubens zu bleiben, daß die Sache Deutschlands zugleich die der edleren Menschheit bedeute."[61]

Solche vorsichtigen Zweifel waren in der Kriegspropaganda ausgeschlossen. Ludwig Ganghofer, 1914 59 Jahre alt, veröffentlichte als Kriegsberichterstatter Loblieder auf deutsches Heer und deutsches Volk:

> "Solch ein Volk? Und untergehen? Nicht Sieger und Lebensgärtner auf Erden bleiben? Dieser Gedanke wäre Irrsinn oder verbrecherischer Zweifel an Gottes logischem Schöpferwillen."[62]

Propaganda in dem Sinne der vielgelesenen Kriegsbücher Ganghofers (Gesamtauflage über eine halbe Million Exemplare) sind Löns' Tagebuchnotizen nicht. Das Kriegstagebuch ist mehr eine zeithistorische Quelle für die Situation und die Gefühlslage von Soldaten im Ersten Weltkrieg sowie für Löns' psychische Disposition.

Außerdem kann man am Tagebuch verfolgen, welche Bedeutung der Schreibprozeß für Löns besaß. Als der Krieg begann, schrieb Löns keine enthusiastischen Kriegsgedichte wie so viele andere Schriftsteller: Er wollte nicht schreiben, er wollte erleben. Zudem war er der Meinung, daß er das Thema Krieg schon ausführlich mit seinem "Wehrwolf" behandelt hatte. Seinem Verleger Eugen Diederichs schreibt Löns am 29. August 1914:

> "Machen Sie, was Sie wollen; Literatur ist für mich während des Feldzuges nicht da. Werde weder was schreiben noch Tagebuch führen. Konnte Kriegsberichterstatter sein mit gutem Lohn. Abgelehnt! Aber bitte lassen Sie mir 10 gebundene Wehrwölfe schicken, möglichst möglichst."
> (BD 293)

---

59 Richard Dehmel: Zwischen Volk und Menschheit. Kriegstagebuch, Berlin 1919, S. 12.
60 Ebd., S. 31.
61 Ebd., S. 58.
62 Ludwig Ganghofer: Reise zur deutschen Front, Berlin/Wien 1915 (= Ullstein Kriegsbücher), S. 150 f. Zu Ganghofer vgl. auch Werner Koch: Der Kriegsberichterstatter Ganghofer, in: Akzente, 19. Jg. (1972), S. 425-430.

Trotzdem hat Löns ein Tagebuch geführt. Letztendlich wurde das Schreiben, das ein Surrogat für die unerfüllten vitalistischen Wunschträume Löns' war, doch nicht vom Kampf verdrängt, da dieser sich in der Kriegsrealität als zu schmutzig, zu beschwerlich und zu wenig heroisch herausstellte. Der Kampf aus Löns' Phantasie entsprach nicht der Realität, dieser "ideale" Kampf konnte nur in der Literatur stattfinden. Löns' Tagebuchnotizen sollten später als eine Grundlage für literarische Texte dienen, in denen er seinen Wunschtraum wieder hätte lebendig werden lassen können (siehe 8.4.4).

Das Schreiben im Krieg hat wie die Naturbetrachtung eine besondere Funktion für Löns: Die Vielfalt und der unfaßbare Schrecken der Kriegseindrücke konnten so konturiert, kanalisiert und vielleicht sogar abgemildert werden. Ob Löns wie Ernst Jünger in einer späteren literarischen Umformung seiner Kriegstagebücher die Ästhetisierung des Krieges weiter betrieben hätte, bleibt zwar eine unbeantwortete Frage, doch in dem Lönsschen Rohmaterial ist eine deutliche Vorstufe zu dieser Ästhetisierung zu erkennen; sie ist die geradlinige Fortsetzung eines Gewaltkultes, der bei Löns schon lange vor dem Kriege herausgebildet war und sich in seinen Texten niederschlug. Die Analyse des Kriegstagebuches hat gezeigt, daß Löns nicht der von Janßen stilisierte Ankläger des Krieges war, sondern daß sich hier Tendenzen des Lönsschen Werkes fortsetzen.

Über diesen Umweg hat Löns mehr zur Literatur des Ersten Weltkrieges beigetragen als mit seinem Kriegstagebuch. Durch seine Natur- und Tierschilderungen hat er Ernst Jünger und auch Walter Flex beeinflußt. Walter Flex (1887-1917), der ein glühender Verehrer Hermann Löns' war und zu dessen Tode sogar ein Gedicht verfaßte[63], verknüpft in seinem "Wanderer zwischen den beiden Welten", das zu einem Kultbuch der Jugendbewegung werden sollte, den Krieg mit der Naturidylle Lönsscher Prägung:

> "Nur wenn es dämmerte und das rote, blaue, bunte Blühen von Fleischblumen, Vergißmeinnicht, Kalla und Federnelken auf der Sumpfwiese draußen im Glanz der Sterne und Leuchtraketen fahl und farblos wurde, trat aus dem dunklen Wald drüben das Abenteuer wie ein schönes Wild und schaute zu uns

---

63 Vgl. Walter Flex: Das goldene, das grüne und das braune Buch des Dichters Löns, in: ders.: Gesammelte Werke, Bd. 1, 12.-15. Tsd., München 1925, S. 38-40. Vgl. auch Johannes Klein: Walter Flex, ein Deuter des Weltkrieges. Ein Beitrag zur literaturgeschichtlichen Wertung deutscher Kriegsdichtung, Marburg 1929 (= Beiträge zur deutschen Literaturwissenschaft Nr. 33), S. 131.

herüber, die wir an der Brustwehr unsrer dunklen Gräber standen und lauschten."[64]

Diese Idylle ist in Löns' Notizen nur bruchstückhaft niedergeschrieben, was sich aus der Schreibsituation eines Soldaten erklärt. Man darf aber das Abgehackte und Bruchstückhafte dieser Notizen nun nicht in einem Umkehrschluß zu der dem modernen Krieg adäquaten Schreibform erheben. Genausowenig wie Löns' Kriegstagebuch eine literarische Ausarbeitung darstellt, ist es gleichbedeutend mit dem Versuch, neue Sprachformen zu finden, um Grausamkeit und Absurdität des Krieges auszudrükken.

Dieser Verdienst kommt in der deutschen Literatur August Stramm (1874-1915) zu - Schriftsteller, Postinspektor und Hauptmann der Reserve. Der gleich zu Kriegsbeginn einberufene Stramm suchte für das Kriegserlebnis neue Ausdrucksweisen. In einem Brief an Herwarth Walden, dem Herausgeber der expressionistischen Zeitschrift "Sturm", und dessen Frau Nell, schreibt er am 6.10.1914:

> "Dehmel kam mir zu Gesicht neulich. Sein Kriegsgedicht Quatsch. Schleim Jauche. Wo sind Worte für das Erleben. Stümper elendige. Ich dichte nicht mehr, alles ist Gedicht umher. Elendes feiges heimtückisches Grausen und die Luft kichert höhnisch dazu und gurgelt donnernd von den Bergen her."[65]

In expressionistischer Manier, verkürzt und komprimiert, versucht Stramm den modernen Krieg und den Menschen, der hilflos darin steht, zu fassen:

> "Ich habe kein Wort. Ich kenne kein Wort. ... Gott sei Dank, daß ich roh bin daß ich so viel Rohheit in mir habe. physische Rohheit die ich sonst immer niederhalte, jetzt soll sie kommen, jetzt rufe ich sie, und klammre mich daran. Hast Du schon mal einen Fleischerladen gesehen, in dem geschlachtete Menschen zu Kauf liegen. und dazu stampfen mit ungeheurem Getöse die Maschinen und schlachten immer neue in sinnreichem Mechanismus. Und Du stumpf darin gottlob stumpf Schlächter und Schlachtvieh. Und schwarze Teufel stampfen allenthalben urplötzlich aus dem Boden die Schlächtergesellen die Granaten."[66]

---

64 Walter Flex: Der Wanderer zwischen den beiden Welten. Ein Kriegserlebnis, in: ders.: Gesammelte Werke, Bd. 1, a.a.O., S. 87.

65 August Stramm: Alles ist Gedicht. Briefe, Gedichte, Bilder, Dokumente, hrsg. v. Jeremy Adler, Zürich 1990, S. 22.

66 Ebd., S. 37.

Aus diesem Erleben her schreibt Stramm Gedichte, bestehend aus Satz-
fetzen und Wortneuschöpfungen, die trotz ihrer Verkürzung nichts gemein haben mit flüchtigen Tagebuchnotizen, so das Gedicht "Patrouille":

> "Die Steine feinden
> Fenster grinst Verrat
> Aeste würgen
> Berge Sträucher blättern raschlig
> Gellen
> Tod."[67]

Gemessen an diesen Gedichten wird klar, welche Bedeutung Löns' Tagebuch besitzt. Nicht literarischer Rang kommt ihm zu, sondern Quellenwert; es ist ein historisches Zeugnis einer Epoche und einer Mentalität,
nicht pazifistischer Überzeugung oder literarischer Innovation.

6.5 Die späte Edition des Lönsschen Tagebuches

Warum ist Löns' Kriegstagebuch erst 1986 veröffentlicht worden und
nicht schon in der Hochphase der Löns-Rezeption, in den 20er und 30er
Jahren? Zwar ist die Stilisierung des Krieges und der Gewalt in den Notizen nicht zu Ende geführt, aber eindeutig vorhanden. Liegt ein Grund
möglicherweise in den Passagen, in denen die Krankheit und die depres-
siven Phasen des Soldaten Löns deutlich werden und die nicht dem Bild
des "deutschen Kriegers" entsprachen, der im Felde unbesiegt blieb - so
jedenfalls auf den Schlachtfeldern der rechten Frontromane der Weimarer Republik?
   Festzuhalten ist, daß Auszüge aus dem Tagebuch schon lange vor 1986
gedruckt worden sind; zum erstenmal bereits 1916[68]. Deimann, der später
in den Besitz des Originals kam, hat es immer wieder für seine Löns-
Texte benutzt,[69] doch niemals vollständig veröffentlicht. Allgemeine Mei-

---

67 Ders.: Die Dichtungen. Sämtliche Gedichte, Dramen, Prosa, hrsg. v. Jeremy Adler, Mün-
   chen/Zürich 1990, S. 102.
68 Vgl. Erich Griebel: Hermann Löns, der Niederdeutsche. Eine Einfühlung in Leben und
   Werk, Berlin/Leipzig 1934, S. 479.
69 Vgl. Wilhelm Deimann: Aus Hermann Löns' Kriegstagebuch, in: Ostdeutsche Monatshefte, 6. Jg. (1925), H. 8, S. 812-822; ders.: Aus Hermann Löns' Kriegstagebuch, in: Heimat und Reich, 1. Jg. (1934), S. 107-110; ders.: Der Künstler und Kämpfer. Eine Lönsbiographie und Briefausgabe, Hannover 1935, S. 148 ff; ders.: Löns (1960), a.a.O., S. 662 ff;
   ders.: Der andere Löns, a.a.O., S. 43, 79, 107 f, 111 ff.

nung war jedoch, daß die Notizen Grundlage "für einen großangelegten Roman im Stile des 'Wehrwolf" gewesen wären[70].

Der "Heldentod" Löns' verlieh seinem Kriegstagebuch außerdem eine sakrosankte Aura des Nationalen. Zur Verklärung trugen Aussagen von Kriegskameraden bei, daß der Tod Löns just in dem Augenblick ereilt habe, als er gerade im Tagebuch schrieb.[71] Quasi als Reliquie wurde bis 1945 eine Abschrift des Tagebuches in einer Vitrine im Heeresarchiv Potsdam präsentiert. Hätte eine vollständige Veröffentlichung des Tagebuches diesen Mythos, der sich auf Bildern des heroisches Todes stützt, wie sie von Walter Flex, Ernst Jünger und anderen zelebriert wurden,[72] ins Wanken gebracht?

Die Nationalsozialisten haben eine Veröffentlichung keineswegs unterdrückt. Ein Löns-Gedenkartikel des "Völkischen Beobachters" aus dem Jahre 1936 zitiert aus dem Tagebuch und verschweigt auch nicht die Leiden des 48-jährigen.[73] Die "Bücherkunde" Alfred Rosenbergs hat 1940 sogar versucht, Deimann zu einem Faksimiledruck zu bewegen.[74] Der Sponholtz Verlag hatte bereits 1934 im Vorfeld der Überführung der "Löns-Gebeine" wegen einer möglichen Veröffentlichung angefragt. Deimann nahm damals dazu Stellung:

> "Eine faksimilierte Kriegstagebuch-Ausgabe kann wohl wegen der schweren Lesbarkeit des Originals nicht in Frage kommen.
> Was eine andere Ausgabe anlangt, so nehmen Sie es mir nicht übel, wenn ich da die Frage stelle, was würde für mich da herausspringen; das 'unveröffentlichte' Kriegstagebuch ist nämlich ein wertvolles und quasi begehrtes Akzidenz meines

---

70 Wilhelm Spickernagel: Hermann Löns und unsere Zeit, Leipzig 1920 (= Zellenbücherei Nr. 33), S. 20. Vgl. auch Max A. Tönjes: Hermann Löns. Ein Lebensbild, in: Das Löns-Buch. Novellen, Natur- und Jagdschilderungen, Heidebilder, Märchen und Tiergeschichten, 3. Tsd., Hannover 1916, S. 8:
"Und darum müssen wir seinen frühen Tod um so tiefer bedauern, denn Hermann Löns hätte uns erst nach dem Kriege sein herrlichstes, sein größtes und tiefstes Buch geschenkt, das Buch über das deutsche Volk in Gefahr und Tod, in Sieg und Leben. Ob wir ein solches Buch jetzt überhaupt bekommen, ich weiß es nicht, aber das weiß ich, daß sein Buch den 'Wehrwolf', diese eigenartige Chronik des dreißigjährigen Krieges, himmelhoch übertroffen hätte, weil es nicht erfühlt und erdacht, sondern erlebt gewesen wäre."
71 Vgl. Vortrag von Karl-Heinz Janßen, gehalten am 29.8.1986 im Heimatmuseum Walsrode, S. 17 (Manuskript; HLA).
72 Zu den literarischen Todesbildern vgl. Hüppauf: "Der Tode ist verschlungen in den Sieg", a.a.O., S. 80 ff.
73 Werner Franck: Der Kriegsfreiwillige Hermann Löns, in: Völkischer Beobachter, Nr. 241, 28.8.1936, S. 5.
74 Brief der "Bücherkunde" an Deimann vom 18.4.1940 (Deimann-Nachlaß).

Lönsvortrages (auf den - nebenbei - die Gauleitung hier einen ausdrücklichen Rednerausweis ausgestellt hat.)"[75]

Schlichtweg materielle Gründe haben eine Veröffentlichung verhindert. Auch waren einige rechtliche Probleme nicht geklärt. Offiziell war das Kriegstagebuch als Erbstück an Löns' letzte Lebensgefährtin Ernestine Sassenberg gegangen, mit der Auflage, nicht daraus zu veröffentlichen. Deimann, der es ihr abgekauft hatte, brachte aber Auszüge zum Druck. Eine vollständige Veröffentlichung hätte wohl die Witwe Lisa Löns auf den Plan gerufen, die die Rechte an den Schriften Löns' für sich und ihren Sohn inne hatte.

So ist das Kriegstagebuch nicht zu einem anerkannten Propaganda-Instrument des "Dritten Reiches" geworden. Diesen Rang nahm der "Wehrwolf" ein, in dem die Sinndeutung des Krieges eindeutig ist: Der Krieg schmiedet eine Gemeinschaft fest zusammen, die unter der Führung eines heldenhaften Menschen den Sieg davonträgt. Unter diesem Zeichen eignete sich der "Wehrwolf" für die NS-Propaganda im höheren Maße als die kurzen, abgehackten Notizen eines früh im Krieg Gefallenen.

---

75 Brief von Deimann an den Sponholtz Verlag vom 10. Juli 1934 (Deimann-Nachlaß).

7. "Das zweite Gesicht": Liebe, Wahn und Kunst

> "Es ist ein widerwärtiges Buch, die Geschichte einer niedrigen Leidenschaft ... Zuchtlos wie der Inhalt ist auch die Darstellung dieser nur aus dem Leiblichen erwachsenen und nur darauf gerichteten Seelenqualen."
> (Hans Nordeck: Hermann Löns, in: Hochland, 12. Jg. [1914/15], H. 6)

7.1 Ein "Liebes- und Todes-, Lust- und Leid-, Doppel- und Unterbewußtseinsroman"

Zwischen dem "Wehrwolf" und dem Kriegstagebuch fällt die Entstehung eines Werkes, das die Löns-Rezeption entscheidend mitgeprägt hat und ohne das die Löns-Begeisterung der 20er Jahre nicht denkbar gewesen wäre, heute aber weitgehend vergessen ist: "Das zweite Gesicht". Kein anderes Buch Löns' erregte eine so kontroverse Diskussion und zog soviel Sekundärliteratur nach sich wie dieses, obwohl Löns hier seine Erfolgsthemen Bauerntum, Jagd und Tierwelt vernachläßigte.[1] Der in der Stadt wohnende Künstler Helmold Hagenrieder steht im Mittelpunkt der Handlung wie auch in einer Dreiecksbeziehung. Flankiert von seiner Frau Grete und deren Cousine Swaantje Swantenius liebt und leidet sich der Künstler durch sein Romanleben, das der Rezensent Carl Busse so zusammenfaßt:

> "Er malt mit dem toten Herzen Bilder, schießt Hirsche und behält einen Hang fürs Küchenpersonal und für unkultivierte Dorfmädchen, die sich ihm, Gott weiß warum, fortgesetzt anbieten und an deren Herzen er dem 'Volke' nahe ist. Schließlich wird er Geheimrat, wird sogar geadelt, muß sich noch weiter ärgern, daß ihm eine Erbschaft von einer halben Million zufällt, und stirbt an einer doppelseitigen Lungenentzündung: Sanft ruhe seine Asche!
> Jedes weitere Wort wäre hier überflüssig ..."[2]

---

1 Vgl. Carl Ernst: Das wahre Gesicht der Swaantje. Ein Wort für Hermann Löns, Magdeburg/Leipzig 1925; Wilhelm Schenkel: Hermann Löns' "Zweites Gesicht". Eine Studie, Berlin 1921; Paul Schnabel: Wahrheit und Dichtung in Hermann Löns' "Zweitem Gesicht". Ein Beitrag zur Psychologie der Dichtung, Leipzig 1928; Swaantje Swantenius (d.i. Hanna Fueß): Hermann Löns und die Swaantje, 26.-30. Tsd., Berlin 1921.

2 Carl Busse: Neues vom Büchertisch, in: Velhagen und Klasings Monatshefte, 26. Jg. (1911/12), H. 10 (Juni 1912), S. 313 f.

Diesen Ratschlag schienen die Käufer von Löns-Büchern zunächst auch zu befolgen. Löns konnte nicht an den Erfolg des "Wehrwolfs" anknüpfen: Zwischen dem Erscheinungsdatum im November 1911 und August 1914 verkauften sich lediglich 4.000 Exemplare.[3] Eine Wende trat jedoch nach Löns' Tod und dem Ersten Weltkrieg ein. Das "Zweite Gesicht" wurde schlagartig ein "Modebuch"[4], dessen Verkaufszahlen 1921 sogar die des Bestsellers "Der Wehrwolf" übertrafen.

Was war der Grund für diesen Erfolg? Das "Zweite Gesicht" wurde als der "Lebensroman von Hermann Löns" gelesen[5], der tiefe Einblicke in sein Seelenleben und Aufschluß über private Verhältnisse und sexuelle Vorlieben gewähren sollte. Der "erotische Löns" wurde zum Gesprächsgegenstand und Spekulationsobjekt: Löns galt als Frauenheld, als "Rosenjäger", der keine Rose ungepflückt hat stehen lassen[6]. In der Lüneburger Heide soll er zahlreiche gebrochene Herzen und illegitime Kinder hinterlassen haben.[7] Löns erschien als "schlimmer Frauenjäger"[8], als "Flaneur, der unwiderstehliche und skrupellose Herzensknicker"[9], als "Lüstling"[10], gar als "Schweinedichter"[11].

"Hermann Löns und die Frauen" war ein unausweichliches und ertragreiches Thema der Löns-Exegeten in den 20er Jahren, versprach es doch die Aufmerksamkeit der Öffentlichkeit und erhöhte die Verkaufszahlen. Den voyeuristischen Blick durchs Schlüsselloch unterstützten Bekenntnisbücher wie "Hermann Löns und die Swaantje", das Hanna Fueß unter dem Pseudonym Swaantje Swantenius verfaßte. Unter diesem Namen ging sie sogar auf Vortragsreisen und förderte einen "Swaantje-Kult"; ihr Büchlein erreichte eine Auflage von 128.000.[12]

---

3 Zur Auflage vgl. Brief des Eugen Diederichs Verlages an Erich Griebel vom 22.7.1933 (StA Ce, L 9 167).
4 Schenkel: Löns' "Zweites Gesicht", a.a.O., S. 53.
5 Ernst: Das wahre Gesicht, a.a.O., S. 9.
6 Vgl. Otto Weltzien: Der Rosenjäger. Ein Löns-Buch, Berlin 1925.
7 Dieses Gerücht überlebte bis heute, vgl. Hans-Ludolf Flügge: Keine Angst vor Hermann Löns, Ahausen-Eversen 1977, S. 18.
8 Paul Zimmermann-Frohnau: Hermann Löns und ich. Die Geschichte einer Dichter-Freundschaft, Berlin 1930, S. 10.
9 Wilhelm Deimann: Kritische Übersicht des Schrifttums über Hermann Löns, in: Ostdeutsche Monatshefte, 6. Jg. (1925), H. 8, S. 838.
10 Rudolf Löns: Die Löns'sche Art, 2.-4. Tsd., Halle (Saale) o.J., S. 71.
11 Paulk: Hermann Löns und das deutsche Weib, in: Der Psychokrat. Monatsschrift der Führenden (1922), H. 6, S. 90.
12 Vgl. Erich Griebel: Die Wahrheit über Hermann Löns, in: Junge Menschen. Monatshefte für Politik, Kunst, Literatur und Leben (1926), Märzheft, S. 1 (Sonderdruck im Dei-

Selbst die Gegenstimmen zum "erotischen Löns" trugen zum Erfolg des "Zweiten Gesichts" bei, auch wenn sie das Buch mit harscher Kritik bedachten. Vor allem meldeten sich kirchliche Stimmen zu Wort, die die "sich breit und schroff vordrängende Sexualität" bei Löns brandmarkten[13] - nicht nur im "Zweiten Gesicht", auch in den Lönsschen Tiergeschichten. Schon wurde vor der Gefahr gewarnt, daß die Löns-Lektüre "unsere ohnehin schwerbedrängte Jugend, unser ohnehin schon verseuchtes Volk noch tiefer in den Sexualsumpf hinabzieht."

Derartige Äußerungen bescherten dem "Zweiten Gesicht" wohl weitere neugierige Leser und heizten die ohnehin erregte Löns-Diskussion der 20er Jahre weiter an, deren letzter Ausläufer sogar noch die Bundesrepublik erreichte[14]. Doch damit ist nur ein Aspekt dieses "Liebes- und Todes-, Lust- und Leid-, Doppel- und Unterbewußtseinsroman(s)" angesprochen, wie Löns das "Zweite Gesicht" nannte (Brief vom 16.2.1910; BD 232).

Obwohl (oder gerade weil) der Roman sehr oft den Eindruck des Unfertigen und Unausgegorenen erweckt, stellt er die Quintessenz des Lönsschen Schaffens dar. Mit dem "Zweiten Gesicht" erreicht die Lönssche Kunst ihren Höhepunkt an Amalgamisierung: Der Roman ist zugleich eine Fortsetzung der Kulturkritik der Lönsschen Bauernromane, ein Künstlerroman und ein Geschlechterroman, in dem sich autobiographische Elemente mischen, die Rückschlüsse auf Löns' psychische Disposition zulassen. Löns benutzt das Geistesleben und die Ideenwelt der Jahrhundertwende als Selbstbedienungsladen, aus dem er sich die Teile seines Weltbildes besorgt.

---

mann-Nachlaß). Die Auflagenhöhe ergibt sich aus dem Verlagsvertrag von "Hermann Löns und die Swaantje" (StA Ce, L 8 65).

Auch Löns erste Ehefrau Elisabet Erbeck versuchte mit ihren "Erinnerungen an Hermann Löns" (Dortmund 1921) von diesem Boom zu profitieren, doch der Erfolg der Swaantje war ihr nicht beschieden. Ihr Buch fand aber einen Nachfolger in Amélie Dilzer-Soeltzer: Elisabet Löns. Die erste, liebste und treueste Frau des Dichters der Heide Hermann Löns, Münster 1925.

13 Bernhard Köster: Hermann Löns?, in: Westfälischer Merkur, Nr. 264, 5.12.1921, Literarische Beilage "Wissen, Welt und Leben".

14 1956 entstand in der Regie von Karl Hartl der Film "Rot ist die Liebe", in dem Romanelemente, autobiographische Fakten und neue fiktive Handlungsstränge miteinander vermischt wurden. Ein Helmold Hagenrieder tritt gar nicht mehr auf; die Hauptperson heißt Hermann Löns, dargestellt von Dieter Borsche.

7.2 Ein autobiographischer Roman

In der Rezeption der 20er Jahre galt Helmold Hagenrieder als ein Selbst-bildnis Hermann Löns'. In Grete Hagenrieder, der Frau des Malers, glaubte man Lisa Löns zu erkennen, und Swaantje Swantenius war iden-tisch mit Lisas Cousine, Hanna Fueß. Tatsächlich gibt es einige Punkte in der Biographie Löns', die für diese Sichtweise sprechen und eine Verbin-dung zwischen Löns und Hagenrieder zulassen.

Am 17. Februar 1910, als Löns eine erste Niederschrift des Romans beendet hatte, schrieb er an Hanna Fueß: "Der Held ist ein Maler, der im Wesen eine peinliche Ähnlichkeit mit dem endesergebenst Unterfertigten hat." (BD 232 f) Hagenrieder zitiert oder singt im Roman denn auch Löns-Verse (D III,428,434,473,494/N V,130,136,177,199).

Das Dreiecksverhältnis zwischen Hagenrieder, seiner Frau und Swaantje ist zumindest in seiner Anfangsphase der Beziehung Löns' zu Lisa und Hanna nachgestaltet. Tatsächlich war Löns in Hanna verliebt gewesen und hätte sie gerne zu seiner Geliebten gemacht, jedoch ohne dabei auf seine Ehefrau verzichten zu wollen. Die ersehnte "ménage à trois" kam aber weder in der Realität noch im Buche zustande.

Löns-Exegeten nahmen diese privaten Verwicklungen zum Anlaß, im "Zweiten Gesicht" die literarische Verarbeitung einer unglücklichen Liebe zu sehen, die auf ein und derselben Stufe wie Goethes "Leiden des jungen Werthers" steht[15]. Akribisch untersuchten sie, inwieweit sich Details aus Löns' Leben im Roman wiederfinden lassen.[16]

Tatsächlich läßt Löns autobiographische Momente einfließen: Wenn Hagenrieder seine Schriften über die Kunst zerstört (D III,495/N V,199),

---

15 Vgl. Friedrich Castelle: Ein Lebensbild, in: Löns-Gedenkbuch, Hannover o.J. (1917), S. 23; Schenkel: Löns' "Zweites Gesicht", a.a.O., S. 70.
Deimann bezeichnet Hagenrieder auch als "Werther-Helmold"; vgl. Wilhelm Deimann: Das Zweite Gesicht von Hermann Löns. Eine Würdigung auf Grund seiner Entstehungs-geschichte, in: Markwart, 4. Jg. (1928), H. 12, S. 166.

16 Besonders tut sich dabei Paul Schnabel hervor, der sogar exakte Tagesangaben für einige Romanereignisse liefert: Wenn Hagenrieder und Swaantje ein Museum mit ägyptischer Kunst besuchen, wie Löns im später gestrichenen Kapitel "Die Totenmaske" erzählt (siehe 5.4.2), meint Schnabel das reale Vorbild für diese Szene aufgespürt zu haben: Im März 1904 sollen Löns und Hanna die ägyptische Sammlung der Königlichen Museen in Berlin besucht haben. Wenn die Swaantje ihrem Vetter beichtet, sich in einen Mann ver-liebt zu haben, der von ihrer Zuneigung nichts wisse (D III,425/N V,126), soll auch Hanna Löns von einer schwärmerischen Liebe zu einem anderen berichtet haben; Schnabel legt für dieses Gespräch sogar einen genauen Tag fest, den 1. März 1909. Vgl. Schnabel: Wahrheit und Dichtung, a.a.O., S. 38, 60.

so verarbeitet Löns damit die Vernichtung seiner naturwissenschaftlichen Texte. Im November 1909 zerschnitt er in einem Wutanfall bzw. einer Nervenkrise, in der er sich während seiner Arbeit am "Wehrwolf" hineinsteigerte, seine groß angelegte Arbeit über die Wirbeltierfauna Niedersachsens.[17]

All dies geschah vor der ersten Niederschrift des "Zweiten Gesichts", die Löns Mitte Dezember 1909 begann, jedoch fanden auch Ereignisse aus der Arbeitsphase Eingang in den Roman. Anfang 1911 lernte Löns die Wirtstochter Anni Eilers kennen, die zum Vorbild der Annemieken wurde, mit der Hagenrieder nach der gescheiterten Beziehung zu Swaantje ein Verhältnis beginnt.[18] Zu diesem Zeitpunkt überarbeitete Löns gerade seinen Roman, nachdem er im Februar 1910 die erste Niederschrift abgeschlossen und gegen Ende jenes Jahres noch zusätzliche Kapitel ausgearbeitet hatte.

Gerade das Jahr 1911 brachte eine entscheidende Änderung im Leben Löns', die nicht ohne Wirkung auf das "Zweite Gesicht" blieb. Am 27. Juli verließ Lisa Löns ihren Mann und zog mit dem gemeinsamen Sohn Dettmer aus. Löns beeilte sich danach, den Roman so schnell wie möglich herauszubringen; bereits Ende November erschien das "Zweite Gesicht". Damalige Löns-Freunde werteten diese Eile als eine Art Rache an Lisa Löns und Hanna Fueß.[19]

Kann man also die einfachen Gleichungen aufstellen Hagenrieder = Löns, Grete = Lisa Löns und Swaantje = Hanna Fueß? Von einer totalen Gleichsetzung der Romanfiguren mit ihren realen Vorbildern ist eher abzuraten, da Löns seine Figuren nicht nur aus autobiographischen Elementen zusammensetzt. In der Figur des Malers Hagenrieder finden sich Spuren von mehreren Künstlern und literarischen Vorbildern. Das sogenannte Stapelienbild, das Löns seinem Helden zuschreibt (D III,418/N V, 119), existiert tatsächlich; es stammt von einem Freund Löns', dem Maler Hermann Knottnerus-Meyer, der wie Hagenrieder auch ein "Kreuzigungs"-Bild geschaffen hat.[20] Löns hat vermutlich ebenso die Bilder des

---

17 Vgl. Martin Anger: Hermann Löns. Schicksal und Werk aus heutiger Sicht, 2. Aufl., Braunschweig 1986, S. 94; Wilhelm Deimann: Hermann Löns - Leben und Schaffen, in: Hermann Löns: Werke. Gesamtausgabe, hrsg. v. Wilhelm Deimann, Bd. 5, Hamburg 1960, S. 588 f; Schnabel: Wahrheit und Dichtung, a.a.O., S. 103 f.
18 Vgl. Erich Griebel: Hermann Löns, der Niederdeutsche. Eine Einfühlung in Leben und Werk, Berlin/Leipzig 1934, S. 399 f.
19 Vgl. Schnabel: Dichtung und Wahrheit, a.a.O., S. 187 f.
20 Vgl. Griebel: Löns (1934), a.a.O., S. 404.

von ihm geschätzten Giovanni Segantini (1858-1899) als Grundlage für die Gemälde Hagenrieders genommen.[21] Der Schweizer Maler wählte Berge und Bauern als seine Motive und schuf ein monumentales Alpentriptychon. Auch die Bilder des münsterschen Jugendfreundes Fritz Grotemeyer (1864-1947) können einen bleibenden Eindruck hinterlassen haben: 1910 malte Grotemeyer "Wodans Ritt über das Meer", das an Hagenrieders Bilder mit Motiven aus der germanischen Mythologie erinnert.[22]

Darüber hinaus stellt Hagenrieder das Konglomerat verschiedener literarischer Figuren dar. Sein Name ähnelt dem des Malers Hollrieder aus Arno Holz' Drama "Sonnenfinsternis" (1908)[23]. Sowohl Hagenrieder als auch Hollrieder sind als Künstlerpersönlichkeiten konzipiert, die Natur und Kunst vereinigen wollen. Helmold Hagenrieder ist aber auch mit Heim Heiderieter aus Gustav Frenssens Bauernroman "Jörn Uhl" (1901) verwandt. Dieser ist zwar kein Maler, sondern Schriftsteller und quasi der Chronist der Ereignisse um Jörn Uhl. So wie er als Frenssens alter ego zu verstehen ist[24], ist Hagenrieder eine Transfiguration Löns', die eindeutig Züge einer Wunschprojektion trägt.

Hagenrieder ist das geworden, was Löns versagt geblieben ist: ein Maler und "richtiger" Künstler. Löns hatte schon sehr früh eine besondere Beziehung zur Malerei und wünschte sich in seiner Kindheit, Maler zu werden. Sein Kontakt zur Malerei beschränkte sich jedoch auf mit Zeichnungen verzierte Postkarten[25] und auf die Beziehung zu seiner Frau Lisa, die die Tochter eines seinerzeit bekannten Landschaftsmalers war.

Mit Hagenrieder projizierte Löns seine Lebensumstände in eine gesellschaftlich höhere Schicht und beschönigte seine eigenen Probleme. Während Hagenrieder zwei gesunde Kinder hat, war das einzige Kind Löns' körperlich und geistig behindert. Während die Wunschfigur Hagenrieder ein erfolgreicher Künstler ist, schlug sich Löns als Journalist durch, der

---

21 Vgl. "Hinauf zum Segantini" (NS II,242-246).

22 Das Stadtmuseum Münster präsentierte 1990 einige Gemälde Fritz Grotemeyers. Vgl. das Faltblatt zur Ausstellung "Zeitgenossen. Fritz Grotemeyer - Bernhard Pankok" des Stadtmuseums Münster, vom 25. Mai - 26. August 1990.

23 Vgl. Arno Holz: Sonnenfinsternis, in: ders.: Werke, Bd. IV, Neuwied a.R./Berlin 1961, S. 95-290.

24 Vgl. Gustav Frenssen: Jörn Uhl, 275. Tsd., Berlin 1921 (= Grote'sche Sammlung von Werken zeitgenössischer Schriftsteller Bd. 73), bes. S. 515-525.

25 Zu Löns' Beziehung zur Malerei vgl. Kurt Böttcher/Johannes Mittenzwei: Dichter als Maler, Stuttgart/Berlin/Köln/Mainz 1980, S. 194 f, 380; Wilhelm Deimann: Hermann Löns. Sein Leben und Wirken. 1. Teil, Dortmund 1922, S. 53 ff. Einige Zeichnungen Löns' sind in den "Eulenspiegeleien" abgedruckt (NS II, Anhang, S. 1-67).

nach Höherem strebte. Hagenrieder gehört nach großen Entbehrungen sogar zur angesehenen Gesellschaft, verkehrt mit Herzog und König, wird Professor und Geheimer Rat; Löns hingegen konnte sich zwar als Journalist etablieren und hatte während seiner Bückeburger Zeit auch Kontakt zum dortigen kleinen Fürstenhof, doch er verlor diese Stellung und blieb als schriftstellernder Journalist in der Grauzone zwischen Zeitungsschreiber und anerkanntem Dichter (siehe 8.1.2).

Die künstlerische Produktion Hagenrieders, die als schöpferischer Rausch dargestellt wird, hat bei Löns pathologische Züge. In Briefen gesteht Löns, daß seine Literatur aus "visionären Erscheinungen" entsteht (Brief vom 27.2.1909; BD 215 f), die ihn schlagartig überkommen können (siehe 8.4.4). Besonders die Entstehung des "Wehrwolfs" gibt ein krasses Beispiel für den rauschhaften, fast deliriösen Zustand, in dem Löns produzierte. In nur 14 Tagen schrieb er den "Wehrwolf", der ihn nach eigener Aussage schon seit Jahren beschäftigte, herunter (1.-7. und 14.-20. November 1909).[26] Als er sich an die Ausarbeitung machte, riß ihn der Stoff mit, und er glaubte, die Wehrwölfe lebendig vor sich zu sehen. Er schloß sich tagelang in sein Zimmer ein, aß und schlief nicht, sondern schrieb nur. In dieser Phase rief die besorgte Lisa Löns den Freund Knottnerus-Meyer zur Hilfe. Er berichtet:

> "Als ihm zugerufen wurde, daß ich da sei, stürzte er aus seinem Zimmer und fiel mir weinend um den Hals. Er schien ein vibrierendes Nervenbündel und in furchtbarster Aufregung erzählte er mir sich überstürzend von seinem Werke..."

Der Besuch des Freundes unterbrach aber nicht den "künstlerischen Rausch": "Er war und blieb in seiner Welt des Wehrwolfs".[27]

Auch Hagenrieder plagen Traumvisionen: Er unterhält sich mit dem Mond, oder ihm erscheint der "eiserne Ritter", der ihm zuflüstert, bei Swaantje nun endlich aktiv zu werden. Doch was im Roman als "zweites Gesicht", als die Fähigkeit, in die Zukunft zu blicken oder übersinnliche Phänomene wahrzunehmen, verklärt wird, ist im Fall Löns ein Hinweis auf dessen psychische Disposition. Damit ist eine autobiographische Färbung des Romans zwar unverkennbar, doch ist "Das zweite Gesicht" kein Schlüsselroman. Hagenrieder ist mehr ein Produkt aus persönlichen Er-

---

26 Löns: "Der Roman ist im Groben fix und fertig, d.h. im Kopfe, schon seit Jahren inkubiert er bei mir, just aber jetzt akut geworden." (Brief vom 29.10.1909; BD 227)

27 Hermann Knottnerus-Meyer: Der unbekannte Löns. Gespräche und Erinnerungen, Jena 1928, S. 139.

lebnissen Löns' und Wunschträumen, herrührend aus der Bekanntschaft mit Künstlern und trivialisierten Kunst- und Kulturtheorien der Jahrhundertwende, denn eine reale Figur.

7.3 Ein kulturkritischer Roman

7.3.1 Bauer und Bürger

Drückt sich die Kulturkritik in den Bauernromanen indirekt über die Handlung und das daraus abzulesende Ideal des bäuerlichen Lebens aus, so wird sie im "Zweiten Gesicht" direkt und programmatisch vom Löns-Helden Hagenrieder formuliert. In seinen Gesprächen und Äußerungen spiegelt sich der Antagonismus von Kultur und Zivilisation wider, einer der Kernpunkte der Kulturkritik im Kaiserreich.

In der Zeit zwischen 1890 und 1914 bildete sich im deutschen Sprachgebrauch ein scharfer Gegensatz zwischen diesen beiden Begriffen heraus. Kultur und Zivilisation wurden nicht wie in den Jahren zuvor als deckungsgleich angesehen, sondern als Antithese aufgefaßt. Der Kulturbegriff beschränkte sich auf

"rein positive Werte wie Kunst, Literatur, Wissenschaft, Religion, Bildung und Unterricht, also auf die geistig-seelischen Bereiche des Lebens. (...) Zivilisation dagegen stufte man als das Geringwertige, Äußere, Seelenlose, rein Intellektuelle, Nivellierende, Zweckhafte, Übertragbare, Internationale, Technisch-Mechanische und Wirtschaftliche ein."[28]

Als Zeichen der Zivilisation galten die negativen Auswirkungen der Industrialisierung, wohingegen die Kultur mit der Aura des Natürlichen umgeben wurde. Im wilhelminischen Reich war Kultur letztendlich gleichbedeutend mit Deutschtum; andere Nationen, allen voran Frankreich, hatten lediglich Zivilisation aufzuweisen. Aus diesem Verständnis heraus warnten die Kulturkritiker der Jahrhundertwende vor fremden Einflüssen und kämpften für die Reinerhaltung der deutschen Kultur.

---

28 Michael Pflaum: Die Kultur-Zivilisations-Antithese im Deutschen, in: Europäische Schlüsselwörter, Bd. 3: Kultur und Zivilisation, hrsg. vom Sprachwissenschaftlichen Colloquium (Bonn), München 1967, S. 313 (S. 288-427). Vgl. außerdem das Kapitel "Kultur statt Zivilisation" in Richard Hamann/Jost Hermand: Stilkunst um 1900, 2. Aufl., München 1973 (= Epochen deutscher Kultur von 1870 bis zur Gegenwart; Sammlung Dialog 52), S. 102-120.

Die Antithese Kultur-Zivilisation diente schließlich 1914 der Rechtfertigung des Ersten Weltkrieges. Die angebliche geistig-kulturelle Inferiorität der westlichen Nationen mußte als Alibi für die Sendungsmission des deutschen Volkes herhalten.[29] Dem verbildeten, kühl rationalen Zivilisationsbürger westeuropäischer Provenienz wurde der naturverbundene, gefühlsmäßig in der Heimat wurzelnde Bauer germanischer Abstammung entgegengestellt, so wie es Langbehn getan hat (siehe 5.4.2).

Die Langbehnsche These vom Bauern als Kulturträger wird von Hagenrieder wiederholt. Für ihn sind die Bauern die einzigen Leute, die noch Kultur haben (D III,556/N V,263 f), nur auf dem Lande findet der Maler Erholung vom städtischen Leben, dem Kunstbetrieb und der bürgerlichen Gesellschaft. Der Künstler Hagenrieder sieht sich als Rebell gegen diese bürgerliche Gesellschaft, die seiner Meinung nach zu sehr von "zivilisatorischen" Einflüssen geprägt ist. Er verurteilt seine Gegenwart als ein "Koofmichzeitalter", eine "Ära des geistigen Mittelstandes", eine "Periode des bekömmlichen Durchschnittes" (D III,600/N V,310).

Mißtrauisch steht er dem Bildungssystem und den Idealen des Bildungsbürgertums gegenüber. Als er einen Professorentitel bekommen soll, ist er äußerst skeptisch, denn für ihn gibt es nur die Wahl: "Professor oder ordentlicher Mensch!" (D III,488/N V,192) Löns scheint Langbehns Meinung: "Der Professor ist die deutsche Nationalkrankheit"[30] übernommen zu haben. Zwar wird Hagenrieder später Geheimer Hofrat und bekommt den Adelstitel verliehen, doch ändert sich nichts an seiner Einstellung: "... dieses ganze verfluchte Land mit seinem verbildeten Gesindel ist mir ekelhaft." (D III,512/N V,218) Zuviel Bildung entfremdet den Menschen von seiner Kultur, die er nur durch die Natur erfahren kann, die Zivilisation aber - so der Standpunkt Hagenrieders - verweichlicht ihn.

---

29 Auch Thomas Mann definierte 1915 dementsprechend Kultur und Zivilisation: "Kultur ist Geschlossenheit, Stil, Form, Haltung, Geschmack, ist irgendeine gewisse Organisation der Welt, und sei das alles noch so abenteuerlich, skurril, blutig und furchtbar. (...) Zivilisation aber ist Vernunft, Aufklärung, Sänftigung, Sittigung, Skeptisierung, Auflösung, - Geist. Ja, der Geist ist zivil, ist bürgerlich: er ist der geschworene Feind der Triebe, der Leidenschaften, er ist antidämonisch, antiheroisch, und es ist nur ein scheinbarer Widersinn, wenn man sagt, daß er auch antigenial ist." (Thomas Mann: Gedanken im Kriege, zit. nach Eckart Koester: Literatur und Weltkriegsideologie. Positionen und Begründungszusammenhänge des publizistischen Engagements deutscher Schriftsteller im Ersten Weltkrieg, Kronberg/Ts. 1977 [= Theorie-Kritik-Geschichte Bd. 15], S. 255.)

30 August Julius Langbehn: Rembrandt als Erzieher. Von einem Deutschen. Illustrierte Volksausgabe, 6.-15. Tsd., Weimar 1922 (= Bücher von deutscher Art), S. 91.

Aus diesem Impetus heraus kritisiert Hagenrieder den Sozialismus, der sich seiner Meinung nach nicht mit der Kultur verträgt (D III,455/N V, 157), da diese auf eine naturgegebene Hierarchie aufbaue, die der Sozialismus - laut Langbehn die "ungegliederte, unbefruchtete, unbelebte Masse"[31] - nicht anerkennt.

Die Hierarchie in Hagenrieders Weltbild gipfelt in einer Reihe auserwählter Führer, die die Masse leiten. Speziell für die Frauen bedeutet dies, daß sie sich der Führungsrolle des Mannes unterzuordnen haben. Die Emanzipationsbewegung der Frauen stellt für Hagenrieder ein Angriff auf sein Weltbild dar, und folgerichtig versteht er sich als "Feind des ganzen Weiberbewegungsschwindels" (D III,478/N V,182). Sozialismus und Emanzipation sind für ihn Ausflüsse der Zivilisation wie die Demokratie überhaupt; Hagenrieders politische Überzeugung ist nicht demokratisch-parlamentarisch, sondern "demokrätzig-urwüchsig", wie er betont scherzhaft sagt (D III,486/N V,190). Dieses Urwüchsige besteht für ihn in der angeblich althergebrachten Führeridee, die den kampf- und willensstärksten Mann an die Spitze der Gemeinschaft stellt.

Hagenrieder selbst betrachtet sich als eine solche Führerfigur. Er fühlt sich als "Herrennatur" (D III,460/N V,163), die aus der Masse herausragt und vom Schicksal eine Führungsrolle erhalten hat: "Er hatte den Auftrag vom Schicksal, seinem Volke viel Schönheit zu bringen." (D III,467/N V, 169) Seine "Herrennatur" sehnt sich aber auch nach dem Kampf, der im Volk vergessene Tugenden wiederbeleben soll:

> "Wir müßten einmal wieder einen Krieg bekommen und gründliche Keile, das ist das einzige, was uns helfen kann, damit wieder Männer oder besser, Kerle an die Spitze kommen, statt dieser Knechte, die sich Herren schimpfen."
> (D III,631/N V,342)

Trotz dieser markigen Sprüche und der beflissenen Zurschaustellung eines vermeintlich bäuerlichen Charakters (D III,423,462,498/N V,124, 164f,204) steht Helmold Hagenrieder zwischen Kultur und Zivilisation. Er selbst besitzt die so verschmähte Bildung und lebt in der Stadt:

> "Und so hatte Helmold Hagenrieder zwei Gesichter, das des Jägers und Bauern und das des Stadtmenschen und Künstlers."
> (D III,591/N V,300)

---

31 Ebd., S. 141.

Er ist der Bürger, der den Einfluß der modernen Gesellschaft auf sich verdrängt, indem er seine angebliche Überlegenheit mit imaginierter Natürlichkeit und germanischem Erbe begründet.

7.3.2 Germanen und Semiten

Wie im "Wehrwolf" und in den Jagderzählungen stilisiert Löns im "Zweiten Gesicht" seinen Traum vom Urmenschen zum Anfangs- und Endpunkt einer Kulturgesellschaft. Vorbild ist ihm die Germanenzeit vor der "wälsch-fränkischen Vergewaltigung" durch Karl den Großen (D III, 414/ N V,115), den Hagenrieder "Schlachterkarl" nennt (D III,426/N V,127).[32] In dieser Zeit soll - gemäß der Germanenschwärmerei des Kaiserreichs - noch ein ureigenes germanisches Wesen bestanden haben, das sich durch Naturverbundenheit, Bodenständigkeit und Tapferkeit auszeichnete (siehe 5.3).

Diese germanische Renaissance in der Tradition Lagardes und Langbehns zeigt sich auch in der religiösen Einstellung Hagenrieders. Die germanischen Gottheiten Wotan und Frigge stehen ihm näher als Christus (D III,440,572/N V,142,280). Die heidnische Religion scheint ihm ehrlicher, ohne Heuchelei und dem menschlichen Leben angemessener zu sein als das Christentum:

> "Wir Germanen sind niemals gläubig gewesen. Religion hatten wir immer, aber eine Diesseitsreligion; das Jenseits versparten wir uns für später. Mit beiden Beinen standen wir auf dieser Erde, lebten unser Leben in Zucht und Sitte, berauschten uns nicht an Wollust und Grausamkeit und brauchten daher auch nicht wie die Asiaten Opiate wie Reue und Buße. Zu unseren Göttern standen wir wie zu unsern Fürsten; wir zahlten ihnen pünktlich den Zins, machten Front, fuhren sie vorbei, und damit holla! ... Wir sagen: Wir sind Christen, aber wir sind es nicht; wir können es auch nicht sein. Christentum und Stammesbewußtsein vertragen sich ebensowenig wie Sozialismus und Kultur. In der Theorie sind wir Christen; aber sobald es an die Praxis geht, in Politik, Geschäft und dergleichen, dann sind wir genau solche Heiden wie die Männer, die dort schlafen gelegt wurden."
> (D III,455/N V,157 f)

---

32 Zum Bild Karls des Großen vgl. auch die Erzählung "Die rote Beeke" (D II,232-241/N I, 260-271).

Löns wiederholt hier nur seine Ansicht aus dem "Wehrwolf": Eine Religion der Nächstenliebe verträgt sich nicht mit der Überzeugung, daß das Leben ein permanenter Kampf sei.

Mit dem Ausspruch "Wir Germanen" postuliert Hagenrieder eine Identität von Deutschen und Germanen, mit der er den Anspruch einer Rassegemeinschaft erhebt. Außerhalb dieser Rasse stehen Juden und Zigeuner. Der Löns-Herausgeber Hans A. Neunzig aber will Löns und dessen Werk vom Vorwurf des Antisemitismus befreien, indem er auf einen Freund Hagenrieders, den jüdischen Arzt Beni Benjamin, hinweist:

> "Löns ... war auf schwer erklärbare Weise fremdenfeindlich. In seinem Werk spielt diese Xenophobie eine unwesentliche Rolle, lediglich, zu seiner Schande sei's gesagt, auch wenn es typisch ist für die Ängste des Bürgertums in jener Zeit, lediglich die Zigeuner haben als Fremde in mehreren Stücken des Lönsschen Werkes unter diesem Vorurteil zu leiden. Antisemitisch war Löns nicht; mit Erleichterung sei's gesagt, die Figur des jüdischen Arztes im 'Zweiten Gesicht' ist dafür oft zitiertes Beispiel."[33]

Es stimmt zwar, daß Hagenrieder Benjamin als seinen Freund betrachtet, doch Löns macht sehr deutlich, daß dieser einer anderen Rasse angehört. Nicht nur, daß Benjamin sich äußerlich durch sein "schmales Beduinengesicht" abhebt (D III,469/N V,172), er selbst muß seine Andersartigkeit betonen. Zu Hagenrieder sagt er: "Durch und durch haben Sie mich gesehen, lieber Freund, Sie, der Vollgermane, mich, den Ganzsemiten." (D III, 470/N V,173) Zwar hat auch er den Traum einer urzeitlichen Regression, doch ist dieser eben "semitisch" geprägt. Benjamin sieht sich als Beduine, so wie sich Hagenrieder als Germane fühlt:

> "Jeden Tag, wenn ich mich nach dem Essen lang mache und rauche, dann weiß ich, daß ich ganz woanders hingehöre, auf einen Pferderücken oder ein Kamel, und um mich die weite Wüste."
> (D III,470/N V,173)

Sympathisch wird Benjamin für den Maler sowohl durch ähnliche Urmensch-Phantasien als auch durch den gemeinsamen Wunsch nach einem Leben mit zwei Frauen. Doch Benjamin weiß genau, was sich für einen Semiten ziemt, jedenfalls in einem Löns-Roman: Er bevorzugt keine blonden Frauen, sondern schwarzhaarige (D III,471/N V,174).

---

33 Hans A. Neunzig: Nachwort. Beim Wiederlesen von Hermann Löns, in: Hermann Löns: Ausgewählte Werke, hrsg. v. Hans A. Neunzig, München 1986, Bd. V, S. 362 f.

Die Freundschaft der beiden wird außerdem dadurch begünstigt, daß Hagenrieder Benjamin zu den "besseren" Juden rechnet. Hagenrieder und Löns folgen damit einer Einteilung, die schon Langbehn vorgenommen hat. Dieser erhob den Philosophen Spinoza zu einem "besseren" Juden, da er sich zu seinem Judentum bekannt habe und sich nicht assimilieren wollte; für Langbehn verkörperte Spinoza Charakter und Individualität.[34] Ähnlich verhält es sich mit Hagenrieder und Beni Benjamin. Letzterer ist sich seiner Rasse bewußt, d.h. er ist in seiner Kultur verwurzelt, die er nicht mit einer anderen vermischen und damit schwächen will. Kultur basiert für Löns auf Reinrassigkeit, egal ob germanisch oder semitisch.

Was hier anfangs als philosemitisch erschien, ist nur ein verhüllter Antisemitismus. Löns folgt im "Zweiten Gesicht" weitgehend den Vorgaben des antisemitischen Stereotyps, mit dem die deutschen Juden im Kaiserreich belegt wurden. Ähnlich verfährt Löns im "Zweiten Gesicht" mit den Zigeunern: Einerseits billigt er ihnen gewisse Aspekte seines Urmensch-Traumes zu, andererseits wertet er sie im Vergleich zu den "Germanen" ab.

Löns läßt Hagenrieder den Zigeunerhäuptling Jorgas Michali treffen, der die von dem Maler ersehnte Promiskuität in Form einer Ehe zu dritt oder eines Harems praktiziert (D III,610/N V,321). Zu dieser Promiskuität der Zigeuner gehört als abwertendes Merkmal eine ausgesprochene Wollust, die sich schon bei jungen Mädchen zeigen soll (D III,467 f/N V,170). Abgewertet werden die Zigeuner außerdem durch die Habgier, die Löns ihnen nachsagt. Jorgas Michali soll durch seine Bettelei sogar zum Besitzer dreier Häuser in Berlin geworden sein. - Warum Hagenrieder dennoch dessen Frauen jeweils ein Markstück schenkt, bleibt ein Geheimnis Löns'.

Anders als die Germanen haben die Lönsschen Zigeuner keine Kultur entwickelt. Als Heimatlose fehlt ihnen eine Grundvoraussetzung: die Bodenständigkeit bzw. Heimatliebe, die schon im "Wehrwolf" den Grundstein für den Rassismus Lönsscher Prägung legte.

---

34 Vgl. Langbehn: Rembrandt, a.a.O., S. 36.

7.4 Ein Künstlerroman

7.4.1 Der "Lönssche Künstler": Führer und Bauer

Löns' Vorstellung vom Künstlertum, wie es sich im Leben des Malers Hagenrieder abbildet, ist kein genuines Produkt, sondern nährt sich aus älteren, romantischen Kunstideen und Schlagwörtern der kaiserzeitlichen Kulturkritik, die zwischen Kunst und Rasse Verbindungen herstellen.

Auf den ersten Blick scheint Hagenrieder in der Tradition des Künstlertypus der Romantik zu stehen. Der mit dem Leben unzufriedene und nach sinnlicher Erweiterung seines Horizonts strebende Künstler der Romantik empfindet ein Ungenügen an der Normalität.[35] Gegen die Normen der bürgerlichen Welt kämpft auch Hagenrieder an. Wie die Romantiker beklagt er den Verlust einer Existenzform, in der der Mensch die Erfüllung seiner selbst und die Einheit von Kunst und Leben finden kann. Was für die Romantiker aber das "Goldene Zeitalter", sprich: das Mittelalter, war, ist für Hagenrieder und seinen Autor eine germanische Urzeit, in der das Leben ein Kampf in und mit der Natur ist. Die romantische Vorstellung einer Poetisierung der Welt, wie sie z.B. Novalis in seinem "Heinrich von Ofterdingen" (1802) vorträgt, degeneriert zu einer Kunstvorstellung, die - gepaart mit Germanenschwärmerei - ihr Heil im Rückzug in ein bäuerliches Leben sucht.

Löns' Texte sind bei weitem nicht so vielschichtig angelegt wie die der Romantiker. Bei ihm "verkümmern" romantische Motive zu Versatzstücken oder werden auf Äußerlichkeiten reduziert. Das Sehnsuchtsmotiv, das sich in der Suche nach einer unbekannten Schönen ausdrückt, ist im "Zweiten Gesicht" zwar deutlich in Hagenrieders Suche nach der Frau an sich angelegt, doch überwiegt hier eine rein sexuelle Komponente. Der Mond, der für die Romantiker ein Symbol der Sehnsucht und der Waldeinsamkeit ist, wirkt bei Löns unfreiwillig komisch. In einer Vision Hagenrieders ist er der rauchende, rundbäuchige Freund des Malers, der es sich in dessen Zimmer gemütlich macht (D III,441-445/N V,143-147).

Die Übernahme romantischer Motive muß nicht auf einen direkten Einfluß zurückzuführen sein, da die neuromantische Strömung um die Jahrhundertwende derartige Motive und Topoi weitertransportierte und neu belebte. Außerdem stand der deutsche Künstlerroman seit 1890 ge-

---

35 Vgl. Lothar Pikulik: Romantik als Ungenügen an der Normalität. Am Beispiel Tiecks, Hoffmanns, Eichendorffs, Frankfurt a.M. 1979, S. 140-149, 173-193.

nerell unter dem Zeichen der Kunst-Leben-Problematik, unabhängig von bestimmten literarischen Programmen.[36] Das "Zweite Gesicht" ordnet sich in die Reihe von Künstlerromanen ein, die dem Topos Nietzsches von der Kunstwelt als der Welt des Scheins folgen. Den Gegensatz von Kunst und Leben beschreibt Hagenrieder so:

> "Kunst, weißt du, was das ist? Ungelebtes Leben! Sieh dir die Griechen an; nie hat ein unglücklicheres Volk gelebt. Sie waren sehr unglücklich; sonst hätten sie es nicht in der Kunst so weit gebracht. Die Römer hatten keine Kunst, die lebten ein lebendiges Leben. Die Kunst ist wie ein Spiegel; vorne Farbe und Leben, hinten Pappe."
> (D III,508/N V,213)

Die Vereinigung von Kunst und Leben glaubt Hagenrieder schließlich in seiner Vorstellung vom bäuerlichen Leben zu finden. In der Gegenwart Annemiekens, einem einfachen Mädchen aus der Lüneburger Heide, das ihm anfangs als Ersatz für Swaantje diente, meint er, die Volksseele zu spüren, die erst "wahre" Kunst möglich mache. In ihren Worten: "Feuer ist Gesellschaft" will er die künstlerische Kraft des Volkes erkennen:

> "Er sah sie groß an; dieses eine Wort, das einzig mögliche, um die Bedeutung des offenen Feuers für das Seelenleben eines ganzen Volkes wiederzugeben, eröffnete ihm einen Ausblick auf die Entstehung der gesamten Volksdichtung."
> (D III,585 f/N V,295)

Die Kunst im Leben der Bauern ist für Löns fest in deren Alltag integriert und hat eigentlich nur eine Zweckfunktion, doch dies wird für Hagenrieder zur idealen Symbiose von Kunst und Leben:

> "Er sah sich im Flett um; da war nur Zweck und gar kein Ornament. Selbst die Mährenhäupter des Rehmens waren nur Zweck, eine Verbeugung vor Wode, dem entthronten Gotte. Aber wie schön war nicht der Kesselhaken in seiner ganz auf den Zweck gearbeiteten Form, wie schön jedes Stück Geschirr an der Feuerwand, wie sinngemäß die kunstvolle Pflasterung des Estrichs mit den geschwungenen Schmuckstreifen aus weißen Kieseln. Das war Kunst, Kunst im Leben, nicht neben dem Leben, keine Staffelei- und Atelierkunst.
> Überall lachte sie ihn an, die Seele seines Volkes, die ein Kunstwerk aus jedem Gerät gemacht hatte, und nur deshalb, weil sie an Kunst nicht dachte."
> (D III,587/N V,296)

---

36 Vgl. Herbert Marcuse: Der deutsche Künstlerroman, in: ders.: Schriften, Bd. 1: Der deutsche Künstlerroman. Frühe Aufsätze, Frankfurt a.M. 1978 (zuerst Diss. 1922), S. 7-344, bes. Kapitel 9 über den neueren Künstlerroman unter dem Zeichen des Kunst-Lebens-Problems, S. 258-302.

Das Erlebnis der Bauern- und Volkskunst hat aber keine weiteren Folgen für seine eigene Produktion. Hagenrieder zieht sich nicht aufs Land zurück und wird ein künstlerischer Bauer bzw. ein Landwirtschaft betreibender Künstler - eine Lösung, die Löns in "Dahinten in der Heide" mit Lüder Volkmann, Schriftsteller und Bauer in einem, vorschlug.

Obwohl Hagenrieder es nicht schafft, die ersehnte Verbindung von Bauerntum und Künstlertum dauerhaft herzustellen, bleibt er in der Tradition Langbehns, der in seinem Künstlerkult die utopische Vereinigung von Kunst und Leben in einer bäuerlichen Welt in Aussicht stellt und in der Nachfolge Nietzsches den Künstler als schöpferischen Individualisten darstellt[37].

Durch den ganzen Roman zieht sich die Idee vom Künstler als Ausnahmemenschen. Schon zu Beginn zeichnet Löns seinen Helden als genialischen Künstler, in dem die schöpferische Kraft zum Ausbruch drängt. Visionen und von Löns als geheimnisvoll dargestellte Kräfte treiben ihn zur Arbeit an. Hagenrieder selber schildert diesen Produktionsprozeß so: "ich sage: Ich will dies, und hinter mir steht wer und sagt: 'Du sollst das!'" (D III,415/N V,116)

Der Lönssche Hagenrieder ist wie der Langbehnsche Rembrandt eine starke Künstlerpersönlichkeit, die fest mit ihrer Heimat und ihrem Volke verbunden ist und ihre Sinnlichkeit auszuleben versucht. Rembrandt ist für Langbehn in dieser Beziehung der individualistische Künstler schlechthin, den er als Vorbild für seine Gegenwart aufbaut:

> "Echte Kunst erwächst nur aus einer starken und unschuldigen Sinnlichkeit; eine gesunde und vollsaftige Lebenslust, wie sie Rembrandt eigen ist, wäre der blasierten und bildungsmüden, geistig und allzu häufig auch körperlich kahlköpfigen deutschen Jugend von heute sehr zu wünschen ..."[38]

Zur "echten Kunst" gehört die Verwurzelung in der heimatlichen Scholle: "Der rechte Künstler kann nicht lokal genug sein", schreibt Langbehn zu seinem Rembrandtbild[39], das er als wegweisend für die Gesundung der Nation versteht, und Löns folgt dieser Devise. Nach Langbehn muß das Bauerntum maßgebend für den Künstler sein: "Auf Bauerntum, das heißt auf Volkstum im besten und einfachsten Sinne, wird sich das neue Künst-

---

37 Vgl. Erich Ruprecht: Einführung, in: Literarische Manifeste der Jahrundertwende 1890-1910, hrsg. v. Erich Ruprecht/Dieter Bänsch, Stuttgart 1970, S. XIX.
38 Langbehn: Rembrandt, a.a.O., S. 32.
39 Ebd., S. 17.

lerleben zu gründen haben."[40] Das Bild von Bauer und Künstler stellt sich für Langbehn so dar:

> "Im Bauer begegnet sich das irdische mit dem himmlischen, das äußere mit dem inneren Leben des Menschen, der König mit dem Künstler. Der Bauer, als Hausherr, ist ein ökonomischer König im kleinen; der König, als Landesherr, ist ein ökonomischer Künstler im großen; der bildende und anschauende Künstler steht in der Mitte zwischen beiden: die unwillkürlichen Empfindungen der Volksseele hat er mit dem Bauern, das selbstherrliche Recht ihrer Ausgestaltung mit dem König gemein."[41]

Im diesen Sinne ist der Künstler Führer und Bauer zugleich, er hat den Status eines Auserwählten. Gerade für diese Auserwählten fordert Langbehn Rücksichtnahme:

> "Ein Genie will mit schonender Hand und mit einem gewissen Vertrauen auch in dasjenige an ihm, was man nicht versteht, behandelt sein; es will gepflegt sein; denn es ist kindlicher Natur."[42]

Als solch ein Genie, dessen Bedürfnisse oft mit den Normen der Gesellschaft kollidieren, sieht sich Hagenrieder, der in seinem messianischen Sendungsbewußtsein glaubt, die Liebe zweier Frauen einfordern zu können.

Die besonderen Fähigkeiten des Künstlers liegen nicht nur im Erfühlen der Volksseele, darüber hinaus können Künstler laut Langbehn den "fühlbare(n) Hauch des Ewigen" wahrnehmen.[43] Sie haben die geradezu übersinnliche Fähigkeit, so heißt es mystisch verbrämt, Geister zu sehen und in Kunstwerke umzuwandeln, die die Gedanken und Träume des ganzen Volkes ausdrücken; kurz gesagt: Diese Bilder sind "Erzeugnisse des doppelten Gesichts"[44]. Helmold Hagenrieders Hypersensitivität, seine Visionen, die er beim Malen bekommt, und sein rauschhaftes Arbeiten sind in

---

40 Ebd., S. 185. Löns greift die Gedanken Langbehns auch in seinem Aufsatz "Das Elend der Kunst" auf. Dort schreibt er zu der Grundvoraussetzung des Künstlertums:
"Ein Mensch ohne Überlieferung kann sehr zivilisiert sein; Kultur kann er nicht haben. Jeder schöpferische Mensch muß den Boden fühlen, auf dem er steht, sonst wird er nur Vergängliches leisten, Halbwertiges schaffen." (NS II,293)

41 Langbehn: Rembrandt, a.a.O., S. 119. Eine fast gleichlautende Stelle findet sich bei Löns: "Nur der Mensch, der ackert und sät auf eigener Scholle, ist Herrenmensch, und wenn die Scholle auch noch so klein ist: er ist König." ("Zwischen Meer und Moor"; NS I,57/D V, 238)

42 Langbehn: Rembrandt, a.a.O., S. 14.

43 Ebd., S. 83.

44 Ebd., S. 83.

diesem Verständnis nicht Anzeichen eines angegriffenen Nervenzustandes oder Symptome einer Paranoia, sondern Ausdruck seines Künstlerwesens.

7.4.2 Die Gemälde Hagenrieders

Obwohl für einen Künstlerroman die Darstellung einer künstlerischen Entwicklung mit der existentiellen Spannung zwischen Kunstwirken und Lebenswirklichkeit oftmals typisch ist[45], fehlt dem "Zweiten Gesicht" diese Komponente. Eine künstlerische Entwicklung im Sinne von Weiterbildung und Auseinandersetzung mit anderen Kunstrichtungen findet nicht statt. Helmold Hagenrieder hat nichts gemein mit dem Helden aus Ludwig Tiecks Roman "Franz Sternbalds Wanderungen" (1798), der bis nach Italien reist und über verschiedene Kunstvorstellungen diskutiert. Löns' Künstler reist gerade mal zur Jagd und zu Swaantje Swantenius; kurze Fahrten in die Alpen und ans Meer bleiben ohne Wirkung.

Hagenrieder ähnelt auch nicht Goethes "Wilhelm Meister" (1795/96), der sich anders als Sternbald nicht für den Lebensverzicht entscheidet, sondern als nützliches Glied in die bürgerliche Gesellschaft integriert wird. Diese für den Künstlerroman möglichen Entwicklungswege sind quasi schon vor Beginn der Romanhandlung ins Stocken geraten; Hagenrieders künstlerische Entwicklung ist schon am Anfang des Romans abgeschlossen und verharrt in einer Eloquenz, die private Konflikte zu einem künstlerischen Ringen um höhere Werte verklärt. Die Entwicklung, die tatsächlich abläuft, ist keine künstlerische, sondern die des Alterns eines in die Midlife-crisis geratenen Künstlers.

Die Gemälde Hagenrieders veranschaulichen den künstlerischen Stillstand. Sie zeigen einerseits, daß sie durchweg durch Ambiguitäten und Antagonismen geprägt sind, und andererseits, daß sie stark unter dem Einfluß der Beziehung zu Swaantje stehen. Die Komplementärwirkung der Bilder Hagenrieders wird bereits im ersten Werk deutlich, das im Roman beschrieben ist. Hagenrieder, der sonst von der Heidelandschaft inspiriert wird, hat ein Gebirge gemalt. Bei anderer Beleuchtung aber ergibt sich ein neues Motiv: der Kreuzestod Christi (D III,415 f/N V,115 f). Hagenrieder, so erzählt er Swaantje, hatte ursprünglich vorgehabt, eine Kreuzigung zu malen, da er diesen traditionsreichen Stoff in seiner Ma-

---

45 Vgl. Metzler Literatur Lexikon. Stichwörter zur Weltliteratur, hrsg. v. Günther u. Irmgard Schweikle, Stuttgart 1984, S. 242 f.

nier festhalten wollte. Beim Malen jedoch drängte sich ihm unbewußt ein Motiv aus den Dolomiten auf.

Das Gemälde hat sozusagen ein doppeltes "zweites Gesicht". Einmal ist es das Dolomiten-Kreuzigungsbild, das sehr charakteristisch für Hagenrieders unbewußte Produktionsmechanismen ist, zum anderen ist es ein Heide-Dolomitenbild, in dem die Heide implizit als Gegenpol wirkt.

Eine Polarität bilden auch die Gemälde, mit denen Hagenrieder symbolhaft das Wesen der Frauen darzustellen versucht. Das sogenannte Stapelienbild, das unter dem Eindruck dieser Blumen entstand, zeigt den Leib einer Frauengestalt. Doch diese Frau, die in Swaantjes Augen zur indischen Göttin Kali wird, ist nicht ausgemalt, sondern ausgespart, nur der Hintergrund ist ausgearbeitet. Diese Technik war für Hagenrieder zwingend, da Kali "das negative Prinzip des weiblichen Wesens" symbolisiert (D III,418/N V,119), nämlich die verzehrende Sinnlichkeit.

Das Gegenstück zu diesem Bild entsteht bereits unter dem Einfluß der Liebe zu Swaantje. Dieses Gefühl läßt Hagenrieder eine Frauengestalt malen, die voller Sehnsucht, Anmut und Keuschheit ist:

> "Das neue Bild zeigte in derselben Lage, aber als Spiegelbild, und in einem ähnlichen, nur in den Einzelheiten anders gehaltenen Rahmen ein Mädchen, dessen Augen alle Süßigkeit, die vom Weibe kommt, ausdrücken. Hier war nur der Akt gemalt und einiges an den Lilien und Rosen, die den Hintergrund bildeten; die Landschaft als solche war aus dem Holze herausgespart."
> (D III,433/N V,134 f)

Die nun folgende Zeit angespannter Emotionen, des Werbens um Swaantje und ihre Ablehnung, bringt eine Änderung in der Motivwahl des Malers mit sich. Hagenrieders Produktion verläuft jetzt zwiespältig: Neben frohen, von der Liebe beeinflußten Bildern entstehen sogenannte Tendenzbilder (D III,489/N V,193). Das sind Gemälde, die historische Ereignisse darstellen und nicht mehr bloße Naturstimmungen wiedergeben. Hagenrieder malt zwei Saharabilder, die Fremdenlegionäre und erschossene Negerhäuptlinge zeigen. Dazu kommen Motive aus germanischer Zeit und Mythologie: die Hinrichtung der Sachsen durch Karl den Großen, "Frigges Flammentod" und "Wodes Zorn" (D III,489 f/N V,193 f).

Hagenrieders Freund Hennecke, von Beruf Journalist, nennt diese Bilder gemalte Leitartikel (D III,539/N V,246). Der Maler distanziert sich später von ihnen und vernichtet sie sogar. Verschont bleibt allerdings das Sachsenbild, das wohl zu sehr im Einklang mit Hagenrieders Germanenkult steht.

Die Bilderzerstörung ist nur ein Beispiel für die extremen Verhaltensweisen, die Hagenrieder in seinem Gefühlschaos an den Tag legt. Er, der zuvor gegen eine kommerzialisierte Kunst war, verlangt in dieser Phase horrende Preise (D III,490/N V,194). Seine Stimmung ist so gereizt, daß er - quasi als Zeichen für die Lebensferne seines Schaffens - seine Schriften über die Kunst vernichtet (D III,495/N V,199).

Doch auch in dieser Phase ist Hagenrieders Werk von Ambiguitäten beherrscht. Immer wieder beschäftigt er sich mit der "Weißen Heide", einem Bild, das das Wesen Swaantjes verdeutlichen soll. Hagenrieder ändert es wiederholt, um die Rätselhaftigkeit, die er in Swaantjes Charakter entdeckt haben will, zum Ausdruck zu bringen:

> "Er malte den Hintergrund zu Swaantjes Bild um, gab ihrem äußeren Gesichte einen weichen Zug, brachte aber dahinter etwas rätselhaft Hartes an, das niemand fassen konnte, das aber jeder fühlte ..."
> (D III,545/N V,252)

Hier soll das "zweite Gesicht" der Swaantje gezeigt werden: einerseits Anmut und Lieblichkeit, andererseits eine gewisse Kälte. Die angebliche Doppeldeutigkeit einer Frau hat Hagenrieder nun in einem einzigen Bild festgehalten, während er zum Stapelienbild mit der Göttin Kali noch ein Gegenstück malen mußte.

Die Swaantje-Episode hat Hagenrieder lediglich dazu gebracht, die Darstellung von Ambiguitäten zu verfeinern, worin schon immer ein Ziel seines künstlerischen Schaffens bestand. Ein anderes Ziel, die Vereinigung von Kunst und Leben, gelingt ihm weder mit Swaantje noch mit Annemieken, owohl er in ihrer Gegenwart die Symbiose dieser beiden Bereiche im bäuerlichen Leben erahnt.

Für sein künstlerisches Schaffen bedeutet die Phase der unglücklichen Liebe zu Swaantje lediglich eine Zeit der Verirrung, aus der Löns seinen Helden mit einer gewissen Ruhe und Abgeklärtheit sowie einem leicht resignativen Zug hervorgehen läßt. Die unbefriedigende Beziehung zu Swaantje bestätigt ihm nur, daß Kunst für ihn ein Ersatz für das sinnliche Erleben, ein "Notbehelf", ist, wie er es immer wieder betont hat (D III,445, 469,600/N V,147,172,309).

Da er mit Swaantje seine Sinnlichkeit nicht ausleben kann, wendet er sich erneut dem Malen als Kompensation seiner Frustrationen zu. Im Alter kehrt Hagenrieder wieder zu seinen stimmungsvollen Naturbildern zurück, die den Sinn haben, dem Menschen den verlorenen Urzustand, die

Vereinigung mit der Natur, nahezubringen und somit auf seine Ge-
mütsverfassung einzuwirken:

> "Er sah die Wände, die ihm zur Verfügung standen, sich mit Bäumen, Blumen
> und Gestalten beleben, bei deren Anblick der Fröhliche noch fröhlicher und
> der Betrübte seine Traurigkeit vergessen mußte. Eine Welt wollte er bemalen,
> die leichte Herzen noch höher hob und schwere von ihrer Unbeholfenheit be-
> freite."
> (D III,619/N V,330)

Hagenrieders Gemälde sind damit nichts anderes als die Visualisierung
der Lönsschen Naturerzählungen (siehe 4.4).

7.5 Ein Geschlechterroman

7.5.1 Der sexuelle Diskurs um die Jahrhundertwende

In Helmold Hagenrieder verdichten sich die Männlichkeitsphantasien der
Jahrhundertwende, die den sexuellen Diskurs jener Jahre prägten. In der
Zeit zwischen den 90er Jahren des 19. Jahrhunderts und dem Ausbruch
der Ersten Weltkriegs kam es zu einer breiten Diskussion um das Wesen
der Geschlechter, insbesondere um das des "Weibes", die Rechte der
Frau, ihre Sexualität und ihr Verhältnis zum Mann. Nike Wagner faßt
diese Zeitströmung so zusammen:

> "Darwins Formel vom 'Kampf ums Dasein' erfährt eine Variation von gleicher
> Schärfe und Dringlichkeit in dem Strindbergschen 'Kampf der Geschlechter'.
> Zugleich taucht ein anderer Begriffszwilling auf: die 'soziale Frage' findet ein
> Echo in der 'sexuellen Frage', d.h. die Probleme, die das Aufkommen des In-
> dustrieproletariats aufwirft, haben ihr Pendant in den Problemen, die die For-
> derung der Frau nach Gleichberechtigung in Liebe, Ehe, Beruf und Gesell-
> schaft bewirkt."[46]

Schon Jahre vor der Jahrhundertwende formierte sich die bürgerliche
Frauenbewegung in Deutschland; 1865 wurde der "Allgemeine Deutsche
Frauenverband" gegründet, der für das Recht auf Erwerbsarbeit, auf Bil-
dung und auch für Arbeiterinnen- und Mutterschutz eintrat. Dieser
Gründung folgte eine Ausweitung der Frauenbewegung in verschiedene

---

46 Nike Wagner: Geist und Geschlecht. Karl Kraus und die Erotik der Wiener Moderne, 2.
Aufl., Frankfurt a.M. 1982, S. 7.

Sparten; es gab gemäßigte, radikale, konfessionelle oder auch "vaterländische" Frauenvereine, die um 1900 eine rege Aktivität entwickelten.[47]

Naturalistische Dramatiker griffen die "Frauenfrage" in ihren Stücken auf, so z.B. Ibsen in "Nora oder ein Puppenheim" (1879) oder Strindberg in "Fräulein Julie" (1888). Die Schriftsteller des "fin de siècle" widmeten sich der erotischen Frau, wie sie exemplarisch in Frank Wedekinds "Lulu" ("Erdgeist", 1895; "Die Büchse der Pandora", 1902) erscheint, und Arthur Schnitzler verarbeitete die sexuellen Beziehungen zu einem "Reigen" (1903).

Auch die Wissenschaft entdeckte die Frau als unbekanntes Wesen, und mit ihr rückte die "sexuelle Frage" in den Blickpunkt von Biologen, Medizinern, Philosophen und Psychologen.[48] Allerdings verbargen sich in den wissenschaftlichen Ausführungen allzu oft die geschlechtsspezifischen Klischees jener Zeit, was bereits die Titel einiger sexualkundlicher Werke erkennen lassen: "Das nervöse Weib" von Albert Morell (1898) oder "Über den physiologischen Schwachsinn des Weibes" von Paul J. Möbius. (1906). Frauen galten dort als Gattungswesen, nicht als Individuen. Ihre Berufung ist die Mutterschaft, sie sind sexuell passiv, intellektuell und künstlerisch sind sie steril.

Das "Weib" als Trieb- und Instinktwesen, der Mann als Geist- und Kulturmensch - dieses Bild bestimmt eine antagonistische Geschlechterphilosophie, die ihren Widerhall in der öffentlichen Meinung und der Kunst fand. Der Romanheld Hagenrieder ist Person-gewordener Ausdruck dieses Zeitgeistes, welcher schließlich Löns auf eine Stufe mit Strindberg stellte[49], dem "Repräsentanten der dichterisch gestalteten Geschlechtsnot"[50].

In den Ansichten Hagenrieders bündeln sich die Geschlechterklischees: Er fühlt sich als "Herrennatur", dem die Frau zu dienen hat; wie selbstver-

---

47 Vgl. Rosemarie Nave-Herz: Die Geschichte der Frauenbewegung in Deutschland, hrsg. von der Niedersächsischen Landeszentrale für politische Bildung, 3. überarb. u. erg. Aufl., Hannover 1989; Dietlinde Peters: Mütterlichkeit im Kaiserreich. Die bürgerliche Frauenbewegung und der soziale Beruf der Frau, Bielefeld 1984 (= Wissenschaftliche Reihe; Bd. 29).

48 Zu folgendem vgl. vor allem Wagner: Geist und Geschlecht, a.a.O., S. 69 ff, 155 ff. Vgl. außerdem Hermann Glaser: Die Kultur der wilhelminischen Zeit. Topographie einer Epoche, Frankfurt a.M. 1984, S. 205 ff; Carola Hilmes: Die Femme fatale. Ein Weiblichkeitstypus in der nachromantischen Literatur, Stuttgart 1990, S. 39-51.

49 Vgl. Paulk: Löns und das deutsche Weib, a.a.O., S. 88. 1986 ist Löns allerdings auf eine "Strindberg-Gestalt in Provinzformat" zusammengeschrumpft; vgl. "Keulen, wuchten, fegen", in: Der Spiegel, 40 Jg. (1986), Nr. 36 (1.9.1986), S. 205.

50 Wagner: Geist und Geschlecht, a.a.O., S. 71.

ständlich bringen Frauen für ihn Opfer. Das war bereits in seiner Studienzeit so, als er sich von zwei Geliebten hat unterstützen lassen (D III,436 f/ N V,138), und so verhält es sich auch mit seiner Ehefrau Grete, die ihn in den Zeiten der beruflichen Etablierung entlastete (D III,486/N V,190).

Die Frau tritt völlig hinter den Bedürfnissen des Mannes zurück, dessen höhere Stellung Hagenrieder aus der Natur heraus ableitet. Das Verhalten der Tiere ist ihm Maßstab für die Beziehung zwischen Mann und Frau. Bewundernd schaut der Jäger Hagenrieder einem Hirsch zu:

> "Der weiß mit Weibsleuten umzugehen ..., fällt ihm gar nicht ein zu schmachten und zu betteln. Er nimmt sich, was ihm zukommt, kraft seines Geweihs."
> (D III,523/N V,229)

Seine Schlußfolgerung aus den Beobachtungen in der Natur lautet: "Magd soll das Weib dem Mann sein, nicht Herrin. Nie ist sie ihm Kamerad." (D III,523/N V,229)

Diese Äußerungen stammen aus der Zeit nach der ersten erfolglosen Annäherung an Swaantje, als sich Hagenrieder zahlreichen sexuellen Eskapaden hingibt. Seine Grundeinstellung hat sich in dieser Phase nicht geändert, sie äußert sich nur zugespitzt in einem Extrem. Frauen sind für Hagenrieder immer nur Dienerinnen, die ihre Persönlichkeit dem Mann unterordnen und erst durch ihn ihren Lebenszweck finden. Daraus entspringt sein Gedanke, ein Leben zu dritt, gemeinsam mit Grete und Swaantje zu führen. Auf scherzhafte Weise stellt Ehefrau Grete den Gedanken eines "Triptychonlebens" (D III,491/N V,195) vor. Sie sagt zu Swaantje:

> "Helmold kann ganz gut zwei Frauen brauchen, und du paßt eigentlich besser zu ihm als ich. Außerdem habe ich mit dem Haushalte und den Kindern so viel zu tun, daß ich mich um den armen Mann so gut wie gar nicht kümmern kann. Überlege dir das einmal, Swaantje! Ich bin dann seine Sonnenfrau, die für den Leib sorgt, und du das Mondweibchen, das seine Seele bescheint."
> (D III,431/N V,133)

Hagenrieder nimmt diesen Gedanken so ernst, daß er schon zu einer fixen Idee wird, die ihn ekstatisch antreibt:

> "Grete oder Swaantje? Grete und Swaantje! Rot und Grün! Laut und Leise! Licht und Schatten! Heiß und kühl! Komplemente! Das eine ohne das andere nicht zu denken. Ergänzungen! Hälften! Nein, Drittel, erst ganz, wenn es hieß: Gretehelmoldswaantje! Swaantjehelmoldgrete!"
> (D III, 440/N V,141 f)

Bezeichnend für diese Symbiosephantasie einer Dreieinigkeit ist, daß Helmold immer im Mittelpunkt steht und von den Frauen flankiert wird, sei es nun in der Version "Gretehelmoldswaantje" oder "Swaantjehelmoldgrete".

Löns geht davon aus, daß der Mann polygam veranlagt sei, und rechtfertigt diese Ansicht mit "rassischen" Argumenten. In dem "Totenmaske"-Kapitel läßt Löns Hagenrieder über Moral, Rasse und Polygamie schwadronieren:

"Es gibt vielerlei Moralen, im Grunde aber gibt es keine Moral, sondern nur Unmoral, unmoralisch ist immer nur das, was andere tun. Aber die Heuchelei darf man auch nicht eine Unmoral nennen; sie ist bitter notwendig für die Rasse. Wenn alle Menschen sich demaskierten, wäre keine Familie, keine Gemeinde, kein Staat möglich; es wäre das Ende. Heutzutage wenigstens in unseren verwickelten Verhältnissen, früher war es anders. Die Zeiten sind anders. Jeder Mensch ist mehr Individuum geworden, will und soll soviel wie möglich ein Eigenleben führen, und ein Menschenherz ist schließlich zu gut dazu, als daß man sich damit eine Straße pflastert. Und Polygamie ist Rassenselbstmord, wenigstens die gesetzliche Polygamie, sie zerstört die Grundlage des Staates, die Familie. Deshalb bleibt der Mann aber doch polygam, und was er mit der Ehe alles aufgibt, das kann kein Mädchen verstehen, eine Frau schon gar nicht. Und die polygame Veranlagung des Mannes ist notwendig, besonders heute, wo bei der Hälfte aller Ehen der Geldschrank und nicht Kraft und Adel entscheidet. So gleicht sich wenigstens auf dem Wege der Unmoral die rassenschädigende Wirkung der Moral aus."[51]

Außer aus den Theorien des wissenschaftlichen Rassismus und der Nietzsche-Epigonen bedient sich Löns hier aus dem Werk des Richard Freiherr von Krafft-Ebing (1840-1902). Der adlige Nervenarzt veröffentlichte 1886 seine "Psychopathia sexualis", in der er versucht, eine Liste aller pathologischen Erscheinungen des Sexuallebens aufzustellen und sie auf gesetzmäßige Bedingungen zurückzuführen. Krafft-Ebing leistete damit einen der wichtigsten Beiträge für den sexuellen Diskurs jener Jahre und beeinflußte zahlreiche sexualkundliche Werke mit mehr oder minder wissenschaftlichem Anspruch. Das Verhältnis der Geschlechter war für Krafft-Ebing klar definiert: Der Mann besitzt ein lebhaftes geschlechtliches Interesse, während das sinnliche Verlangen des "Weibes" nur gering sei; das "Weib" ist monogam, der Mann hingegen polygam veranlagt. Daraus zog Krafft-Ebing den Schluß, daß der Ehebruch einer Frau schwerwiegender sei als der eines Mannes.

---

51 Vgl. Anm. 110, S. 176 (5.4.3).

Löns übernahm wie viele andere seiner Zeitgenossen diese Ansichten und formulierte sie im "Zweiten Gesicht". Über die künstlerischen Neigungen Swaantjes sagt beispielsweise der Mond in einem visionären Gespräch zu Hagenrieder:

> "Sie ist ein Stück Künstler, leider! Künstlertum verträgt sich nicht mit Vollweiblichkeit; das Erzeugen ist euer Vorrecht. Frauen haben etwas anderes zu tun, vielleicht besseres."
> (D III,445/N V,147)

Während Männer Kopfgeburten ihrer Phantasie erzeugen, gebären Frauen leibhaftige Kinder; die Mutter steht laut Löns damit dem Leben näher als der Künstler. Daraus folgt für Hagenrieder, daß Frauen keine Künstler sein können, da sie "im Durchschnitt nicht produktiv sind bei ihrer rein rezeptiven Veranlagung" (D III,536/N V,243). Die Frau nimmt also nur auf: Sie nimmt die Gedanken des Mannes auf wie auch seinen Samen, doch nur mit letzterem kann sie produktiv werden. Kinder gebären und dem Manne Liebe bezeugen sind die Leistungen der Frau, sind ihre eigentliche Künstlerschaft.

In den Worten eines anderen berühmten "Sexologen" klingt diese Einstellung so:

> "die Frau hat kein originelles, sondern ein ihr vom Manne verliehenes Bewußtsein, sie lebt unbewußt, der Mann bewußt; am bewußtesten aber der Genius."[52]

Diese Worte stammen aus Otto Weiningers Schrift "Geschlecht und Charakter" (1903), die ein Sensationserfolg war und es in 20 Jahren auf 25 Auflagen brachte. In seiner systematischen Negativbestimmung des "Weibes" ist Weininger (1880-1903) charakteristisch für das Frauenbild der Jahrhundertwende, das durch seine Schrift eine scheinbar wissenschaftliche Bestätigung erfuhr.[53] Weininger sprach der Frau weder Seelenhaftigkeit noch ein intelligibles Ich zu. Die biologische Andersartigkeit der Frau nahm er als generelle Andersartigkeit und damit Minderwertigkeit wahr. Seiner Meinung nach prägte das Geschlecht den Charakter der Frau derart, daß sie allein von ihrer Sexualität bestimmt sei und nicht vom Geist wie der Mann.

---

52 Zit. n. Glaser: Kultur der wilhelminischen Zeit, a.a.O., S. 207.
53 Zu Weininger allgemein vgl. Jacques Le Rider: Der Fall Otto Weininger. Wurzeln des Antifeminismus und Antisemitismus, Wien/München 1985 (frz. Originalausgabe 1982).

Diese Position wiederholt Löns in seinen Briefen, in denen er Hagenrieders Kritik an der Frauenbewegung und die Vorstellung von der intellektuellen und künstlerischen Minderwertigkeit der Frau zu gehässigen Angriffen steigert:

> "Die Frauenbewegung hat doch ihr Gutes. Sie sorgt dafür, dass man eheuntaugliche Weiber loswird."
> (Brief vom 3.9.1911; Deimann-Nachlaß)

> "Weiber sind Kinder, keine Vollmenschen."
> (Brief vom 10.12.1912; Deimann-Nachlaß)

> "NB [Nebenbei] haben Weiber keine Seele im Vergleich zu uns, sondern nur einen Uterus."
> (Brief vom 20.6.1913; Deimann-Nachlaß)

> "Weiber haltet Ihr Euch vom Balge. Die guten können nicht schreiben und die schreiben können, sind als Weiber meist minderwertig."
> (Brief vom 30.8.1913; BG 76)

Vor allem nach der Trennung von Frau und Kind verstärkte sich Löns' frauenfeindliche Einstellung. Doch auch vor diesem Ehekonflikt war Löns nicht imstande, eine Frau als Persönlichkeit, als Individuum zu sehen. So wie er sich den Urmenschen imaginierte, erträumte er sich den Mythos "Weib".

7.5.2 Imagination des Weiblichen: Der Mythos Weib

Hagenrieders Imagination des Weiblichen kulminiert in dem Bild der Urfrau, das er sich aus einzelnen, ihm gefälligen Eigenschaften verschiedener Frauen zusammensetzt. In seiner Phantasie werden Grete und Swaantje so zu einer einzigen Frau. Bittend sagt er zu Swaantje:

> "Grete und ich sind geschieden; nur du kannst uns wieder verbinden: Ihr seid für mich eins: seid das Weib. Bist du nicht mein, kann ich Grete nicht mehr in Liebe ansehen."
> (D III,505/N V,210)

Der Mythos Weib reduziert die reale Frau auf ihre Geschlechtlichkeit; das Schicksal hat sie dazu bestimmt, den männlichen Samen zu empfangen und Kinder zu gebären. So gesehen ist die Frau nur noch die Vagina, "das heilige Dreieck, das dunkle Geheimnis, unser Anfang, Ende auch", wie Hagenrieder im Fieber phantasiert (D III,570/N V,278). Ebenso emphatisch - allerdings im gesunden Zustand - schildert er die Anziehungskraft der Frauen:

> "Aus Weibes Schoß bin ich geboren und fühle mich in Dankbarkeit wieder dorthin gezwungen. Ein einziges Weib kann, ohne in Flammen aufzugehen, alle die Liebe nicht ertragen, die ich dem Weibe als solchem abzustatten mich verpflichtet fühle, und verglimmen und verkohlen würde ich, dürfte ich meine Liebe nicht hellauf lodern und weithin leuchten lassen."
> (D III,552/N V,259 f)

Das, was Hagenrieder Dankbarkeit nennt, ist nichts anderes als der Wunsch zur Regression: Er möchte in einer Dreiergemeinschaft symbiotisch verschmelzen, mit der Urfrau eins sein und so in einen Urzustand zurückkehren.

In einem visionären Gespräch mit dem Mond malt dieser Hagenrieders Wunschbild von einem urzeitlichen Leben, das sich aus Gewalt, Aktionismus und Verfügbarkeit der Frau zusamensetzt:

> "Die weite Heide, Kerl, ein blitzblanker Rappe zwischen den Beinen, den Bogen auf dem Rücken, den Köcher an der Seite und in der Hand das Schwert, das mit dem damaszenischen Stichblatt, Kerl, hinter dir tausend Kerle, so wie du, Kerl, und die alle auf den Pfiff gehorchen, Kerl, und dann der Feind! Kerl, nichts sieht doch feiner aus, als rotes Blut auf einer mit Gold ausgelegten Klinge! Und dann, Kerl, wenn die Wölfe sich um die Männerköpfe anknurren, Kerl, und du dich gebadet und umgezogen hast, dann, Kerl, das Haus am Berge, das weiße, du weißt doch, unter den Eichen, und die beiden schönen Frauen, die dir entgegenwinken, Kerl, und dir geben, was du haben mußt, laute und leise Küsse, und heiße und kühle, soviel du willst."
> (D III,436/N V,137 f)

In den Lönsschen Regressionsphantasien werden Frauen funktionalisiert; ihre persönlichen Probleme sind für Hagenrieder nicht existent, sie erstarren zu Ikonen der Weiblichkeit. Seine Idealfrau glaubt Hagenrieder zuerst in Swaantje, dann in Annemieken gefunden zu haben. Gerade die Darstellung dieser beiden Frauen zeigt, wie wenig Hagenrieder und sein Autor Löns eigenständige Persönlichkeiten in ihnen sehen.

Swaantje ist das Produkt erotischer Wünsche, die von der Frau Reinheit und erotische Attraktivität, keusche Demut und verführerischen Charme zugleich erwarten. Charakteristisch für diese Erwartung ist der erste Auftritt Swaantjes im Roman. Löns führt sie als eine Traumgestalt Helmolds ein, der vor einem Feuer in der Heide geflohen war:

"... nun kam ein Mädchen über das ausgebrannte Moor gegangen. Schlank war es und hatte einen stolzen Schritt; ihr aschblondes Haar sah sanft aus, ihre Augen hatten einen zärtlichen Glanz, und ihre Hände waren weiß und sehr klein. Sie nahm damit an beiden Seiten ihr Kleid auf; das war von weißem Wollstoffe und so lose geschnitten, daß es schöne Falten warf; der Halsausschnitt und die halblangen, weiten Ärmel waren mit goldenen Borten besetzt.
Immer näher kam das Mädchen, ging gerade auf ihn zu und blickte ihn mit freundlichen Augen an; die kamen ihm erst schwarz vor, dann meinte er, sie wären braun, und schließlich sah er, daß sie blau waren, blau mit goldenen Blumen darin."
(D III,407/N V,107 f)

Ganz in weiß wie die personifizierte Unschuld kommt sie in Hagenrieders Phantasie daher. Sie ist seine "weiße Frau"[54]: Ihre Reinheit (D III,452/N V,154) und Keuschheit (D III,444/N V,146) machen sie in Hagenrieders Augen zu einem unschuldigen, in sich noch natürlichen Menschen.

Doch Swaantje ist noch viel mehr für ihn: Sie ist zugleich Mutter, Schwester und Braut (D III,444/N V,146) und somit Inbegriff des Weiblichen. Sein Liebesgeständnis lautet daher so: "Ich habe dich schon geliebt, ehe daß ich dich kannte, ehe daß du lebtest." (D III, 458/N V,160)

Das Wunschprodukt Swaantje besitzt Züge, die sie in die Tradition literarischer Männerphantasien verweisen. Die Lönssche Swaantje ähnelt der "femme fragile" in der Literatur des "fin de siècle".[55] Ihr Nervenleiden läßt sie als eine zarte, zerbrechliche Frau erscheinen, als eine liebliche Madonna. Doch die Figur der Swaantje ist bei Löns nicht nur rein und keusch. Löns bemüht sich, sie in fast schwül-erotischen Szenen als "verlockend fraulich" darzustellen (D III,446/N V,148).

Als es Hagenrieder nicht vermag, sie aus dem "geschlechtslosen Unleben" zu reißen (D III,456/N V,159), wandelt sich das Bild Swaantjes. Sie bekommt ein "zweites Gesicht", das Löns bereits früh angedeutet hat. Swaantje besitzt "männliche" Eigenschaften, die ihr den Weg in die "volle Weiblichkeit" versperren:

54 Vgl. Klaus Theweleit: Männerphantasien, Bd. 1: Frauen, Fluten, Körper, Geschichte, 64.-75. Tsd., Reinbek bei Hamburg 1987, S. 98-145.
55 Vgl. Ariane Thomalla: Die "femme fragile". Ein literarischer Frauentyp der Jahrhundertwende, Düsseldorf 1972 (= Literatur in der Gesellschaft Bd. 15); vgl. außerdem Josephine Schröder-Zebralla: Frank Wedekinds religiöser Sensualismus. "Die Vereinigung von Kirche und Freudenhaus?", Frankfurt a.M./Bern/New York 1985 (= Europäische Hochschulschriften: Reihe 1, Deutsche Sprache und Literatur Bd. 840), S. 94 ff.

"Ihr ganzes Wesen ist weiblich, aber ihr Geist ist männlicher Art. Am Ende ist sie kein völliges Weib; das wäre ein Jammer, denn dann wird sie das wahre Glück nie kennenlernen ..."
(D III,421/N V,122)

Das Glück einer Frau ist in Hagenrieders Weltanschauung selbstverständlich der Mann und im Falle Swaantjes er selber.

Nachdem dieses "Glück" nicht zustande gekommen ist, arbeitet Hagenrieder sein Gemälde von der Swaantje um: Er malt sie mit unbarmherzigen Augen und grausamen Lippen (D III,536 f/N V,243). Sie wird nun in Hagenrieders Phantasie fast zu einem Dämon, zu einem Vampir, der ihm das Leben aussaugt (D III,559/N V,267). Aus der "femme fragile" wird die "femme fatale", die die Männer ins Unglück stürzt.[56] Mit diesen beiden Frauentypen bleibt Löns in den Erklärungsmustern des "fin de siècle". Das Problem "Weib" löst er durch Klischees; statt Differenzierung des Frauenbildes bietet Löns nur Simplifizierung.

Dies zeigt sich auch in der Darstellung Annemiekens: Ist Annemieken anfangs noch eine Frau unter vielen, derer sich Hagenrieder bedient, um das nicht zustande gekommene Dreiecksverhältnis zu kompensieren (D III,534/N V,241), so kommt ihr bald eine besondere Bedeutung zu; in ihr verschmelzen die verschiedenen Frauen aus Helmolds Leben, sie wird nun zur Frau an sich:

"Eines Abends, als er reichlich müde von dem weiten Wege und durch und durch kalt vom langen Passen bei Annemieken saß und sich die Füße am Torffeuer wärmte, klagte er ihr sein Leid; und als er sie dabei ansah, kam sie ihm ganz anders vor als sonst, und er fand, daß das junge Weib ein neues Gesicht und fremde Bewegungen hatte. Sah sie eben noch wie Sophie Pohlmann aus, so erschien es ihm gleich darauf, daß sie ihn mit den Augen der Gräfin anblickte; dann wieder war sie Grete, gleich darauf Swaantje und hinterher Marie oder Luise oder eine andere, die er geküßt hatte."
(D III,560/N V,268 f)

Bei Annemieken findet Hagenrieder all das, was er in seinem bisherigen Leben und in seiner künstlerischen Arbeit vermißt hat. Ihr ganzes Wesen wird von Löns als Ausdruck von Natürlichkeit beschrieben; ohne Scheu gibt sie sich dem Jägersmann Hagenrieder hin (D III,530/N V,237) und ist

---

56 Vgl. Hilmes: Die Femme fatale, a.a.O.; Mario Praz: Liebe, Tod und Teufel. Die schwarze Romantik, Bd. 1, München 1970 (= Wissenschaftliche Reihe, dtv 4051), S. 167-250 (Originalausgabe 1930).
    Eine "femme fatale" tritt bei Löns schon in einer seiner frühen Erzählungen auf, als Gespenst bedrängt sie den Ich-Erzähler in "Der Vampir" (C VII,95-103).

dennoch rein und keusch (D III,637/N V, 349), sie ist fleißig, kann zupak-
ken, was sie bei einer Schlägerei beweist (D III,541/N V,248), und verträgt
auch Alkohol (D III,561/N V,269). Sie ist keine verzärtelte Dame, sondern
ein Naturkind, wie die Frauen aus dem "Wehrwolf"-Roman (siehe 5.3.3):
"Annemiekens Backen waren rot wie Rosen, ihre Augen blau wie Bach-
blumen, und ihr Haar sah aus wie Haferstroh in der Sonne." (D III,563/N
V,271)

In Annemieken, wie in den Frauen überhaupt, sucht Hagenrieder seine
Ideale und die Lösung seiner privaten Probleme. Dasselbe gilt für Löns,
der seinen Figuren Namen verleiht, die zugleich Programm sind.[57]
"Swaantje" vereinigt eine germanische Komponente mit einem Reinheits-
ideal. Diese Koseform stammt ursprünglich vom althochdeutschen Namen
Swanhild: Das althochdeutsche "hilt" bedeutet nicht anderes als Kampf,
während mit dem Schwan auf den Schicksalsvogel der germanischen Mythologie und dessen Reinheit angespielt wird. Der Name von Hagenrieders Ehefrau Grete weckt Assoziationen an das Gretchen in Goethes
"Faust", so daß der Maler zwangsläufig als "faustischer" Künstler erscheint. Annemieken ist eine volkstümliche Form von Annemarie, wodurch Annemiekens Symbolcharakter unterstützt wird; ihre Persönlichkeit
besteht für Löns gerade darin, daß sie das Volk überhaupt ist:

> "Sein Volk, das einzige, das er auf der Welt noch liebte, saß vor ihm in Weibs-
> gestalt, durchsichtig wie ein tiefes Wasser und ebenso unergründlich, schön an-
> zusehen und doch schrecklicher Geheimnisse voll ..."
> (D III,586/N V,296)

Die Persönlichkeit Annemiekens verschwindet hinter dieser Symbol-
funktion, sie ist kein Subjekt mehr, sondern die Personifikation von Natur
und Volk[58].

---

57 Vgl. Günther Drosdowski: Duden-Lexikon der Vornamen. Herkunft, Bedeutung und
   Gebrauch von mehreren tausend Vornamen, 2. neu bearb. u. erw. Aufl., Mannheim 1974.
   Auch Hagenrieders Vorname enthält eine Quintessenz der Eigenschaften seines Trägers,
   die Löns im Kriegerischen und im Herrschaftsanspruch des Malers sieht: ahd. helm
   "Helm" + ahd. -walt zu waltan "walten, herrschen".
58 Zur Rolle der Frau vgl. den Abschnitt "Mensch und Tier" in Max Horkheimer/Theodor
   W. Adorno: Dialektik der Aufklärung. Philosophische Fragmente, Frankfurt a.M. 1981
   (= Theodor W. Adorno: Gesammelte Schriften Bd. 3), S. 283-291, bes. S. 285 f.

Die Hochschätzung der männlichen Polygamie, das beabsichtigte Dreiecksverhältnis und die zahlreichen sexuellen Abenteuer Hagenrieders erregten beim zeitgenössischen Publikum den Vorwurf der Unsittlichkeit. Wer als Leser aber eine "unsittliche" Darstellungsweise erwartete, wird vermutlich enttäuscht gewesen sein. Von Pornographie ist im "Zweiten Gesicht" keine Spur zu entdecken. Löns ist kein zweiter Felix Salten, der nicht nur Tiererzählungen wie "Bambi" schrieb, sondern der auch sehr wahrscheinlich die erotische Lebensgeschichte der Wiener Dirne "Josefine Mutzenbacher" (1906) verfaßt hat - der erste pornographische Roman deutscher Sprache, dem ein literarischer Rang zugesprochen wurde.

Löns bemüht sich, erotische Spannung herzustellen, produziert im Endeffekt aber eine Stimmung, in der sich der verklemmte Umgang mit Sexualität in der bürgerlichen Gesellschaft der Jahrhundertwende widerspiegelt. Zwar fand ein Diskurs über den Sex statt, wie die sexualkundliche Literatur dieser Zeit belegt, doch die Sprache, in der sich dieser Diskurs in der Regel manifestiert, ist entweder eine wissenschaftliche, die sich hinter lateinischen Fachausdrücken versteckt, oder eine gewundene, mit konstruierten Andeutungen arbeitende Sprache, die mehr verschweigt als offenlegt.

Im Vergleich zum "Zweiten Gesicht" sind selbst einige der Frühgedichte Löns' direkter und unverkrampfter (siehe 3.3). Mit keinem Wort weist Löns ausdrücklich auf eines der Hauptthemen des "sexuellen Romans" "Das Zweite Gesicht" hin: die Potenzschwierigkeiten Hagenrieders. Nur durch Andeutungen ist zu entnehmen, daß er mit seinen zahlreichen Liebschaften seinen Alterungsprozeß ungeschehen zu machen und seine Impotenz zu beheben versucht:

> "Mit jeder Frauenseele, die sich ihm erschloß, glaubte er ein Stück Jenseitsdasein mehr zu erwerben, wähnte er sein persönliches Leben zu verlängern."
> (D III,558/N V,265 f)

Der gealterte Hagenrieder erkennt, daß sogar seine Liebe zu Swaantje diesen Zweck verfolgte: "Ich liebte sie aus Angst vor dem Altwerden; jetzt habe ich vor dieser Angst keine Bange mehr." (D III,582/ N V,291) Seine Beziehung zu Annemieken, seiner letzten Liebe, wird schließlich zu einem Verhältnis "wie zwischen Bruder und Schwester" (D III,628/N V,340).

In Löns' Bemühen, eine erotische Spannung aufkommen zu lassen, geraten die Liebesszenen eher unfreiwillig komisch als erotisierend. Auf einen heutigen Leser wirkt die Verführungsszene mit Hagenrieders Wirtin wie eine spätpubertäre Wunschphantasie:

> "Er ließ sie los, stellte sich vor sie hin und befahl: 'Kuß!' Mit niedergeschlagenen Augen, feuerrot im Gesicht, kam die hübsche Frau näher, legte ihm die Hände auf die Schultern, hob sich auf den Zehenspitzen und küßte ihn. 'So recht, mein Mädchen, so schön, mein Kind, so brav, mein Zuckerchen!' lobte er, faßte sie um die Mitte und küßte sie, bis sie keinen Willen mehr hatte."
> (D III,520/N V,225)

Höhepunkte einer erotischen Darstellung scheinen für den Autor die Auftritte Swaantjes im Nachthemd zu sein: Da weist schon mal "der Schatten der Palmblätter mit unverschämten Fingern über ihre Schulter nach ihren Brüsten ..., die aus den Spitzen hervorsahen" (D III,445/N V, 147 f); oder "langsam hob ihre Brust das weiße Nachtgewand" (D III,481/ N V,185); oder sie spielt im "Totenmaske"-Kapitel, bereits zur Nacht gekleidet, mit einem Medaillon, das ein Bild Hagenrieders enthält:

> "Swaantje lag da und streichelte in einem fort das Medaillon, das kalt zwischen ihren warmen Brüsten lag. Dann richtete sie sich auf, nahm ihr Kopfkissen in den Arm, küßte es, streichelte es, flüsterte ihm Worte zu, die kein Mensch hören durfte, küßte das Kissen zärtlicher, seufzte tief auf, und dann ließ sie es fahren, zog die Steppdecke bis zum Kinn, denn Fieberkälte schüttelte sie und wechselte mit Gluthitze ab ..."

In solchen Nächten hören ihre Verwandten sie zärtlich im Schlafe rufen: "Ja, ja!"

Selbst zeitgenössischen Lesern, die im Kontext ihrer Zeit vielleicht derartige Szenen als gewagt und frivol betrachteten, könnten Stilblüten wie diese aufgefallen sein:

> "Seine Blicke streichelten ihre Schultern und stahlen sich dahin, wo ihre Brüste im Schatten der Spitzen auf und ab hüpften, ab und zu freudig errötend, wenn eine zarte Schmeichelei oder ein kecker Vergleich sie in Erregung versetzte."
> (D III,593/N V,302 f)

Wer errötet da freudig? Hagenrieder, Swaantje oder ihre Brüste?

Derartige Ausführungen tragen weniger zur Handlung bei, als daß sie die erotischen Wunschträume des Autors verraten. Schreibend steigerte er sich in einen Rauschzustand, in eine sexuelle Erregung hinein, vergleichbar mit dem Rausch, den der Lönssche Jäger auf der Jagd erlebt und den Löns im Schreiben nachvollzog.

7.6 Ein psychoanalytischer Roman

Wenn Hermann Löns das "Zweite Gesicht" einen "Unterbewußtseins-Roman" nennt (BD 323 f), so erhält diese Klassifizierung in ihrem zeitlichen Kontext - das Zitat stammt von 1910 - eine besondere Bedeutung. Es ist die Zeit, in der sich die Psychoanalyse nach heftigen Widerständen durchzusetzen begann. 1899 hatte Sigmund Freud sein Buch über "Die Traumdeutung" veröffentlicht, das zum Wendepunkt in der Geschichte der Psychologie werden sollte.[59] Die Traumdeutung galt Freud als "via regia", als Königsstraße, um das Unbewußte im Seelenleben zu erforschen. Es folgten bald weitere Veröffentlichungen, die die Herausbildung der Psychoanalyse als eine eigene Disziplin vorantrieben, z.B. "Zur Psychopathologie des Alltagslebens" (1901) und die "Drei Abhandlungen zur Sexualtheorie" (1905).

Die Vermutung, das Konglomerat Lönsscher Ideen könnte durch die Erkenntnisse der Psychoanalyse erweitert worden sein, scheint auf dem ersten Blick in den surrealen Elementen des "Zweiten Gesichts" bestätigt zu werden. Hagenrieder führt visionäre Gespräche mit dem Mond, der ihm wie in einem Traum seine Sehnsüchte nach einem urmenschhaften Leben vorführt (D III,436/N V,137 f). Der "eiserne Ritter", der Hagenrieder erscheint und ihn drängt, Swaantje im Sturm zu nehmen (D III,447-463/N V,149-166), verkörpert seine Triebwünsche, die ungeachtet der gesellschaftlichen Normen nach Erfüllung suchen; er steht für Hagenrieders aggressive Sexualität, die er bei Swaantje unterdrückt. In der Freudschen Terminologie hieße der "eiserne Ritter" das "Es", das im Streit mit dem "Ich", der Vernunft und Besonnenheit, liegt.

Auch der Gedanke der Bisexualität des Menschen, den Freud von seinem Freund Wilhelm Fließ übernahm[60], scheint im "Zweiten Gesicht" pa-

---

59 Zu Freud vgl. Peter Gay: Freud. Eine Biographie für unsere Zeit, Frankfurt a.M. 1989 (amerikanische Originalausgabe 1987); ders.: Sigmund Freud. Ein Deutscher und sein Unbehagen, in: ders.: Freud, Juden und andere Deutsche. Herren und Opfer in der modernen Kultur, München 1989 (amerikanische Originalausgabe 1978), S. 51-114.

60 Vgl. Sigmund Freud: Drei Abhandlungen zur Sexualtheorie, in: ders.: Gesammelte Werke. Chronologisch geordnet, Bd. 5: Werke aus den Jahren 1904-1905, 5. Aufl., Frankfurt a. M. 1972, S. 40 f.

radigmatisch verarbeitet worden zu sein. Löns läßt beipielsweise Hagenrieder sagen:

> "Denn wenn eine Frau nicht etwas Mann wäre, wie könnte sie dann Knaben gebären, und wenn ein Mann nicht etwas vom weiblichen Wesen in sich hätte, wie wäre es ihm wohl möglich, ein Mädchen zu zeugen?"
> (D III,441/N V,143)

Die Vorstellung von einem Zusammenhang zwischen dem Aufkommen der Psychoanalyse und dem Löns-Roman ist sicher verlockend, muß aber sogleich relativiert werden: Die Möglichkeit, daß Löns seine Helden nach den psychologischen oder gar psychoanalytischen Erkenntnissen seiner Zeit gestaltete (ähnlich wie Arthur Schnitzler, der mit Freud in Kontakt stand), widerspricht seiner antiintellektualistischen Grundhaltung. In seinen Briefen ist kein Hinweis zu finden, daß er sich jemals mit den Theorien des Wiener Nervenarztes Sigmund Freud auseinandergesetzt hätte. Von einer psychologischen Ausdifferenzierung seiner Romangestalten kann zudem keine Rede sein. Das Urteil, das "Zweite Gesicht" sei "ein rein psychologischer Roman"[61], geht an der Realität vorbei.

Schon in den Bauerromanen herrschen stereotype Schwarz-weiß-Darstellungen vor, und ebensowenig kann Löns bei Hagenrieder eine Entwicklung plausibel machen. Es überwiegen im Roman die Passagen, in denen Hagenrieder als genialischer Künstler agiert, der auf seinem "Herrennatur"-Standpunkt beharrt. Die Kunstideen werden nicht entwickelt, sondern in Sentenzen als unumstößliche Wahrheiten dargereicht, wie es schon Langbehn in seinem "Rembrandt"-Buch vorexerziert hat. Löns konstruiert Dialoge, damit Hagenrieder fast urplötzlich seine Kunstweisheiten von sich geben kann (D III,413 f/N V,114). In diesen Konstruktionen braucht der Maler eigentlich gar keinen Stichwortgeber mehr, sondern nur einen nickenden Zuhörer (D III, 630 f/N V,341 f). Ein Wandel - egal, ob im Verhältnis zu Frauen oder in der künstlerischen Überzeugung - findet nicht statt.

Auch der Hinweis auf das Lönssche Zitat vom "Unterbewußtseins-Roman" macht aus dem "Zweiten Gesicht" keinen psychologischen oder psychoanalytischen Roman. Freud selbst hat den Begriff "Unterbewußtsein" nur in wenigen frühen Schriften benutzt und wandte sich davon ab, da er

---

61 Edith Hetzer: Hermann Löns' Werke und ihre Würdigung im Hinblick auf die deutsche Literatur, Diss. phil. Wien 1928, S. 71.

ihm mißverständlich erschien.[62] "Unterbewußtsein" impliziert die Idee eines zweiten Bewußtseins, die Freud nicht akzeptieren konnte. Er verwendet hingegen den Begriff "Unbewußtes", um deutlich zu machen, daß seelische Prozesse unterhalb des Bewußtseins ablaufen können.

"Unterbewußtsein" war ein in der Psychologie des ausgehenden 19. Jahrhunderts gebräuchlicher Begriff, der sogenannte Phänomene von "Persönlichkeitsverdoppelung" erklären sollte, was wiederum der Lönsschen Idee vom "zweiten Gesicht" nahe käme. Doch der Begriff fand auch weite Verbreitung im nicht-wissenschaftlichen Bereich, so daß Löns ihn vermutlich in diesem trivialisierten Kontext aufgegriffen hat.

Ähnlich verhält es sich mit der Idee der Bisexualität. Publikumswirksamer als Freud betonte Otto Weininger eine grundsätzlich zwiegeschlechtliche Anlage des Menschen.[63] In "Geschlecht und Charakter", das nach seinem Erscheinen (1903) größere Beachtung als Freuds Theorien fand, stellt Weininger die Prinzipien "M" (Mann) und "W" (Weib) auf. In verschiedenen Graden mischen sich laut Weininger männliche und weibliche Anteile, woraus er die sexuelle Anziehungskraft erklärt. Jedes Individuum soll seinen unvollkommenen Prozentsatz von "M" oder "W" zu vervollständigen suchen.

Idealtypisch bedeutet dies, daß nur der ganze Mann und das Weib an sich zueinander finden. Dieses Weib an sich, quasi das "Urweib", ist am Ende des "Zweiten Gesichts" Annemieken, und Hagenrieder ist nach der unglücklichen Liebe zu Swaantje zum ganzen Mann geworden:

> "'Im Grunde hat mir die Sache nur genützt', überlegte er; 'bisher war ich ein Junge, ein Kind; jetzt habe ich mich entweiblicht und vermännlicht.'"
> (D III,542/N V,249)

Der These von einer möglichen Freud-Rezeption Löns' widerspricht außerdem die Tatsache, daß Freud seine Theorie vom "Über-Ich", "Ich" und "Es" explizit erst in der Abhandlung "Das Ich und das Es" aus dem Jahr 1923 dargelegt hat. Der "eiserne Ritter", der die Triebwünsche Hagen-

---

62 Vgl. Jean Laplanche/Jean-Bertrand Pontalis: Das Vokabular der Psychoanalyse, Frankfurt a.M. 1972, S. 568-570.

63 Vgl. Wagner: Geist und Geschlecht, a.a.O., S. 156 f; sowie die Aufsätze David Luft: Otto Weininger als Figur des Fin de siècle und Harald Leupold-Löwenthal: Das Problem der Bisexualität und der Formeln von M und W, in: Otto Weininger. Werk und Wirkung, hrsg. v. Jacques Le Rider/Norbert Leser, Wien 1984 (= Quellen und Studien zur österreichischen Geistesgeschichte im 19. und 20. Jahrhundert, Bd. 5), S. 71-79, 201-208.

rieders repräsentiert, kann rein zeitlich nicht von Freuds Ausführungen über das "Es" inspiriert worden sein.

Das "Zweite Gesicht" ist also keine literarische Ausgestaltung der Psychoanalyse, sondern zum einen ein Zeugnis für die Vermengung populärpsychologischer Ideen, geschlechtsspezifischer Vorurteile, kruder Rasse- und Kunst-Vorstellungen zur Zeit der Jahrhundertwende und zum anderen ein Beleg für die psychische Disposition Löns'. Vielmehr als eine bewußte psychoanalytische Annäherung an Beziehungs- und Altersprobleme ist der Roman ein ungewollter Beleg für die Erkenntnisse der Psychoanalyse - für den "Fall Löns" (siehe 8.4).

8. Löns und die Moderne

"Es gibt ein Wort, daß jeder vernünftige Mensch auf den Tod haßt, das Wort: modern. Denn mit keinem Wort wird mehr Unfug getrieben.

Modern ist man, wenn man nach der Urgroßväter Weise Rollschuh läuft, modern ist man, wenn man einen Gehrock trägt, wie 1813 beliebt war, modern ist man, wenn man erotische Verirrungen in Damengesellschaft bespricht, die Austern kaut, für das Frauenwahlrecht schwärmt, ... auf die Regierung schimpft, ohne Fischmesser keinen Fisch essen kann, den Angelus Silesius vor der Lotterbank liegen hat, in dem Nigger seinen Bruder sieht, mit revolutionären Ansichten kokettiert, in Buddhismus macht, nur noch Zigaretten rauchen kann, Bonapartekultus treibt und was des dummes Zeuges mehr ist."

(Hermann Löns: Kraut und Lot, 1911 ["Der Standhauer"; C V,126])

8.1 Literatur und Moderne

8.1.1 Die Heimatkunstbewegung: "modern" und "antimodern"

Am Beispiel Löns' erweist sich, daß die strikte Zweiteilung der kulturellen Szene um 1900 in "Moderne" und "Antimoderne" eine unzureichende Beschreibungsmethode ist. Löns' literarische Entwicklung ist die eines jungen rebellischen Mannes, dessen Wurzeln in der Aufbruchstimmung des Naturalismus lagen, der sich aber auf der Suche nach seinem Platz in der modernen Industriegesellschaft von seinen "modernen" Anfängen entfernt hat. Er ließ Großstadt und Industriegesellschaft, die seine Frühgedichte beherrschen, hinter sich und konzentrierte seine vitalistische Sehnsucht auf den Bereich der Natur, die er zu einer gesellschaftsfreien Sphäre stilisierte.

Mit Hilfe der Kontrastierung von Kultur und Zivilisation erschuf sich Löns eine fiktive Gegenwelt zu den Erscheinungen des technischen, wissenschaftlichen, ökonomischen und sozialen Umbruchs. "Kultur" fand er nur in einer natürlich-bäuerlichen Welt, in der er sich in den Urmenschen, den Jäger oder den Bauern verwandeln und sich symbiotisch mit der Natur verbinden konnte.

In seinen Romanen ließ Löns eine bäuerliche Welt mit eigenen Gesetzen und eigener Moral erstehen, die ihm als Fluchttraum und Kompensationsmöglichkeit diente. Dieser Weltenwurf basierte auf biologistischen und sozialdarwinistischen Vorstellungen, die die Ausgrenzung von Randgruppen, die Diskriminierung von Frauen und die Verfolgung "rassisch" Andersartiger mit der Illusion einer in sich harmonischen Gemeinschaft verschleierten.

Das Lönssche Weltbild ist aber kein einheitliches Konstrukt, das auf "antimodernen" Ideen beruht, sondern ein weltanschauliches Konglomerat aus den literarischen und philosophischen Moden der Jahrhundertwende. Zwar ist Löns' Ausprägung der Heimatkunst auf Germanenkult, kriegerische Heroik, Mythos des bäuerlichen Lebens und Führeridee ausgerichtet, wie sie exemplarisch im "Wehrwolf" dargestellt sind, dennoch ist das Etikett "antimodern" irreführend. Die Heimatkunstbewegung war kein singuläres Phänomen, das sich scharf von "modernen" Tendenzen der Jahrhundertwende absetzte. Die Literaturströmungen der Zeit waren nicht voneinander isoliert; Grenzen und Übergänge waren fließend, was einige Naturalisten demonstrierten, die sich der Heimatkunstbewegung anschlossen[1], oder Rainer Maria Rilke, der sich für Gustav Frenssens "Jörn Uhl" begeisterte[2].

Die Literatur der Jahrhundertwende entsprang einem allgemeinen Lebensgefühl, dessen Grundlage in einem Rückzug auf das Vitalistisch-Natürliche bestand. Bereits zur Jahrhundertwende stellten Erscheinungen wie die Lebensreformbewegung, die Freikörperkultur, Vegetarismus, die Naturheilkunde-Bewegung oder die Jugendbewegung verschiedene Ausdrucksformen einer "anti-urbanistischen Revolte" dar, die ausgehend von der städtischen Intelligenz und den gebildeten bürgerlichen Schichten auch Arbeiterkreise erreichte.[3]

Vom Naturalismus bis zum Expressionismus finden sich vitalistische Tendenzen, wenn auch mit verschiedenen Schwerpunkten. Nietzsches

---

1 Vgl. Richard Hamann/Jost Hermand: Stilkunst um 1900, 2. Aufl., München 1973 (= Epochen deutscher Kultur von 1870 bis zur Gegenwart Bd. 4; Sammlung Dialog 52), S. 332.

2 Vgl. Rainer Maria Rilke: "Jörn Uhl", in: Die deutsche Literatur. Texte und Zeugnisse, Bd. 7: 20. Jahrhundert. Texte und Zeugnisse 1880-1933, hrsg. v. Walter Killy, München 1967, S. 477-479.

3 Vgl. Ulrich Linse (Hg.): Zurück, o Mensch, zur Mutter Erde. Landkommunen in Deutschland 1890-1933, München 1983, S. 25-88; Wolfgang R. Krabbe: Gesellschaftsveränderung durch Lebensreform. Strukturmerkmale einer sozialreformerischen Bewegung im Deutschland der Industrialisierungsperiode, Göttingen 1974 (= Studien zum Wandel von Gesellschaft und Bildung im Neunzehnten Jahrhundert; Bd. 9).

"Herrenmoral" und die Idee der Geistesaristokratie hinterließen ihre Spuren nicht nur bei Löns und in der Heimatkunst, sondern in der gesamten Kunst des "fin de siècle":

> "Alle Literaturen dieser Zeit reagieren auf die fundamentalen Widersprüche im Sozialsystem und im Gefüge der Normen und Werte, aber sie tun es auf unterschiedliche Weise",

stellt Renate Werner fest.[4]

Löns reagierte anders als die Naturalisten: Seine Aneignungsweise von Wirklichkeit orientierte sich nicht an wissenschaftlicher Methodik, sondern funktionierte mittels einer mythisch verklärten Überhöhung von Volk und Natur. Ähnlich wie Stefan George, der mit seinem Ästhetizismus dem Industriezeitalter den Rücken kehrte, schien auch die Heimatkunst eine Flucht vor Großstadt und Gegenwart anzutreten. Allerdings bot sie ihren Lesern eine Rückübersetzung ästhetischer Erfahrung in die Lebenspraxis an:

> "... die Heimatkunst stellt ihren Lesern offenbar Sinnangebote bereit, die es diesen ermöglichen, in einer Phase der Desorientierung ihre Lektüre zurückzubeziehen auf Erfahrungsschemata, die ihre eigene Weltsicht bestimmen und handlungsweisend wirken können."[5]

Im Gegensatz zu einer als "modern" geltenden Literatur setzte sich die Heimatkunst nicht mit der Frage nach einer neuen Ästhetik auseinander, die der modernen Lebenswelt gerecht werden könnte. Mit der "reduzierten Erkenntnisfunktion" ihrer Literatur boten die Heimatkünstler einfache Antworten auf komplexe Fragen.[6]

Mit den Konzepten "Volk", "Nation" und "Heimat" lieferte die Heimatkunst ein Sinnangebot für das Leben in einer Massengesellschaft und kam so dem Bedürfnis nach kultureller Identität entgegen.[7] Zur selben Zeit

---

4 Renate Werner: Das Wilhelminische Zeitalter als literarhistorische Epoche. Ein Forschungsbericht, in: Wege der Literaturwissenschaft, hrsg. v. Jutta Kolckenbrock-Netz/ Gerhard Plumpe/Hans Joachim Schrimpf, Bonn 1985, S. 223.

5 Ebd., S. 224.

6 Vgl. Walter Müller-Seidel: Literatur und Ideologie. Zur Situation des deutschen Romans um 1900, in: Dichtung, Sprache, Gesellschaft. Akten des IV. Internationalen Germanistenkongresses 1970 in Princeton, hrsg. v. Victor Lange/Hans-Gert Roloff, Frankfurt a.M. 1971, S. 600 f.

7 Vgl. Rolf Peter Sieferle: Fortschrittsfeinde? Opposition gegen Technik und Industrie von der Romantik bis zur Gegenwart, München 1984 (= Die Sozialverträglichkeit von Energiesystemen; Bd. 5), S. 193 ff.

entstand zwar auch die Vision einer sozialistischen Gesellschaft, die wie die Vision einer bäuerlichen Idylle eine Folgeerscheinung der Industrialisierung war, doch das Konzept der "Klasse" lehnte Löns ab: Seine Wehrwölfe töten vertriebene Bauern; nicht die klassengebundene Solidarität ist höchstes Gut, sondern die Heimat.

Diesem Lösungsmodell folgten viele zeitgenössische Leser, denen Löns mit dem Mythos des Volkes und der Naturhaftigkeit ein Sinnangebot an die Hand gab, um dem ästhetischen, politischen und industriellen Wandel in der Moderne zu begegnen. Im dialektischen Sinne sind damit Heimatkunst und die Literatur des Hermann Löns Bestandteile der Industriegesellschaft; wie Naturalismus oder Expressionismus gehören sie zur Moderne.

Doch auch ohne eine dialektische Argumentation ist Hermann Löns ein "moderner" Autor. Leben und Werk Löns' enthalten zahlreiche Brüche, in denen sich die Konfrontation mit der Moderne abzeichnet. Löns ist nicht der seiner Selbststilisierung entsprungene "Jägerpoet", der mit Federkiel und Gewehr gleichermaßen gut umgehen konnte, sondern auch der Journalist, der ein gut funktionierendes Rädchen innerhalb einer expandierenden Kulturindustrie war.

In seinen journalistischen Texten bediente sich Löns einer für die Moderne typischen Schreibweise; als Journalist lebte und arbeitete er in einem "modernen" Umfeld und nicht in der in seinen Romanen und Erzählungen propagierten Lebensform; er schrieb Werbebroschüren, hieß Industrieansiedlungen gut und setzte sich dennoch für den Umweltschutz ein.

Löns war ein vielfach gespaltener Mensch, der zwischen Anspruch und Wirklichkeit hin und her gerissen wurde. So erweist sich der Tagebuchschreiber nicht als Urmensch oder kämpferischer Bauer im Sinne der Wehrwölfe, sondern als gealterter, kränklicher Mann, der Aggressionsphantasien mit sentimentalen Idyllen vermischte. Löns' psychische Disposition ist in vielen Punkten typisch für die Situation eines Menschen in einer Umbruchphase. Er gehörte zur "Generation der Übergangsmenschen", wie der naturalistische Schriftsteller Hermann Conradi (1862-1890) sich und seine Altersgenossen beschreibt, die im Übergang zur Moderne lebten.[8]

---

8 Vgl. Martin Doerry: Übergangsmenschen: Die Mentalität der Wilhelminer und die Krise des Kaiserreichs, Bd. 1, Weinheim/Basel 1986, bes. S. 9, 155-176.

Als Löns seinen ersten Roman, den "Letzten Hansbur", fertiggestellt hatte, schrieb er erleichtert: "Nun kann mich meinetwegen der Teufel holen, denn ich habe doch ein 'Buch' geschrieben; das andere sind Feuilletonsammlungen." (Brief vom 16.4.1909; BG 91) Seine Zeitungsarbeiten betrachtete er als Produkte für den Tag, die keinen literarischen Rang besäßen, während seine eigentliche Berufung in der Kunst läge. Paradoxerweise beruht Löns' Ruf als Erneuerer der Tierdichtung jedoch auf Erzählungen, die zuerst in Zeitungen abgedruckt und erst später in Buchform zu Kunstwerken deklariert worden sind[9].

Zwischen den "dichterischen" und den "journalistischen" Texten Löns' besteht eine Wechselbeziehung, in der sich "moderne" wie "antimoderne" Züge offenbaren: Einerseits setzte sich der Journalist Löns vehement für das Bauerntum ein[10], andererseits findet man in den Bauernromanen, mit denen sich Löns von seiner journalistischen Brotarbeit abheben wollte, eine durchaus journalistische Schreibweise. Die kurzen, oft in sich abgeschlossenen Kapitel der Romane zeigen Löns' feuilletonistisch geschulten Stil, durch den "Der Wehrwolf" oder "Der letzte Hansbur" den Charakter von Fortsetzungsromanen annehmen, die in Zeitungen erscheinen könnten (siehe 5.2.8).

Die politische Einstellung, die im "Wehrwolf" offensichtlich wird, schlägt sich noch dezidierter in Löns' journalistischer Arbeit nieder, die er fast durchweg in den Dienst konservativer Zeitungen stellte. Wenn Löns 1907 in seiner Bewerbung an die "Schaumburg-Lippische Landes-Zeitung" schreibt:

> "Politisch stehe ich völlig frei da, verfolge eine streng nationale Politik und arbeite, wo ich kann, dahin, die verschiedenen Kasten und Klassen des Volkes zum Gemeinwohl zu bringen ..."[11],

---

9 Die Erstdrucke sind verzeichnet bei Wilhelm Deimann: Der Künstler und Kämpfer. Eine Lönsbiographie und Briefausgabe, Hannover 1935, S. 307-317.

10 Ein Teil dieser Zeitungsarbeit hat Deimann in der Abteilung "Für Sippe und Sitte" veröffentlicht (NS I,371 ff).

11 Zit. nach Uwe Kothenschulte: Hermann Löns als Journalist. Dargestellt am Beispiel seiner Tätigkeit bei der "Hannoverschen Allgemeinen Zeitung" und bei der "Schaumburg-Lippischen Landes-Zeitung", Dortmund 1968 (= Dortmunder Beiträge zur Zeitungsforschung, Bd. 13), S. 34.

dann spricht er aus einer konservativen Überzeugung heraus, die das Gemeinwohl nicht im demokratischen Prinzip verwirklicht sieht, sondern in einer paternalistischen Ordnung. In der "Schaumburg-Lippischen Landes-Zeitung" sprach er sich für die Beibehaltung des preußischen Drei-Klassen-Wahlrechts aus, trat für die Kolonialpolitik des Deutschen Reiches ein, wetterte gegen polnische Fremdarbeiter und äußerte seinen Unwillen über die Politik Englands und Frankreichs.[12] Zwar überwarf er sich mit dem lippischen Fürstenhof, der die Zeitung als Propagandainstrument benutzte, doch bedeutet das nicht, daß sich seine politische Anschauung geändert hätte. In seiner Karriere als Journalist hat Löns immer wieder Artikel und Glossen geschrieben, aus denen seine strikt antidemokratische Einstellung ersichtlich wurde.[13]

Diese antidemokratische Überzeugung widerspricht nicht der These von einer Affinität Löns' zur Moderne. Als Journalist war Löns ein Teil der um die Jahrhundertwende im großen Stil entstehenden Kulturindustrie. Löns' journalistische Laufbahn begann bei dem "Hannoverschen Anzeiger" (HA), wo er von 1893 bis 1902 arbeitete. Der HA stellte damals einen neuen Zeitungstypus dar: der Generalanzeiger, der einen großen Anzeigenteil besaß und durch seinen niedrigen Preis eine enorme Verbreitung gewann.[14]

Der HA entwickelte sich zu einem Massenblatt, welches die anderen Zeitungen Hannovers bald überrundete. Zu diesem Erfolg hat Löns nicht unwesentlich beigetragen. Seine Glossen waren beim großen Publikum sehr beliebt, und sein Pseudonym "Fritz von der Leine" wurde zu einem Erkennungs-, ja Markenzeichen Löns'. Als versierter Zeitungsmann war sich Löns des Marktwertes eines eingeführten und beliebten Produktnamens bewußt und versuchte ihn 1902 für die Zeitungsneugründung "Hannoversche Allgemeine Zeitung" (HAZ) zu nutzen, wogegen sein alter Arbeitgeber allerdings prozessierte.[15]

---

12 Vgl. ebd., S. 115-170 und außerdem Wilhelm Deimann: Hermann Löns - Leben und Schaffen, in: Hermann Löns: Werke. Gesamtausgabe, hrsg. v. Wilhelm Deimann, Bd. 5, Hamburg 1960, S. 563 ff.

13 Vgl. die Glossen in N IV,319-416.

14 Vgl. Ernst August Runge: August Madsack, in: Niedersächsische Lebensbilder, Bd. 7, hrsg. v. Edgar Kalthoff, Hildesheim 1971 (= Veröffentlichungen der Historischen Kommission für Niedersachsen [Bremen und die ehemaligen Länder Hannover, Oldenburg, Braunschweig und Schaumburg-Lippe], 22), S. 144-156.

15 Nachdem Löns in einem ersten Prozeß gesiegt hatte, endete der zweite mit einem Vergleich, der beide Parteien verpflichtete, den Namen fallenzulassen. Vgl. Kothenschulte: Löns als Journalist, a.a.O., S. 29 f.

Um die HAZ auf dem Zeitungsmarkt durchzusetzen, kümmerte sich Löns nicht nur als Redakteur um den Inhalt, sondern auch um die typographische Gestaltung. Er war mit modernen Drucktechniken vertraut und arbeitete in seinen Glossen sogar mit für die damalige Zeit ungewohnten graphischen Mitteln; er integrierte Abbildungen, um damit die satirische Wirkung zu unterstreichen[16].

Löns war auch ein aufmerksamer Beobachter des Marktes, der in seiner Bewerbung für die "Schaumburg-Lippische Landes-Zeitung" sogar Marketing-Strategien anregte.[17] Obwohl er in seinen Essays gegen Reklame wetterte, machte er selbst Vorschläge für wirksamere Reklameschilder und -plakate. Als anerkannter Lokaljournalist schrieb Löns schließlich auch Werbebroschüren für verschiedene Unternehmen (siehe 8.3.3).

Der Journalist Löns ist quasi ein Vorläufer des "rasenden Reporters", dessen Bild Egon Erwin Kisch in den 20er Jahren geprägt hat. Er berichtete über große Sportereignisse, deckte politische Skandale auf und wurde selbst zum Gegenstand von Anekdoten. Ein Kollege Löns' erzählt, wie dieser einen Brand von einem benachbarten Neubau aus beobachtete und seine Berichte mit einem Stein beschwert nach unten warf. Ein anderes Mal soll er als feiner Herr getarnt bei der feierlichen Einweihung des Kaiser-Wilhelm-Denkmals an der Porta-Westfalica teilgenommen haben, zu der unter strengen Sicherheitsvorkehrungen nur ausgesuchte Gäste geladen waren.[18]

Obwohl Löns sich in seiner Arbeitswelt erfolgreich den Erfordernissen eines modernen Journalisten anpaßte, der für eine Massenzeitung produzierte, war er mit seiner Situation unzufrieden. Als schriftstellernder Journalist (oder Dichter mit journalistischem Broterwerb) befand sich Löns in einem Zwiespalt von ökonomischer Notwendigkeit und schriftstellerischem Anspruch. "Es ist mit dem Journalismus wie mit der Luft. Ohne ihn kann ich nicht leben, und alleine davon mag ich nicht," beschrieb Löns sein Dilemma (Brief vom 30.12.1906; BD 198).

Als Journalist stand Löns weit unter dem Ansehen eines "Dichters". "Moderne" Journalisten waren in der öffentlichen Meinung der Jahrhundertwende

---

16 Vgl. ebd., S. 106 f.
17 Vgl. ebd., S. 34 ff.
18 Vgl. Max A. Tönjes: Der Redakteur, in: Löns-Gedenkbuch, Hannover o.J. (1917), S. 111 ff; ders.: Lebensweisheiten von Hermann Löns, Hannover 1927.

"bestenfalls Menschen mit Ehrgeiz und Unternehmungslust ohne Rückgrat und
Willen, Leute mit einem Zuviel an Phantastik und Überhebung, um es in einer bürgerlichen Nützlichkeitsexistenz auszuhalten, und mit einem Zuwenig an Verstandes-
kraft, Geschmack und Bildung, um im Geistigen und Kulturellen auch nur Kleines
zu bedeuten. Es sind im bürgerlichen Sinne Deklassierte, im geistigen Sinne sterile
Parasiten der wirklichen Bildung, Nebelgehirne, undisziplinierte Wildlinge mit
Vandaleninstinkte."

Bei Schriftstellern aber - so stellt Karl Hauer in einem Artikel aus der
"Fackel" die beiden Berufe gegenüber - "besteht zwischen Person, Stoff
und Form ein organischer Zusammenhang."[19] Dieses Bild vom Schriftsteller hat Löns verinnerlicht, so daß der "rasende Reporter Löns" nur
eine Facette seiner Arbeit darstellt, die Löns außerhalb der Kunst ansiedelte.

Seine Vorstellung von Kunst und Künstlertum war ausgerichtet am
klassischen Ideal des "Guten, Wahren und Schönen" und stand im krassen
Widerspruch zu den Zeichen der Moderne: Kunst war für Löns "etwas
Hohes, Helles, Leichtes, Warmes und Rundes"[20] - ein sakraler Bereich, in
dem Technik und Industrie keinen Platz hatten. Löns wehrte sich vehement gegen die Ansicht, daß die Technik die Kunst der modernen Welt
darstelle. In einem Brief, in dem er die Stellung des Künstlers diskutiert,
geht er auf das Verhältnis Kunst und Technik ein:

"Gestern sprach ich noch mit meinem Freund Museumsdirektor Dr. Brüning,
Kunstgelehrter, darüber. Und der sagte: 'Das Kunstwerk dieser Zeit ist das
Auto, das Dampfschiff, das Rad, das Luftschiff, die Lokomotive.' Aber das ist
keine Kunst, das ist besten Falls Handwerk. Alle wahre Kunst ist zwecklos im
realen Sinne, ist zeitlos, ist Zukunftsmusik."
(Brief an Krauß vom 25.4.1911; BD 249)

In diesem Kunstverständnis wußte Löns sich einig mit seinem Kaiser, der
1901 in einer Rede kategorisch festhielt:

"Eine Kunst, die sich über die von Mir bezeichneten Gesetze und Schranken
hinwegsetzt, ist keine Kunst mehr, sie ist Fabrikarbeit, ist Gewerbe, und das
darf die Kunst nie werden. Mit dem viel mißbrauchten Worte 'Freiheit' und unter seiner Flagge verfällt man gar oft in Grenzenlosigkeit, Schrankenlosigkeit,
Selbstüberhebung. Wer sich aber von dem Gesetz der Schönheit und dem Gefühl für Ästhetik und Harmonie, die jedes Menschen Brust fühlt, ob er sie auch
nicht ausdrücken kann, loslöst und in Gedanken in einer besonderen Richtung,

19 Karl Hauer: Das Gehirn des Journalisten, in: Die Fackel, 9. Jg. (1907), Nr. 230/ 231
    (15.7.), S. 8, 10.
20 Hermann Löns: Was ist uns Oskar Wilde?, in: Hannoversches Tageblatt, Beilage Kunst
    und Literatur, Nr. 3 (1907) (StA Ce, L 9 217).

einer bestimmten Lösung mehr technischer Aufgaben die Hauptsache erblickt, der versündigt sich an den Urquellen der Kunst."[21]

Für Wilhelm II. mußte Kunst Ideale und Tugenden beispielhaft vorgeben:

"Das kann sie nur, wenn die Kunst die Hand dazu bietet, wenn sie erhebt, statt daß sie in den Rinnstein niedersteigt."[22]

"Rinnsteinkunst" - das war für Löns der Naturalismus, der sich mit Arbeiterelend und der Realität der Industriegesellschaft auseinandersetzte. Der "wahre Dichter" stand in den Augen Löns' jedoch über den Problemen des Alltags: Er ist ein Genie, dessen Dichtung unbewußt im Rausch entsteht und der mit wenigen anderen das Privileg hat, Autor zu sein (siehe 7.4.1).

Doch dieses Privileg existierte im "Aufschreibesystem 1900", wie Friedrich Kittler die schriftstellerischen Produktionsbedingungen umreißt[23], nicht mehr. Um 1900 war im Gegensatz zum "Aufschreibesystem 1800" der Ausnahmecharakter von Literatur nicht mehr gegeben: Die Fähigkeit zu schreiben und zu lesen war prinzipiell überall vorhanden; hinzu kam, daß nicht mehr Bücher allein zur seriellen Speicherung und zur Reproduktion serieller Daten dienten, sondern daß technische Medien wie Grammophon und Film akustische und optische Daten speichern konnten: "Um 1900 wird die Ersatzsinnlichkeit Dichtung ersetzbar, natürlich nicht durch irgendeine Natur, sondern durch Techniken."[24]

In dieser historischen Situation reklamierten viele Schriftsteller für sich eine bedeutende Funktion in der modernen Gesellschaft, indem sie auf den Priestermythos zurückgriffen. Ulrike Hass skizziert diese Entwicklung so:

"Er [der Priestermythos] spielt seine Rolle in der Selbstapotheose der Autor-Subjekte und bringt Dichter-Priester vom Typus Stefan George, Carl Spitteler oder Ludwig Derleth hervor. Als Ordensgründer zelebrieren sie die transzendentale Eingebung mithilfe selbsterfundener Riten, in geschlossenen Kreisen, bilden Netze aus treuen Gefolgsleuten und Jüngerschaften. Daneben existiert der weitaus verbreitetere Typus des Glaubenseiferers, des zelotischen Predigers: die breite Phalanx der *Priester des Völkischen*. Ins unsichtbare Priestergewand gekleidet, setzen sie die sozietäre Struktur des klassischen Au-

---

21 Wilhelm II.: Die wahre Kunst, in: Die Berliner Moderne 1885-1914, hrsg. v. Jürgen Schutte/Peter Sprengel, Stuttgart 1987 (= Reclam Universal-Bibliothek Nr. 8359), S. 572.
22 Ebd., S. 573.
23 Vgl. Friedrich A. Kittler: Aufschreibsysteme 1800/1900, 2. erw. Aufl., München 1987, bes. S. 116 ff, 192 ff, 492 ff.
24 Ebd., S. 252.

torsystems fort, indem sie sich weiter darin verhalten, sie gestisch und ideologisch ausfüllen. Ungeachtet dessen, daß das Autorsystem kein Mittel mehr der Integration in das Allgemeine darstellt, sondern in dieser Hinsicht erschöpft ist, produzieren sie in seiner Struktur ihre eigene Realität, die die Irrealität des Völkischen ist. 'Dichter' lautet die zeitgenössische Bezeichnung für 'Priester'."[25]

Auch Löns muß zu dem Typus des Dichter-Priesters gerechnet werden, der versucht, das "Aufschreibesystem 1800" aufrecht zu erhalten: Er stilisierte sich, wie man am Beispiel seiner Figur Hagenrieder aus dem "Zweiten Gesicht" nachvollziehen kann, zum Ausnahmemenschen, der als Mittler zu einer höheren Instanz fungiert. Löns machte sich zum "Jäger-Poeten", der sich in Jägerpose ablichten ließ. Diese Fotografie - Löns mit geschultertem Gewehr - diente fortan zur Illustration des "Dichters der Lüneburger Heide".[26]

Diese Selbststilisierung kaschiert jedoch nicht, daß das vormoderne Autorenbild bei Löns zu einer Farce verkommen ist und sich das "Aufschreibesystem 1900" längst durchgesetzt hat. Der Dichter Löns war von Anfang an ein "Dichter-Phantom": Sowohl als Journalist als auch als "Dichter" war Löns ein Bestandteil des neuen Aufschreibesystems und der Kulturindustrie. Das "Aufschreibesystem 1800", in dem ein männlicher Dichter seine Gedanken in einen männlichen Sekretär ergießt[27], war bei Löns längst nicht mehr existent. Um 1900 hat die Schreibmaschinistin den männlichen Sekretär weitgehend verdrängt, und Textverarbeitung ist das Geschäft von Paaren geworden. Hinter dem Autorennamen Hermann Löns standen zwei Personen: der Träger dieses Namens und seine Ehefrau Lisa. Sie übernahm seine Redaktionsarbeit[28], tippte seine Texte mit der Schreibmaschine und sprach seine Romane mit ihm durch.

---

25 Ulrike Hass: Militante Pastorale. Zur Literatur der antimodernen Bewegungen im frühen 20. Jahrhundert, Diss. phil. Berlin 1990 (masch.), S. 238 f. Die Dissertation ist inzwischen veröffentlicht (München 1993).

26 Vgl. Martin Anger. Hermann Löns. Schicksal und Werk aus heutiger Sicht, 2. Aufl., Braunschweig 1986, S. 106.

27 Vgl. Friedrich A. Kittler: Grammophon, Film, Typewriter, Berlin 1986, S. 271 ff; Klaus Theweleit: Buch der Könige. Bd. 1: Orpheus (und) Eurydike, Basel/Frankfurt a.M. 1988, S. 87 ff.

28 Löns schreibt am 30.12.1906 an Apffelstaedt über seine Arbeit beim "Hannoverschen Tageblatt":
"Hier bei der Zeitung habe ich vier kleine Beilagen neu eingeführt, zwei, 'Heimat' und 'Kunst und Wissen', leite ich, zwei, 'Jugend' und 'Frauenfragen', zeichne ich zwar, doch stellt meine Frau sie her, die auch die ganze Feuilletonbuchführung und Abrechnung hat und den nicht unerträglichen Vertrieb meiner Zweitdrucke, den angenehmsten Verdienst der Welt, besorgt. Wäre das nicht der Fall, so käme ich zu nichts Eigenem." (BD 198 f)

Lisa war eine Art Medium für Löns; die Heirat mit der Tochter eines Malers bedeutete für ihn einen "medialen Anschluß" an die Künstlerwelt[29]. Doch Lisas Selbständigkeit und ihre Tätigkeit als Journalistin, Übersetzerin und Schriftstellerin bedrohten in den Augen Löns' ein von ihm beanspruchtes männliches Kreativitätsmonopol, was wohl auch mit ein Grund für das Scheitern dieser Ehe war.

Nach der Trennung schrieb Löns keine größeren Texte mehr, das Auseinanderbrechen des Produktionsgespannes Löns (Hermann und Lisa) war gleichbedeutend mit einem Bruch in der literarischen Produktion. Ohne die Gegebenheiten des "Aufschreibesystems 1900" war Löns auf die Variation bereits bekannter Tier- und Jagderzählungen zurückgeworfen und gab sich zahlreichen Plänen für größere Projekte hin, ohne diese jemals zu verwirklichen[30].

8.1.3 Moderne Schreibweisen

Auch wenn Löns' "dichterische" und "journalistische" Texte von konservativen Themen bestimmt sind, so zeigen doch gerade die Zeitungsarbeiten Anknüpfungspunkte an eine moderne Lebenswelt. Trotz der Abneigung Löns', sich mit einer "modernen" literarischen Sprache oder "modernen" Autoren zu beschäftigen[31], bestimmen die Wahrnehmungsweisen des Industriezeitalters einige seiner journalistischen Texte.

In der Zeit vor dem Ersten Weltkrieg begannen Schriftsteller, sich mit einer technischen Neuerung auseinanderzusetzen, die die Sehgewohnheiten des "modernen" Menschen revolutionierte: dem Kino. Die für den Film typische Montageform blieb nicht ohne Wirkung auf die Literatur,

---

29 Vgl. Theweleit: Orpheus (und) Eurydike, a.a.O., S. 828 ff.

30 Neben dem Plan zu einem "Antichrist"-Roman tauchen in seinen Briefen Äußerungen zu einem "politischen Zukunftsroman" (BD 263 f) und einem Roman über einen Dreifrontenkrieg (BG 79,100) auf. Möglicherweise beziehen sich diese Projekte alle auf einen Stoff. Darüber hinaus plante Löns einen Roman, in dem die Annemiekenfigur aus dem "Zweiten Gesicht" im Mittelpunkt stehen sollte ("Maria, die Magd"). "Mein rotes Buch" sollte Kriegsnovellen umfassen, ebenso war ein Buch über die Kämpfe zwischen Sachsen und Franken vorgesehen. Vgl. Deimann: Löns (1960), a.a.O., S. 657 ff.

31 Löns hielt nicht viel von seinen zeitgenössischen Kollegen. Über Bernhard Kellermann und seinem Zukunftsroman "Der Tunnel" schrieb Löns am 25.1.1913 in einem Brief: "Kellermann, dieser Fatzke de Gama, hat seinen 'Tunnel' auf 100.000 Auflage gebracht. 'Häng Dich auf, Du deutscher Mann, oder lasse Dich beschneiden!'" (HLA)

doch ist diese Form nicht unbedingt eine Erfindung des Films.[32] Sie rührt generell von den Veränderungen her, die das Leben der Menschen am Ende des 19. und zu Beginn des 20. Jahrhunderts betrafen: Industrialisierung und Urbanisierung, Erfahrung der Geschwindigkeit und Massenhaftigkeit, Einordnung in den arbeitsteiligen industriellen Fertigungsprozeß.

Davon beeinflußt war auch Löns, für den der Film als solcher allerdings kein Thema war.[33] Typisch für die "Stimmungsbilder", die der Journalist Löns verfaßt hat, sind die Kombination von verschiedenen Dialogfetzen und die kurze, rasch wechselnde Aneinanderreihung von Sinneseindrükken. In einem Artikel über das hannoversche Schützenfest im Juli 1893 ist dieser Stil, der der Schnittechnik des Films ähnelt, exemplarisch vorgeführt:

> "Im Voraus gesagt, nicht für Hänövräöner schrieb ich, sondern für Fremdlinge, für Schützenfestunkundige - deswegen zuerst der
> *Nüchterne Totaleindruck:*
> Goseriede: Omnibusse, Einladungen, Burgstraße, Staub, Kirschen, Bettler, überflüssige Nickel, Allee, Völkerwanderung, Pfauenpfedern, Quiekmaschinen, Väter, Mütter, Töchter, Kinderwagen, Zeltmusik, 'Unser Kaiser' - 'Wer schafft das Gold' - 'Im Grundewald' - 'Heiß, heiß' - 'Scherzartikel' - 'Blumen, schöner junger Herr', (Ah, das schmeichelt) - 'Würfeln Sie 'mal, nur 10 Fennig' - 'Der Untergang der Stadt Schneidemühl' - Rundtheil, Erdbeeren mit Schlagsahne, Himbeereis, Kirschen, das Pfund 25 Pfg. - - - - - - Das genügt, um mich empfänglich zu machen für den
> *Irrgarten:* Ein weißer Bretterzaun, die Thore roth umzäunt. Hinter uns schließt sich die Pforte - nu sieh Du zu, wo Du 'nauß kommst. Endlich erlöst Dich der Lootse von der lustigen Pilgerfahrt. Wir werfen unsere Billete auf den Billethaufen, der am Ausgang liegt, und steuern zum
> *Hippodrom.* "Treten Sie ein, meine Herrschaften, nur 10 Pfennig, treten Sie ein!' - und wir bezahlen unsern Nickel."[34]

Löns hat diesen Artikel überschrieben mit "Momentphotographieen vom Schützenfeste", womit einerseits eine Verbindung zum Medium Fotografie hergestellt wird, andererseits aber auch ein filmischer Charakter angedeutet ist. Löns reiht in schneller Folge mehrere "Momentphotogra-

---

32 Vgl. Joachim Paech: Literatur und Film, Stuttgart 1988 (= Sammlung Metzler Bd. 235), S. 64 ff, 122 ff.
33 Laut Aussage des "Löns-Freundes" Wilhelm de Witt soll Löns auf eine Rundfrage über den Wert des Kinos geantwortet haben, "er halte unter allem Unfug, den die moderne Menschheit verzapft habe, den Kintopp für den gröbsten, und das könne er um so besser beurteilen, als er niemals drin gewesen sei." (Zitat aus: Wilhelm de Witt: Hermann Löns, der Dichter, der Mensch, der Freund, Warendorf 1922, S. 22.)
34 Hermann Löns: Momentphotographieen vom Schützenfeste, in: Hannoverscher Anzeiger, Nr. 106, 6.7.1893, S. 2.

phieen" (sic) aneinander, von ihm sogenannte "Autographie-Moment-Licht-Witz-Blitz-Bild-Aufnahmen". Die starren Bilder der einzelnen Aufnahmen geraten so in Bewegung. - Zwei Jahre nach diesem Artikel (1895) starteten die Brüder Skladamovsky in Berlin die erste Filmvorführung und nannten ihre Filme "Momentphotographien"[35].

Dieser Einsatz der Montageform ist kein Einzelfall geblieben; vor allem in seinen Sportreportagen bediente sich Löns dieses Mittels. Löns war ein begeisterter Anhänger des Radsports, der um die Jahrhundertwende eine erste Blüte feierte. 1897 fand z.B. der erste "Große Preis" von Hannover statt, über den Löns derart erfolgreich berichtete, daß die Reifenfirma Continental ihn für Werbefahrten für ihre Produkte engagieren wollte[36].

Die Radsportbegeisterung im Kaiserreich nahm die Faszination für Radrennen, insbesondere für die Sechstagerennen, vorweg, die in der Weimarer Republik herrschte[37], so daß sich ein Vergleich mit den Reportagen aus diesen Jahren anbietet.

In einer Reportage aus dem Jahre 1901 schildert Löns ein "Steher"-Rennen:

> "Immer dasselbe Bild mit einigen Variationen. Ein jappendes Tandem, dahinter der automatische Mensch auf der Maschine. Dann eine Ablösung, die der andere ausnutzt, ein Einholen des Verlustes, und ein Wettmachen der Schlappe, wenn der andere ablöst ...
> Tuff tss zck zck rundum, immer rundum. Eine unaufhörliche Folge kleiner Benzinexplosionen, ein ewiges taktmäßiges Geknatter, ein Donnern vor uns, ein Sausen neben uns, ein Gestrampel von vier oder sechs nackten Beinen, ein Vibriren der Armmuskeln, Zurufe, ein Pfiff, rothe, grüne, schwarze Flecke, dahinjagend, braune Gesichter, immer rundum, rundum."[38]

---

35 Vgl. Wilhelm Bettecken: Wie die Bilder laufen lernten, in: film-dienst, 43. Jg. (1990), Nr. 18, S. 40 f.

36 Vgl. Anger: Löns, a.a.O., S. 76.

37 Vgl. Henning Eichberg: "Schneller, höher, stärker". Der Umbruch in der deutschen Körperkultur um 1900 als Signal gesellschaftlichen Wandels, in: Medizin, Naturwissenschaft, Technik und das Zweite Kaiserreich. Vorträge eines Kongresses vom 6. bis zum 11. September 1973 in Bad Neuheim, hrsg. v. Gunter Mann/Rolf Winau, Göttingen 1977 (= Studien zur Medizingeschichte des neunzehnten Jahrhunderts, Bd. 8), S. 259-283, bes. S. 263 f; Hans-Erhard Lessing (Hg.): Fahrradkultur, Bd. 1: Der Höhepunkt um 1900, Reinbek bei Hamburg 1982 (= rororo Sachbuch 7664), S. 5-27.

38 Hermann Löns: Zck Zck tuff tuff ...., in: Hannoverscher Anzeiger, Nr. 140, 18.6. 1901, 3. Beilage.

1925 beschreibt Egon Erwin Kisch ein Berliner Sechstagerennen:

> "Sechs Tage und sechs Nächte drücken dreizehn Paar Beine auf die Pedale, das
> rechte Bein auf das rechte Pedal, das linke Bein auf das linke Pedal, sind drei-
> zehn Rücken abwärts gebogen, während der Kopf ununterbrochen nickt, einmal
> nach rechts, einmal nach links, je nachdem, welcher Fuß gerade tritt, und drei-
> zehn Paar Hände tun nichts als die Lenkstange halten; manchmal holt ein Fah-
> rer unter dem Sitz eine Flasche Limonade hervor und führt sie an den Mund,
> ohne mit dem Treten aufzuhören, rechts, links, rechts, links."[39]

Nicht nur in der Beschreibung des erschöpfenden Kreislaufes des Ren-
nens ähneln sich die Reportagen. Löns benutzt in seinen Sportreportagen
auch ein Wortfeld, das in der Neuen Sachlichkeit bestimmend werden
sollte: das der Technik.

In der Schilderung eines Wettrennens von 1901 zwischen dem deutschen Fahrer Willy Arend (1876-1964) und dem Amerikaner Major Taylor (1878-1932), dem Weltmeister von 1899,[40] bleibt Löns einerseits in einem rassistisch beeinflußten Bildfeld, das sich in tierischen Vergleichen
bei der Charakterisierung des farbigen Taylor niederschlägt, andererseits
greift er zu Vergleichen aus dem Bereich der Technik:

> "Der Neger liegt auf dem Rad, als sei er ein Radzubehör. Jeder Fuß tritt wie der
> andere. Arend führt die ganze Runde, scharf aufpassend, immer den Kopf wen-
> dend. Der Schwarze sieht und hört anscheinend nichts, immer wie ein schwarzer
> Kater hinter ihm. Aber er paßt auf, er lauert, der schwarze Kater. 'He, Willy!',
> und die Freunde pfeifen. Die schwarze Katze hat ihren Sprung gemacht ...
> Allgemeines Staunen. Ach ja, ein Mensch kann nicht so arbeiten, wie eine Ma-
> schine. Die Nerven und Gedanken hindern. Und solchen Ballast schleppt der
> Schwarze nicht. Der liegt jetzt mit ausgeschaltetem Gehirn in der Kabine und
> läßt sich kneten."[41]

Löns setzt hier Mensch und Maschine bzw. Sportgerät gleich; Taylor ist
für ihn "der Automat", der gerade wegen seiner angeblichen rassischen
Minderwertigkeit zum Maschinenmenschen mutieren kann. - Diese Symbiose von Mensch und Maschine wird später in der Neuen Sachlichkeit
gefeiert. Obwohl Technik und Amerikanismus, die späteren Schlüssel-

---

39 Egon Erwin Kisch: Elliptische Tretmühle, in: ders.: Der rasende Reporter, in: ders.: Gesammelte Werke, Bd. 5, 2. Aufl., Berlin/Weimar 1974, S. 235.
40 Zu den Fahrern vgl. Wolfgang Gronen/Walter Lemke: Geschichte des Radsports und
des Fahrrads, Eupen 1978, S. 136 f, 186 f.
41 Hermann Löns: Das gestrige Match, in: Hannoverscher Anzeiger, Nr. 132, 8.6.1901,
S. 1 f.

worte der Neuen Sachlichkeit[42], in den Lönsschen Erzählungen und Romanen in der Regel Schreckensbilder der Industrialisierung hervorrufen, verrät der Journalist Löns eine gewisse Faszination für die Technik, deren ökonomische Vorteile er bewundernd anerkennt (siehe 8.3.3).

Löns nimmt damit "moderne" Elemente vorweg, die erst Jahre später reüssieren. Diese Durchsetzungskraft "moderner" literarischer Elemente beschränkt sich nicht allein auf seine Sportreportagen, auch in vielen der Tiererzählungen haben die Wahrnehmungsweisen der Moderne Spuren hinterlassen. Löns nennt die Beiträge, die er ursprünglich für das populärwissenschaftliche Sammelwerk "Lebensbilder aus der Tierwelt" geschrieben hat und die in den Bänden "Aus Forst und Flur" und "Wasserjungfern" erschienen sind (siehe 4.2), "textliche Momentaufnahmen" (Brief vom 8.7.1907; BG 38).

Er vergleicht seine Texte mit Fotografien, die tatsächlich als Vorlage für die literarische Arbeit dienten. Die Mitarbeiter des Sammelwerkes bekamen Fotografien der Tiere zugesandt, die sie in ihren Beiträgen darstellen sollten. Löns hat also für seine Texte nicht nur eigene Beobachtungen zugrunde gelegt, sondern hat sich die Möglichkeit der technischen Wiedergabe von Realität zunutze gemacht. Die Fotokamera stand im Ruf, objektiv die "absolute Naturwahrheit" einzufangen[43], und war "für viele Leute überzeugender ... als die gezeichnete oder gemalte Wiedergabe eines Tieres"[44]. Fast könnte man sagen, daß Löns trotz seiner Abneigung gegen den Naturalismus naturalistischen Prinzipien folgte, als er bei der Abfassung literarischer Texte zu technischen Hilfsmitteln griff.[45]

Die Fotografie ermöglichte einen Blick aufs Detail, der vergleichbar ist mit dem Blick durchs Mikroskop, mit dem der Naturwissenschaftler eine Untersuchung vornimmt. Der Blick durch die Linse (bei der Kamera oder dem Mikroskop) trifft auf eine "festgefrorene" Ansicht; das fotografische Bild hat einen Augenblick festgehalten, ein Tier zum Stillstand gebracht.

---

42 Vgl. Helmuth Lethen: Neue Sachlichkeit 1924-1932. Studien zur Literatur des "Weissen Sozialismus", 2. Aufl., Stuttgart 1975, S. 58-92; Erhard Schütz: Kritik der literarischen Reportage. Reportagen und Reiseberichte aus der Weimarer Republik über die USA und die Sowjetunion, München 1977, S. 17 ff.

43 Heinrich Meerwarth: Photographische Naturstudien. Eine Anleitung für Amateure und Naturfreunde, Eßlingen/München 1905, S. 4.

44 Hermann Löns: Photographie und Heimatschutz, in: Niedersachsen, 14. Jg. (1909), Nr. 18, S. 354.

45 Naturalisten wie Emile Zola haben sich mit der Fotografie beschäftigt und selbst mit der Fotokamera gearbeitet. Vgl. Erwin Koppen: Literatur und Photographie. Über Geschichte und Thematik einer Medienentdeckung, Stuttgart 1987, S. 70 ff.

Dieses Festhalten eines Augenblicks, sozusagen die technische Fixierung einer Erinnerung, versuchte Löns literarisch zu wiederholen. Wie das Foto sollten die Worte einen Naturanblick dingfest machen und eine Erinnerung im wahrsten Sinne des Wortes "verewigen".

Diese Vorgehensweise muß verstanden werden als Ausdruck bzw. Reaktion auf eine neue Wahrnehmungsweise, die sich mit dem Erlebnis der Geschwindigkeit im Industriezeitalter entwickelt hat. Die Fahrt in der Eisenbahn hat die Wahrnehmung des modernen Menschen entscheidend beeinflußt[46]: Der Blick durchs Abteilfenster eines fahrenden Zuges zeigt eine vorbeifliegende Landschaft, deren näherliegende Objekte einfach nicht mehr wahrgenommen werden. Für den Reisenden verschwindet der Vordergrund der Landschaft, der sich in der Geschwindigkeit verflüchtigt. Infolgedessen richtet sich der Blick des Reisenden auf Gegenstände, die weiter entfernt liegen und damit auch langsamer passieren.

Die Landschaft wird in dieser Situation nicht mehr als Ganzes wahrgenommen; durch das Verschwinden des Vordergrundes geht eine Raumdimension verloren, die zuvor die wesentliche Erfahrung des vorindustriellen Reisens ausgemacht hat. Es entsteht so eine panoramatische Wahrnehmung: Im Blick aus dem Abteilfenster konstituiert sich die Landschaft im Panorama.[47]

In dieser neuen Wahrnehmung verliert die Landschaft ihre räumliche und zeitliche Einmaligkeit. Die Geschwindigkeit der Eisenbahn überwindet Raum und Zeit und verhindert mit ihrem (im Vergleich zu Kutschen) großen Komfort eine sinnliche Erfahrbarkeit der Landschaft. Die Landschaft verliert - um es mit einem Begriff von Walter Benjamin zu sagen - ihre Aura.[48]

Zu der Aura der Natur, wie Löns sie erlebte, gehört das Erlebnis der Jagd: das Anschleichen, das Beobachten, das Lauschen. Naturfotografien stellen nun den Versuch dar, die Aura des temporär begrenzten Naturerlebnisses zu konservieren. Mit Fotos versucht man die Aura, die an den "Augenblick" gebunden ist, vor der Geschwindigkeit und dem Verschwinden zu retten. Was Löns im Zusammenhang mit dem Naturalismus

---

46 Vgl. Wolfgang Schivelbusch: Geschichte der Eisenbahnreise. Zur Industrialisierung von Raum und Zeit im 19. Jahrhundert, 9.-11. Tsd., Frankfurt a.M./Berlin/Wien 1984 (= Ullstein Materialien Nr. 35015) (Erstausgabe 1977), vor allem S. 24 ff, 42 ff, 166 f.
47 Vgl. zu diesem Themenbereich zusätzlich Paech: Literatur und Film, a.a.O., S. 76 ff.
48 Vgl. Walter Benjamin: Das Kunstwerk im Zeitalter seiner technischen Reproduzierbarkeit, in: ders.: Schriften. Bd. I, Frankfurt a.M. 1955, S. 366-405.

noch als "Elendsmomentphotographie" brandmarkte[49], wird bei ihm zur "Momentphotographie" des Heiligen.

Allerdings mußte Löns sich mit einem Abbild der Aura zufrieden geben. Schon die fotografierte Landschaft ist eine Reproduktion, die die ursprüngliche Aura verloren hat; und die literarische Natur der Lönsschen Erzählungen ist sogar eine Reproduktion der Reproduktion - ein fiktives Abbild einer Fotografie. Für Löns war die Literatur dennoch der einzige Weg, den andauernden Verlust der Aura zu umgehen, indem er das Naturerlebnis durch das Schreiben imaginativ nachvollzog. Dies gelang ihm jedoch nur, wenn er die Natur in Segmente auflöste, um so die Aura der Landschaft in Ausschnitten zu bewahren.

Der Blick des Erzählers der Lönsschen Tierskizzen ist im Gegenzug zum panoramatischen Sehen nicht auf die Totale gerichtet, sondern auf das Detail, auf den Ausschnitt. "Das, was ihm am nächsten liegt, übersieht der Mensch am ersten", schrieb Löns 1910[50] und lenkte seinen Blick auf den Vordergrund, der bei der schnellen Eisenbahnfahrt verlorengegangen war.

Das Ergebnis war ein Kunstprodukt, das segmentarisch eine "Lönssche Natur" präsentierte, mit der Löns die Auseinandersetzung mit der Industriegesellschaft auf eine regressive Weise aufhob (siehe 4.4). An die Stelle des wissenschaftlich fundierten Weltbildes des Industriezeitalters rückte er den Mythos der Natur mit seiner Vision vom urmenschhaften Leben. Dennoch stehen hinter dieser "antimodernen" Reaktion "moderne" Elemente. Zwar ist die stilisierte Kunstwelt namens "Natur" rückwärts gerichtet, doch kommt sie mit Hilfe von "progressiven" Mitteln zustande: Löns' Wahrnehmungsweise war geschult am naturwissenschaftlichen Blick und reagierte auf die Geschwindigkeit des modernen Verkehrs.[51] Dar-

---

49 Vgl. Wilhelm Deimann: Hermann Löns. Sein Leben und Wirken. 1. Teil, Dortmund 1922, S. 110.

50 Hermann Löns: Das Quintär und seine Fauna, in: Kosmos, 7. Jg. (1910), S. 447.

51 Zur Zeit Löns' ist die Erfahrung der Geschwindigkeit bereits alltäglich geworden: Weder das Automobil noch die Eisenbahn sind für Löns Objekte eigenständiger Reflexionen. Sein Lönsscher Jäger benutzt die Eisenbahn ganz selbstverständlich, um in sein Jagdrevier zu gelangen.
 Zur Eisenbahn bei Löns vgl. "Auf dem Fuchs" (D II,636/N I,129); "Hannoversche Städtebilder. Celle", in: Leo Mielke: Hermann Löns und Celle, Celle 1988 (= Schriftreihe des Bomann-Museums und des Stadtarchivs Celle, Celler Beiträge zur Landes- und Kulturgeschichte H. 16), S. 18-25; "Im Sonderzug Hannover-München", in: Hannoversche Allgemeine Zeitung, 19.7.1903.

über hinaus haben Montageform und eine filmische Schreibweise einen eingeschränkten Platz in Löns' (journalistischem) Repertoire.

8.2 Lebensformen in der Moderne

8.2.1 Der verhinderte Bohemien in der Provinz

Wie in Löns' Verhältnis zu Kunst und Literatur deuten sich in seiner Lebenshaltung Elemente an, die eine Affinität zu "modernen" Lebensformen erkennen lassen. Löns' Einstellungen und Verhaltensweisen orientierten sich in bestimmten Punkten an einem Typus der Moderne: dem des Bohemiens.

Löns schätzte nicht nur Henri Murgers "Scènes de la vie bohème"[52] und teilte die Abneigung der Bohemiens gegen bürgerliche Arbeit; vor allem seine Begeisterung für Peter Hille läßt seine Beziehung zur Boheme deutlich werden. Wie bereits ausgeführt (siehe 3.2), begründete Löns seine Abkehr vom Naturalismus mit einem Offenbarungserlebnis, welches er Peter Hilles Roman "Die Sozialisten" zu verdanken gehabt habe.

Hille (1854-1904) galt als der typische Bohemien seiner Zeit, der zu Fuß durchs Land zog (er kam bis nach Ungarn und Italien) und sich im Kabarett versuchte.[53] Spontaneität und ständiges Improvisieren waren die Basis seines künstlerischen Schaffens. Seine Werke - hauptsächlich Notizen auf Papierschnitzeln, Briefumschlägen, Zigarrentüten und Tagebuchblättern - bewahrte er in Säcken auf. Am 7. Mai 1904 starb er in Berlin an den Folgen einer Verletzung, die er sich nach einer durchzechten Nacht zugezogen hatte.

In diesem kurzen Lebenslauf verdichten sich bereits schlaglichtartig die Eigenschaften des bohemistischen Typus[54]: Der Bohemien will sich von

---

Wenn Löns übers Auto schreibt, dann nicht im Zusammenhang mit dem Phänomen der Geschwindigkeit, sondern allenfalls mit der Flora an Landstraßen, vgl. Hermann Löns: Auto und Flora, in: Hannoversches Tageblatt, 11. 8. 1909 (Deimann-Nachlaß).

52 Vgl. Deimann: Löns (1922), a.a.O., S. 113.

53 Zu Hille siehe Anm. 28, S. 73 (3.2).

54 Zur Boheme vgl. Helmut Kreuzer: Die Boheme. Beiträge zu ihrer Beschreibung, Stuttgart 1968. Vgl. außerdem Geschichte der deutschen Literatur. Von den Anfängen bis zur Gegenwart, hrsg. v. Hans-Günther Thalheim u.a., Bd. 9: Vom Ausgang des 19. Jahrhunderts bis 1917, v. Hans Kaufmann u.a., Berlin (Ost) 1974, S. 75 ff; Gerd Stein: Vorwort, in: Bohemien-Tramp-Sponti. Boheme und Alternativkultur, hrsg. v. Gerd Stein, Frankfurt

der Gesellschaft abheben und lehnt jegliche gesellschaftliche Ordnung ab; sein Selbstverständnis stützt sich auf einen programmatischen Individualismus, die Geringschätzung des Bürgers als Spießer, die Opposition gegen die Geldwirtschaft sowie auf Spontanismus und Sympathie für Erniedrigte jeder Art.

Diese Spezifika treffen in ihrer allgemeinen Form auch auf Hermann Löns zu. Selbst seine Alkoholexzesse kann man aus dem Blickwinkel des Bohemiens betrachten, der vom Alkohol Enthemmung und eine Steigerung des Ichs erwartet: Alkohol war für Löns ein Mittel, Ekstasen zu erleben und die Erlebnisfähigkeit zu steigern (siehe 8.4.4). Das Bewußtsein der Misere und der Vereinzelung wurde so gedämpft und in einen Rausch der Sinne überführt. Ebenso paßt die vom Löns-Held Hagenrieder ersehnte sexuelle Libertinage zum bohemistischen Lebensgefühl, in dem sich Rauschbedürfnis, Spontanismus und Nonkonformismus verbinden.

Dieses vitalistische Lebensgefühl war jedoch kein ureigenes Erzeugnis der Boheme, sondern eine weitverbreitete Stimmung um die Jahrhundertwende.[55] Der Bohemien stilisierte diese Stimmung zu einer Absage an die Gesellschaft. Jedoch war seine Verweigerungshaltung unvollständig, da er im Grunde genommen ein Produkt dieser Gesellschaft war und blieb. Der Bohemien Peter Hille befand sich nie völlig außerhalb der Gesellschaft; seine Bohemetum existierte an der Peripherie des Bürgertums, und sein Schreiben und Handeln war innerlich immer auf das Bürgertum fixiert.

Diese Ambivalenz von Opposition und gleichzeitiger Abhängigkeit von der kapitalistischen Industriegesellschaft gleicht der Position der Heimatkunstbewegung, die ohne die Industriegesellschaft, gegen die sie anschreibt, undenkbar gewesen wäre. Die Naturverbundenheit, die die Heimatkunst der Moderne entgegenstellte, war bereits in Teilen der Boheme vorweggenommen. Hille z.B. schrieb Naturgedichte, die Löns bewunderte ("Ein Zigeuner der Literatur"; NS II,250-255/D V,439-443). Es gab sogar gewissermaßen eine "grüne" Boheme, die sich auf der Suche nach einem ungebundenen, naturhaften Leben in Vorortkolonien ansiedelte. Eines dieser Projekte war die von den Gebrüdern Hart ins Leben gerufene "Neue Gemeinschaft", in der Hille zuletzt lebte.

---

a.M. 1982 (= Kulturfiguren und Sozialcharaktere des 19. und 20. Jahrhunderts Bd. 1; Fischer-Taschenbuch 5035). S. 9-17.

55 Vgl. Gunter Martens: Vitalismus und Expressionismus. Ein Beitrag zur Genese und Deutung expressionistischer Stilstrukturen und Motive, Stuttgart 1971 (= Studien zur Poetik und Geschichte der Literatur Bd. 22), S. 73-108.

Diese Naturverbundenheit drückt sich ebenfalls im Wanderleben der Bohemiens aus, die oft zwischen einer großstädtischen und einer ländlichen bzw. vagierend-romantischen Existenz hin und her pendelten. Doch in diesem Punkt zeigt sich der gravierende Unterschied zu Hermann Löns. Zwar propagierte Löns in seinen Texten das Landleben und hielt sich als begeisterter Jäger oft in der Natur auf, doch sein Leben war fest mit der Stadt verbunden.

Löns lebte von 1892 bis 1907 und von 1912 bis 1914 in Hannover; hatte diese Stadt im Jahr der Reichsgründung gerademal 88.000 Einwohner, so waren es 1910 ca. 302.000. Hinzu kam der Industrievorort Linden mit rund 73.000 Menschen.[56] Von der Reichshauptstadt Berlin aus gesehen war Hannover Provinz, doch in der preußischen "Provinz Hannover" war diese Stadt eine Art Regionalmetropole, in der die Modernisierung wie in anderen größeren Städten ihre Spuren - sozial, politisch und kulturell - hinterließ.

Zwar teilte Löns die ambivalente Haltung der Boheme gegenüber der Großstadt, die er mal als "Asphaltdorf", so im Falle Hannovers (Brief an Ernst Bock, 13.1.1906; BG 34), und mal als "unorganischen Menschenameisenhaufen", so im Falle Berlins (Brief an Lembke, 18.1. 1913; BD 283), verurteilte, doch kann sein Wechsel zwischen Stadt und Land nicht im Sinne einer bohemistischen Existenz bewertet werden.

Wenn Löns aufs Land fuhr, waren dies Ausflüge eines Städters, der aus seinem Alltag ausbrach, aber jedesmal in die bürgerliche Welt zurückkehrte. Auch als Löns nach der Trennung von seiner zweiten Frau ein ruheloses Wanderleben begann, entsprang dies nicht einer bohemistischen Überzeugung, sondern schlichtweg der Angst vor Gläubigern. Als er 1912 nach Hannover zurückkehrte und in einer von Freunden gemieteten Wohnung ohne eigene Habe lebte, lagen die Gründe dafür in den finanziellen Streitigkeiten um den Unterhalt und nicht in dem Verlangen eines Bohemiens, unabhängig von der Gesellschaft zu sein.

Eine bohemistische Existenz widersprach im Grunde Löns' Bedürfnis nach bürgerlicher Ruhe und Sicherheit, das trotz seines vitalistischen Lebensgefühls und seiner Erlebnissucht bestand. Zwar besaß er eine Affini-

---

56 Vgl. die Tabelle zur Bevölkerungsentwicklung in: Jürgen Reulecke: Geschichte der Urbanisierung in Deutschland, Frankfurt a.M. 1985 (= Neue Historische Bibliothek; edition suhrkamp 1249), S. 203 f. Vgl. außerdem Jochen Mangelsen: "Hannoversche Allgemeine Zeitung" - Hannoverscher Anzeiger. Untersuchung zur Entwicklung einer Tageszeitung seit ihrer Gründung im Jahre 1893. Ein Beitrag zur Zeitungsgeschichte der letzten fünfundsiebzig Jahre, Diss. phil. Berlin 1968, S. 61 f.

tät zu einigen bohemistischen Einstellungen, doch vollzog er nie die Trennung von der bürgerlichen Gesellschaft. Er verharrte in einem Spannungsfeld zwischen der Sehnsucht nach bürgerlicher Sicherheit und Anerkennung auf der einen Seite und dem Verlangen nach einer ungebundenen Existenz und urmenschhaften Erleben auf der anderen. Löns kann man daher als einen verhinderten Bohemien in der Provinz bezeichnen, der in seiner Kritik am Bürger als Spießer und seiner Sympathie für die Boheme immer auf das Bürgertum fixiert blieb.

8.2.2 Der gebrochene Dandy aus dem Kleinbürgertum

"Und wenn Du etwas ganz Feines aber mit Vorsicht zu Genießendes haben willst, Du kannst ja Englisch, lies Oscar Wilde im Original ..." (Brief vom 30.12.1906; BD 199). Das schrieb Löns seinem Freund Apffelstaedt zur Jahreswende 1906/07. Dieser Ratschlag mag erstaunen, da er so gar nicht zu dem Bild des in Loden gewandeten Jägers mit dem geschulterten Gewehr paßt: Der Heimatkünstler Hermann Löns und der dekadente Dandy Oscar Wilde?

Doch Löns war nicht nur der grüne Jägersmann, sondern auch der modisch gekleidete Trendsetter in der Provinzstadt Hannover, sozusagen "der hannoversche Prinz von Wales ..., dem andere die neueste Mode absahen."[57] Wie schon im Falle des Bohemiens besaß der Heimatschriftsteller Löns eine gewisse Affinität zum Dandy, der gegen die Routine und die Trivialität des bürgerlichen Lebens ankämpft und sich durch Eleganz, arrogante Selbstgenügsamkeit, ständige Selbstkontrolle und provozierende, aber immer distinguierte Gesten auszeichnet.[58]

Baudelaire definierte die dandyistische Haltung als eine Reaktion auf den Niedergang der aristokratischen Gesellschaft:

"Das Dandytum tritt besonders in den Übergangsperioden auf, in denen die Demokratie noch nicht allmächtig, die Aristokratie erst teilweise wankend ge-

---

57 Konrad Eilers: Hermann Löns als Charakter, Hannover 1926 (= Beiträge zur niedersächsischen Literaturgeschichte), S. 80.

58 Zum Dandy vgl. Hans Hinterhäuser: Der Dandy in der europäischen Literatur des 19. Jahrhunderts, in: Weltliteratur und Volksliteratur. Probleme und Gestalten, hrsg. v. Albert Schaefer, München 1972 (= Beck'sche Schwarze Reihe Bd. 93), S. 168-193; Gerd Stein: Vorwort, in: Dandy-Snob-Flaneur. Dekadenz und Exzentrik, hrsg. v. Gerd Stein, Frankfurt a.M. 1986 (= Kulturfiguren und Sozialcharaktere des 19. und 20. Jahrhunderts Bd. 2; Fischer Taschenbuch 5036), S. 9-16.

worden und diskreditiert ist. In den Wirren solcher Zeitläufte kann es geschehen, daß einige Männer, die deklassiert, angeekelt und zur Untätigkeit verurteilt, alle aber voller angeborener Kraft sind, auf den Gedanken kommen, eine neue Art von Adel zu bilden, der um so schwieriger zu zerstören ist, als er auf den kostbarsten, absolut unverwüstlichen Fähigkeiten gegründet ist, Göttergaben, die weder die Arbeit noch das Geld verleihen können. Das Dandytum ist das letzte Aufflammen von Heroismus in einer Zeit des Niederganges ..."[59]

Ist Hermann Löns nach dieser Definition ein Dandy des Kaiserreiches, das den Übergang Deutschlands zu einem modernen, demokratischen und industrialisierten Staat markiert? Ein vergleichender Blick auf zwei Schriftsteller, denen dandyistische Lebensformen zugeschrieben werden, erleichtert die Antwort: Oscar Wilde und Ernst Jünger.

Entgegen seiner sonst üblichen Geringschätzung von ausländischen Autoren hegte Löns eine gewisse Vorliebe für Oscar Wilde (1854-1900) und dessen Theaterstück "Salomé". Er sah in Johannes, dem Täufer, der auf Drängen Salomés geköpft wird, die Idealgestalt eines "edlen Geistes", also den neuen Typus des heroischen Menschen, der "den Sieg eines idealen Willens über die Schrecknisse des Todes" erringt ("Oskar Wilde"; NS II,263 f).

Doch Löns kritisierte Wilde, da er sein Leben zu sehr von einer dandyistischen Haltung habe durchdringen lassen:

> "Wildes Lebens war gekünstelt. Er verlangte vom Leben die Kunst, nicht von sich selbst. Weil er im Leben die Kunst nicht fand, erfüllte er sein Leben mit Künstelei. Da das moderne Leben nicht künstlerisch genug war, griff er nach allem, was ihm künstlerisch erschien im Leben, und verlor so jedes Empfinden für das wahrhaft Künstlerische, das in der Schönheit der Form und in der Reinheit des Inhalts liegt. Da er die wahre Kunst nicht fand, suchte er ihr Surrogat, die Romantik."
> (NS II,268)

Der Vorwurf, den Löns Wilde macht, resultiert aus seiner eigenen Erfahrung, die er literarisch im "Zweiten Gesicht" verarbeitet hat. Bereits die Löns-Figur Hagenrieder verlangt vom Leben die Kunst, muß aber schließlich erkennen, daß er als Künstler nicht in das wahrhaft "künstlerische" Leben des einfachen Volkes eintreten kann (siehe 7.4.1). Aus diesem Verständnis fällte Löns sein Urteil über Wilde: Statt das eigene Leben zu ästhetisieren, hätte Wilde lieber einsehen sollen, daß eine Symbiose von Kunst und Leben für ihn nicht durchführbar ist, um sich dann

---

59 Charles Baudelaire: Der Dandy, in: Dandy-Snob-Flaneur, a.a.O., S. 44. Es handelt sich hier um einen Auszug aus dem postum erschienen Essay "L'Art Romantique".

der konstanten künstlerischen Gestaltung des literarischen Werkes zu-
zuwenden.

Ein weiterer Kritikpunkt an Wilde stellte die Bewunderung des Dandy
für den Verbrecher dar. Die "Romantik des Verbrechertums" (NS II,268)
enthielt für Wilde einen kreativen Akt, der in der Abkehr von der Gesellschaft und der moralischen Norm kulminiert.[60] Löns hingegen konnte sein
sakralisiertes Künstlerbild unmöglich mit einem Verbrecher auf eine Stufe
stellen.

So wie Löns ein verhinderter Bohemien war, war er trotz einiger dan-
dyistischer Tendenzen auch nur ein "gebrochener Dandy". Er versuchte
sich zwar von der bürgerlichen Gesellschaft abzuheben, war jedoch mit
seinem Leben fest in dieser Gesellschaft verwurzelt; er orientierte sich -
wenn auch mit Widersprüchen - an der Mittelstandsmoral und war viel zu
sehr an die Tagesgeschäfte der Gesellschaft gebunden und in einer kon-
servativ-nationalistischen Strömung beheimatet, als daß er wie ein Dandy
die Gesellschaft hätte ad absurdum führen können.

Doch bereits Oscar Wilde war im Grunde genommen kein "richtiger"
Vertreter dieses Typus mehr, sondern vielmehr eine "Karikatur des Dandy"[61], der gegen das Prinzip der Unauffälligkeit verstieß und sich auffällig
kleidete. Er ähnelt darin dem Snob oder dem "Modehelden", der seinen
sozialen Verlust mit einer ästhetischen Lebenshaltung und einem aggressiven elitären Bewußtsein auszugleichen versucht.

Dieser Mechanismus ist auch bei Löns zu beobachten, nur spielt er sich
bei ihm im kleineren Maßstab ab. Der Kleinbürger Löns strebte danach,
mit dem Ideal des aristokratischen Menschen und einer Ästhetik, die Leben und Tod, Gewalt und Liebe vermischte, sein positives Selbstbild zu
untermauern und sich aus der Masse herauszuheben. In diesem Sinne ist
Löns eigentlich ein Provinzsnob und Poseur, der die Bewunderung anderer suchte und Minderwertigkeitsgefühle und Anonymität in einer Massengesellschaft durch Auffälligkeit kompensierte.

So wie Löns etwas von einem Dandy besaß, hatte er auch Ähnlichkeiten
mit einem anderen verwandten Typus: dem Flaneur, der das großstädti-

---

60 Zur Einstellung Oscar Wildes zum Typus des Verbrecher vgl. Karl Heinz Bohrer: Die
   Ästhetik des Schrecken. Die pessimistische Romantik und Ernst Jüngers Frühwerk, Mün-
   chen/Wien 1978, S. 32 ff.
61 Rainer Gruenter: Versuch über Oscar Wilde, in: Oscar Wilde: Werke in zwei Bänden,
   hrsg. v. Rainer Gruenter, Bd. 2: Theaterstücke, Briefe, Gedichte, Nachwort, 4. Aufl.,
   München 1982, S. 588, vgl. außerdem S. 606-610.

sche Leben durchstreift und beobachtet.[62] Was sich aber beim Dandy und beim Flaneur in der Stadt abspielt, fand bei Löns in der Natur statt. Sein Revier waren nicht die Boulevards, sondern Wald und Heide; hier war er der Beobachter, der Voyeur (siehe 4.3).

Die Ästhetisierung der Natur und die Propagierung des Naturhaft-Primitiven verband sich bei Löns zu einem elitären Bewußtsein, in dem eine "rassische" Komponente überwog. Die dandyistische Haltung Löns' ist in dieser Beziehung mit der Ernst Jüngers verwandt, die Rainer Gruenter mit folgenden Charakteristika umreißt:

> "sublimer Wille zur Macht, Kälte als Kernmacht, manierierte Pretiösität aus höchster Bewußtseinsschärfung, Neigung zur Mystifikation, zur Pose, zur Provokation".[63]

Heimo Schwilk entdeckt den exklusiven Dandyismus Jüngerscher Prägung ebenfalls bei Löns und nennt ihn denn auch einen "Dandy in Stahlgewittern", der sich durch drei Merkmale auszeichnet. Da ist erstens das elegante Äußere (Löns meldete sich in einem weißen Anzug zur Musterung), zweitens sein Sinn für das Ästhetische (Schwilk nennt Löns einen "Egozentriker und Ästheten") und drittens die kühle, abgeklärte Pose angesichts der Gefahr:

> "Trotz des 'Schweinelebens' findet der gemeine Soldat Löns, beim Offiziersgelage mühelos zurück zu sublimen Essensgenüssen, feinsinnigen Beobachtungen und dandyistischer Extravaganz. So, wenn er unter Feuer 'Feldwebel Sarstedt derweil Vortrag über Staphyliniden' (auch Jünger botanisierte und vertiefte sich vor dem Angriff in seinen 'Tristram Shandy') hält. Leitmotivisch wiederkehrende Todesahnungen wechseln ab mit interessierten Blicken auf hübsche Frauen, denen er auf dem Vormarsch begegnet."[64]

Die Kombination von Todesahnungen und ästhetisierenden Darstellungen im Kriegstagebuch Löns' sind aber nicht unbedingt Ausdruck einer dandyhaften Geste, einer Pose, die provozieren soll. Schon der "Wehrwolf" zeigt, daß die Vermengung von Gewalt und Ästhetisierung nicht aus ei-

---

62 Vgl. Stein: Vorwort, in: Dandy-Snob-Flaneur, a.a.O., S. 12 f.

63 Rainer Gruenter: Formen des Dandysmus. Eine problemgeschichtliche Studie über Ernst Jünger, in: Euphorion, 46 (1952), S. 187. Zu Jüngers Dandysmus vgl. außerdem Bohrer: Ästhetik des Schreckens, a.a.O., S. 31-41; Wolfgang Kaempfer: Ernst Jünger, Stuttgart 1981 (= Sammlung Metzler; M 201; Abt. D: Literaturgeschichte), S. 157-164.

64 Heimo Schwilk: Ein Dandy in Stahlgewittern, in: Rheinischer Merkur/Christ und Welt, 12.9.1986, S. 19.

nem Hang zur Provokation geboren wurde, sondern im Lönsschen Werk aus einer zwingenden Kohärenz hervorgeht.

Auch bei Jünger muß die Bedeutung der dandyhaften Geste eingeschränkt werden. Johannes Volmert stellt für das Frühwerk Jüngers fest:

> "Jüngers literarische Bilder und Symbole lassen sich weder aus einer aristokratischen Morbidität/Dekadenz noch aus dandyhafter Koketterie mit einem 'mort joyeux' schlüssig erklären. Er selbst verstand sich auch durchaus nicht als Vertreter einer melancholisch-resignierten Endzeit-Generation, sondern als selbstbewußter 'Krieger' und Künder einer 'neuen Rasse'."[65]

Dieses rassistische Moment kennzeichnet die dandyistischen Tendenzen bei Jünger und bei Löns und führt das elitäre Bewußtsein des Dandy hinüber in die Übermensch-Phantasien völkischer und nationalistischer Provenienz. Unter all den Posen, mit denen Löns bohemistischen und dandyistischen Lebensformen nacheiferte, war der offen gezeigte Rassismus kein bloße Geste, sondern Kern seiner Überzeugung.

8.3 Natur in der Moderne

8.3.1 Ökologie oder Heimatschutz?

Wenn Löns in der heutigen Zeit als "erster Grüner" bezeichnet und als früher "Greenpeace"-Kämpfer präsentiert wird (siehe 1.1), stellt sich die Frage, inwieweit man bei Löns wirklich von einem ökologischen Bewußtsein im heutigen Sinne reden kann. Schon zu Lebzeiten Löns' war der Begriff Ökologie bekannt und gebräuchlich: Ernst Haeckel prägte ihn 1866 und verstand darunter die Idee eines "Naturhaushaltes", in dem jedes Lebewesen im Kontext eines größeren Ganzen steht[66]. Im heutigen Verständnis kennzeichnet der Begriff ein "modernes" Naturbewußtsein, das den Menschen in ein System mit zahlreichen Faktoren wie Klima, Wasser, Boden, Luft, pflanzlichen und tierischen Organismen einbindet und in der Beziehung zu Ökologie und Ökonomie definiert.

Zwar finden sich bei Löns immer wieder Gedanken zum Naturschutz - so sprach er sich für die "Rücksichtnahme auf das Schmerzgefühl der

---

65 Johannes Volmert: Ernst Jünger: "In Stahlgewittern", München 1985 (= Text und Geschichte, Modellanalysen zur deutschen Literatur Bd. 15; UTB 1263), S. 61.

66 Vgl. Jost Hermand: Grüne Utopien in Deutschland. Zur Geschichte des ökologischen Bewußtseins, Frankfurt a.M. 1991 (= Fischer Tb 10395), S. 71 f.

Tiere" aus ("Raubzeug"; D I,275/N II,166 f) und kritisierte den schießwü-
tigen Jäger aus der Stadt; in seinen Zeitungsartikeln propagierte er Vogel-
schutz[67], geißelte die Jagd auf Singvögel als "barbarische Vogelmassen-
mörderei" ("Fahrende Sänger"; D IV,134) und versuchte Neubauten in
bisher noch unberührten Gegenden zu verhindern (Brief vom 8.5.1908;
BD 207) -, dennoch basiert seine Vorstellung von Naturschutz nicht auf
einer "ökologischen" Perspektive im heutigen Sinne.

In der Darstellungsweise der Tiererzählungen spiegelt sich keine ganz-
heitliche Naturvorstellung wider; Löns verharrte in Ausschnitten, in denen
nur ein Teil der Natur erscheint (siehe 8.1.3). Löns' Engagement war
nicht von ökologischen Beweggründen bestimmt, sondern von ästhetischen und politischen Aspekten, die typisch waren für die Naturschutzarbeit der Jahrhundertwende.

Naturschutz war zu dieser Zeit Bestandteil des Heimatschutzes, der von
zahlreichen Heimatvereinen betrieben wurde. Löns war beispielsweise
Mitglied des "Ausschusses für Heideforschung"[68] (1905/1906) und sogar
Mitbegründer des "Heimatbundes Niedersachsen" (1901). Derartige Ver-
eine schlossen sich 1904 zum "Deutschen Bund Heimatschutz" zusammen,
dessen Arbeitsgebiete paradigmatisch für die Heimat- und Naturarbeit
waren:

> "a) Denkmalpflege
> b) Pflege der überlieferten ländlichen und bürgerlichen Bauweise; Erhaltung
> des vorhandenen Bestandes.
> c) Schutz des Landschaftsbildes einschließlich der Ruinen.
> d) Rettung der einheimischen Tier- und Pflanzenwelt sowie der geologischen
> Eigentümlichkeiten.
> e) Volkskunst auf dem Gebiete der beweglichen Gegenstände.
> f) Sitten, Gebräuche, Feste und Trachten."[69]

---

67 Vgl. z.B. Fritz von der Leine: Einen kleinen Vogel hatte früher..., in: Hannoversche Allgemeine Zeitung, 1.11.1903, Nr. 258, 2. Blatt, S. 3.
68 Vgl. Die Wandervogelzeit. Quellenschriften zur deutschen Jugendbewegung 1896-1919,
hrsg. v. Werner Kindt, Düsseldorf/Köln 1968 (= Dokumentation der Jugendbewegung
Bd. II), S. 657. Vgl auch den Aufsatz von W. Lampe: Hermann Löns und der Heimatschutz, in: Niedersachsen, 36. Jg. (1931), S. 434-436.
69 Mitteilungen des Bundes Heimatschutz, 1.Jg. (1904), S. 7, zit. nach Klaus Bergmann:
Agrarromantik und Großstadtfeindschaft, Meisenheim am Glan 1970 (= Marburger Abhandlungen zur Politischen Wissenschaft Bd. 20), S. 122.
    Zum "Bund Heimatschutz" vgl. außerdem Arne Andersen: Heimatschutz: Die bürgerli-
che Naturschutzbewegung, in: Franz-Josef Brüggemeier/Thomas Rommelspacher (Hg.):
Besiegte Natur. Geschichte der Umwelt im 19. und 20. Jahrhundert, München 1987 (=
Beck'sche Reihe 345), S. 143-157; Walther Schoenichen: Naturschutz, Heimatschutz. Ihre

Der Naturschutz dieser Zeit war eingebettet in einer Volkstumsarbeit und nicht auf ökologische Zusammenhänge ausgerichtet. Im Vordergrund standen naturromantische Vorstellungen, die auf eine Landschaftsverschönerung zielten und eine Auseinandersetzung mit den Formen industrieller Produktion ausklammerten. Dieser ästhetische Aspekt war auch der Antrieb für Löns' naturschützerische Arbeit:

> "Man sagt: Schönheit vergeht, Tugend besteht. Man kann diesen Spruch aber auch ein wenig ändern und sagen: Tugend vergeht, Schönheit besteht. Heute gilt ein Tier für schädlich: ich erinnere an Maulwurf, Maulwurfsgrille, Specht, Bussard, morgen wird es für friedlich erklärt. Schön bleibt aber immer schön und es ist nicht einzusehen, warum wir ein Tier nicht schützen sollen, einfach deshalb, weil es schön ist."[70]

Der Ästhet Löns bzw. der Voyeur im Lönsschen Jäger sah sogar die Luftverschmutzung mit den Augen eines Romantikers:

> "Ach, wie oft knurren und murren wir über Rauch und Ruß, und doch, wie schön kann er sein! Wenn in duftige, halb von der Sonne zerteilte Herbstluft weiße und schwarze und graue Rauchwolken hineinziehen, scharf und bestimmt den Schloten und Essen entquellend, aber bald sich verlierend in das große Graublau der nebligen Luft, dann ist darin auch Poesie, auch Schönheit." ("Rot ist der Deister"; NS I,83/D V,250)

Dieses Beispiel veranschaulicht, wie wenig das heutige Verständnis von Natur- und Umweltschutz, das sich im Kampf gegen Luftverschmutzung, Verunreinigung der Gewässer und Verseuchung des Bodens manifestiert, mit der Idee des Naturschutzes um 1900 gemein hat. Zwar gab es bereits 1877 einen "Internationalen Verein gegen die Verunreinigung der Flüsse, des Bodens und der Luft", doch die Heimatschützer hatten keinen Kontakt zu ihm.

Welche Probleme die Heimatschützer der Jahrhundertwende beschäftigten, zeigt exemplarisch ein Vortrag Löns', den er 1911 in Bremen vor

---

Begründung durch Ernst Rudorff, Hugo Conwentz und ihre Vorläufer, Stuttgart 1954 (= Große Naturforscher Bd. 16), S. 138-157; Sieferle: Fortschrittsfeinde?, a.a.O., S. 167-173.

Vgl. außerdem allgemein zur Geschichte des Naturschutzes Gerhard Olschowy: Zur Entwicklung des Naturschutzes und der Landschaftspflege in Deutschland, in: Naturschutz- und Naturparke. Mitteilungen des Vereins Naturschutzpark e.V. Stuttgart-Hamburg (1977), H. 86, S. 25-30 und Wolfram Pflug: 200 Jahre Landespflege in Deutschland - Eine Übersicht, in: Stadt und Landschaft, Raum und Zeit. Festschrift für Erich Kühn zur Vollendung seines 65. Lebensjahres, hrsg. v. Alfred C. Boettger/Wolfram Pflug, Köln 1969, S. 237-280.

70 Hermann Löns: Heimatliches Erleben, in: Heimat und Volksbildung, Berlin 1907, S. 68.

dem "Lehrerverein für Naturkunde" hielt[71]. Löns-Freunden dient gerade dieser Vortrag mit dem Titel "Der Naturschutz oder die Naturschutzphrase" als Beleg für Löns' engagierten Umweltschutz[72], so daß eine Analyse dieses Textes berechtigt ist, zumal er in keiner Werkausgabe aufgenommen wurde.

Als erste große Umweltgefahr findet sich in diesem Text "die Blechpest und die Plakatseuche" (NoN 18), also schlichtweg die Reklame:

> "Vor jedem Bauernhaus kreischt Sie ein Plakat an, daß Sie diesen Keks, jenen Luftreifen, diesen Sekt und jenes Zahnpulver kaufen müssen, wollen Sie sich zur Kulturmenschheit gerechnet wissen! Neben den Eisenbahnfahrgleisen stehen auf hohen Balken große Bretter und darauf sind scheußliche Bilder, unkünstlerische, rohe, dumme und gemeine Bilder gemalt, Fratzen ekelhaftester Art, die Ihnen zubrüllen, daß jeder Esel heute 'Jasmatzi' oder 'Unsere Marine' raucht."
> (NoN 16)

Die zweite Gefahr, die Löns erblickt, stellt ebenfalls eine ästhetische Bedrohung dar und wirkt sich direkt auf die Tier- und Pflanzenwelt aus:

> "Die Plakate sind es nicht allein, die uns die Heimat schänden; noch auf viele andere Weise verdirbt man ihr Angesicht. Das eine ist die Verkoppelung; sie war nötig, aber maßlos ist gesündigt worden, als man sie einführte. Ohne Sinn und Verstand hat man damals gewütet, im Handumdrehen aus einem bunten, lustigen Land eine langweilige, stumpfsinnige Getreidesteppe gemacht und selbst da das Buschwerk abgeschlachtet und die Bäume ermordet, wo es gar keinen Zweck hatte."
> (NoN 17 f)[73]

Neben der Flurbereinigung bedeutet die Sammelwut des Menschen - das Botanisieren und die "Blumenrupperei der Ausflügler" (NoN 25) - ein weiteres Problem. Hinzu kommt noch die Kommerzialisierung der Natur, die auch seltene Pflanzen zu Waren macht:

---

71 Es gibt Unstimmigkeiten bei der Datierung dieses Vortrags. Fritz Klein weist darauf hin, daß auch das Jahr 1912 in Betracht käme, da Löns Conwentz mit einer Rede zitiert, gehalten auf dem Internationalen Kongreß für Heimatschutz in Paris, der im Jahr 1912 stattgefunden haben soll. Dieser Kongreß fand aber bereits 1909 statt. Vgl. Fritz Klein: Wann hielt Hermann Löns seinen "bitterbösen Vortrag"?, in: Hermann-Löns-Blätter (1982), H. 2, S. 3 f; Sieferle: Fortschrittsfeinde?, a.a.O., S. 168.

72 Vgl. Fritz Klein: Das neue Hermann-Löns-Brevier, Hannover 1986, S. 10; Heinz Sach: Wird es eine Löns-Renaissance geben?, in: Hermann-Löns-Blätter (1988), H. 4, S. 16 f.

73 Vgl. auch das Gedicht "Verkoppelung" (D V,40 f/N V,36). Literarische Texte zu diesem Thema waren allerdings keine Seltenheit. Schon 1871 schrieb Hoffmann von Fallersleben ein gleichnamiges Gedicht; vgl. Sieferle: Fortschrittsfeinde?, a.a.O., S. 182 f.

> "Da steht ein Wahrbaum im Felde, ein weithin sichtbares Merkzeichen, an den
> sich eine alte Sage knüpft. Er wird abgehackt; denn bares Geld lacht. So ge-
> schieht es überall. Selbst ein rein botanisches Naturdenkmal wichtigster Art, die
> größte Eibe der Mark Brandenburg, ist an eine Tischlerei in Finsterwalde ver-
> kauft worden."
> (NoN 24)

Zu guter Letzt nennt Löns das "Schießertum", das er auch in seinem Jagdbuch "Kraut und Lot" geißelt (siehe 4.3):

> "Unter den neuen Jägern waren aber dreiviertel nur Schießer, denen jede zoo-
> logische Bildung und jedes Verständnis für die Zusammensetzung der Tierwelt
> abging. Da nun um die gleiche Zeit die leichter zu bedienenden Hinterladerwaf-
> fen aufkamen, ging das Morden los; denn der städtische Jäger neueren Datums
> begnügte sich nicht allein mit Haar- und Federwild; denn er wollte möglichst oft
> knallen, und so donnerte er auf alles los, was groß und schön oder bunt und
> auffallend war ..."
> (NoN 27 f)

Unter den Umweltgefahren, die Löns aufzählt (Reklame, Verkoppelung,
Sammelwut, Kommerzialisierung, Jagd) findet sich keine, die in der heutigen Umweltarbeit einen vorrangigen Schwerpunkt bildet; bei Löns ist von
Luftverschmutzung, Wasserverunreinigung und Bodenverseuchung nicht
die Rede. Selbst als Löns direkt von dem Vordringen der Ölindustrie in
der Lüneburger Heide schreibt, findet sich bei ihm kein Hinweis zu diesen Gefahren. Löns sieht in der Industrie eine ganz andere Bedrohung:

> "Hof um Hof verschluckt die Bohrindustrie, und langsam aber sicher weicht das
> Bauerntum von der Scholle ..."
> ("Der Untergang der Heide"; NS I,428)

Löns befürchtet eine durch die industrielle Entwicklung herbeigeführte
Überfremdung der ländlichen Kultur; Naturschutz ist bei ihm Heimatschutz, der einen politischen, ja einen völkischen Akzent besitzt. Als Löns
1905 auf dem 4. Niedersachsentag in Hannover über "Die Gefährdung der
Tierwelt" sprach, stellte er am Ende seines Vortrags klar, welche Bedeutung der Naturschutz für ein Volk habe:

> "Völker, deren Naturempfinden zugrunde ging, weil sie, wie die Italiener und
> Spanier, ihre Heimat verödeten, tragen den Todeskeim in sich, leben nur
> künstlich als Nationen.

Völker mit stark ausgeprägtem Naturempfinden, wie die Germanen, Slawen und Japaner, verwinden selbst die schlimmsten Schläge und haben eine unbegrenzte Erneuerungskraft.

Darum handelt eine Regierung, die dem Volke das Naturempfinden zu erhalten sucht, klug, und kein Opfer darf ihr dafür zu groß, kein Mittel zu klein dafür sein, und jeder, der ihr dabei hilft, nützt seinem Volke.

Eins dieser Mittel ist aber die Erhaltung der einheimischen Tierwelt."

(NS I,403)

Naturschutz bedeutet damit für Löns, wie er an anderer Stelle schreibt, "ein Kampf für die Gesunderhaltung des gesamten Volkes, ein Kampf für die Kraft der Nation, für das Gedeihen der Rasse." ("Naturschutz und Rasseschutz"; NS I,486) Die Natur ist für Löns, wie schon seine Jagderzählungen zeigen, die Kraftquelle eines Volkes, und der Natur- bzw. Heimatschutz ist ihm "eine zielbewußte Vaterlandsliebe" ("Die Gefährdung unserer Tierwelt"; NS I,385).

Wenn Löns schreibt, "daß Naturschutz gleichbedeutend ist mit Rassenschutz" (NS I,491), meint er nicht den Schutz von Tierrassen. In seiner biologistisch und mythisch verbrämten Weltsicht überträgt er die Kategorien der Rasse auf die menschliche Gesellschaft und auf politische Systeme. Sein naturschützerisches Engagement ist sowohl geprägt von Naturliebe als auch von sozialdarwinistischen Vorstellungen, nach denen diejenige Rasse den Kampf ums Dasein gewinnt, die ihre Bindung an die Natur nicht verloren hat, die noch Urmensch genug ist.

8.3.2 Die Naturschutzpark-Idee

Deutlich kristallisieren sich Löns' an völkischen und ästhetischen Kriterien orientierte Vorstellungen in der Frage der Naturschutzparks heraus, mit denen Löns sich im krassen Widerspruch zur staatlich organisierten Naturschutzarbeit befand. Nachdem am 30. März 1898 im preußischen Abgeordnetenhaus die Einrichtung von "Staatsparks" nach Vorbild des 1872 in den USA gegründeten "Yellowstone Park" gefordert wurde, entwickelten sich staatliche und private Bemühungen in dieser Richtung. So legte der Botaniker Hugo Conwentz 1904 eine im staatlichen Auftrag verfaßte Denkschrift über die Erhaltung von Naturdenkmälern vor.[74]

---

74 Zu Conwentz vgl. Andersen: Heimatschutz, a.a.O., S. 146 ff; Hans Klose: Fünfzig Jahre staatlicher Naturschutz. Ein Rückblick auf den Weg der deutschen Naturschutzbewegung, Gießen 1957, S. 13-32; Schoenichen: Naturschutz, Heimatschutz, a.a.O., S. 158-296.

Unter dem von Alexander von Humboldt geprägten Begriff "Naturdenkmal" (1799) verstand man ungewöhnliche Naturgegenstände bzw.

"charakteristische Gebilde der heimatlichen Natur ..., vornehmlich solche, welche sich noch an ihrer ursprünglichen Stätte befinden, seien es Teile der Landschaft oder Gestaltungen des Erdbodens oder Reste der Pflanzen und Tierwelt",

wie es in den "Grundsätzen für die Wirksamkeit der Staatlichen Stelle für Naturdenkmalpflege in Preußen" hieß[75]. Diese wurde 1906 unter der Leitung von Hugo Conwentz geschaffen, der gegenüber großen Nationalparks sehr skeptisch eingestellt war. Er strebte vielmehr an, "kleine Flächen von verschiedener Beschaffenheit in ihrem ursprünglichen Zustand zu erhalten"[76], also Naturdenkmäler zu pflegen. Die Arbeit der "Staatlichen Stelle" beschränkte sich denn auch auf die Inventarisierung, Erforschung und dauernde Beobachtung der Naturdenkmäler wie z.B. Felsen, Höhlen, Quellen, alte Bäume oder auch Hünengräber.

Andere Vorstellungen hatte der 1909 gegründete "Verein Naturschutzpark": Sein Ziel war es, nach dem amerikanischen Vorbild Naturschutzreservate einzurichten. Geplant war,

"drei große Naturschutzparke in Angriff zu nehmen, wovon der eine als Hochgebirgspark in den Alpen, der zweite als Park für das Mittelgebirge und Hügelland in Süd- oder Mitteldeutschland und der dritte als Park für die Tiefebene in Norddeutschland gedacht ist."[77]

Dank privater Unterstützung von Ortsansässigen konnte bereits 1911 um den Wilseder Berg in der Lüneburger Heide der letztgenannte Park eingerichtet werden, der als "Naturschutzpark Lüneburger Heide" auf 4000 Hektar im Jahr 1920 anwuchs.[78]

---

75 Zit. nach Klose: Staatlicher Naturschutz, a.a.O., S. 13.

76 Zit. nach NoN 15; Löns zitiert aus einer Rede Conwentz'. Vgl. auch den Aufsatz "Naturschutz und Rasseschutz" (NS I,486).

77 Kurt Floericke: Der gegenwärtige Stand der Naturschutzpark-Bewegung, in: Kosmos, 6.Jg. (1909), H. 12, S. 371; vgl. auch ders.: Umschau über die Naturschutzbewegung, in: Kosmos, 6. Jg. (1909), H. 4, S. 97-103.

78 Vgl. Enno Meyer: Pastor Bode kauft den Wilseder Berg. Der erste deutsche Naturpark entsteht, in: ders.: Zwölf Ereignisse deutscher Geschichte zwischen Harz und Nordsee 1900-1931, Hannover 1979 (= Schriftenreihe der Niedersächsischen Landeszentrale für politische Bildung, Zeitgeschichte 16), S. 27-32; Alfred Toepfer: Ein Rückblick auf 20 Jahre Arbeit des VNP, in: Naturschutz- und Naturparke. Mitteilungen des Vereins Naturschutzpark e.V. Stuttgart-Hamburg (1974), H. 74, S. 1-12; Walter Widmann: Naturschutzpark Lüneburger Heide, 2. erw. Aufl., Stuttgart 1963.

Löns bejahte nach anfänglichem Zögern dieses Vorhaben, hatte aber generelle Bedenken an der Durchführbarkeit:

> "Die Naturschutzparkidee ist gut, aber die Ausführung? Eingattern kann man den Park nicht, und so wird er ein Tummelplatz für die Hamburger Sonntagsflegel werden, fürchte ich. Jedenfalls stehe ich, obgleich ins Komitee gepreßt, der Sache skeptisch gegenüber, habe auch noch nichts darüber geschrieben." (Brief an Krauß vom 20.12.1910; BD 243 f)

Knapp zwei Jahre nach diesem Brief hat Löns aber dennoch eine Schrift vorgelegt, in der er sich durchweg positiv äußert: 1912 verfaßte er für eine Werbeschrift des "Vereins Naturschutzpark" den Text "Heidzauber", in dem er um Unterstützung des Vereins bittet. Seine Bitte begründet er wie folgt:

> "Wir würden an Leib und Seele Schaden nehmen, erhielten wir uns nicht einen großen Teil der Schönheiten der Heide, die unseren Malern und Dichtern und dadurch uns selber so unendlich viel gegeben haben." (NS I,422)

Löns' Vorstellung vom Naturschutz ging weiter als die von Conwentz und sogar weiter als die des "Vereins Naturschutzpark". Ihm schwebte eine Art "allgemeine(r) kulturelle(r) und künstlerische(r) Naturschutz" vor (NoN 15), der sich auf alle Lebensbereiche eines Volkes erstreckt: Naturschutz als Heimatschutz, Landschaftsschutz und Rassenschutz in einem.

Die Arbeit der "Staatliche Stelle" verhöhnte er als als "Conwentzionellen Naturschutz"[79] und "Naturdenkmälerchensarbeit" (NoN 14), die sich mit Detailfragen beschäftige und sich im bürokratischen Leerlauf ergehe. Die Angriffe gegen Conwentz, hinter denen auch persönliche Animositäten standen[80], kommen ganz massiv im Vortrag "Der Naturschutz oder die Naturschutzphrase" zum Ausdruck. Statt für den Naturschutz zu arbeiten, verkünde die "Staatliche Stelle" nur Naturschutzphrasen:

> "Die amtliche Naturdenkmalpflege erweckt immer mehr den Verdacht, als arbeite sie einem großzügigen, wirksamen Naturschutz entgegen. Sie schützt Belanglosigkeiten, arbeitet im Detail, hemmt aber eine Bewegung, die sich auf

---

79 So ist ein Artikel von Löns im Hannoverschen Tageblatt vom 14.9.1910 betitelt; vgl. Erich Griebel: Hermann Löns, der Niederdeutsche. Eine Einfühlung in Leben und Werk, Berlin/Leipzig 1934, S. 223.

80 Löns glaubte, von Conwentz übergangen worden zu sein. Er hatte Conwentz zu einem Kalmiafund im Warmbüchener Moor herbeigerufen, doch Conwentz verschwieg bei der Erwähnung dieses Fundes Löns' Anteil daran; vgl. Deimann: Löns (1960), a.a.O., S. 585.

das ganze richten muß. Sie ist eben amtlich, muß bürokratisch vorgehen, darf um himmelswillen niemand auf die Zehen treten, nicht Sturm läuten, nicht das Nothorn blasen."
(NoN 14)

Doch das beabsichtigt Löns; für die Durchsetzung seines Zieles propagiert er auch rabiate Mittel:

"Wir brauchen die blanke Faust, wir haben das unverhohlene Wort nötig und die rücksichtslose Tat, wollen wir etwas erreichen."

Das Prinzip des Kampfes, das das Weltbild Löns' konstituiert, überträgt er auch auf die Naturschutzbewegung. Doch Löns scheint zu wissen, daß die Leitlinien des Lönsschen Jägers, der Wehrwölfe und seines "Urmenschen" nicht ohne weiteres durchsetzbar sind. Er relativiert sogleich seinen Gewaltaufruf und erhebt einen Legalitätsanspruch:

"Jedes strafgesetzlich erlaubt Mittel muß uns recht sein, um unsere Natur und damit uns selber vor dem Verderb zu retten."
(NoN 22)

8.3.3 Naturschutz und Industrie

Löns' Propagierung eines allumfassenden und massiv durchgreifenden Naturschutzes evoziert die Frage nach seiner Einstellung zur Industrie. In der deutschen Naturschutzbewegung gab es starke technik- und industriefeindliche Tendenzen, die auf Ernst Rudorff (1840-1916) zurückgehen. Der Berliner Musiker beschwor eine mystische deutsch-germanische Vergangenheit voller Naturharmonie und beklagte, daß die Industrialisierung das "Malerische und Poetische der Landschaft" zerstört habe.[81]

Daneben gab es unter den deutschen Naturschützern noch eine zweite Richtung, die von der Fortschrittsgläubigkeit des Industriezeitalters beeinflußt war. Man erwartete, daß Naturschutz und Industrie Hand in

---

81 Zit. nach Schoenichen: Naturschutz, Heimatschutz, a.a.O., S. 150. Zu Rudorff vgl. außerdem Andersen: Heimatschutz, a.a.O., S. 143 ff.
Rudorffs Aufsätze "Heimatschutz" und "Abermals Heimatschutz" wurden die Programmschriften des Heimatschutzbundes (zuerst veröffentlicht in: Die Grenzboten, 56. Jg. [1897], 2. Vierteljahr, S. 401-414, 455-468 und 4. Vierteljahr, S. 111-117). Löns erwähnt Rudorff in "Der Schutz der Heimat" (NS I,382) und "Der Harzer Heimatpark" (NS I,431).

Hand arbeiten würden, um Naturschäden zu verhindern. Das war auch die Hoffnung von Hugo Conwentz:

> "Es ist keine Frage, daß die Industrie nicht um einen Schritt zurückgedrängt werden soll, um wissenschaftliche Denkwürdigkeiten und Schönheiten der Natur zu bewahren. Wenn aber die Industrie den Weg fand, so groß zu werden, muß sie auch Mittel erfinden, allzu nachteilige Einwirkungen von der umgebenden Natur fernzuhalten."[82]

Ausgehend von der Industriefeindschaft, die seine Naturerzählungen und Gedichte prägen, scheint Löns zur ersten Fraktion zu gehören. Typisch für seine literarische Beschäftigung mit dem Komplex Natur-Technik ist das Gedicht "Der Bohrturm", in dem er der industriellen Sphäre eine dämonische Dimension verleiht (siehe 3.3):

> "Es steht ein schwarzes Gespenst im Moor;
> Das ragt über Büsche und Bäume empor.
> Es steht da groß und steif und stumm;
> Sieht lauernd sich im Kreise um.
>
> In Rosenrot prangt das Heideland;
> 'Ich ziehe dir an ein schwarzes Gewand.'
> Es liegt das Dorf so still und klein;
> 'Dich mache ich groß und laut und gemein.'
> Es blitzt der Bach im Sonnenschein;
> 'Bald wirst du schwarz und schmutzig sein.'
> Es braust der Wald so stark und stolz;
> 'Dich fälle ich zu Grubenholz.'
>
> Die Flamme loht, die Kette klirrt,
> Es zischt der Dampf, der Ruß, der schwirrt,
> Der Meißel frißt sich in den Sand;
> Der schwarze Tod geht durch das Land."
> ("Der Bohrturm"; D V,39/N V,35)[83]

Mit dem Vergleich vom "schwarzen Tod" zieht Löns eine Parallele zur mittelalterlichen Pest. So wie die Pest damals als Geißel Gottes oder als Werk des Teufels aufgefaßt wurde, wird der industrielle Fortschritt bei

---

82 Zit. nach Andersen: Heimatschutz, a.a.O., S. 147.

83 Bereits in den Frühgedichten ist die Dämonisierung der Industrie angelegt; vgl. das Gedicht "Dortmund" (C I,162). Die Gefahren der Ölindustrie kritisiert Löns außerdem in "Dahinten in der Heide": Städtische Verhältnisse drohen in die Heide einzubrechen und Fremde, insbesondere Verbrecher und Lustmörder, anzuziehen (D IV,365).

Löns als unheilbringendes Gespenst oder alles zerstörendes Ungeheuer dargestellt.[84]

Die Industrie zerstört zwar die Natur, aber einen noch größeren Schaden befürchtet Löns für das Volksleben:

> "Je mehr Schlote hier qualmen, je mehr Dächer hier aufwachsen, um so mehr verschwinden allerdings Bäume und Büsche, verlieren die Dörfer an Eigenart und der Menschenschlag an Reinheit des Blutes ..."
> ("Calenberger Land und Leute"; NS I,110/D V,274)

Doch gerade diese völkische Sichtweise läßt Löns positive Aspekte in der Industrialisierung erkennen, trägt sie doch zur nationalen Stärkung bei. In einem Aufsatz über den Harzer Heimatpark stellt Löns diese Bedeutung so dar:

> "Neue Vororte, Fabriken, Arbeitersiedlungen treten an die Stelle von Acker- und Gartenland, Wald und Wiese (...) Im Allgemeinen ist dieser Vorgang, der sich überall in der deutschen Heimat vollzieht, unvermeidlich. Man soll darüber nicht in weichliche Klagen ausbrechen; im Gegenteil freuen soll man sich dessen, denn er beweist, wie unser gesamtes Wirtschaftsleben sich verbreitet und vertieft, ein schönes Zeichen dafür, welche Gesundheit, Kraft und welcher schöpferische Mut in unserem Volke lebt und sich in fruchtbare Taten umsetzt."
> (NS I,429)

Diese Aussage muß im Vergleich zur Industriefeindlichkeit der Tier- und Jagderzählungen überraschen. Trotz seiner in manchen Texten zu lesenden Radikalrhetorik war Löns kein Industriefeind.[85] Gerade in seiner Tätigkeit als Lokaljournalist offenbarte sich Löns als Befürworter von Industrieansiedlungen.

In seinem Verhältnis zu Natur und Industrie zeigt sich ein Zwiespalt, wie er schon in seiner Einstellung zur Dichtkunst und zum Journalismus deutlich wurde (siehe 8.1.2). In seinen Tier- und Jagderzählungen schil-

---

84 Ein weiteres Beispiel ist die Erzählung "Der Vogel Wupp" (D II,444-449/N II,65-71), in der Löns die Turmschwalbe zum Sinnbild der Großstadt, zum "Vogel Wupp", macht:
"Er müßte der Wappenvogel der Leute von Wallstreet sein, von den Wuppwuppmenschen der New Yorker Börse. Wupp Telephon, wupp Auto, wupp Börse, wupp Bar, wupp Telegraphenamt, wupp Kontor, wupp Hochzeit, wupp Scheidung, wupp Herzschlag. So ist sein Leben auch." (D II,447/N II,69)

85 Vgl. Simone Jürgens: Das Heimatverständnis in den Romanen von Hermann Löns. Schriftliche Hausarbeit im Rahmen der fachwissenschaftlichen Prüfung für das Lehramt an Gymnasien, Universität Göttingen 1982, S. 35 ff; Stanley Radcliffe: Hermann Löns als Gesellschaftskritiker, Magister-Arbeit, Liverpool 1955, S. 215 ff.

derte Löns die Industrie einerseits als eine der Natur entgegengesetzte Sphäre, die expandiert und zerstört, als Journalist erkannte Löns andererseits positive Aspekte in der Industrialisierung. Löns pendelte zwischen Industriefeindschaft und Fortschrittsoptimismus, die er allerdings in einer völkischen Perspektive miteinander versöhnte.

Wetterte Löns in seinem Vortrag "Der Naturschutz oder die Naturschutzphrase" gegen Reklame, die auf Plakaten den Betrachter ankreischt, "daß Sie diesen Keks, jenen Luftreifen, diesen Sekt und jenes Zahnpulver kaufen müssen" (NoN 16), so schrieb er als Lokaljournalist einen wohlwollenden Artikel über die hannoversche "Cakes-Fabrik H. Bahlsen"[86]. 1906 verfaßte Löns sogar eine Werbeschrift für die Firma Günther Wagner, die besser bekannt ist unter dem Namen ihres Firmensymbols: Pelikan[87]. Löns warb also für eine chemische Fabrik, die in der Farbenherstellung tätig ist.

Diese 134 Seiten umfassende Werbeschrift, in der Löns die Firmengeschichte, den Aufbau des Betriebes, seine Produktpalette und auch seine sozialen Einrichtungen vorstellt, wirft ein erhellendes Licht auf Löns' Einstellung zu Industrie und Umweltschutz. Löns betont besonders die ästhetischen Maßnahmen der Firma Günther Wagner, die den Fabrikneubau von anderen Fabriken unterscheide:

> "Man ist so wenig gewohnt, in einem Fabrikneubau Rücksichten auf die Gesetze der Ästhetik genommen zu sehen, daß das Wort Fabrik schon allein imstande ist, bei einem Menschen mit fein entwickeltem Formensinn ein unbehagliches Gefühl auszulösen. Man denkt unwillkürlich an einen nüchternen, wenn nicht häßlichen großen Bau, der mit seinen plumpen Formen vollständig aus jeder, sei es einer landschaftlichen, sei es einer baulichen Umgebung herausfällt, und um den eine Atmosphäre von Schmutz, schlechtem Geruch und Lärm schwebt." (GW 113)

Unter dem Gesichtspunkt der Ästhetik, der ja auch den Lönsschen Umweltschutz bestimmt, bespricht er vornehmlich die Architektur des Fabrikneubaus, die nicht nur nach außen hin als ansehnlich gilt, sondern innen für eine Arbeitsatmosphäre sorgt, die den Arbeiter zu mehr Leistung an-

---

86 Vgl. Hermann Löns: Hannoversche Industrie: Die Cakes-Fabrik, in: Hannoverscher Anzeiger, 24.1.1894, Nr. 19, S.2.

87 Diese Werbeschrift wird von der Löns-Forschung im allgemeinen übergangen. 1909 verfaßte Löns eine weitere Werbebroschüre zum 50jährigen Bestehen des Manufakturwarengeschäftes J.W. Saltzer, die heute aber nicht mehr auffindbar ist. Wieder greifbar ist die 1910 erschienene Werbeschrift "Die Deutschland-Fahrradwerke August Stukenbrok zu Einbek", 1982 neu herausgegeben vom Stukenbrok-Museum der Stadt Einbeck.

spornen soll. Schönheitssinn und Nützlichkeitsdenken verbinden sich für Löns vorbildhaft in diesem Neubau, "bei dem in jeder Beziehung den ästhetischen Anforderungen soviel Beachtung geschenkt ist wie den praktischen." (GW 113)

Diese Verbindung ist für Löns das Ziel der Industrie, das die Natur bereits verwirklicht hat: die Kombination von Effektivität und Ästhetik. Löns bringt es fertig, am Ende seiner Schrift den Pelikan mit dem Fabrikneubau zu vergleichen und so Tierdarstellung mit einer Lobpreisung der Industrie zu verquicken :

> "Der Pelikan, den sich die Firma zum Wappentier wählte, erscheint auf den ersten Anblick unzweckmäßig gebaut; der gewaltige Schnabel, der riesige Kehlsack, der lange Hals, sie stehen anscheinend in einem schreienden Mißverhältnisse zu den kurzen Füssen und dem winzigen Steuer. Wer aber das Leben dieses riesigen Fischers kennt, wer ihn in Freiheit beobachtet hat, wie er mit mächtigen Fittichschlägen durch die Luft rudert oder, mit vielen seinesgleichen zu einer großen Kette vereinigt, seine Beute in eine Bucht treibt, der erkennt die ungemeine Zweckmäßigkeit des Baues dieses Vogels und empfindet dessen Gestalt darum als schön, denn aller Schönheit Vorbedingung ist die Zweckmäßigkeit.
> Und da die Firma Günther Wagner in ihrem Fabrikneubau und ihrem Betriebe die höchste Zweckmäßigkeit zu erreichen strebte, so gelang es ihr, dafür die schöne äußere Form zu finden."
> (GW 133 f)

In diesem Text sind Natur und Industrie keine unvereinbaren Gegensätze, vielmehr übernimmt die Natur wie schon in den Tiererzählungen eine Vorbildfunktion: Sie lebt der Industrie die Kombination von Pragmatismus und Ästhetik vor. Die Ambivalenz in Löns' Haltung zur Industrie ist damit nur scheinbar. Die Kritik an der Industrie, die Löns in manchen seiner Texte laut werden läßt, stellt diese nicht in Frage. Er diskutiert nicht die Auswirkungen der industriellen Produktionsformen; was Löns kritisiert, ist lediglich "der Ungestüm, mit dem der Verkehr, die Industrie und der Handel ... vorwärtsdrängen" ("Der Harzer Heimatpark"; NS I, 430).

Selbst wenn Löns die Industrie dämonisiert, um die möglichen Gefahren für das Volk plastisch hervortreten zu lassen, können sich in seiner Sicht Industrie und Natur miteinander versöhnen, da beide Sphären unter dem Primat des Völkischen stehen: Beide stellen eine Stärkung der Nation und des Volkes dar.

Dieser völkische Naturschutz stellt eine Grundtendenz in der Frühgeschichte des deutschen Naturschutzes dar, die sich über Jahrzehnte fortsetzen sollte und deren Ahnherr Löns wurde.[88] Das Lönssche Wort vom Naturschutz, der auch Rasseschutz ist, fand bereits in der Weimarer Republik eifrige Nachredner. Der "Bund Heimatschutz" erweiterte nämlich seine bisher auf Artenschutz und Naturdenkmäler begrenzte Arbeit zu einem universellen Naturschutz, wie ihn schon Löns herbeisehnte. Heimatschutz wurde nun auch definiert als Schutz der Familie unter dem Aspekt der "Reinerhaltung" des Erbgutes.

Unter diesen politischen Vorzeichen ist es nicht weiter verwunderlich, daß die Nationalsozialisten diese Art Naturschutz weiterverfolgten und Löns dabei mit einer besonderen Rolle bedachten. Der "Bund Heimatschutz" wurde nach der Machtübernahme 1933 nicht verboten, sondern ging in dem von der NSDAP neu ins Leben gerufenen Reichsbund "Volkstum und Heimat" auf, und führende Heimatschützer behielten ihre Ämter. Hans Klose, einst Mitarbeiter von Hugo Conwentz und nach 1933 Referent für Naturschutz im Reichsforstamt und schließlich Direktor der Reichsstelle für Naturschutz, versprach Löns postum:

> "Hermann Löns, im Dritten Reich werden uns Steine und Bäume und Brinke und noch vieles andere von alledem bleiben, um das du gebangt und gestritten hast. Und jede geschützte deutsche Landschaft ist ein Denkmal auch für Dich!"[89]

Löns' völkischer Naturschutz fügte sich ohne weiteres in die Blut-und-Boden-Ideologie der Nationalsozialisten und deren Erziehungsmaßstäbe ein. Über das Vehikel Naturschutz konnten im Rahmen des Biologieunterrichts sozialdarwinistische und biologistische Denkweisen vermittelt werden; am Beispiel der heimatlichen Natur wurden Lebensraumerweiterung und Kampf als oberste Lebensprinzipien veranschaulicht. In diesem ideologischen Zusammenhang kam den Lönsschen Tier- und Jagderzäh-

---

88 Vgl. Ulrich Linse: Ökopax und Anarchie. Eine Geschichte der ökologischen Bewegungen in Deutschland, München 1986 (= dtv Sachbuch 10550), S. 14-41; Klaus-Georg Wey: Umweltpolitik in Deutschland. Kurze Geschichte des Umweltschutzes in Deutschland seit 1900, Opladen 1982, S. 128-151.

89 Hans Klose: Hermann Löns und seine Stellung im deutschen Naturschutz, in: Naturschutz, 20. Jg. (1939), Nr. 10, S. 213. In der BRD wurde derselbe Klose schließlich Direktor der Bundesanstalt für Naturschutz und Landespflege.

Weitere regimetreue Äußerungen zum Thema Löns und Umweltschutz stammen von Walther Schoenichen, dem Nachfolger von Conwentz auf dem Posten des Direktors der "Staatlichen Stelle für Naturdenkmalpflege in Preußen", vgl. Walther Schoenichen: Naturschutz als völkische und internationale Kulturaufgabe. Eine Übersicht über die allgemeinen, die geologischen, botanischen, zoologischen und anthropologischen Probleme des heimatlichen wie des Weltnaturschutzes, Jena 1942, S. 39.

lungen, die auch im Naturkundeunterricht gelesen wurden, die Rolle des Vermittlers zu. Über den Unterhaltungswert der Erzählungen wurde die Indoktrination Jugendlicher mit nationalsozialistischem Gedankengut bewerkstelligt.[90]

In dem Grad, wie der Naturschutz propagandistischen Wert besaß, war auch Löns eine ideologische Dimension zu eigen - ungeachtet der tatsächlichen Durchsetzung praktischer Naturschutzmaßnahmen. Die Forderungen des Naturschutzes hatten im "Dritten Reich" hinter den Zielen der Machtentfaltung und der militärischen Effizienz zurückzustehen. Zwar wurde im Juni 1935 ein Reichsnaturgesetz verabschiedet, doch besaß die wirtschaftliche und industrielle Entwicklung im Zeichen von Aufrüstung und Autarkiebemühungen den uneingeschränkten Vorrang.[91]

Auch nach dem Kriege wurde Löns als Vorkämpfer des Umweltschutzes gefeiert. Nahtlos verlief der Übergang vom Streiter eines völkischen Naturschutzes zum Ahnherr eines Umweltschutzes, der in einem demokratischen Staat gepflegt wird. Daß dies möglich war, liegt an einem historischen Defizit: Da die Geschichte der Naturschutzbewegung in Deutschland bis jetzt nur mangelhaft aufgearbeitet worden ist, wurden die Kontinuitätslinien des völkischen Naturschutzes nach 1945 verdrängt.

---

90 Vgl. die Anm. 13, S. 98 (4.1).
91 Welche Bedeutung der Naturschutz in der Praxis des Nationalsozialismus haben sollte, zeigt sich in der Rolle Hermann Görings. Einerseits fungierte der Reichsjägermeister als oberster Naturschützer, andererseits war er als Verantwortlicher des Vierjahresplans für die Kriegsvorbereitung zuständig. Mit dieser Personalunion war garantiert, daß Konflikte zwischen Industrie und Naturschutz ausblieben, d.h. daß die Interessen des Naturschutzes hintenangestellt wurden.
Die Naturschützer glaubten aber, mit ästhetischen Richtlinien für einen Ausgleich zwischen Natur und technischem Fortschritt sorgen zu können, so z.B. beim Bau der Autobahnen. Derartige Hoffnungen wurden spätestens im Krieg enttäuscht, als das Primat der Kriegswirtschaft übermächtig wurde und die Zerstörungen durch Angriffe zunahmen. Durch Runderlasse vom 1.4.1943 und vom 13.9.1944 wurde die Naturschutzarbeit völlig eingestellt.
Vgl. Gert Gröning/Joachim Wolschke: Naturschutz und Ökologie im Nationalsozialismus, in: Die alte Stadt. Zeitschrift für Stadtgeschichte, Stadtsoziologie und Denkmalpflege, 10. Jg. (1983), S. 1-17; Annette Nietfeld: Reichsautobahn und Landschaftspflege. Landschaftspflege im Nationalsozialismus am Beispiel der Reichsautobahnen, Diplomarbeit Berlin 1985 (= Werkstattberichte des Instituts für Landschaftsökonomie H. 13); Walter Mrass: Die Organisation des staatlichen Naturschutzes und der Landschaftspflege im Deutschen Reich und in der Bundesrepublik Deutschland seit 1935, gemessen an der Aufgabenstellung in einer modernen Industriegesellschaft, Stuttgart 1970 (= Beiheft 1 zu Landschaft + Stadt).

Eine Diskussion zur Entwicklung des Naturschutzes findet erst in jüngster Zeit statt.

Dabei kann die Erforschung des Naturschutzes mehr leisten als die Auflistung von Umweltschützern, Naturparks und bedrohten Tierarten. Die Geschichte des Naturschutzes in Deutschland und die Rolle Hermann Löns' weisen über sich selbst hinaus auf den Prozeß der Modernisierung: Am Beispiel Löns kann man exemplarisch das Verhältnis zu Industrie und Natur, zu Modernisierung und Krisenbewältigung in der Moderne verfolgen.

Wenn heutige Naturschützer sich auf Löns berufen, fehlt diese historische Dimension, und man stützt sich (in vielen Fällen unwissentlich) auf einen Naturschutz, der geprägt ist von völkischen Tendenzen und der Begriffswelt der Jahrhundertwende, von ästhetischen Scheinlösungen und der mangelnden Auseinandersetzung mit der industriellen Produktion.

8.4 Mentalität und Moderne: Versuch einer psychoanalytischen Deutung der Person Hermann Löns

8.4.1 Geisteskrank?

Löns' psychische Disposition ähnelt in vielen Punkten der wilhelminischen Mentalität, die der Historiker Martin Doerry als konstituierend für die "Generation der Übergangsmenschen" im Kaiserreich ausmacht.[92] Der Weg zur Moderne, d.h. zu einem industrialisierten und demokratisch organisierten Staats- und Gemeinwesen, führt über Krisen, die sich im Falle des Deutschen Kaiserreiches aus dem Mißverhältnis zwischen ökonomischer und soziopolitischer Entwicklung ergaben. Die wirtschaftliche und technische Modernisierung hatte Folgen für Mentalität und Wahrnehmungsstruktur:

> "Dieser Wandel vom Agrar- in einen Industriestaat innerhalb kürzester Zeit verlangte seinen Tribut. Analog zur neuen Wahrnehmungsstruktur entwickelte sich eine politische Mentalität, die sich implizit dem Wandel verweigerte. An die sie bedrängende neuartige Reizflut konnten sich die Menschen mit Hilfe starker Filter anpassen."[93]

---

92 Vgl. Doerry: Übergangsmenschen, Bd. 1, a.a.O., S. 9, 155-176.
93 Ebd., S. 47 f.

Doerry konstatiert vier Komponenten, aus denen sich die wilhelminische Mentalität zusammensetzt: Autoritätsfixierung, die sich in der Dichotomie von Unterwerfung und Beherrschung ausdrückt; Assimilation, die auf Anpassung an bürgerliche Normen und Ausgrenzung von Randgruppen hinausläuft; Harmonieorientierung, die einhergeht mit einer partiellen Wahrnehmung der Wirklichkeit; und Aggressivität, die einen Zustand besonderer Labilität durch die Panzerung des eigenen Ichs und durch eine Angriffshaltung überdeckt.

Diese Merkmale lassen sich mit spezifischen Ausformungen und unterschiedlichen Schwerpunkten bei Löns feststellen, dessen Psyche aber von weiteren Faktoren bestimmt wurde, die ihre Wurzeln in der Kindheit, der Erziehung und dem mühsamen beruflichen Aufstieg haben. Aus den Briefen Löns' und den Beobachtungen von Freunden und Verwandten ergibt sich das Bild eines Paranoikers, dessen Verhaltensweisen seine Umwelt befremdet haben.

Bereits Löns' Vater, der trotz aller Konflikte um seinen Sohn besorgt war, fragte sich, ob das exaltierte Benehmen des Studenten Hermann Löns nicht auf eine Geistesverwirrung zurückzuführen sei.[94] Löns' erste Ehefrau berichtet von Nervenzusammenbrüchen[95], die sich auch in der zweiten Ehe fortsetzten. Während der Arbeit am "Wehrwolf" sah Löns nicht nur leibhaftig seine Romangestalten vor sich, auch nach Beendigung dieses Romans (20.11.1909) befand er sich in einer psychisch angespannten Lage. Am 25.11.1909 soll es während eines Spaziergangs mit Ehefrau Lisa und Cousine Hanna zu einem Streit gekommen sein, den Löns dadurch beendete, daß er fortlief. Die Frauen fanden ihn schließlich in einem Wirtshaus, wo er erklärte, er müsse fliehen, da er unterwegs ein Mädchen erdrosselt habe.

Die Vorstellung, einen Mord begangen zu haben, überfiel Löns auch im Jahre 1911; erneut erzählte Löns, nach einer Wanderung ein Mädchen umgebracht zu haben. Diese Gewaltphantasien konnten sogar in gewalttätige Handlungen übergehen. Im April 1910, als er sich zu einem Vortrag

---

94 Der Vater schrieb an einen Studienfreund seines Sohnes in Göttingen:
"Der Junge zeigt in allem ein so ratloses und gewissenloses Verhalten, daß wir oft daran zweifeln müssen, ob er noch seinen Verstand habe. Was denken Sie darüber? Kommt er ihnen nicht auch zuweilen geistesverwirrt vor? Glauben Sie, daß er seine Verstandeskräfte noch zusammen hat?"
(Zitat aus: Konrad Eilers: Hermann Löns als Charakter, Hannover 1926 [= Beiträge zur niedersächsischen Literaturgeschichte], S. 75.)

95 Vgl. Elisabet Löns-Erbeck: Meine Erinnerungen an Hermann Löns, 11.-15. Tsd., Dortmund 1922, S. 23.

in Münster aufhielt, soll er des Nachts versucht haben, seine schlafende Frau zu erwürgen.[96]

Derart extreme Verhaltensweisen führten schließlich zur Trennung der Eheleute Löns. Lisa Löns berichtet in einem Brief, daß sie nach dem Tod ihrer Mutter im Juni 1911 für einige Tage in den Harz gefahren war und daß sich bei ihrer Rückkehr ein ernster Ehestreit ergab. Löns legte ihr nahe, die Wohnung zu verlassen, da "es ihm absolut wichtig (sei), wieder frei zu sein":

> "Wir sahen uns dann einige Tage sehr wenig. Eines Nachts um 5 kam er nach Hause, ging in sein Arbeitszimmer, dann in sein Schlafzimmer und gleich darauf fiel ein Schuss. Ich nahm zuerst das Kind aus dem Bett und übergab es dem Mädchen. Da ich dann auf Klopfen keine Antwort bekam, schlug ich das Verandafenster ein und fand Hermann ruhig auf seinem Bett sitzend: er hatte auf die Heizung geschossen. Das Kind weinte vor Schreck, das Mädchen war außer sich. Auf einmal kam Hermann angelaufen und verlangte das Kind. Es sei für ihn und das Kind am besten, wenn sie nicht mehr da wären. Ich musste das Kind im Mädchenzimmer bis 8 Uhr morgens einschliessen. Er tobte, daß es das ganze Haus hörte. Er erzählte nachher dem Mädchen, er wolle das Kind erschiessen, da er sich so am besten an mir rächen konnte."[97]

Kurz darauf, am 27. Juli, verließ Lisa mit dem Sohn Dettmer die Wohnung und fand bei einer befreundeten Familie Unterschlupf. Als sie sich an das Gericht wandte, um Unterhalt für sich und ihr Kind einzuklagen und die Scheidung anzustreben, verweigerte Löns jegliche Zahlung und floh ins Ausland. Seine Frau sowie Bekannte und Verwandte, die zu ihr hielten, bekamen in dieser Zeit anonyme Drohbriefe, die Löns höchstwahrscheinlich selbst verfaßt hat.[98]

Diese paranoiden Verhaltensweisen legen die These von einer möglichen Geisteskrankheit nahe, die nach dem Tode Löns' ausführlich in einem Prozeß um sein Erbe diskutiert wurde. Lisa Löns als Witwe - sie hatte die Scheidung doch nicht durchführen lassen - ging gegen das Testament vor, in dem ihr Mann seine letzte Lebensgefährtin Ernestine Sas-

---

96 Vgl. Paul Schnabel: Wahrheit und Dichtung in Hermann Löns' "Zweitem Gesicht". Ein Beitrag zur Psychologie der Dichtung, Leipzig 1928, S. 118-123.

97 Brief von Lisa Löns an Max Apffelstaedt vom 24.1912 (UBibl. Mü).

98 Vgl. den Brief von Lisa Löns an Hanna Fueß vom 9.10.1911 (StA Ce, L 8 650): "Nun kommen schon an Lohses und nach Steglitz anonyme Schmähbriefe, die zum Teil auf meiner Schreibmaschine geschrieben sind. Sie sind so unvorsichtig, dass alle Verwandten ihm einen Beleidigungsprozeß machen könnten."

senberg als Erbin eingesetzt hatte.[99] Mit der Hilfe von Gutachten sollte die zeitweise Unzurechnungsfähigkeit Löns', die vor allem in Vollmondnächten zu beobachten gewesen sein soll, bewiesen werden. Das Gericht entschied letztendlich nicht, ob eine Geisteskrankheit vorlag, sondern erwirkte einen Vergleich zwischen den streitenden Parteien.[100]

Mochte diese Diskussion um eine mögliche Geisteskrankheit von prozeßtaktischen Gründen herrühren, vom Unverständnis angesichts der normverletzenden Handlungen Löns' bestimmt oder von Gerüchten beeinflußt gewesen sein, so bleibt jedoch als Minimalnenner der Tatbestand, daß bei Löns "Absonderheiten" zu beobachten waren, "die sich zeitweilig zu vorübergehenden Störungen steigerten, zumal wenn er Alkohol trank" - so der Obergutachter im Prozeß[101]. Geisteskrankheit oder vorübergehende psychische Störung? - Diese Frage kann wohl nur beantwortet werden mit einer Untersuchung von Löns' Kindheit und Jugend sowie seiner Beziehung zu den Eltern.

8.4.2 Der "Naturmythos" als identitätsstiftendes Über-Ich

Der Gymnasiallehrer Friedrich Wilhelm Löns (1832-1908) galt als humaner Lehrer, der seine eigenen Söhne jedoch streng erzog und jede Willensregung in ihnen zu brechen versuchte. Hermanns jüngerer Bruder Rudolf beschreibt diese auf prinzipielle Wunschunterdrückung hinauslaufende Erziehungsmethode so:

> "Unser Vater nun hielt es mit der Gewalt und versuchte seinen Willen mit Maßregelungen allerlei Art und täglichen Prügeln durchzusetzen. Nun baute er leider seine Erziehungsversuche auf dem Grundsatz der Verneinung auf. Alles, was wir gerne taten, wurde verboten, alles uns unangenehme mußten wir tun, ganz gleich, ob es recht oder falsch war. Zur Strafe mußten wir Schularbeiten machen, zur Strafe in die Kirche gehen, so daß uns Schule und Kirche bald verhaßt wurden."[102]

---

99 Vgl. Wilhelm Deimann: Der andere Löns, Münster/Hameln 1965, S. 96 ff. Deimann ist bei der Darstellung des Prozesses sehr bemüht, Lisa Löns' Argumentation von der Geisteskrankheit ihres Mannes als abwegig erscheinen zu lassen.
100 Vgl. ebd., S. 109. Sohn Dettmer wurden vier Sechstel der Einkünfte aus den Werken Löns' zugesprochen, der ersten Ehefrau Elisabet Löns-Erbeck ein Sechstel, der zweiten Ehefrau ebenso. Ernestine Sassenberg erhielt die äußere Habe, das Tagebuch, einige Manuskripte und persönliche Gebrauchsgegenstände.
101 Abschrift des Obergutachtens von Prof. Dr. Schultze (Direktion der Provinzial-Heil- und Pflegeanstalt Göttingen), 1.Mai 1916, S. 6 (StA Ce, L 9 269).
102 Rudolf Löns: Die Löns'sche Art, 2.-4. Tsd., Haale (Saale) o. J., S. 46.

Vor allem Hermann, als Erstgeborener, hatte unter dem gespannten Verhältnis zum Vater zu leiden. Der Konflikt wurde zusätzlich durch die Rivalität um die Mutter verstärkt.[103] Klara Löns (1844-1896) nahm die Kinder oft in Schutz vor dem Vater, und der kleine Hermann war offensichtlich sehr um ihre Liebe bemüht. Als sie einmal in einer hektischen Situation den von dem Sohn gepflückten Strauß Heidekraut nicht beachtete, fühlte sich Hermann tief verletzt. So tief, daß er noch als Erwachsener daran dachte und dieses Erlebnis niederschrieb:

> "Ich warf den Strauß in die Herdflamme und ging stumm hinaus, trotzig die Tränen bekämpfend, aber mir war sehr traurig zumute.
> Das war das einzige Mal, daß meine Mutter mir weh tat. Ich glaube, es war der größte Schmerz meines Lebens ..."
> ("Trockene Heide"; C II,394)

Die Mutter, die 14 Kinder in den Jahren zwischen 1866 und 1886 geboren hatte (fünf davon verstarben früh), konnte ihrem ältesten Sohn nicht die Liebe und Aufmerksamkeit widmen, die er sich wünschte. Dennoch blieb Löns mit seiner Mutter Zeit ihres Lebens in Kontakt. Selbst als er mit seinem Vater wegen seines Studiums längst zerstritten war, bestand eine heimliche Verbindung, von der der Vater nichts merken durfte.[104]

Trotz der familiären Konflikte waren es wohl die als tier- und pflanzenliebend geltenden Eltern Löns', die ihm als erste die Natur nahebrachten. In der heide-ähnlichen Landschaft um das westpreußische Deutsch-Krone, wo Löns aufwuchs, fand er einen Zufluchtsort, in dem er statt der Nähe zur Familie die Nähe zum Tier suchte. Nicht nur Forschertrieb und Neugierde machen einem Kind das Tier interessant, sondern auch die "Erfahrung des Tieres als eines kreatürlichen Nahen und Vertrauten"[105]. Sigmund Freud schildert das Verhältnis von Tier und Kind folgendermaßen:

> "Das Verhältnis des Kindes zum Tiere hat viel Ähnlichkeit mit dem des Primitiven zum Tiere. Das Kind zeigt noch keine Spur von jenem Hochmut, welcher

---

103 Laut Knottnerus-Meyer soll Löns über seine Mutter gesagt haben:
"Meine Mutter, die versteht mich, hat alles für mich getan, deshalb war er [der Vater] natürlich eifersüchtig auf mich. Ich durfte nicht mit zu ihrer Beerdigung. Und dabei war er eine Leuchte in der Kirche ..." (Zitat aus: Hermann Knottnerus-Meyer: Der unbekannte Löns. Gespräche und Erinnerungen, Jena 1928, S. 75.)
104 Vgl. Rudolf Löns: Die Löns'sche Art, a.a.O., S. 49.
105 Gerhard Haas: Das Tierbuch, in: Kinder- und Jugendliteratur. Zur Typologie und Funktion einer literarischen Gattung, hrsg. v. Gerhard Haas, 2. Aufl., Stuttgart 1976, S. 359.

dann den erwachsenden Kulturmenschen bewegt, seine eigene Natur durch eine scharfe Grenzlinie von allem anderen Animalischen abzusetzen. Es gesteht dem Tiere ohne Bedenken die volle Ebenbürtigkeit zu; im ungehemmten Bekennen zu seinen Bedürfnissen fühlt es sich wohl dem Tiere verwandter als dem ihm wahrscheinlich rätselhaften Erwachsenen."[106]

Da der junge Hermann in seinem Vater nicht die ersehnte Identifikations-figur fand, suchte er sie anderweitig. Zuerst bei Freunden, die er anfangs wie Helden verehrte; doch sobald er erkannte, daß auch sie nur alltägliche Menschen waren, wandte er sich von ihnen ab[107]. Allein in der Natur war der junge Hermann sicher vor Enttäuschungen.

Sie erschien dem zukünftigen Heimatschriftsteller wahrscheinlich schon als Kind als ein Lebensraum, in dem die Normen der bürgerlichen Welt, verkörpert im Vater und in der Schule, außer Kraft gesetzt waren. Hier konnte er sich als Teil einer sinnlichen Welt erfahren: beobachten, hören, die Leistungsfähigkeit des eigenen Körpers erproben; die Grenze zwischen Tierischem und Menschlichem verschwindet in dieser Lebenswelt, das Kind erfährt das Animalische seines Seins.

Der junge Hermann verinnerlichte die Natur als den ewigen Kreislauf von Wachsen und Sterben, den er später zu einem mythisch überhöhten Weltbild ausformte. Sein Über-Ich war nicht durch die Autorität des Vaters, der Schule oder des Militärs geprägt, wie es sonst für die wilhelminische Mentalität üblich war, sondern durch einen diffusen Naturmythos.

Die Möglichkeit zur Realitätsprüfung wird durch die Übernahme eines derartigen Ich-Ideals eingeengt.[108] In einer solchen Situation kann das Subjekt die aus der Außenwelt stammenden Reize nicht von den inneren Reizen unterscheiden und so die eigentliche Wahrnehmung mit dem verwechseln, was es sich lediglich vorstellt. Die Natur bei Löns ist immer eine "Lönssche Natur", eine Produkt seiner Wünsche und Lebensumstände.

Diese Realitätstrübung diente bei Löns dazu, Minderwertigkeitskomplexe zu kompensieren, die sich wohl schon früh manifestierten. Er galt als schwächliches Kind, das im Alter von sechs Jahren lebensgefährlich an Typhus erkrankt war. Nach dem Verlassen der Kinder- und Jugend-Heimat Westpreußen verstärkten sich diese Minderwertigkeitskomplexe: Der von der Peripherie des Deutschen Reiches stammende Löns, der als Kind

---

106 Sigmund Freud: Die infantile Wiederkehr des Totemismus, in: ders.: Gesammelte Werke. Chronologisch geordnet, Bd. 9: Totem und Tabu, 6. Aufl., London 1978, S. 154.
107 Vgl. Deimann: Löns (1960), a.a.O., S. 522.
108 Vgl. den Artikel "Realitätsprüfung" in: Jean Laplanche/Jean-Bertrand Pontalis: Das Vokabular der Psychoanalyse, Frankfurt a.M. 1972, S. 431-436.

sogar zeitweise polnisch sprach[109], suchte in Münster und später in Hannover Anschluß an seine neue Umgebung, indem er sich selbst betont als Niedersachse darstellte. 1909 in seiner kurzen Selbstbiographie, also aus der Sicht des etablierten Journalisten, stellt Löns den Umzug nach Münster als eine Rückkehr in die verlorene Heimat dar, wo er endlich seine Identität gefunden habe:

> "Bisher hatte ich mich ganz als Einzelwesen gefühlt; nun empfand ich Stammesbewußtsein, ... bald hatte ich Freunde, wirkliche Freunde und es waren kaum zwei Jahre vergangen, da war ich bewußt das, was ich unbewußt immer gewesen war, Niedersachse."
> (SB 38)

Löns' Entwicklung ist eine Geschichte von wechselnden Anpassungsprozessen. Auf der Suche nach seiner Identität und seinem Platz in der Gesellschaft schloß sich der junge Löns immer wieder verschiedenen Gruppen an. Doch weder bei den Naturalisten noch bei den Sozialdemokraten fand Löns ein Zugehörigkeitsgefühl, das ihn auf lange Sicht hin heimisch werden ließ (siehe 3.2). Er imaginierte sich schließlich eine Gruppe, als deren vollwertiges Mitglied er sich fühlte: Er "assimilierte" sich an die Gruppe "Rasse" bzw. "Volksgemeinschaft", obwohl gleichzeitig auch eine äußere Anpassung an bürgerliche Normen stattfand, die typisch für die wilhelminische Mentalität ist.

Die eigenen Minderwertigkeitskomplexe verschwanden mit dieser angeblichen Identitätsfindung jedoch nicht, sie wurden auf Randgruppen und Außenseiter projiziert, um das Zugehörigkeitsgefühl zu einer starken "Rasse" zu unterstützen. Außerhalb dieser Gemeinschaft standen Fremde im allgemeinen und Zigeuner und Juden im besonderen, welche in den Löns-Texten zur Zielscheibe abwertender und rassistischer Äußerungen wurden.

---

109 Vgl. Elisabet Löns-Erbeck: Meine Erinnerungen, a.a.O., S. 38:
"Dann erzählte Hermann auch wohl aus seiner Kinderzeit, wie es ihm so schwer wurde, deutsch zu sprechen; alles sagte und forderte er polnisch, bis der Vater verlangte, daß er nichts zu essen haben solle, bis er es auf deutsch erbat, da bequemte er sich dazu."

Löns' Ich-Entwicklung war stark beeinflußt von narziβtischen Störungen, die sich vor allem dann zeigen, wenn ein Kind nur ungenügend Bestätigung durch die Eltern erfährt.[110] Vater und Mutter Löns konnten von Hermann nur bedingt als narziβtische Objekte vereinnahmt werden, d.h. der kleine Hermann konnte sich nicht mit ihnen identifizieren und die Libido, die beim Kleinkind zuerst noch auf sich selbst gerichtet ist und allmählich auf andere Objekte geleitet wird, nicht auf sie übertragen.

Dieser wichtige Schritt zur Herausbildung des Ich, von der Subjekt- zur Objektbeziehung, scheint bei Löns nicht vollständig vollzogen worden zu sein; seine Libido fiel immer wieder auf ihn zurück. Der erwachsene Löns konnte seine Frauen nicht als äuβere Phänomene sehen, da er zuviel in sie hineinprojizierte: Er hat sie narziβtisch besetzt und war nicht fähig, sie als Objekte auβerhalb des Bereichs seiner Kontrolle anzusiedeln.[111] Verlor er die Kontrolle über sie, führte dies zu einer intensiven narziβtischen Wut, wie sein Verhalten bei der Trennung beweist. Trotzig wie ein Kind verweigerte er Unterhaltszahlungen, und glaubte den Konflikt lösen zu können, indem er einfach verschwand.

Mehr Erfolg hatte er in seinem Phantasieprodukt der "Lönsschen Natur", die einen plasmatischen Bereich ohne Widerstände und Konflikte darstellt (siehe 4.4). Auf der Jagd konnte er seine Liebesobjekte total vereinnahmen: Das Erlegen der Tiere brachte sie für immer in seine Gewalt, auch wenn es die Sinnlichkeitserfahrung des Jagens zerstörte. Auf die Frage, warum er die Tiere, die er liebte, totschoβ und dann ausstopfte, soll der junge Löns geantwortet haben: "er habe die Tiere so lieb, daβ er sie eben immer bei sich haben müsse."[112]

Eine narziβtische Störung macht sich bemerkbar durch den Anspruch der Omnipotenz ("Grandiosität") einerseits und Depressionen andererseits. Der "grandiose" Mensch braucht Bewunderung; die anderen sind nur dafür da, um zu ihm aufzuschauen - eine Rolle, die Löns seinen Frauen zugedacht hatte. Doch das so geschaffene Selbstwertgefühl kann leicht zusammenbrechen, wenn die Bewunderung ausbleibt. Die Angst vor

---

110 Zu narziβtischen Störungen vgl. Alice Miller: Das Drama des begabten Kindes und die Suche nach dem wahren Selbst, 26.-35. Tsd., Frankfurt a.M. 1979, S. 63-82.
111 Vgl. Theweleit: Orpheus (und) Eurydike, a.a.O., S. 736.
112 Griebel: Löns (1934), a.a.O., S. 31.

Liebesverlust führt zu Depressionen und macht anfälliger für Krankheiten.

Genau diese Symptome machten sich bei Löns nach der Trennung von Frau und Kind bemerkbar. In einer Mischung aus Größenwahn und Depression schreibt er in einem Brief vom 7. November 1911:

> "Ich habe immer nur einen Wunsch: schlafen, schlafen und nie wieder aufwachen. Aber wenn ich bedenke, wieviel Schönes ich meinem Volke noch schenken kann, das hält mich von dem letzten Schritt zurück."
> (BD 257)

Der Anspruch der Omnipotenz schafft einen psychischen Konflikt, da die schwachen Möglichkeiten des realen Ich nicht mit dem hochgesteckten Ich-Ideal korrespondieren.[113] Es kommt zu einem Bruch zwischen Anspruch und Wirklichkeit, der durch soziale Ohnmachtserlebnisse verstärkt werden kann.

Derartige Erlebnisse erschütterten Löns in einer für ihn besonders wichtigen Phase seines Lebens, der Zeit der beruflichen Etablierung, als er eine respektable Position in der bürgerlichen Gesellschaft des wilhelminischen Kaiserreiches zu erlangen suchte. Während seines Studiums in Greifswald (1887/88) schloß er sich der schlagenden Verbindung Cimbria an, in der er sich allem Anschein nach sehr wohl fühlte: Er gab sich als Rauhbein, suchte mit Vorliebe Streit, trank und feierte ausgiebig. Wie in seiner Kindheit in Deutsch-Krone erprobte er seine Möglichkeiten. Seine häufigen Streitigkeiten waren Ausdruck seiner Erlebnissucht, aber auch seines Willens, als vollwertiges Mitglied seiner Verbindung zu gelten. Als er jedoch einem älteren Studenten einen geliehenen Geldbetrag von 25 Mark trotz ehrenwörtlicher Versicherung nicht zurückzahlen konnte, wurde er aus der Cimbria "cum infamia" - unehrenhaft - ausgeschlossen.

Dieser Ausschluß aus einer Burschenschaft, also einer Sozialisationsinstanz des kaiserlichen Deutschlands, bedeutete für Löns eine Deklassierung. In mehreren Briefen bat er darum, den Ausschluß rückgängig zu machen. Verzweifelt schrieb er an seinen Gläubiger, der inzwischen das Geld von Löns' Vater bekommen hatte:

---

113 Vgl. Thomas Ziehe: Pubertät und Narzißmus. Sind Jugendliche entpolitisiert?, Frankfurt a.M./Köln 1975 (= Veröffentlichungen des Psychologischen Seminars der TU Hannover), S. 182.

"Sie haben ja das Geld erhalten und werden mir jetzt nicht durch eine Anzeige mein ganzes Leben vernichten."
(Brief vom 17.10.1888; BD 166)

Die Verletzung des Ehrenkodex stellte einen Makel dar, der in einer auf das Sozialprestige insistierenden Gesellschaft Folgen für die berufliche Karriere und den sozialen Status haben mußte. Löns sah sich aus der Gesellschaft ausgeschlossen und vollzog quasi einen symbolischen Abschied von ihr, als er die Fotografien seiner Greifswalder Kommilitonen verbrannte.

Auch sein weiteres Studium brachte ihn nicht in die Lage, eine angesehene bürgerliche Laufbahn einzuschlagen. Er studierte zwar noch von Ostern 1889 bis 1890 in Münster Naturwissenschaft und Mathematik, doch ohne einen Abschluß zu erreichen. Seine Behauptung, er hätte seine Doktorarbeit fertiggestellt, aber auf einem Bahnhof verloren[114], ist wohl mehr eine Schutzbehauptung, um das eigene Versagen zu vertuschen, denn Realität.

Anfang der 90er Jahre stand Löns in einer psychischen wie existentiellen Krise: ohne Ausbildung und akademischen Abschluß, versehen mit dem Makel des unehrenhaften Ausschlusses aus einer schlagenden Verbindung und dem Ruf eines unzuverlässigen Journalisten, dem bei seinen beiden ersten Anstellungen Disziplinlosigkeit und Trunksucht vorgeworfen wurden. Hinzu kam, daß er keinen Militärdienst abgeleistet hatte[115]. In einer Gesellschaft, die in einem sozialen Militarisierungsprozeß stand, in der der Reserveoffizier zum Leitbild erhoben wurde und Kriegervereine massenhaft verbreitet waren[116], bedeutete dies eine zusätzliche Herabsetzung.

Diese Krise begünstigte die Bildung einer politischen Kompensationsideologie, die einen Ersatz für reale Ohnmachtserlebnisse lieferte.[117]

---

114 So auch überliefert von Deimann: Löns (1960), a.a.O., S. 531.

115 Die Gründe dafür liegen im unklaren. Die Musterungsrollen für den fraglichen Zeitraum existieren laut Auskunft des Nordrhein-Westfälischen Staatsarchives Münster nicht mehr.

116 Vgl. Dieter Düding: Die Kriegervereine im wilhelminischen Reich und ihr Beitrag zur Militarisierung der deutschen Gesellschaft, in: Jost Dülffer/Karl Holl (Hg.): Bereit zum Krieg. Kriegsmentalität im wilhelminischen Deutschland 1890-1914. Beiträge zur historischen Friedensforschung, Göttingen 1986, S. 99-121.

117 Zu diesem Zusammenhang vgl. Hans-Joachim Mauch: Nationalistische Wehrorganisationen in der Weimarer Republik. Zur Entstehung und Ideologie des "Paramilitarismus", Frankfurt a.M./Bern 1982 (= Europäische Hochschulschriften: Reihe 31, Politikwissenschaft Bd. 32), S. 82.

Löns erhielt sich sein Selbstwertgefühl mit der Hinwendung zur Natur und dem Mythos des Urmenschen und wehrhaften Bauern. Diese Anschauungen bildeten einen Filter, der Löns' Wahrnehmung der gesellschaftlichen Wirklichkeit strukturierte.

In einer Welt, die zur Zeit Löns' immer komplizierter wurde und in der der industrielle und soziale Wandel eine Fülle neuer Abhängigkeiten und Beziehungen schuf, sich das etablierte Bildungsbürgertum mit dem Aufstieg einer im technischen Bereich tätigen Intelligenz konfrontiert sah und der Mittelstand ein Abdriften ins Proletariat fürchtete, bot der Mythos eine Orientierungshilfe (siehe 5.3). Der Mythos der Naturhaftigkeit machte die Umbruchsitutationen der Industriegesellschaft überschaubarer und kanalisierte die neuartige Reizflut, indem er die Welt in Segmente und klare, stereotype Kategorien einteilte: dort der blonde, kräftige Bauer, da der heimtückische, schwarzhaarige Zigeuner oder der verweichlichte, zivilisierte Stadtmensch.

Löns vereinfachte oder negierte die Probleme der Industriegesellschaft, indem er die Wirklichkeit einem Raster von Vorurteilen anpaßte[118]: Er nahm seine Umwelt nur partiell wahr und überformte sie zugleich harmonisierend. Die Idylle in der bäuerlichen Welt der Lönsschen Texte war das Resultat einer selektiven Wahrnehmung, welche eine für die wilhelminische Mentalität typische Harmonieorientierung unterstützt.

Seine soziale Ohnmacht in der modernen Gesellschaft versuchte Löns durch eine zur Schau gestellte Aggressivität zu überdecken. Unter einem Schutzpanzer, den auch die autobiographisch beeinflußte Figur des Malers Hagenrieder aus dem "Zweiten Gesicht" angelegt hat, versteckte Löns seine kindlichen Verhaltensweisen und seine Labilität: Der rauhbeinige, sich forsch gebende und oft verletzende Löns ist quasi der "eiserne Ritter" Hagenrieders, der das Wunschbild von Männlichkeit und Härte verkörpert (siehe 7.6).

---

118 Vgl. Hans Nicklas/Änne Ostermann: Vorurteil, in: Handwörterbuch der Psychologie, hrsg. v. Roland Asanger/Gerd Wenninger, Weinheim/Basel 1982, S. 535-540.

8.4.4 "Ein Leben zwischen Büchern und Brüsten":
Sexualität und Literatur

Die Kluft zwischen Anspruch und Realität versuchte Löns in seinem Alltagsleben dadurch zu überbrücken, indem er sich in einen Rausch hin-
versetzte, der eine Versöhnung zwischen Ich und Ich-Ideal herbeiführte.
Durch den Alkohol, die Jagd, die Sexualität oder das Schreiben phanta-
sierte sich Löns in einen Zustand hinein, in dem der Konflikt "pseudo-
überwunden" wurde.

Als Jäger, Urmensch oder Frauenheld träumte sich Löns in eine Wunschwelt, die das Naturparadies seiner Kindheit mit den Gewaltphantasien
des Erwachsenen verknüpfte. Er sehnte sich nach einem Ur-Zustand, den
er vor allem in der sinnlichen Erfahrung des Jägers zu finden hoffte. Löns
war ein Jäger aus Leidenschaft, wie ihn Erich Fromm charakterisiert:

> "Im Akt des Jagens wird der Mensch, wenn auch nur für kurze Zeit, wieder zu
> einem Teil der Natur. Er kehrt zum Naturzustand zurück, wird eins mit dem
> Tier und von der Last der existentiellen Gespaltenheit befreit: Teil der Natur zu
> sein und sie gleichzeitig kraft seines Bewußtseins zu transzendieren. Wenn der
> Mensch das Tier jagt, wird das Tier zu seinesgleichen, auch wenn der Mensch
> dabei schließlich durch den Gebrauch seiner Waffen seine Überlegenheit
> zeigt."[119]

Diese Regression in einen naturhaften Zustand erklärt auch Löns' Begeisterung für Kampf und Krieg. Durch den Kampf in der Natur fand
Löns Triebbefriedigung, die ihm in der Gesellschaft mit ihren Gesetzen
und Normen versagt blieb. Löns' Freiwilligenmeldung bei Kriegsbeginn
1914 war Ausdruck eines Bemühens, die Kluft zwischen Ich-Ideal und Ich
zu überbrücken. Vom Kriege erhoffte er sich eine Befreiung vom gesellschaftlichen Ballast, so daß der Urmensch wieder zum Vorschein
kommen sollte.[120] Doch statt Regression in einem Ur-Zustand wurde
Löns im realen Krieg mit Krankheit, Schwäche und Tod konfrontiert.

---

119 Erich Fromm: Anatomie der menschlichen Destruktivität, in: ders.: Gesamtausgabe,
   hrsg. v. Rainer Funk, Bd. IV: Aggressionstheorie, Stuttgart 1980, S. 118.
120 Vgl. Sigmund Freud: Zeitgemäßes über Krieg und Tod, in: ders.: Gesammelte Werke.
   Chronologisch geordnet, Bd. 10: Werke aus den Jahren 1913-1917, 7. Aufl., London 1981,
   S. 324-355. Freud deutet den Krieg als eine Regression auf eine psychisch primitivere
   Stufe, auf der ähnlich wie im Traum das Verdrängte wiederkehrt: "Er [der Krieg] streift
   uns die späteren Kulturauflagerungen ab und läßt den Urmenschen in uns wieder zum
   Vorschein kommen." (S. 354)

Mit der ersehnten Regression in die Natur verband Löns aber neben der Urmenschvision auch eine Rückkehr in die Kindheit:

> "Ein Junge von zwölf Jahren bin ich wieder, der mit der Büchsflinte in den Händen von Stamm zu Stamm schleicht. Mein Herz klopft, mein Atem pfeift, Schweiß perlt mir über die Stirn."
> ("Des Täubers Ruf"; D I,576)

Schon in der Kindheit hat Löns vermutlich die Jagd libidinös besetzt: Die sich auf die Tiere richtende Sammelleidenschaft des kleinen Hermann kann man als eine Sublimierung der prägenitalen Libido verstehen, die von sexuellen auf nichtsexuelle Ziele abgeleitet wird.[121]

Der Lönssche Jäger schließlich erlebt das Jagen als libidinösen Akt, in dem Töten und Lieben zu ein und derselben Handlung verschmelzen, mit dem Gewehr als Phallus und dem todbringenden Schuß als Orgasmus (siehe 4.3). Diese Kopplung von Lieben und Töten wird psychoanalytisch als Triebmischung bezeichnet[122], die auf der Vermengung von Lebens- und Todestrieb, oder spezieller gesagt: von Eros und Aggression beruht.

Löns' Charakter ist durchzogen von einer Ambivalenz von Biophilie und destruktiven Zügen. Einerseits war er fasziniert von allem Lebendigen - der biophile Charakter hat die Tendenz zur Integration und Vereinigung mit dem Lebendigen[123]; andererseits neigte Löns zur Regression, die in Gewalt ausartete. Er wollte Urmensch oder Tier werden, frei von der Last der Vernunft, um seine archaischen Gelüste auszuleben.

Neben der Jagd sah Löns in der Sexualität einen Fluchtraum, von dem er sich die Erfüllung seiner symbiotischen Sehnsüchte erhoffte. In den Frühgedichten, die stark autobiographisch gefärbt sind, zeigt sich aber bereits, daß dieser Wunsch nicht verwirklicht werden kann: Die Verschmelzung mit dem Urweib, wie es Hagenrieder im "Zweiten Gesicht" anstrebt, gibt es nicht (siehe 7.5.2). Das Gefühl dieser Verschmelzung währt nur solange, wie der Geschlechtsakt andauert, danach folgt die Enttäuschung:

---

121 Vgl. Erik H. Erikson: Kindheit und Gesellschaft, 4. Aufl., Stuttgart 1971, S. 56.

122 Vgl. den Artikel "Triebmischung-Triebentmischung" in: Laplanche/Pontalis: Das Vokabular der Psychoanalyse, a.a.O., S. 529-532.

123 Zur Biophilie vgl. Erich Fromm: Die Seele des Menschen. Ihre Fähigkeit zum Guten und zum Bösen, in: ders.: Gesamtausgabe, hrsg. v. Rainer Funk, Bd. II: Analytische Charaktertheorie, Stuttgart 1980, S. 185 ff.

"Der Frühling kommt mit seinen Blumen,
Die Lebensqual fängt wieder an,
der Liebe Leid durchzieht die Wesen
Und hetzt zusammen Weib und Mann.

Befriedigung giebt nicht das Leben,
Es folgt der Ekel dem Genuß,
Nur etwas giebt es, dem kein Ekel
Nachfolgt, das ist des Todes Kuß."
("Frühling"; Deimann-Nachlaß)

Diese Stimmung schildert auch ein Jugendfreund Löns' aus der münsterschen Zeit. Paul Werth berichtet dem Löns-Biographen Deimann in einem vertraulichen Brief:

"So stark der Hunger nach erotischem Erlebnis, so sehr die Belagerung einer Festung mit ihren Hoffnungen und Sehnsüchten und der unvermeidlichen Befruchtung der Phantasie, die Löns Schöpferkraft zu befruchten pflegte, so tief waren regelmäßig hinterdrein die Depressionen. Der Ekel, dem ein Teil der düsteren Stimmungsgedichte jener Zeit entstammten, ging soweit, dass er die Griechen, die sich an keinen § 175 gehalten hätten, für einzig vernünftig erklärte. Aber verstehen Sie mich, bitte, nicht falsch! Homosexuelle Neigungen lagen ihm weltenfern. Solche Reflexionen waren lediglich der Ausfluss der immer wiederkehrenden Enttäuschung, dass das Ende aller himmelanjauchzenden Erwartungen doch immer wieder dasselbe gewesen war, und der dadurch hervorgerufenen Katerekelstimmung nach momentaner Übersättigung. Dabei kann meines Erachtens, wenn man die Wesensart des Dichters erfassen will, die erotische Reizbarkeit, die immer fiebrige Unruhe garnicht stark genug eingeschätzt werden. Der Dampfkessel war ständig bis zur Explosionsgefahr überheizt. Die Benutzung jenes Sicherheitsventils, zu dem eine alttestamentarische Persönlichkeit Pate gewesen war, widerte ihn an, und so ist er ab und zu dazu gekommen, zu versuchen, Pfade zu betreten, wie sie in dem berühmten Prozess von Harden dem Fürsten Eulenburg unter Zitierung eines bayrischen Schifferknechtes zur Beleumdung einer bestimmten außerhalb des § 175 liegenden Tatsache vorgeworfen worden sind."[124]

Was Werth also mit seinen gewundenen Formulierungen anzudeuten versucht, sind homosexuelle Erfahrungen, die Löns in frühen Jahren gemacht hat. Der § 175 des Strafgesetzbuches, den er erwähnt, stellte homosexuelle Handlungen unter Männern unter Strafe, und Werth spielt in diesem Zusammenhang auf einen berühmten Fall im Kaiserreich an: Der Journalist Maximilian von Harden hatte den Verdacht geäußert, daß Graf

---

124 Brief von Werth an Deimann vom 6.4.1923 (Deimann-Nachlaß).

Philipp zu Eulenburg, ein enger Freund und Vertrauter des Kaisers, homosexuell gewesen sei.[125]

Werth betont allerdings, daß bei Löns "nicht ein Hauch von homosexuellen Neigungen" vorhanden war und es sich lediglich um "Abirrungsversuche" gehandelt habe. Tatsächlich sind in den vorhandenen Briefen Löns' keine weiteren Hinweise auf eine mögliche Homosexualität zu finden, so daß man annehmen kann, daß sich die homosexuellen Erlebnisse auf die Jugendzeit Löns' beschränkten.[126]

Aus den Äußerungen Werths wird aber auch deutlich, wie stark Löns von seinem Triebleben bestimmt war. Diese Erfahrung mußte wohl auch Löns erste Ehefrau Elisabet Erbeck (1864-1922) machen. In ihrer fast neunjährigen Ehe (21.1.1893 - 12.12.1901) erlitt sie fünf Fehlgeburten. Sehr wahrscheinlich kam sie danach für Löns als Sexualpartnerin nicht mehr in Betracht, so daß er sich anderen Frauen zuwandte.

Sexualität war für Löns Rausch- und Betäubungsmittel zugleich. Immer wieder versuchte er mit Hilfe des Sex zu einem Ur-Erlebnis zu finden, das ihn aus seiner bedrückenden Gegenwart in eine Wunschwelt führen sollte. Was ihm jedoch der Sex versagte und was in der Natur eines Industriestaates nicht möglich war, suggerierte ihm der rauschhafte Schreibprozeß: die Unendlichkeit des sinnlichen Erlebens. "Erleben und immer wieder Erleben, ein Leben zwischen Büchern und Brüsten: das war für Löns das Glück des Daseins", schreibt Werth.[127]

Im Schreiben verdichteten sich die Lönsschen Lusterfüllungen Jagd, Sex und Alkohol zu einem einzigen Erlebnis, zu einem sinnlichen Rausch. Während seiner rauschhaften Schreibphasen sah Löns sich selbst inmitten seiner Romanfiguren; in einem Vorwort zum "Wehrwolf", das nicht veröffentlicht wurde, schreibt er:

---

125 Vgl. John C.G. Röhl: Graf Philipp zu Eulenburg - des Kaisers bester Freund, in: ders.: Kaiser, Hof und Staat. Wilhelm II. und die deutsche Politik, München 1987, S. 35-77.

126 Lediglich eine Äußerung Friedrich Freudenthals, mit dem Löns bei der Zeitschrift "Niedersachsen" zusammenarbeitete, kann auf eine mögliche Homo- bzw. Bisexualität anspielen. In einem Brief vom 20.3.1925 nimmt der Heimatschriftsteller Freudenthal nachträglich Stellung zum Privatleben Löns' und bezeichnet ihn als "geschlechtlich völlig entarteten Menschen"; vgl. Jörg Schilling: Heimtkunstbewegung in Niedersachsen. Eine Untersuchung zu Leben und Werk Friedrich Freudenthals, Rinteln 1986 (= Göttinger philosophische Dissertation D/Name und Wort Bd. 9), S.122. Unklar ist jedoch, ob sich diese "Entartung" auf die zahlreichen Frauenbekanntschaften Löns' bezieht oder auf homosexuelle Neigungen.
Ein weiterer, wenn auch vager, Hinweis, bietet die vom "Rosenjäger" abgeleitete Redensart vom "Hosenjäger" Löns; vgl. Deimann: Der andere Löns, a.a.O., S. 58.

127 Brief Werth an Deimann vom 6.4.1923 (Deimann-Nachlaß).

"Diese Geschichte ist wahr, ich habe alles erlebt, was darin zu lesen ist. Das ist schon sehr lange, beinahe dreihundert Jahre, als ich noch nicht der war, der ich heute bin; aber erlebt habe ich das alles, das steht fest, denn sonst hätte ich darüber nicht berichten können."[128]

Die erlebte Literatur ist für Löns die letzte Möglichkeit, die ersehnte Symbiose mit der Natur oder dem Urweib einzugehen und über den Augenblick hinaus zu bewahren:

"Schreiben war für Löns der Versuch, sich bei wachem Bewußtsein in den grünen Traum zurückzuträumen, alles Störende von ihm fernzuhalten und darin zu verschwinden, als gäbe es sonst nichts mehr auf der Welt."[129]

Doch nicht immer war Löns bei wachem Bewußtsein. Der Rausch, in den Löns während des Schreibens verfiel, war so mächtig, daß er die Kontrolle über sich verlor. Seinen rauschhaften Produktionsprozeß hat Löns gegenüber seinem Verleger Eugen Diederichs so geschildert:

"... ich schreibe das Wesentliche in meinen wertvolleren Arbeiten gänzlich ohne bewußten Willen in halluzinatorischer Verfassung, die so weit geht, daß ich Personen vor mir sehe, höre und sogar rieche. Ich komme mir dann wie eine Schreibmaschine vor und muß dann schreiben, was der diktiert, der hinter meinem Bewußtsein steht, und der hat meist recht."
(Brief vom 7.5.1910; BD 238)

In dieser Vorstellung offenbaren sich nicht nur die pathologischen Elemente in Löns' Psyche, darüber hinaus zeigt sich eine weitere Funktion des Rausches. Der Schutzpanzer, den Löns sich in seiner Imagination erschuf, sollte ihn vor sich selber schützen, sollte seine feminine Seite mit barscher Männlichkeit verhüllen.

Wenn Löns sich mit einer Schreibmaschine, einem Gegenstand, der nur aufnimmt und reproduziert, vergleicht, nimmt er Eigenschaften an, die im Verständnis der Jahrhundertwende als weiblich galten. Die Frau wurde als rein rezeptiv veranlagt betrachtet (siehe 7.5.1). Außerdem war der Beruf der "Schreibmaschinistin" eine weibliche Domäne.

Mit dem Schreiben kämpfte Löns gegen seine "weibliche" Seite, vielleicht auch gegen seine latente Homosexualität an. In der Literatur konnte sich der empfindsame Junge, der in Löns lebendig blieb, mit

---

128 Zit. nach Erich Griebel: Das Wehrwolfmanuskript, in: Heimatkalender für die Lüneburger Heide (1955), S. 51.
129 Gert Ueding: Die entgleiste Idylle, in: Frankfurter Allgemeine Zeitung, 12.11. 1980, S. 26.

mächtigen Führergestalten identifizieren oder zum Urmensch werden. Seine Romanfiguren lebten stellvertretend für ihn, so daß er sich als der Mächtige fühlen konnte.[130] Imaginativ verwirklichte er die Ansprüche, denen er in der Realität nicht genügen konnte: In der Literatur wurde er zum Mann, zum "Übermann", während er im Alltag das Bild eines "Männleins" abgab.

8.4.5 Die wilhelminische Mentalität: Löns als "Übergangsmensch"

Mittels der Psychoanalyse kann zwar die psychische Disposition Löns' von der Kindheit her rekonstruiert werden, doch fehlen entscheidende Daten, um seinen psychischen Zustand restlos zu erklären. Festzuhalten ist, daß Löns unter Wahnideen litt, halluzinatorische Zustände hatte, die Kontrolle über die Realität verlor und zu infantilen Verhaltensweisen regredierte. Als Folge einer unvollständigen Entwicklung litt er unter Neurosen, wobei nicht vollständig geklärt werden kann, ob endogene oder exogene Ursachen vorlagen.

Neben den individuellen Faktoren, die sich aus der Konfrontation mit der Moderne ergaben, kann möglicherweise Vererbung eine Rolle gespielt haben: In der Familie von Löns' Mutter sollen Fälle von Geisteskrankheit vorgekommen sein, was vielleicht die Behinderung von Dettmer Löns erklärt; zwei Geschwister der Mutter Löns' waren in Heilanstalten untergebracht.

Es gibt aber auch noch weitere Erklärungsmöglichkeiten: Alkohol kann das Gehirn Löns' angegriffen haben, oder eine Krankheit hat sich schädigend ausgewirkt. Löns hatte schließlich als Kind eine schwere Typhuserkrankung durchlitten, und Lisa Löns berichtet außerdem von einer Wurzelhautentzündung, die ihr Mann gehabt haben soll.[131]

Derartige Überlegungen zum Geisteszustand Löns' existieren in seiner Gemeinde nicht. Mit dem griffigen Schlagwort vom "faustische(n) Mensch(en) par excellence" wischten die Löns-Anhänger jeden Zweifel an einer möglichen Geisteskrankheit hinweg und interpretierten seine

---

130 Vgl. Karlheinz Rossbacher: Heimatkunstbewegung und Heimatroman. Zu einer Literatursoziologie der Jahrhundertwende, Stuttgart 1975 (= Literaturwissenschaft-Gesellschaftswissenschaft 13), S. 206 f.
131 Vgl. Brief von Lisa Löns an Hanna Fueß vom 13.8.1910 (StA Ce, L 8 650).

Wahnvorstellungen zu den schöpferischen Ideen eines Genies um.[132] Doch der "faustische Mensch" ist nur die Maske eines neurotischen "Männleins", das in seinen Wunschwelten seine Minderwertigkeitsgefühle kompensiert. Löns war ein typischer Poseur des Kaiserreichs, der sich zu einer Idealfigur stilisierte und darin anderen prominenten Zeitgenossen wie Karl May, Friedrich Alfred Krupp oder Wilhelm II. glich.

Karl May (1842-1912) gehörte zwar eher der Generation von Löns' Vater an, doch als berühmter Bestsellerautor des Kaiserreichs kann sein Beispiel weitere Aufschlüsse über die wilhelminische Mentalität geben, zumal sich einige grundlegende Parallelen zu Löns erkennen lassen.[133] Wie Löns war May mit infantilen Zügen ausgestattet. In seinen Texten tauchen Motive der kindlichen Vorstellungswelt auf, und seine Helden agieren wie in infantilen Bewegungsspielen (sie verstecken sich, schleichen sich an, dringen in Gebüsch, Höhlen oder Gemäuer ein).

Mays Literatur ist wie im Falle Löns' ein Weg, nicht-ausgelebte Wünsche darzustellen und nachzuerleben. Beide Schriftsteller flohen in eine imaginäre Welt, die sich allenfalls in ihrer fiktiven Topographie unterschied: Der Old Shatterhand Löns' war der Bauer, der Germane, und sein Wilder Westen lag in der Lüneburger Heide.

Sowohl May wie auch Löns waren im Grunde genommen unfähig, ihre Probleme in der Gesellschaft zu meistern, was sich in ihren privaten Beziehungen offenbarte. Löns' pathologisches Verhalten bei und nach der Trennung von seiner Frau Lisa findet sein Äquivalent in den Ereignissen bei Mays Trennung von seiner Frau Emma (um 1907). Wie Löns verfolgte er seine Frau mit absurden Vorwürfen und Anschuldigungen. Löns hielt seine Frau für unweiblich, hysterisch und kriminell (da sie angeblich sein Geld unterschlagen und seinen Sohn entführt habe); May schrieb seiner ersten Frau

---

132 Knottnerus-Meyer: Der unbekannte Löns, a.a.O., S. V (Vorwort). Von der "Faustnatur" und dem "faustischen Trieb" bei Löns reden auch Heinrich Schauerte: Hermann Löns. Sein Leben, sein Schaffen und seine Werke, 2. Aufl., Dortmund 1920, S. 45 und Wilhelm Schenkel: Hermann Löns' "Zweites Gesicht". Eine Studie, Berlin 1921, S. 46, 56 f, 62 f. 1937 wurde sogar Löns' Handschrift graphologisch untersucht, denn "der geniale Mensch offenbart in seiner Handschrift wie jeder andere Schreiber sein persönliches Wesen"; vgl. Paul Caspar/Gertrud von Kügelen: Dichter in der Handschrift. Graphologische Deutungen zeitgenössischer Dichtwerke, Hannover 1937, S. 6, 118.

133 Vgl. Martin Lowsky: Karl May, Stuttgart 1987 (= Sammlung Metzler; Bd. 231), S. 78 ff, 122 f.

"unerhörte Eigenliebe, Selbstbewunderung, schärfste Sinnlichkeit, Ungebundenheit, Unempfindlichkeit für fremdes Leid, die bekannte Grausamkeit der Verkommenen, geistige Faulheit, seelische Impotenz und vor allen Dingen das gierige Trachten nach den nöthigen Mitteln, sich im Bodensatz baden zu können", zu.[134]

Des weiteren sei sie eine Ehebrecherin, Nymphomanin und Lesbierin und würde spiritistischen Wahnideen anhängen.

Dieses Symptom der Unreife ist im gewissen Maße auch beim Industriellen Friedrich Alfred Krupp (1854-1902), Sohn des Dynastiebegründers Alfred Krupp, festzustellen.[135] Schon dieser schwankte zwischen einer adoleszenten, pompösen Großspurigkeit und tiefen Depressionen - ein Zeichen für ein nicht vollständig entwickeltes Ich-Ideal, bei dem Depressionen und Omnipotenzansprüche in schneller Folge abwechseln konnten, was ja auch bei Löns der Fall war. Der Vater Krupp hat wahrscheinlich seine defekte Über-Ich-Struktur auf den Sohn Friedrich Alfred, auch kurz Fritz genannt, übertragen. Bei diesem kam es zu einer besonderen Form einer "verlängerten", d.h. anhaltenden Adoleszenz. Der Psychoanalytiker Roy C. Calogeras führt als Merkmale dieses Zustandes an:

"eine tiefe Selbsttäuschung, die Verherrlichung eines Kodex falscher Ideale, die in das Ich-Ideal einbezogen wurde, ein korruptes Über-Ich und eine Abwehrinformation, die ein pseudo-maskulines Selbstbild um jeden Preis aufrecht zu erhalten suchte".[136]

Fritz Krupp, Leiter einer Firma, deren Waffen in geradezu mythischer Weise deutsche Männlichkeit und militärische Macht symbolisierten, war in Wirklichkeit ein Homosexueller, der dem Männlichkeitsideal seiner Zeit nur scheinbar zusprach und seine Neigungen heimlich im fernen Italien auslebte. Als seine Homosexualität mit einem Skandal "entlarvt" wurde, beging er Selbstmord.

Sein kaiserlicher Freund Wilhelm II. (1859-1941) glaubte nicht an die Homosexualität des "Waffenschmiedes des Deutschen Reiches". Der Namensgeber der wilhelminischen Epoche verdrängte sehr vermutlich selbst

---

134 Karl May: Frau Pollmer. Eine psychologische Studie. Faksimilewiedergabe der Handschrift und der dazugehörigen Anlagen, Bamberg 1982 (= Karl May - Prozeß-Schriften Bd. 1), S. 2 (nach Faksimile S. 805).

135 Vgl. Roy C. Calogeras: Die Krupp-Dynastie und die Wurzeln des deutschen Nationalcharakters. Eine psychoanalytische Kulturstudie, München/Wien 1989 (amerik. Originalausgabe 1987), S. 89-116, 199-230.

136 Ebd., S. 115.

eine latent vorhandene Homosexualität.[137] Mit einem betont männlichen Gebaren, das auch typisch für Löns war, kompensierte Wilhelm seine Schwäche und Unsicherheit, die durch eine Behinderung (sein linker Arm war seit der Geburt verkrüppelt) verstärkt wurden.

Ähnlich wie bei Löns fällt bei Wilhelm ein erhebliches Maß an infantilem Verhalten auf: Er verkleidete sich gern, liebte Uniformen und erfreute sich an kindlichen Spielen in männlicher Gesellschaft. Der Hohenzollernsproß wich der Auseinandersetzung mit der eigenen Persönlichkeit aus und floh in Kostüme, mannhaftes Bramarbasieren und säbelklirrende Drohgebärden - nicht ganz unähnlich der seelischen Panzerung Löns'.

Aus diesen Beispielen kristallisiert sich eine Identitätskrise heraus, die vor allem bei Männern auftrat. Die Moderne brachte eine Infragestellung der herkömmlichen Gechlechterrollen mit sich, so daß die männliche Identität im besonderen Maße Krisensituationen ausgesetzt war, aus denen die Männer mit infantilem Verhalten oder überzogener "Männlichkeit" flohen.[138] Löns' Entwicklung ist nur ein Beispiel für diesen nicht abgeschlossenen Reifungsprozeß, der mit ein Merkmal für die wilhelminische Mentalität ist.

Möglicherweise ist diese Unreife eine mentale Folge des umfassenden Modernisierungsprozesses im 19. Jahrhundert. Die Industrialisierung, die in Deutschland als verspätetem Nationalstaat in vielen Regionen sehr abrupt eingesetzt hatte, kann sozusagen traumatisch gewirkt haben. Der Psychoanalytiker Calogeras spricht sogar von einer "kulturellen Neurose", die sich in dieser historischen und ökonomischen Situation herausgebildet habe. Durch die Konfrontation mit der Industrialisierung sei in Deutschland, so seine These, der adoleszente Charakter auf Dauer geschädigt und fixiert worden.[139]

Dieser psychoanalytische Ansatz darf nicht dazu führen, daß man verallgemeinernd von einer deutschen Nationalkrankheit spricht, die die ganze Gesellschaft ergriffen hatte. Neben den gesellschaftlichen Faktoren nehmen bei Löns und den eben genannten Beispielen individuelle Faktoren einen großen Raum ein. Der Begriff der Mentalität eignet sich daher besser als der der Neurose, um die sozialpsychologische Prägung der

---

137 Vgl. John C.G. Röhl: Wilhelm II. Eine Charakterskizze, in: ders.: Kaiser, Hof und Staat, a.a.O., S. 17-34.
138 Vgl. Jacques Le Rider: Das Ende der Illusion. Die Wiener Moderne und die Krisen der Identität, Wien 1990, S. 7 f.
139 Vgl. Calogeras: Krupp, a.a.O., S. 205.

Jahrhundertwende zu charakterisieren, denn die wilhelminische Mentalität stellt weder ein Krankheitsbild noch eine alleinige Ideologie des wilhelminischen Bürgertums dar. Die Konstanten der wilhelminischen Mentalität (Autoritätsfixierung, Assimilation, Harmonieorientierung, Aggressivität) können sich (müssen aber nicht) in individuelle Neurosen niederschlagen und sind die Grundlage vieler sich widersprechender Ideologien, die allesamt auf den krisenhaften Übergang zur Moderne reagieren.[140]

---

140 Die wilhelminische Mentalität darf auch nicht ohne weiteres mit dem "autoritären Charakter" gleichgesetzt werden, obwohl sie dessen Bildung unterstützen kann. Zum "autoritären Charakter" vgl. Vgl. Theodor W. Adorno: Studien zum autoritären Charakter, Frankfurt a.M. 1973 (= suhrkamp taschenbuch 107); Erich Fromm: Studien über Autorität und Familie. Sozialpsychologischer Teil, in: ders.: Gesamtausgabe, Bd. 1: Analytische Sozialpsychologie, Stuttgart 1980, S. 139-187.

9. Resümee und Ausblick: Der Löns-Mythos

"Wenn Du durch die Heide wandelst,
wandeln Mädchenherzen mit.
Wenn Du durch die Kiefern schreitest,
hört man auch der Mädchen Schritt.

Wenn Du Deine Lieder flötest,
flöten Fink und Meis' am Strauch.
Wenn Du den Wacholder streichelst,
streicheln zarte Händchen auch.

Wenn Du einen Bock geschossen,
schießen Jägerherzen mit.
Hermann Löns ist nie alleine,
immer ist mit ihm 'wer' mit."

(Julie Schrader [d.i. Berndt W. Wessling]: Hermann Löns,
in: Wenn ich liebe, seh ich Sterne. Gedichte der Julie
Schrader, 1971)

So sehr auch die wilhelminische Mentalität und die Kategorie der
"Übergangsmenschen" auf Löns zutreffen, bedeutet diese Charakteri-
sierung eine Verengung der Perspektive. In der Zuordnung Löns' zum
"Typus des Nicht-mehr-Alten und des Noch-nicht-Neuen"[1] schwingt eine
Entschuldigung mit, die die gewaltverherrlichenden und paranoiden
Aspekte im Lönsschen Werk als Begleiterscheinungen einer Umbruch-
situation beiseite schiebt und sie zeitlich auf die Jahrhunderwende be-
grenzt.

Löns-Literatur hatte ihre Hochphase aber nach seinem Tode in den
20er Jahren und der NS-Zeit, später dann nochmal in den 50ern und wird
bis heute immer noch gelesen. Offenbar hat die wilhelminische Mentalität
über ihre Entstehungszeit hinaus Bestand und sichert eine anhaltende
Löns-Popularität: Löns hat in seiner Literatur Bilder wie die des Bauern,
des Kriegers oder des Jägers zwar nicht neu geschaffen, aber einprägsam
ausgeformt und damit der wilhelminischen Mentalität Ausdruck verliehen. Diese Bilder sind Teil eines kollektiven Bildgedächtnisses geworden,

---

1 Michael Schulte: Nachwort, in: Hermann Löns: Die Hunde beheulen den Tod des Herzogs. Der andere Löns, hrsg. v. Michael Schulte, Frankfurt a.M. 1983 (= Fischer Taschenbuch 5329), S. 142.

das immer wieder aktualisiert und den Zeitströmungen neu angepaßt wurde.[2]

Entstanden in einer Übergangssituation manifestiert sich in der wilhelminischen Mentalität ein Unbehagen an der Moderne, das nicht allein an den Wilhelminismus gebunden ist. Löns-Literatur artikuliert dieses Unbehagen und gibt Antworten auf Fragen, die die Industriegesellschaft aufwirft: Wo ist der Platz eines jeden einzelnen in einer Epoche der Umwälzungen? Wie können Selbstwertgefühl und Identität in einer Massengesellschaft bewahrt werden?

Löns' Antwort ist einfach und beschränkt sich auf einen Begriff: "Natur". Der zerstörten Natur der Industriegesellschaft stellt Löns eine harmonische Natur der Imagination gegenüber; der Orientierungslosigkeit des Individuums in der Massengesellschaft begegnet er mit einem Naturmythos und dem Identitätsangebot in einem sozialdarwinistischen Weltbild. "Diese Natur also ist die bessere Welt", meinte schon 1939 Walter Schmiele in der "Frankfurter Zeitung" über die "Lönssche Natur" - eines der seltenen Beispiele für eine intensive Auseinandersetzung mit Löns zu jener Zeit:

> "Es ist eine Natur, die zwar Spuk und Gespenster hervorbringt, doch nicht jenen stummen Dämon, der keine Antwort gibt, weil er nicht zu befragen ist. Diese Natur gibt sehr wohl Antwort. Sie ist eine ganz dem Menschen zugewandte Natur, die aufgesucht und befragt werden kann. Sie ist voller Farbe und Melodie, und jedermann versteht ihre Sprache, wenn er nur acht auf sie hat. Sie ist vorwiegend Landschaft, die den Menschen, sei er hier als Jägersmann im grünen Kleid oder als versonnener Wanderer, immerdar mit Trost umfängt, ihm den grünen Bruch beschert, ein Halali oder ein unverbindliches Valeri-Valera zu Ohren führt."[3]

Genau besehen gibt die "Lönssche Natur" aber nur Pseudoantworten: Sie bietet Trost statt Erklärung, ein literarisches Surrogat statt intensive Erlebnisse in der Natur, eine regressive Utopie statt aktuelle Problemlösung. Die "Lönssche Natur" ist ein Phantasma, das Harmonie in einer idyllischen Landschaft vorspiegelt oder einen Raum zum Ausleben von Trieben und Wünschen vorgibt.

---

2 Vgl. Marianne Weil: Vorwort, in: Wehrwolf und Biene Maja. Der deutsche Bücherschrank zwischen den Kriegen, hrsg. v. Marianne Weil, Berlin 1986 (= Edition Mythos Berlin), S. 34.
3 Walter Schmiele: Der Trost der Natur. Hermann Löns zum fünfundzwanzigsten Todestag, in: Frankfurter Zeitung, 26.9.1939.

In der Literatur lebte Löns seine Defizite aus und überwand die Brüche in seinem Charakter, die zum großen Teil durch die Konfrontation mit der Moderne entstanden sind. Seine Person war vielfach gespalten, was in seinem Verhältnis zu Kunst und Journalismus, zu Naturschutz und Industrie und in seinen Lebens-und Arbeitsverhältnissen in der Stadt offenbar wird. Unfähig zur Konfliktbewältigung vermischte er auf der Grundlage eines Amalgams von völkisch-konservativen und rassistischen Ideen Aggression und Harmonie zur Quelle seiner Lustbefriedigung.

Zwar ist diese Reaktion auf die Moderne beeinflußt von der psychischen Disposition Löns' und seiner zeitlichen Gebundenheit an die Jahrhundertwende, dennoch ist sie - was die Erfolgsgeschichte der Lönsschen Werke nahelegt - über Jahrzehnte hinweg ein Charakteristikum von mehreren Generationen. In der Popularität der Löns-Texte schlägt sich die Verunsicherung durch die Moderne nieder, die weder in der Jahrhundertwende noch mit dem Nationalsozialismus noch in der Bundesrepublik aufgehoben wurde. Die Löns-Rezeption ist somit ein Indikator für das nicht abgeschlossene Projekt der Moderne wie für die Mentalitätsgeschichte der letzten 80 Jahre.

Löns-Rezipienten haben im Prinzip denselben Weg eingeschlagen wie der von ihnen verehrte Heidedichter: Sie haben die Selbststilisierungen des Poseurs Löns weitergeführt und daraus einen Mythos geformt, der ihnen Kraft für die Auseinandersetzung mit der Moderne gibt. Dieser Rückhalt ist notwendig, da das Löns-Publikum im Brennpunkt der Moderne lebt: in der Stadt. Löns-Leser leben in der Regel nicht auf dem Lande, sie sind ein "modernes", städtisches, Publikum, das mit Löns dem Alltag entflieht, in ihm Trost findet, über ihn eine Identität absichert.[4]

Indem Löns-Rezipienten ihr Idol zum "Dichter der Lüneburger Heide" und "Sänger der Jugendbewegung", zum "echt deutschen Weidmann" und "echten Bauernnatur", zum "Rosenjäger" und "faustischen Menschen", zum "Kämpfer" und "Propheten des Dritten Reiches" erhoben haben, entleerten sie die Person Löns ihres realen Gehaltes mit all ihren zwiespältigen Seiten. Mit Hilfe der Verdrängung des Alkoholismus und der Psychosen

---

4 Untersuchungen von Rossbacher und Zimmermann über das Publikum von Heimatkunstautoren haben ergeben, daß ländliche Leserkreise ausscheiden. Stattdessen stellt der städtische Mittelstand, darunter vor allem Angestellte, ein wichtiges Potential dar. Vgl. Karlheinz Rossbacher: Heimatkunstbewegung und Heimatroman. Zu einer Literatursoziologie der Jahrhundertwende, Stuttgart 1975 (= Literaturwissenschaft-Gesellschaftswissenschaft 13), S. 93-98; Peter Zimmermann: Der Bauernroman. Antifeudalismus-Konservativismus-Faschismus, Stuttgart 1975, S. 60-66.

Löns' schufen sie sich einen unnahbaren Helden, einen Mythos, der half, Geschichte mit Sinn zu füllen und eine kollektive Identität zu formen. Die reale Person Löns verschmolz mit dem Jäger, dem Bauern oder dem Wehrwolf aus den Lönsschen Texten und symbolisierte "deutsche" Werte wie Naturliebe, Wehrhaftigkeit und Volkstümlichkeit, die in historischen Krisensituationen als Identifikationsmöglichkeiten angenommen wurden.

In den Elementen dieses Mythos komprimiert sich die Rezeptionsgeschichte der Lönsschen Werke auf ihre wichtigsten Merkmale, die einen exemplarischen Einblick in achtzig Jahre deutsche Kulturgeschichte erlauben und die sich zusammengefaßt so darstellen[5]:

- Sakralisierung:
Kaum war Löns 1914 im Krieg gestorben, begann die Mythisierung des Schriftstellers, der ja den "Heldentod" fürs Vaterland gestorben war und dementsprechend mit sakralen Weihen ausgestattet wurde. In einem Nachruf wurde Löns als "der Hohepriester reiner Naturliebe und bewußten Naturgenusses" gefeiert[6]. 1916 erzählt Bernhard Flemes, "wie Hermann Löns in den Himmel kam"[7], und in einem Artikel von 1918 wird Löns gar zum "König der Heide" erhoben, zum "große(n) Heidegeist", zum "Pan der Heide"[8]. Er wird quasi zu einem Naturheiligen glorifiziert, der mit den Tieren sprechen konnte wie ein moderner Franz von Assisi. Die Jäger nahmen ihn sogar als zweiten Schutzheiligen neben St. Hubertus in Anspruch[9].

Aus dieser Sicht wurden die Texte Löns' in den Rang religiöser Schriften erhoben, aus denen die Menschen Trost und Kraft schöpfen können:

> "Er hat die Augen und die Herzen wieder geöffnet für deutsche Natur und deutsche Heimat. Er hat die heiligen Quellen wieder erschlossen, aus denen wir müden Kämpfer Kraft und Erquickung schöpfen für die leibliche und geistige Erneuerung unseres deutschen Wesens."[10]

---

5 Meine Überlegungen zum Löns-Mythos wurden von den Ausführungen in Wulf Wülfing/ Karin Bruns/Rolf Pfarr: Historische Mythologie der Deutschen 1798-1918, München 1991 angeregt.

6 Kurt Floericke: Hermann Löns, in: Kosmos, 11. Jg. (1914), S. 490.

7 Bernhard Flemes: Wie Hermann Löns in den Himmel kam, in: Hannoverscher Kurier, 83. Jg., 29.8.1916, Tägliche Unterhaltungsbeilage, S. 7.

8 Karl Huber: Landschaften. IV. Die Heide in der Dichtung, in: Das literarische Echo, 20. Jg. (1917/18), Sp. 1289.

9 Vgl. Friedrich Castelle: Vom Tierbildner zum Menschengestalter, in: ders. (Hg.): Hermann Löns und seine Heide. Eine Wanderung in Bildern durch die Stätten seiner Werke, Berlin 1924, S. 186.

10 Ders.: Der Heidgänger, in: ebd., S. 114.

Löns als Erlöser ist vor allem in den 20er Jahren, der Nachkriegszeit mit Inflation und Arbeitslosigkeit, gefragt. In jenen Jahren erschienen die Erinnerungsbücher zu Hermann Löns, die die Exegese der Lönsschen Texte bzw. die Hagiographie des "Heiligen der Heide" darstellen. Diese Texte waren aber auch eine Forsetzung des Lönsschen Werkes: Die Löns-Exegeten, die mit seinem frühen Tod den Verlust weiterer (nicht geschriebener) Löns-Werke bedauerten[11], schrieben diese Werke in einem epigonalen Stil selber. So wie die Löns-Texte über den Tod hinaus weiter geschrieben wurden, stellt der Löns-Mythos eine Biographie "über den Tod hinaus" dar[12].

- Politisierung:

Zur sakralen Dimension des Löns-Mythos gesellte sich die politische, die Löns schon selbst in seinen Texten angelegt hatte. Sein Bekenntnis zum Bauerntum und zur Rasse ließ ihn in den 20er und 30er Jahren zu einem bevorzugten Dichter völkischer und deutsch-nationaler Kreise und schließlich der Nationalsozialisten werden. Sein "Wehrwolf"-Roman war Vorbild für rechtsradikale Freikorps in der Weimarer Republik wie für die letzten Aktionen der Nazis im Zweiten Weltkrieg. Im "Dritten Reich" war Löns zwar nicht mehr der alleinige Erlöser, aber immerhin galt er als der "Prophet" und "Künder" der "Bewegung" und Adolf Hitlers.

Der Löns-Mythos konnte ohne große Schwierigkeiten in die Ideenwelt der Nationalsozialisten eingepaßt werden, da Löns in der geistesgeschichtlichen Tradition stand, aus der sich entscheidende Elemente des deutschen Faschismus herausgebildet haben: die Rassentheorien des 19. Jahrhunderts; die einen "Übermensch"-Kultus pflegende Kulturkritik der Jahrhundertwende; die Heimatkunstliteratur, die die Blut-und-Boden-Dichtung vorbereitete; der Germanen- und Bauernkult und der Anti-Demokratismus des Kaiserreichs.

Obwohl der Löns-Mythos auf Ideologeme der nationalsozialistischen Weltanschauung rekurriert - auf die Ideologeme des Völkischen, des Heroischen und einer neuen Religiosität -, kann er auch unter anderen

---

11 Der Löns-Freund Traugott Pilf z.B. phantasiert sich einen den Krieg überlebenden und schriftstellerisch aktiven Löns zusammen:
"Er wäre innerlich reicher und eisenfest zurückgekehrt, und er würde uns eine große, starke Kriegsdichtung geschenkt haben, und auch zu der Gestaltung der anderen Werke, die er in Willen und Seele hegte, würde ihm wieder Ruhe und Festigkeit geworden sein." (Zitat aus: Traugott Pilf: Hermann Löns der Dichter, Jena 1916, S. 71.)
12 Vgl. Wülfing u.a.: Historische Mythologie, a.a.O., S. 13.

politischen Vorzeichen eingesetzt werden. Da Mythen oft synkretistisch zusammengesetzt werden[13], ergibt sich die Möglichkeit, die ideologische Prämisse zu verschieben. Löns gilt ja nicht nur als "Kämpfer", "Bauer" und "Prophet des Dritten Reichs", sondern auch als "Urvater der deutschen Umweltschützer". Der "Naturschützer Löns" konnte sowohl im National-sozialismus die Rassenlehre unterstützen, als auch in den 80er Jahren mit "Greenpeace" und den "Grünen" in Verbindung gebracht werden.

Die Mythisierung verzichtet bei dieser unterschiedlichen Dominanten-bildung auf nachprüfbares historisches Wissen: Das Urteil über Löns als "Naturschützer" beruht nicht auf der Analyse seiner Texte oder seiner Tätigkeit, sondern auf der Tradierung eines Mythos. Die Unkenntnis dieses historischen Wissens kann unaufmerksam machen gegenüber den Konno-tationen, die der Mythos aufgrund bestimmter Ideologisierungen in sich birgt, und gegenüber den politischen und ideologischen Bezugsfeldern, in denen das reale Vorbild des Mythos stand. Gerade im Fall Löns droht diese Gefahr; sowohl der historische Hintergrund des Schriftstellers als auch eine Analyse seiner Texte als auch eine kritische Würdigung der Rezeptionsgeschichte fehlen oft beim Umgang mit Löns.

- Integration in ein Mythensystem:
Der Löns-Mythos steht in Wechselbeziehung zu anderen Mythen, die zu-sammen ein System zur Absicherung deutsch-nationaler Identität bilden. Der Germanenmythos und der Mythos des ewigen Bauern, die Löns mit seinen Schriften unterstützt hat, wurden nach seinem Tode auch auf ihn bezogen. "Hermann Löns war durch und durch Germane ..." hieß es schon 1914[14] und wurde auch weiter im Nationalsozialismus behauptet[15]. Löns galt als Bauer, in dem das "Bauernblut" der Vorfahren allzeit le-bendig geblieben sei[16].

Löns wurde in den 20er und 30er Jahren mit anderen mythisierten Figu-ren der deutschen Geschichte auf eine Stufe gestellt: Er war der "Theodor Körner des Weltkrieges"[17] oder "der Meister Ekkehard, der Luther und

---

13 Vgl. ebd., S. 5 f.
14 Floericke: Löns, a.a.O., S. 491.
15 Heinz Eversberg: Der Rassegedanke bei Hermann Löns, Diss. phil. Münster 1935, S. 35.
16 Wilhelm Deimann: Hermann Löns. Sein Leben und Wirken. 1. Teil, Dortmund 1922, S. 9.
17 Vgl. Erich Griebel: Hermann Löns, der Niederdeutsche. Eine Einführung in Leben und Werk, Berlin/Leipzig 1934, S. 516.

Revolutionär des zwanzigsten Jahrhunderts"[18]. Doch nicht nur Luther als "Nationalheiliger" des preußisch-protestantischen Deutschland mußte für die Glorifizierung Löns' herhalten, sondern auch die nationale Ikone der deutschen Kunst: Goethe.[19]

Neben dem Vergleich Goethe-Löns spielt die Übertragung der Faust-Figur auf Löns eine erhebliche Rolle. Die "Faustnatur" Löns'[20] verdrängte jeden Gedanken an eine mögliche Neurose oder Paranoia des Schriftstellers und verklärte ihn zu einem "Ewigkeitssucher"[21] mit einer hypersensiblen Psyche.

Das Attribut "faustisch" besitzt auch eine politische Konnotation: Im Zuge der Reichsgründung 1870/71 war Faust zu einem Mann der Tat stilisiert und mit einem ebenso hochidealisierten germanischen Deutschtum und einer "faustischen" Weltsendung gleichgesetzt worden.[22] Der Zusatz "faustisch" versinnbildlicht nationales Selbstbewußtsein und Selbstverherrlichung, die den Faust Goethes zu einem nationalen Faust-Heros germanischer Prägung umfunktionierte und den "faustischen" Löns gleichfalls für politische Ziele instrumentalisierte.

- Institutionalisierung:
Die Reproduktion und Verbreitung von Mythen wird gefördert durch die Institutionalisierung von öffentlichen Ritualen.[23] Markante Elemente solcher Rituale stellen Denkmäler und Gedenktage dar, die die mythisierten Figuren würdigen. Auch Löns ist Gegenstand solcher Ritualisierung geworden: 1978 wurden allein auf dem Gebiet der damaligen Bundesrepublik 91 Gedenkstätten gezählt[24]. Meistens handelt es sich dabei um Gedenksteine, aber auch um Bäume - vornehmlich Eichen oder Buchen -,

---

18 Fritz Zorn: Der heidnische Löns, in: Karl Müller-Hagemann (Hg.): Der heidnische Löns. Religiöse Bekenntnisse von Hermann Löns, Berlin 1934, S. 11.
19 Vgl. Carl Kahle: Hermann Löns und die Frauen, 2. Aufl., Minden 1926, S. 104 ff; Paulk: Hermann Löns und das deutsche Weib, in: Der Psychokrat. Monatsschrift der Führenden (1922), H. 6, S. 85; Griebel: Löns (1934), a.a.O., S. 409 f; Erich Seemann: Das niederdeutsche Bauerntum in Hermann Löns' Dichtung, Hannover 1938, S. 20.
20 Heinrich Schauerte: Hermann Löns. Sein Leben, sein Schaffen und seine Werke, 2. Aufl., Dortmund 1920, S. 45.
21 Carl Kahle: Hermann Löns, Gorch Fock und Walter Flex als Vaterlandsbejaher, Berlin/Minden/Leipzig 1928, S. 38.
22 Vgl. Hans Schwerte: Faust und das Faustische. Ein Kapitel deutscher Ideologie, Stuttgart 1962, S. 7-26, 148-190.
23 Vgl. Wülfing u.a.: Historische Mythologie, a.a.O., S. 210.
24 Vgl. Fritz Klein: Gedenkstätten für Hermann Löns in: Hermann-Löns-Blätter (1978), H. 1, S. 4-6; H. 3, S. 6-9.

die dem Andenken Hermann Löns' gewidmet sind. Daneben sollen rund 600 Straßen und Wege, 80 Plätze und 124 Schulen nach Löns benannt worden sein.[25] Das erste große Löns-Denkmal wurde am 25.9.1921 in Müden in der Lüneburger Heide eingeweiht[26] und markiert einen ersten Höhepunkt in der Löns-Begeisterung zwischen 1919 und 1945[27].

Die Herstellung von Öffentlichkeit lag, wie die Ereignisse um das Löns-Grab 1934/35 zeigen (siehe 1.2), sowohl in der Hand staatlicher Stellen als auch in der von Löns-Verehrern. Bereits 1920 gründete sich der "Hermann-Löns-Bund", interessanterweise nicht in Hannover oder der Lüneburger Heide, sondern in Bayern: in Neuburg an der Donau.[28] 1921 formierte sich dann auch in Niedersachsen ein Löns-Verein: der "Lönsbund Celle", der ab 1922 mit dem bayerischen "Löns-Bund" zusammenarbeitete. Mit dem Anspruch, eine überregionale Organisation zu sein, trat 1924 die "Löns-Gedächtnisstiftung" auf den Plan. 1939 wurden die bestehenden Lönsgemeinschaften zur "Deutschen Hermann-Löns-Gesellschaft" zusammengefaßt, die einen Literaturpreis im Namen Löns' ausschrieb.[29]

Nach dem Krieg paßte eine öffentliche Reproduktion des Löns-Mythos nicht in das Selbstbild einer "nach-faschistischen" Gesellschaft, die ihre Vergangenheit verdrängte. Die Löns-Filme der 50er Jahre waren denn auch nicht so sehr Produkte öffentlicher Ritualisierung als der Kommerzialisierung. Löns-Vereine fanden sich erst 1961 wieder zusammen, als

---

25 Vgl. Hans-Ludolf Flügge: Keine Angst vor Hermann Löns, Ahausen 1977, S. 24 ff.

26 Vgl. Leo Mielke: Hermann Löns und Celle, Celle 1988 (= Schriftreihe des Bomann-Museums und des Stadtarchivs Celle; Celler Beiträge zur Landes- und Kulturgeschichte H. 16), S. 139 ff.

27 In dieser Hochphase der Löns-Rezeption fanden auch die meisten Gedenkfeiern und Vortragsabende zu Löns statt. Im Hermann-Löns-Archiv, Hannover, wurde versucht, die verschiedenen Veranstaltungen aufzulisten, wobei aber kein Anspruch auf Vollständigkeit erhoben werden darf:
Danach fanden allein im Jahr 1934 22 Veranstaltungen zu Löns statt. Es war das Jahr des 20. Todestages Löns', zu dem das preußische Ministerium für Wissenschaft, Kunst und Volksbildung eine allgemeine Feierstunde in den Schulen anordnete. Allen thüringischen Jugendherbergen wurde befohlen, daß an diesem Tag, die HJ-Flagge auf Halbmast zu hissen sei. Für die Kriegsjahre 1940 und 1941 zählt das Löns-Archiv sogar 37 bzw. 46 Veranstaltungen auf. Geburts- und Todestag (26.8. und 26.9.) waren für die Nationalsozialisten ein geeigneter Anlaß, den Löns-Mythos propagandistisch einzusetzen.

28 Vgl. Emil Conrad: Das Werden der Hermann-Löns-Gesellschaft, in: Markwart (1941), H. 1, S. 3-8; Fritz Klein: Aus der Geschichte der Hermann-Löns-Gemeinschaften, in: Fritz Klein: Das neue Hermann-Löns-Brevier, Hannover 1986, S. 63-67; Heinz E.A. Koch: Der Verband der Hermann-Löns-Kreise in Deutschland und Österreich e.V. Wie er wurde, was er ist, was er will (Beilage zur Satzung).

29 Die Preisträger von 1942 hießen Carl von Bremen und Friedrich Wilhelm Hymmen, 1943 waren es Paul Burre und Thilo Scheller.

der "Hermann-Löns-Kreis" gegründet wurde. Dieser Kreis organisierte auch wieder Feiern zu den Löns-Gedenktagen, die oft am sogenannten "Löns-Grab" nahe Walsrode stattfinden.

- Sexualisierung:
Die Löns-Verehrung besitzt eine erotische Komponente, die sich im Löns-Klischee des Frauenhelden und "Rosenjägers" manifestiert. Durch die Projektion unterschwellig vorhandener sexueller Phantasien auf Löns erhielt der Löns-Mythos neben der politischen und der religiösen Konnotation eine weitere Verstärkung.

Beispielhaft vorgeführt wird die Projektionsfläche Löns in der Erinnerungsliteratur der 20er Jahre. Hanna Fueß schildert unbewußt in ihrem Buch "Hermann Löns und die Swaantje" sexuelle Wünsche und Entwicklungsstadien. Als ihr Selbstbild, die jugendliche Swaantje, mit ihrem Vetter Löns Blumen pflückt, erscheint die Landschaft im Hintergrund in dieser Gestalt:

> "Ganz deutlich stand der dicke, graue Holzturm mit der roten Ziegelmütze gegen den klaren Abendhimmel, dahinter die schwere, dunkle Krone der Pfarreiche und auch ein Stück des blauen Pfarrhausdaches."[30]

Der phallische Charakter des Holzturmes mit der roten Ziegelmütze ist nicht zu übersehen; er deutet die Entdeckung der Sexualität in Swaantjes Pubertät an. Nicht von ungefähr beendet Hanna Fueß die Episode vom Blumenpflücken mit den Worten:

> "So kam es, daß Swaantje zum erstenmal wieder Blumen in den Händen hielt, aber es waren nicht mehr die Blumen ihres Kindheitsgartens."[31]

Sexuelle Wünsche werden in diesen Erinnerungsbüchern direkt mit Literatur in Verbindung gebracht, so daß Löns-Bücher sich selbst in einen Phallus oder in männlichen Samen verwandeln. Hanna Fueß beschreibt eine Szene, in der ihre Swaantje Löns gesteht, sich in einen anderen Mann verliebt zu haben. In diesem Gesprächs erkennt Löns seine eigenen Gefühle gegenüber Swaantje, sagt nichts, tut aber folgendes:

> "Dann, als Swaantje wieder ruhig geworden, stand er hastig auf und nahm aus dem Schrank 'Mein braunes Buch', sein bestes Werk, einen köstlichen Leder-

---

30 Swaantje Swantenius: Hermann Löns und die Swaantje, 26.-30. Tsd., Berlin 1921, S. 18.
31 Ebd., S. 19.

320

band, setzte sich wieder an den Schreibtisch, trug mit fester Hand seinen und Swaantjes Namen hinein und legte es dann in ihren Schoß."[32]

Die Bücher Löns' sind es schließlich, die neben der Person Löns sexualisiert werden. Der Rausch, den die Löns-Texte laut Angabe von zeitgenössischen Kritikern der 20er Jahre erregt haben, besaß nicht nur eskapistische und naturverherrlichende Tendenzen, sondern auch libidinöse. Die Sinnlichkeit der Natur, die Löns in seinen Texten einfangen wollte, übt in literarischer Form eine erotische Anziehungskraft auf die Leser aus.

- Kommerzialisierung:
Mythen sind im 20. Jahrhundert zugleich Handelsware der Kulturindustrie, die kommerziell vereinnahmt und vermarktet werden. Die Stars der Kulturindustrie werden als Idole gehandelt, die mit mythischen Zügen versehen sein können, und mythisierte Figuren werden postum zu Stars, so auch im Falle Löns'.

Löns wurde multimedial verwertet: Löns-Bücher waren Bestseller, Löns-Lieder Gassenhauer und Löns-Filme Kassenschlager. Als 1932 die Erstverfilmung von "Grün ist die Heide" in die Kinos kam, war rechtzeitig das "Buch zum Film" erschienen - ein frühes Beispiel für den Medienverbund.[33]

Gemäß den Mechanismen der Kulturindustrie, die Versatzstücke und Schemata zu "neuen" Produkten kombinieren[34], wurde das Lönssche Werk ausgebeutet: Texte, die schon längst veröffentlicht waren, wurden zu "neuen" Büchern zusammengefaßt und als Kunstwerk mit unverwechselbarer Aura präsentiert (siehe 2.4). Der Löns der Kulturindustrie wurde schließlich mit Löns-fremden Elementen verbunden, da sein Name werbefördernde Assoziationen von Natur und Natürlichkeit, Heimat und Idylle weckt.[35] Die Kommerzialisierung riß den Namen Löns aus seinem

---

32 Ebd., S. 35.
33 Vgl. Hermann Löns: Grün ist die Heide. Eine Auswahl von 25 der besten Novellen, Jagd-, Tier- und Naturschilderungen des Dichters, Hannover 1932.
34 Vgl. das Kapitel "Kulturindustrie" in: Max Horkheimer/Theodor W. Adorno: Dialektik der Aufklärung. Philosophische Fragmente, Frankfurt a.M. 1981 (= Theodor W. Adorno: Gesammelte Schriften Bd. 3), S. 141-191.
35 Diese Assoziationen sind vor allem dem Tourismus in der Lüneburger Heide dienlich. Es gibt sogar eine Löns-Wanderführer: Rolf Haarbers: Ein Wochenende auf den Spuren des Heidedichters. Exkursion Hermann Löns. Reisevorschlag zum Nachmachen. Mit genauen Wegebeschreibungen zu Schauplätzen und Bezugspunkten zum Werk des Dichters

ursprünglichen Kontext und machte ihn zu einem Etikett, das sich verselbständigte und den historischen Löns zugunsten des Mythos bzw. des Markennamens (um in der Sprache der Kulturindustrie zu bleiben) verdrängte.

Diese Entwicklung trieb auch unfreiwillig komische Blüten: So gibt es in Celle einen "Hermann-Löns-Frisier-Wettbewerb" - eingedenk der spärlichen Haartracht des Schriftstellers eine bemerkenswerte Kombination.[36] Die "Hermann-Löns-Stadt" Walsrode verschickt als touristische Werbemaßnahme das Rezept für eine "Hermann-Löns-Torte". In einem Gasthause nahe des "Löns-Grabes" kann sich der Löns-Verehrer nicht nur ein "Filetsteak Hermann Löns" einverleiben, sondern zum Dessert auch noch einen "Eisbecher Hermann Löns" verspeisen.

Eine derartige Vermarktung stieß allerdings nicht immer auf die Gegenliebe der Lönsianer. So nahmen manche Vertonungen von Löns-Gedichten merkwürdige Formen an:

> "Aber was soll man dazu sagen, wenn ein Notenschreiber gar auf den absonderlichen Gedanken kommt, einem Lönslied eine Art Jodler anzuhängen mit 'tralaladiralla' und 'luriju' und 'duridida'? Hermann Löns war ein echter und rechter norddeutscher Waidmann, aber kein Salontiroler mit Kniehöschen und Alpenstock."[37]

Auch Lisa Löns sah diese Art der Vermarktung ihres verstorbenen Mannes nicht gerne. 1927 schreibt sie in einem Brief an den Löns-Biographen Erich Griebel:

> "Die Firma Gebr. Hohmann in Braunschweig beklagte sich bitter, daß ich es nicht gestatte, daß sie einen Hermann-Löns-Kornbranntwein herausbringt. Sie verweisen darauf, daß auch Schiller und Bismarck zu Reklamezwecken verwendet würden. Ich konnte nur darauf erwidern, daß das bedauerlich genug sei; ich hätte noch nie feststellen können, daß ein tieferes Verständnis für Bismarcks Politik durch den Hering und eine gewisse Würdigung von Schillerschen Dramen durch die Vertilgung einer sahnigen Schillerlocke eingetreten sei."[38]

Hermann Löns in der Lüneburger Heide, 2. erw. Aufl., Nordhorn 1990 (= Kochs Literaturexkursionen Bd. 4).

36 Vgl. Hermann-Löns-Blätter (1986), H. 1, S. 14.

37 Vorwort zu: Aus dem Kleinen Rosengarten. Ein Löns-Liederbuch. 72 Volkslieder aus dem "Kleinen Rosengarten" von Hermann Löns. Vertont von Th. Heidermann, Warendorf 1921, S. 13 f.

38 Zit. nach Mielke: Löns und Celle, a.a.O., 151.

Der Widerstand von Lisa Löns hat nicht viel ausrichten können: Es gab und gibt noch immer "Löns-Kekse" und "Löns-Brot" (StA Ce, L 9 231) oder einen Kräuerlikör namens "Mümmelmann". Diese Kommerzialisierung des Namens Löns führte zu einer Trivialisierung: "Löns" wurde zu einer alltäglichen Redewendung. So war für den Lodenmantel zeitweise die Umschreibung "Hermann-Löns-Gedächtnis-Mantel" im Umlauf gewesen, und die Lüneburger Heide galt sogar als die "Hermann-Löns-Gedächtnis-Wiese".[39]

Nach wie vor stellt der Löns-Mythos eine Konstante in der deutschen Kulturgeschichte seit dem Kaiserreich dar, hat aber nach der Heimatfilm-Welle in den 50er und der Diskussion um faschistische Literatur in den 60er Jahren merklich an Intensität verloren. Der "Löns-Rausch", der den Leser der Weimarer Republik in eine Naturwelt von Farben und Erlebnissen entführte, hat angesichts der bunten Bilderwelt von Kino, Fernsehen und Computer wenig Aussichten auf eine Renaissance. Die audiovisuellen Medien haben mit ihren Möglichkeiten, künstliche Welten zu erschaffen, das "Rauschmittel Löns" überflüssig gemacht.

Doch der Löns-Mythos hat sich sein Überleben gesichert, indem er ein Bündnis mit den bunten Bildern eingegangen ist. Die Löns-Filme der 50er laufen jetzt im Fernsehen. So wie in den 20er und 30er Jahren Löns-Exegeten das Werk ihres Idols mit literarischen Mitteln fortschrieben, stellen heute Film und Fernsehen eine Fortführung des Löns mit anderen Mitteln dar.

In den Filmen bleibt die aus einer Abwehr der Moderne entstandene Mentalität Löns' bestehen, obwohl mit seinen Stoffen recht frei umgegangen wird. Es entstand das Phänomen eines Löns-Mythos ohne Löns. Die Lönsschen Texte verschwinden hinter dem Mythos und sind nur noch in Rudimenten oder aus dem Kontext gerissenen Einzelteilen bekannt, während der Name Löns als Synonym für Natur und Natürlichkeit, Heimat und Idylle ein fester Begriff bleibt.

Die Romane Löns' sind in der bundesrepublikanischen Wirklichkeit der 90er Jahre nur noch ausgesprochenen Lönsianern und Literaturwissenschaftlern geläufig, allenfalls der "Wehrwolf" weckt dunkle Assoziationen an die NS-Vergangenheit. Gegen die omnipotenten Kinohelden der Ge-

---

39 Vgl. Heinz Küpper: Wörterbuch der deutschen Umgangssprache, Bd. V, Hamburg 1967, S. 108.

genwart nehmen sich die bäuerlichen Führerfiguren dieser Romane schlichtweg altmodisch und bieder (sprich: bäurisch) aus. Allein die Erzählungen und Gedichte finden immer noch ein breites Publikum, das Löns-Texte vielleicht schon als Schullektüre kennengelernt hat. In dieser Form wird das Lönssche Werk auch in Zukunft überleben, da diese Texte wegen ihrer Kürze leicht konsumierbar sind und heutigen Lesegewohnheiten entgegenkommen.

Darüber hinaus gewinnen sie durch die unberührte Natur Lönsscher Provenienz an Aktualität. Angesichts des drohenden ökologischen Kollaps sind die Werke eines "Öko-Löns" heute wieder gefragt. Doch dieses neu erwachte Interesse ist nur die Fortsetzung einer Entwicklung, die um die Jahrhundertwende begann und die Fundamente für unsere heutige Gesellschaft gelegt hat: Löns-Texte entstanden damals in einem Zwiespalt einer unvollständigen Modernisierung, den sie in sich aufnahmen und widerspiegelten. Der momentane Wandel von der Industriegesellschaft zur computerisierten Informationsgesellschaft setzt diese Modernisierung fort und hinterläßt ähnliche Defizite in der psychischen Verfassung des "modernen Menschen" wie die Umbruchphase der Jahrhundertwende. Verstärkt durch die deutsche Einheit und dem schwierigen Anpassungsprozeß von Ost und West stellt sich in dieser Situation erneut (oder noch immer) die Frage nach der Identität und dem Selbstwertgefühl des einzelnen.

Löns-Literatur hält auf diese Fragen ein Identifikationsangebot bereit: ein Deutungsmodell, in dem die Konzepte "Heimat", "Volk" und "Natur" Sicherheit und Rückhalt verheißen. Auch wenn dieses Deutungsmodell mit einem ökologischen Anstrich "modernisiert" wird, überlebt darin die ganze Zwiespältigkeit Löns', in der sich exemplarisch deutsche Mentalitätsgeschichte spiegelt. Die Symbiose von Sentimentalität und Gewalt, von Naturharmonie und Rassismus wird heute in seinen Tiererzählungen und Naturgedichten weiter rezipiert, ohne daß sich die Leser des historischen Hintergrundes bewußt sind, den der Lyriker Günter Bruno Fuchs 1966 in einem "Löns-Gedicht" der anderen Art andeutete[40]:

---

40 Günter Bruno Fuchs: Nationalhymne des Deutschen Försters, in: Kalender 1967. "Singen Sie mal die Nationalhymne", Stiestadt/Ts. 1966, o.S.

"Nationalhymne des deutschen Försters

Löns
mir die Lieder
singen. Löns
mir die grünen
Lieder singen. Löns
mir am Denkmal
dort
die Heimat
stecken
ans Gewehr. Löns
mir ein
1914
gutgezielt
auf diesen Hirsch
anlegen, den ich
jetzt
Franzose
nenn -
dieweil ich eben löns."

1. Auflagenentwicklung[1]

Die Auflagenhöhe der einzelnen Werke Löns' ist nicht genau festzustellen, da es von seinen Romanen zahlreiche Lizenz- und Taschenbuchausgaben gibt und seine Erzählbände immer wieder in unterschiedlichen
Zusammenstellungen auf den Markt gebracht worden sind. Diese Entwicklung nahm vor allem ab 1964 überhand, als der Copyright-Schutz auf
die Lönsschen Werke verfiel. Versucht man dennoch einen Überblick
über die Entwicklung der Auflagenzahlen zu geben, ist man entweder auf
Schätzungen angewiesen, oder man stützt sich allein auf die Auflagen, die
in den "Löns-Verlagen" (Eugen Diederichs Verlag und Sponholtz Verlag)
erschienen sind.

"Der Wehrwolf", der bei Diederichs Ende 1910 verlegt wurde, kam bis
zum Beginn des Ersten Weltkrieges auf eine Auflage von 9.000, was der
Verlag zum damaligen Zeitpunkt als "ganz bemerkenswerten Erfolg" empfand[2]. Ein Jahr nach dem Ersten Weltkrieg und fünf Jahre nach Löns'
Tod war die Auflage bereits auf 90.000 angewachsen. Sie hat sich also innerhalb von fünf Jahren verzehnfacht. Diese steile Aufwärtsentwicklung
hielt während der gesamten Weimarer Republik an; 1928 betrug die Auflage schon 351.000.

---

1 Die Recherchen zu den Auflagezahlen beruhen auf den Angaben im Gesamtverzeichnis
des deutschsprachigen Schrifttums (GV) 1700-1910, Bd. 90, München/New York/London/
Paris 1983, S. 149; Gesamtverzeichnis des deutschsprachigen Schrifttums (GV) 1911-1965,
Bd. 81, München 1978, S. 276 ff sowie den Angaben im Deutschen Bücherverzeichnis, be-
arb. v. der Bibliographischen Abteilung des Börsenvereins der Deutschen Buchhändler zu
Leipzig, ab 1941 bearb. v. der Deutschen Bücherei Leipzig, Leipzig 1916 ff (Nachdruck
Graz 1962 ff) und in der Deutschen Bibliographie, bearb. v. der Deutschen Bibliothek,
Frankfurt a.M. 1953 ff. Berechnungen zur Auflagenhöhe finden sich in Markwart, 5. Jg.
(1929), H. 9, S. 152 und in Donald Ray Richards: The German Bestseller in the 20th Century. A Complete Bibliography and Analysis 1915-1940, Bern 1968 (= German Studies in
America No. 2), S. 178 f. Weitere Daten waren den Briefen des Löns-Forschers Erich
Griebel zu entnehmen, der mit dem Diederichs Verlag korrespondierte (Brief vom 22.7.
1933; StA Ce, L 9 167/Brief vom 13.9.1941; StA Ce, L 9 172).
2 Brief des Diederich Verlages an Erich Griebel vom 22.7.1933 (StA Ce, L 9 167).

Diese Entwicklung steigerte sich weiter im "Dritten Reich". Zu Beginn des Zweiten Weltkrieges besaß der Roman eine Auflage von 565.000. Während des Krieges entwickelten sich die Auflagenzahlen noch rasanter: Trotz der Papierkontigentierung für Neuauflagen, die während des Krieges galt, erreichte der "Wehrwolf" 1941 die 600.000er Grenze. 1941 waren es dann 635.000 und 1943 645.000. Dank verschiedener Auflagen speziell für die Wehrmacht und sogar für die Parteikanzlei der NSDAP "explodierte" 1944 die Auflagenhöhe: In diesem Jahr betrug sie insgesamt 835.000.

Solche gigantischen Zuwächse gab es nach dem Zweiten Weltkrieg nicht mehr. 1963 vermeldete der Diederichs Verlag eine Auflage von 856.000, die 1966 auf 860.000 anwuchs. Trotz des Rückgangs der Zuwachsraten erwies sich der "Wehrwolf" für den Diederichs Verlag als ein "Dauerbrenner". 1974, 1977, 1981 und 1984 wurden neue Auflagen gedruckt, so daß die momentane Auflagenhöhe 872.000 beträgt.

Diese Zahl bezieht sich allerdings nur auf die Ausgaben des Diederichs Verlages. Daneben gab es nach 1945 Lizenzausgaben für Buchgemeinschaften und Taschenbuchausgaben, für die keine verläßlichen Daten existieren. Es ist anzunehmen, daß sich die Gesamtauflage des "Wehrwolfs" heute in Millionenhöhe bewegt.

Einen ähnlichen Trend in der Auflagenentwicklung zeigt auch der Roman *Das zweite Gesicht*. Aus der 4.000er Startauflage des Jahres 1912 waren 1921 123.000 Exemplare geworden. In jenem Jahr betrug die "Wehrwolf"-Auflage zwar 140.000, doch von den reinen Verkaufszahlen her überflügelte des "Zweite Gesicht" den "Wehrwolf": Für 1921 verzeichnete der Diedrichs Verlag 31.000 verkaufte Exemplare des "Wehrwolfs", aber 46.000 des "Zweiten Gesichts".[3] Ab 1924 änderte sich dieses Bild wieder, und der "Wehrwolf" blieb im Absatz erfolgreicher als das "Zweite Gesicht". Dennoch stieg in der Weimarer Republik auch die Auflage dieses Romans stetig an und erreichte 1929 die Höhe von 325.000 Exemplaren.

Während der NS-Zeit setzte sich diese Entwicklung fort, obwohl damals eindeutig der "Wehrwolf" bevorzugt wurde. 1941 kam das "Zweite Gesicht" auf eine Auflage von 455.000.

Nach dem Krieg kam es - wie schon beim "Wehrwolf" - zu einem Einbruch. 1950 erreichte der Diederichs Verlag eine Auflage von 464.000, die sich langsam bis 1975 auf 480.000 steigerte. Wie auch beim "Wehrwolf"

---

3 Vgl. ebd.

gibt es vom "Zweiten Gesicht" Lizenz- und Taschenbuchausgaben, so daß man die Gesamtauflage etwas höher ansetzen muß: Sie wird mindestens 500.000 betragen.[4]

Der "Wehrwolf" und das "Zweite Gesicht" sind somit die erfolgreichsten Romane Löns'. Aber auch die anderen Romane brachten es auf ansehnliche Auflagenhöhen: 1929 hatte der *"Letzte Hansbur"* eine Auflage von 195.000, *"Dahinten in der Heide"* von 183.000 und *"Die Häuser von Ohlenhof"* von 85.000.

Erfolgreich waren auch die Lönsschen Tier- und Jagdbücher. *"Aus Forst und Flur"* hatte 1929 die Auflagen von 136.000, das *"Braune Buch"* von 140.000 und *"Mümmelmann"* von 263.000. Vor allem der Erzählband "Mümmelmann" entwickelte sich über die Jahre hinweg zu einem Bestseller: 1935 erreichte er die 360.000er Auflage und verzeichnete auch nach dem Krieg einen kräftigen Zuwachs. 1949 bewegte sich die Ausgabe des Sponholtz Verlages auf einer Höhe von 366.000 und kletterte bis 1986 auf 445.000. Zu der Sponholtz-Ausgabe kommen wieder Taschenbücher hinzu, sowie gekürzte Fassungen, so daß die heutige Auflage wohl mindestens auf 530.000 Exemplare zu schätzen ist.[5]

Von der Lyrik Löns' verkaufte sich eindeutig der *"Kleine Rosengarten"* am besten. Bereits 1922 hat er für einen Lyrikband die stolze Auflagenhöhe von 83.000, die sich 1926 auf 90.000 erhöhte, 1935 115.000 betrug und 1941 145.000; 1951 hat sie schließlich 180.000 erreicht. Momentan geht man von einer Auflage von mindestens 300.000 aus.[6] Diese Zahlen beziehen sich auf die reine Textausgabe. Ein noch größerer Erfolg sind die vertonten Fassungen geworden, allen voran die Kompositionen von Fritz Jöde, der die "Rosengarten"-Lieder mit Klavier- und Lautenbegleitung versah. Schon 1941 gab der Diederichs Verlag für die Jöde-Vertonung (zuerst 1916) eine Auflage von 468.000 an. Die verschiedenen Ausgaben zahlreicher Komponisten machen aber selbst eine ungefähre Angabe der Auflagen schier unmöglich.

---

4 Im Löns-Artikel in Walther Killy (Hg.): Literatur Lexikon. Autoren und Werke deutscher Sprache, Bd. 7, Gütersloh/München 1990, S. 324 wird sogar eine Auflage von 850.000 angegeben, die allerdings auf einen Irrtum von Fritz Klein zurückgeht (vgl. Hermann Löns: Die schönsten Erzählungen und Zeichnungen. Umweltschutz, Natur, Landschaft, Hannover 1985, S. 2).

5 Vgl. jeweils die Löns-Artikel in: Killy (Hg.): Literatur Lexikon, Bd. 7, a.a.O., S. 324 und in: Franz Lennartz: Deutsche Schriftsteller des 20. Jahrhunderts im Spiegel der Kritik, Bd. 2, Stuttgart 1984, S. 1108. Lennartz verzeichnet bereits für 1950 eine Auflage von 450.000.

6 Vgl. die Angaben in: Killy (Hg.): Literatur Lexikon, Bd. 7, a.a.O., S. 324 und in Löns: Die schönsten Erzählungen, a.a.O., S. 2.

Unüberschaubar ist auch die *Gesamtauflage der Lönsschen Werke.* Für das Jahr 1929 ergaben die Berechnungen der Zeitschrift "Markwart" eine Gesamtauflage von 3.539.000 Exemplaren. 1934 schätzte man die Gesamtauflage auf ca. 5 Millionen[7] und 1966 auf 7,5 Millionen[8]. Inklusive der Lizenz- und Taschenbuchausgaben kann man heute von mindestens 8 Millionen ausgehen, wobei in dieser Zahl die Liederausgaben des "Kleinen Rosengarten" nicht enthalten sind.[9]

---

7 Vgl. Erich Griebel: Hermann Löns, der Niederdeutsche. Eine Einfühlung in Leben und Werk, Berlin/Leipzig 1934, S. 516.

8 Vgl. den Artikel "Herrliche Flucht", in: Spiegel, 20. Jg. (1966), Nr. 21, S. 136 ff.

9 Die Zahl von 10 Millionen, die der Löns-Verehrer Fritz Klein angibt, ist wohl um einiges zu hoch gegriffen; vgl. Löns: Die schönsten Erzählungen, a.a.O., S. 2.

2. Tabelle zur Auflagenentwicklung

	"Der Wehrwolf"	"Das Zweite Gesicht"	"Mümmelmann"
1912		4000	
1914	9000		
1919	90000		
1921	215000	123000	
1922			150000
1925	271000	290000	173000
1928	351000		
1929		325000	263000
1933		360000	
1935	440000	386000	360000
1937		400000	
1939	565000	435000	
1941	600000	455000	
1942	635000		
1943	645000		
1944	835000		
1949			366000

	"Der Wehrwolf"	"Das Zweite Gesicht"	"Mümmelmann"
1950		464000	
1956		470000	
1963	856000		
1965		475000	415000
1966	860000		
1967		478000	
1974	864000		
1975		480000	
1977	867000		
1981	870000		
1984	872000		
1986			425000

3. Zeittafel zu Leben und Werk Hermann Löns'

1866

26. 8. Hermann Fritz Moritz Löns in Kulm/Westpreußen als erstes von insgesamt 14 Kindern der Eheleute Friedrich Wilhelm Löns und Klara Löns, geb. Cramer, geboren.

1867

September Familie Löns zieht nach Deutsch-Krone/Westpreußen, da der Lehrer Friedrich Löns an das dortige Gymnasium versetzt wird.

1872

Im Alter von sechs Jahren hat Hermann Löns eine schwere Typhuserkrankung.

1882

Juni Löns stellt eine "Vogelfauna des Kreises Deutsch-Krone" zusammen.

1884

September Versetzung des Vaters an das Gymnasium Paulinum in Münster, das H. Löns ab der Oberprima besucht.

1886

18. 9. Löns besteht das Abitur im zweiten Versuch.
1.10. Eingeschrieben an der philosophischen Fakultät der Akademie in Münster (bis zum 31.3.1887).

1887

1. 4. Eingeschrieben an der Universität Greifswald für Medizin (bis Sept. 1888).

1888

Spätsommer Löns wird wegen Geldschulden "cum infamia" (unehrenhaft) aus der Turnerschaft "Cimbria" ausgeschlossen.

November Eingeschrieben an der Universität Göttingen für Medizin, Zoologie und Naturwissenschaften (bis März 1889).
Löns wird Mitglied der Landsmannschaft "Verdensia".

1889

1. 4. Eingeschrieben an der Akademie in Münster für Mathematik und Naturwissenschaften (bis Sept. 1890).
1.10. Löns wird wegen Ruhestörung, Beleidigung und Widerstand zu 5 Tagen Gefängnis und 45 Mark Strafe verurteilt.
Dezember Löns beginnt, Gedichte in das "Grotemeyersche Heft" einzutragen (bis Oktober 1890). Die Gedichte stammen aus den Jahren 1884-1890.

1890

10. 5. Verlobung mit Elisabet Erbeck.
Herbst Bruch mit dem Vater. Aufgabe des Studiums.

1891

12. 9. Hilfsredakteur bei der "Pfälzischen Presse" in Kaiserslautern (Feuilleton/Lokales).

1892

9. 2. Entlassung bei der "Pfälzischen Presse".
August Redakteur bei der sozialdemokratischen "Reußischen Tribüne" in Gera für drei Wochen.
September Löns hält einen Vortrag im Lemnitzer Sozialdemokratischen Arbeiterbildungsverein.
Löns als Berichterstatter in Hamburg während der Cholera-Epidemie.
27. 9. Ankunft in Hannover.

1893

21. 1. Hochzeit mit Elisabet Erbeck.
4. 3. Erster Artikel im "Hannoverschen Anzeiger".

Erste Gedichte erscheinen in der "Menschlichen Tragödie",
hrsg. v. Arnold Garde.

1894

21. 1. Löns veröffentlicht zum ersten Mal im "Hannoverschen Anzeiger" eine satirische Lokalplauderei unter dem
Pseudonym "Fritz von der Leine".

1895

1.10. Löns wird verantwortlicher Redakteur für den lokalen
und provinziellen Teil beim "Hannoverschen Anzeiger".

1896

15. 4. Tod der Mutter in Münster.

1897

5. 2. Löns fungiert bis zum 1.10. de facto als Chefredakteur
des "Hannoverschen Anzeigers".
13. 6. Der "Große Preis" von Hannover (Radrennen) findet
statt, Löns berichtet.

1898

April Löns redigiert gemeinsam mit Friedrich Freudenthal
die Zeitschrift "Niedersachsen" (bis März 1900).

1901

Dezember Scheidung von Elisabet Erbeck.

"Mein goldenes Buch" und "Mein grünes Buch" erscheinen.

1902

13. 5. Hochzeit mit Lisa Hausmann. Löns tritt zur prote-
stantischen Kirche über.
1. 7. Löns scheidet aus der Redaktion des "Hannoverschen
Anzeigers" aus.
16. 9. Erste Ausgabe der "Hannoverschen Allgemeinen Zeitung" erscheint. Löns ist Mitbegründer und Redakteur (Lo-
kales, Provinz, Bildende Kunst, Sport).

"Ausgewählte Werke von Fritz von der Leine" erscheinen.

1904

31. 1. "Hannoversche Allgemeine Zeitung" wird eingestellt. Löns arbeitet für das "Hannoversche Tageblatt".
27. 3. Erste Wochenplauderei "Spiegelbilder" erscheint unter dem Pseudonym "Ulenspeigel".

1905

Löns beginnt mit den Arbeiten zur groß angelegten "Wirbeltierfauna Hannovers".

1906

April Löns übernimmt beim "Hannoverschen Tageblatt" die verantwortliche Redaktion des Ressorts "Feuilleton und Vermischtes".
15. 6. Geburt des Sohnes Dettmer, der körperlich und geistig behindert ist.

"Mein Braunes Buch" erscheint.

1907

Sommer Beginn der Zusammenarbeit mit Hermann Meerwarth für die "Lebensbilder aus der Tierwelt" (bis Frühjahr 1909).
1.11. Löns wird Redakteur der "Schaumburg-Lippischen Landes-Zeitung" in Bückeburg (bis 30.9.1909), aber noch weiter Mitarbeit beim "Hannoverschen Tageblatt" (bis Sept. 1908).

1908

2.12. Tod des Vaters in Münster.

Erweiterte Neubearbeitung von "Mein grünes Buch". "Ulenspeigels und Fritz von der Leines ausgewählte Lieder" erscheinen.

1909

März Löns schreibt den "Letzten Hansbur" in der zweiten und dritten Märzwoche.

Mai Löns schreibt "Dahinten in der Heide" in vierzehn Tagen.

30. 9. Löns wird bei der "Schaumburg-Lippischen Landes-Zeitung" gekündigt (Kündigung bereits am 29.3. ausgesprochen). Er arbeitet wieder für das "Hannoversche Tageblatt".

Anfang Oktober Fiebriger Nervenzusammenbruch.

1.-8. / 14.-20.11. Löns schreibt den "Wehrwolf".

13.11. Löns zerstört die "Wirbeltierfauna Niedersachsens".

Mitte Dezember Löns beginnt "Das Zweite Gesicht", in dem sich autobiographische Erlebnisse niederschlagen: Löns verliebt sich in die Cousine seiner Frau, Hanna Fueß.

"Was da kreucht und fleugt", "Mümmelmann", "Aus Wald und Heide", "Mein blaues Buch" und "Der letzte Hansbur" erscheinen.

1910

Mitte Januar Löns erleidet während der Weiterarbeit am neuen Roman einen Nervenzusammenbruch.

9.2.-16.3. Löns im Sanatorium in Zwischenahn. Beendet dort eine erste Fassung des "Zweiten Gesichts".

August Ende des Monats übernimmt Löns wieder die Redaktion des Ressorts "Feuilleton und Vermischtes" beim "Hannoverschen Tageblatt".

Oktober-Dezember Löns überarbeitet das "Zweite Gesicht" (das Kapitel "Die Totenmaske" wird gestrichen).

Mitte Dezember Löns übergibt seiner Frau das Manuskript zur Maschinenabschrift.

"Dahinten in der Heide" und "Der Wehrwolf" erscheinen.

1911

Mai Urlaub der Familie Löns im Ostseebad Niendorf.

22. 6. Löns' Schwiegermutter stirbt. Löns kehrt daraufhin nach Hannover zurück.

27. 7. Nach einem Streit verläßt Lisa Löns mit Sohn Dettmer das gemeinsame Haus.

20. 8. Löns gibt die Redakteursstelle beim "Hannoverschen Tageblatt" auf.

August/September Löns verläßt Hannover und beginnt ein Wanderleben. Hält sich zuerst bei seinem Verleger Eugen Diederichs in Jena auf.

24. 8. Vertragsabschluß mit Diederichs zur Veröffentlichung des "Zweiten Gesichts".

Ende September Löns in Österreich (Wien, Ofenpest, Graz, Innsbruck).

Mitte November Löns fährt über Innsbruck nach Zürich.

Ende November "Das Zweite Gesicht" erscheint.

12.12. Löns verläßt Zürich und fährt nach Davos zu seinem Bruder Rudolf, der dort zur Kur ist.

"Kraut und Lot", "Da draußen vor dem Tore", "Der zweckmäßige Meyer" und "Der kleine Rosengarten" erscheinen.

1912

Mitte Februar Löns verläßt Davos und fährt zu Traugott Pilf nach Wiesbaden.

Anfang Mai Löns für einige Tage in Ootmarsum in Holland.

Mitte Mai Löns für einige Tage krank in Wesel, dann kurz nach Coesfeld und Münster. Zurück nach Ootmarsum.

Juni Rückkehr nach Hannover. Ernestine Sassenberg führt ihm den Haushalt. Sie war bereits von 1908 bis 1911 im Lönsschen Haus in Bückeburg tätig, vermutlich als Wirtschafterin und Kindermädchen. Sie wird seine letzte Lebensgefährtin.

"Auf der Wildbahn" erscheint.

1913

September Turnerschaft "Cimbria" nimmt Löns wieder auf.

"Mein buntes Buch" und "Heidbilder" (erweiterte Ausgabe von "Mein braunes Buch" von 1906) erscheinen.

1914

24. 8. Löns tritt als Freiwilliger in das Ersatz-Bataillon des Füsilier-Regiments 73 ein.
3. 9. Löns rückt ins Feld aus.
13. 9. Löns an der Front vor Reims.
26. 9. Tod bei Loivre.

"Goldhals" erscheint.

1916

"Das Löns-Buch", "Aus Forst und Flur", "Frau Döllmer" und "Das Tal der Lieder" erscheinen.

1917

"Widu", "Die Häuser von Ohlenhof" und "Eulenspiegeleien" (hrsg. von Traugott Pilf) erscheinen.

1918

"Ho Rüd' hoh" erscheint.

1919

"Wasserjungfern", "Ulenspeigels Lieder" und "Junglaub" erscheinen.

1920

25. 9. Einweihung des Löns-Gedenksteines auf dem Wietzerberg bei Müden.

1922

28. 9. Elisabet Löns-Erbeck stirbt im Alter von 58 Jahren in Hannover.

1923

Der "Wehrwolf"-Kampfbund wird als Reaktion auf die französische Besetzung des Ruhrgebiets (11.1.) gegründet.

1923

Die "Sämtlichen Werken in acht Bänden, hrsg. von Friedrich Castelle" erscheinen.

1924

Eine in Dorpat entdeckte neue Holzlausart wird Loensia nov. gen. genannt.

"Mein niedersächsisches Skizzenbuch. Aus dem Nachlaß hrsg. von Wilhelm Deimann" erscheint.

1928

Die "Nachgelassenen Schriften, hrsg. von Wilhelm Deimann" und "Einsame Heidfahrt" (identisch mit "Das Tal der Lieder" von 1916) erscheinen.

1932

Film "Grün ist die Heide", Regie: Hans Behrendt.

1933

"Das deutsche Buch. Eine Auswahl aus seinen Werken" erscheint.

1934

9. 5. "Völkischer Beobachter" berichtet über Fund der "Löns-Gebeine" in Frankreich.
14. 8. Adolf Hitler ordnet die Rückführung Löns' an.
26. 9. Vorgesehener Bestattungstermin (20. Todestag), Ort: "Sieben Steinhäuser" bei Fallingbostel. Wird wegen Terminschwierigkeiten auf den 3.11. (St. Hubertus-Tag) verschoben.
10.10. "Löns-Gebeine" werden exhumiert und nach Deutschland gebracht, obwohl die Beisetzungsvorbereitungen gestoppt werden sollten, da die "Sieben Steinhäuser" als Grabstätte nicht mehr in Frage kommen. Neuer Termin: 9.12., neuer Ort: Tietlinger Wacholderhain.

30.11. SA entführt die "Löns-Gebeine" und vergräbt sie an der Straße Soltau-Harburg, um die "Angelegenheit Löns" zu bereinigen.

1935

2. 8. Reichswehr organisiert eine erneute Beerdigung der "Löns-Gebeine" im Tietlinger Wacholderhain.

1936

Film "Dahinten in der Heide", Regie: Carl Boese.

1940

"Hermann-Löns-Kassette" erscheint.

1944

Himmler ordnet die Gründung eines Kleinkrieg-Verbandes mit dem Namen "Werwolf" an.

1945

22. 3. "Werwolf"-Kommando tötet den Oberbürgermeister von Aachen.
1. 4. Goebbels erläßt einen Aufruf zu einem Volksaufstand über den Sender "Werwolf".

1951

Film "Grün ist die Heide", Regie: Hans Deppe.

1955

2.12. Lisa Löns-Hausmann stirbt 84jährig in Bad Pyrmont.

1956

Film "Rot ist die Liebe", Regie: Karl Hartl.

1960

Film "Wenn die Heide blüht", Regie: Hans Deppe.
"Gesamtausgabe, hrsg. von Wilhelm Deimann" erscheint.

1966

100. Geburtstag Löns': Gedenkjahr mit zahlreichen Feiern.

1968

1. 3. Dettmer Löns gestorben.

1970

13. 6. Ernestine Horrion, geb. Sassenberg, die letzte Lebensgefährtin Löns', stirbt im Alter von 80 Jahren.

1972

7.11. Hanna Fueß stirbt 86jährig im Kloster Wienhausen.

Film "Grün ist die Heide", Regie: Harald Reinl.

1976

22. 7. Ernst Löns, der jüngste Bruder (geb. 27.9.1886), stirbt.

1981

"Die Hunde beheulen den Tod des Herzogs. Der andere Löns, hrsg. von Michael Schulte" erscheint.

1986

Die "Ausgewählte Werken", hrsg. von Hans A. Neunzig und "Leben ist Sterben, Werden, Verderben. Das verschollene Kriegstagebuch", hrsg. von Karl-Heinz Janßen/Georg Stein erscheinen.

Literaturverzeichnis

1. Quellen aus Archiven

(Aus folgenden Sammlungen wurden für diese Arbeit Akten, Briefe und andere Quellen herangezogen; die Einzelnachweise befinden sich in den Fußnoten:)

Bundesarchiv, Koblenz: Akten der Reichskanzlei (R 43 II/1246)

Eugen Diederichs Verlag, München: Archiv

Hermann-Löns-Archiv, Hannover

Niedersächsisches Hauptstaatsarchiv, Hannover: Bestand Hann. 122a (Oberpräsidium), Aktenband Nr. 3532; Hann. 180 Lbg. Acc. XVI Nr. 261

Stadt- und Landesbibliothek Dortmund, Handschriftenabteilung: Nachlaß Wilhelm Deimann

Stadtarchiv Celle: Nachlaß Hanna Fueß

Stadtarchiv Münster: Handschriften Nr. 129 (Grotemeyersches Manuskript)

Universitätsbibliothek der Westfälischen Wilhelms-Universität Münster: Löns-Sammlung

Zentralarchiv Löns-Vertonung im Westfälischen Musikarchiv, Hagen

2. Primärliteratur

2.1 Texte von Hermann Löns

2.1.1 Werkausgaben

Löns, Hermann: Sämtliche Werke in acht Bänden, hrsg. v. Friedrich Castelle, Leipzig 1923

Löns, Hermann: Nachgelassene Schriften, hrsg. v. Wilhelm Deimann, 2 Bde., Leipzig/Hannover 1928

Löns, Hermann: Werke. Gesamtausgabe, hrsg. v. Wilhelm Deimann, 5 Bde., Hamburg 1960

Löns, Hermann: Ausgewählte Werke, hrsg. v. Hans A. Neunzig, 5 Bde., München 1986

2.1.2 Textausgaben

Das Löns-Buch. Novellen, Natur- und Jagdschilderungen, Heidebilder, Märchen und Tiergeschichten, 3. Tsd., Hannover 1916

Hermann-Löns-Kassette. 8 Werke in 4 Bände gebunden. Bd. 1: Mein grünes Buch. Junglaub. Bd. 2: Mein goldenes Buch. Das Lönsbuch. Bd. 3: Einsame Heidfahrt. Frau Döllmer. Ulenspeigels Lieder. Bd. 4: Löns-Gedenkbuch, Bad Pyrmont/Hannover 1940

Löns, Hermann: Sein letztes Lied. Eine Auswahl der schönsten Jagdgeschichten, Hannover 1924

Löns, Hermann: Grün ist die Heide. Eine Auswahl von 25 der besten Novellen, Jagd-, Tierund Naturschilderungen des Dichters, Hannover 1932

Löns, Hermann: Das deutsche Buch. Eine Auswahl aus seinen Werken. Eingeleitet von Wilhelm Deimann, Hannover 1933

Löns, Hermann: Ho' Rüd' hoh! Jagderlebnisse, Hannover 1939

Löns, Hermann: Sagen und Märchen, hrsg. von Wilhelm Deimann, Hameln 1965

Löns, Hermann: Die Hunde beheulen den Tod des Herzogs. Der andere Löns, hrsg. v. Michael Schulte, Frankfurt a.M. 1983 (= Fischer- Taschenbuch 5329) (zuerst erschienen Düsseldorf 1981)

Löns, Hermann: Die schönsten Erzählungen und Zeichnungen. Umweltschutz, Natur, Landschaft, hrsg. v. Fritz Klein, Hannover 1985

Löns, Hermann: Ausgewählte Tiergeschichten. Mit einem Nachwort von Wilhelm Deimann, Stuttgart 1986 (= Reclam Universal-Bibliothek Nr. 7701)

Löns, Hermann: Mit Hermann Löns durch Niedersachsen, hrsg. von Fritz Klein, Hannover 1987

2.1.3 Artikel und Aufsätze

Leine, Fritz von der: Einen kleinen Vogel hatte früher ..., in: Hannoversche Allgemeine Zeitung, 1.11.1903, Nr. 258, 2. Blatt, S. 3

Löns, Hermann: Momentphotographieen vom Schützenfeste, in: Hannoverscher Anzeiger, 6.7.1893

Löns, Hermann: Hannoversche Industrie: Die Cakes-Fabrik, in: Hannoverscher Anzeiger, 24.1.1894, Nr. 19, S. 2

Löns, Hermann: Das gestrige Match, in: Hannoverscher Anzeiger, 8.6. 1901, Nr. 132, S. 1

Löns, Hermann: Zck Zck tuff tuff ...., in: Hannoverscher Anzeiger, 18.6.1901, Nr. 140, 3. Beilage

Löns, Hermann: Im Sonderzug Hannover-München, in: Hannoversche Allgemeine Zeitung, 19.7.1903

Löns, Hermann: Günther Wagner 1838-1906, Hannover o.J. (1906)

Löns, Hermann: Heimatliches Naturleben, in: Heimat und Volksbildung, Berlin 1907, S. 65-78

Löns, Hermann: Was ist uns Oskar Wilde?, in: Hannoversches Tageblatt, Beilage Kunst und Literatur, Nr. 3 (1907) (StA Ce, L 9 217)

Löns, Hermann: Auto und Flora, in: Hannoversches Tageblatt, 11.8.1909

Löns, Hermann: Photographie und Heimatschutz, in: Niedersachsen, 14. Jg. (1909), Nr. 18, S. 353-356

Löns, Hermann: Das Quintär und seine Fauna, in: Kosmos, 7.Jg. (1910), S. 447-449

Löns, Hermann: Ein unveröffentlichtes Kapitel aus Hermann Löns' Roman Das zweite Gesicht, in: Hellweg. Wochenschrift für deutsche Kunst, 4. Jg. (1924), H. 2, S. 25-28

Löns, Hermann: Die Totenmaske, in: Hannoversches Tageblatt, 15.4.1928, 3. Beilage

Löns, Hermann: Die Deutschland-Fahrradwerke August Stukenbrok zu Einbek, hrsg. vom Stukenbrok-Museum der Stadt Einbeck, Einbeck 1982

Löns, Hermann: Der Naturschutz oder die Naturschutzphrase, in: Fritz Klein: Das neue Hermann-Löns-Brevier, Hannover 1986, S. 11-38 (auch abgedruckt als erster Band der Schriftenreihe Höret! Beiträge und Veröffentlichungen des Verbandes der Hermann-Löns-Kreise in Deutschland und Österreich e.V., Walsrode 1987)

2.1.4 Briefe und Autobiographisches

Gunnemann, Hedwig: Handschriften von Hermann Löns, in: Mitteilungen. Stadt- und Landesbibliothek Dortmund, N.F. (1964), H. 6 (Hermann Löns. 29. August 1866 - 26. September 1914), S. 22-109

Klein, Fritz: Hermann Löns. 29.8.1866 - 26.9.1914. Autographen und Briefwechsel, Hannover 1974

Löns, Hermann: Briefausgabe, in: Wilhelm Deimann: Der Künstler und Kämpfer. Eine Lönsbiographie und Briefausgabe, Hannover 1935, S. 159-294

Löns, Hermann: Skizze einer Selbstbiographie, in: Johannes Klein: Hermann Löns - heute und einst. Versuch einer kritischen Einordnung, Hameln/Hannover 1966, S. 31-43 (erstmals veröffentlicht 1909 in der Zeitschrift "Eckart" unter dem Titel "Von Ost nach West")

Löns, Hermann: Leben ist Sterben, Werden, Verderben. Das verschollene Kriegstagebuch, hrsg. v. Karl-Heinz Janßen/Georg Stein, Kiel 1986

2.2 Quellensammlungen

Bohemien - Tramp - Sponti. Boheme und Alternativkultur, hrsg. v. Gerd Stein, Frankfurt a.M. 1982 (= Kulturfiguren und Sozialcharaktere des 19. und 20. Jahrhunderts Bd. 1; Fischer-Taschenbuch 5035)

Dandy - Snob - Flaneur. Dekadenz und Exzentrik, hrsg. v. Gerd Stein, Frankfurt a.M. 1985 (= Kulturfiguren und Sozialcharaktere des 19. und 20. Jahrhunderts Bd. 2; Fischer-Taschenbuch 5036)

Die Berliner Moderne 1885-1914, hrsg. v. Jürgen Schutte/Peter Sprengel, Stuttgart 1987 (= Reclam Universal-Bibliothek Nr. 8359)

Die deutsche Literatur. Texte und Zeugnisse, Bd. 7: 20. Jahrhundert. Texte und Zeugnisse 1880-1933, hrsg. v. Walter Killy, München 1967

Die Wandervogelzeit. Quellenschriften zur deutschen Jugendbewegung 1896-1919, hrsg. v. Werner Kindt, Düsseldorf/Köln 1968 (= Dokumentation der Jugendbewegung Bd. II)

Literarische Manifeste der Jahrhundertwende 1890-1910, hrsg. v. Erich Ruprecht/Dieter Bänsch, Stuttgart 1970

Literarische Manifeste des Naturalismus 1880-1892, hrsg. v. Erich Ruprecht, Stuttgart 1962

Lyrik der Gründerzeit, hrsg. v. Günther Mahal, Tübingen 1973 (= Deutsche Texte 26)

Lyrik des Naturalismus, hrsg. v. Jürgen Schutte, Stuttgart 1982 (= Reclam Universal-Bibliothek Nr. 7807)

Naturalismus. Manifeste und Dokumente zur deutschen Literatur 1880-1900, hrsg. v. Manfred Brauneck/Christine Müller, Stuttgart 1987

Von Werwölfen und anderen Tiermenschen. Dichtungen und Dokumente, hrsg. v. Klaus Völker, München 1972

2.3 Werke anderer Autoren

Alexis, Willibald: Der Werwolf. Ein vaterländischer Roman, Leipzig o.J. (= Bilder deutscher Vergangenheit Bd. 3)

Bonsels, Waldemar: Die Biene Maja und ihre Abenteuer, Frankfurt a.M./Berlin/Wien (= Ullstein-Buch Nr. 20287)

Coster, Charles de: Ulenspiegel. Die Legende und die heldenhaften, fröhlichen und ruhmreichen Abenteuer von Ulenspiegel und Lamme Goedzak im flandrischen Lande
und anderswo, Darmstadt 1966

Dehmel, Richard: Kriegs-Brevier, Leipzig 1917

Dehmel, Richard: Der Werwolf, in: ders.: Gesammelte Werke in drei Bänden, 3. Bd., 12.-14.
Tsd., Berlin 1919, S. 24-35

Dehmel, Richard: Zwischen Volk und Menschheit. Kriegstagebuch, Berlin 1919

Diederichs, Eugen: Leben und Werk. Ausgewählte Briefe und Aufzeichnungen, hrsg. von
Lulu von Strauß und Torney-Diederichs, Jena 1936

Droste-Hülshoff, Annette von: Sämtliche Gedichte. Mit einem Nachwort von Ricarda Huch,
Frankfurt a.M. 1988 (= Insel-Bibliothek)

Fleuron, Svend: Meister Lampe, in: ders.: In Wald und Feld, München 1989, S. 295-444

Flex, Walter: Das goldene, das grüne und das braune Buch des Dichters Löns, in: ders.: Gesammelte Werke, Bd. 1, 12.-15. Tsd., München 1925, S. 38-40

Flex, Walter: Der Wanderer zwischen den beiden Welten. Ein Kriegserlebnis, in: ders.: Gesammelte Werke, Bd. 1, 12.-15. Tsd., München 1925, S. 64-145

Frenssen, Gustav: Jörn Uhl, 275. Tsd., Berlin 1921 (= Grote'sche Sammlung von Werken
zeitgenössischer Schriftsteller Bd. 73)

Ganghofer, Ludwig: Reise zur deutschen Front, Berlin/Wien 1915 (= Ullstein Kriegsbücher)

Garde, Arnold (Hg.): Menschliche Tragödie. Gedichtbuch der Gegenwart, Dresden/Leipzig
1893

Goethe, Johann Wolfgang: Aus meinem Leben. Dichtung und Wahrheit, 5. Aufl., Hamburg
1964 (= Goethes Werke. Hamburger Ausgabe in 14 Bänden, Bd. IX)

Grimmelshausen, Hans Jakob Christoffel von : Der Abenteuerliche Simplicissimus Teutsch,
6. Aufl., München 1981 (= dtv weltliteratur 2004)

Gutzkow, Karl: Der Werwolf, in: ders.: Gutzkows Werke. Auswahl in zwölf Teilen, hrsg. v.
Reinhold Gensel, 5. Teil, Berlin/Leipzig/Wien/Stuttgart 1912, S. S. 275-339

Heydebreck, Peter von: Wir Wehr-Wölfe. Erinnerungen eines Freikorps-Führers, Leipzig
1931

Hille, Peter: Die Sozialisten, in: ders.: Gesammelte Werke in sechs Bänden, hrsg. v. Friedrich Kienecker, Bd. 3: Romane, Essen 1985, S. 7-236

Holz, Arno: Sonnenfinsternis, in: ders.: Werke, Bd. IV, Neuwied a.R./Berlin 1961, S. 95-290

Jünger, Ernst: Das Wäldchen 125. Eine Chronik aus den Grabenkämpfen 1918, Berlin 1925

Jünger, Ernst: Das Wäldchen 125. Eine Chronik aus den Grabenkämpfen 1918, in: ders.: Sämtliche Werke. Erste Abteilung. Tagebücher. Bd. 1. Tagebücher I: Der Erste Weltkrieg, Stuttgart 1978, S. 301-438

Jünger, Ernst: Der Kampf als inneres Erlebnis, in: ders.: Sämtliche Werke. Zweite Abteilung. Essays. Bd. 7: Betrachtungen zur Zeit, Stuttgart 1980, S. 9-103

Jünger, Ernst: In Stahlgewittern, in: ders.: Sämtliche Werke. Erste Abteilung. Bd. 1. Tagebücher I: Der Erste Weltkrieg, Stuttgart 1978, S. 9-300

Kipling, Rudyard: Das zweite Dschungelbuch, Zürich 1987 (= Rudyard Kipling. Werke. Neu übersetzt und herausgegeben von Gisbert Haefs)

Kisch, Egon Erwin: Elliptische Tretmühle, in: ders.: Der rasende Reporter, in: ders.: Gesammelte Werke, Bd. 5, 2. Aufl., Berlin/Weimar 1974, S. 234-238

Kloppe, Fritz: Wesensfragen für die Zukunft des deutschen Volkes. Im Lichte der Wehrwolf-Bewegung, Halle 1926

Langbehn, August Julius: Rembrandt als Erzieher. Von einem Deutschen. Illustrierte Volksausgabe, 6.-15. Tsd., Weimar 1922 (= Bücher von deutscher Art)

Liliencron, Detlev von: Der Heidegänger, in: ders.: Gesammelte Werke, Bd. 2: Gedichte, Berlin/Leipzig 1923, S. 5-204

London, Jack: Der Ruf der Wildnis, Zürich 1987 (= detebe-Klassiker 21511)

Mann, Heinrich: Im Schlaraffenland. Ein Roman unter feinen Leuten, Frankfurt a.M. 1988 (= H.M.: Studienausgabe in Einzelbänden; Fischer Taschenbuch 5928)

May, Karl: Frau Pollmer. Eine psychologische Studie. Faksimilewiedergabe der Handschrift und der dazugehörigen Anlagen, Bamberg 1982 (= Karl May - Prozeß-Schriften Bd. 1)

Meerwarth, Heinrich: Photographische Naturstudien. Eine Anleitung für Amateure und Naturfreunde, Eßlingen/München 1905

Nietzsche, Friedrich: Zur Genealogie der Moral. Eine Streitschrift, in: ders.: Kritische Gesamtausgabe, hrsg. v. Giorgio Colli/Mazzino Montinari, 6. Abteilung, 2. Bd., Berlin 1968, S. 257-430

Potter, Beatrice: Die Geschichte von Peter Hase, Zürich 1973

Reischauer, Luise: Magister Nothold. Erzählung aus der ersten Hälfte des siebzehnten Jahrhunderts, Stuttgart 1908

Salten, Felix: Bambi. Eine Lebensgeschichte aus dem Walde, 98.-103. Tsd., Rüschlikon/Zürich 1946

Spiegel, Edgar Freiherr von: Kriegstagebuch U 202, 351.-360. Tsd., Berlin 1938

Stern, Horst: Jagdnovelle, München 1991 (= Knaur 3173)

Stramm, August: Alles ist Gedicht. Briefe, Gedichte, Bilder, Dokumente, hrsg. v. Jeremy Adler, Zürich 1990

Stramm, August: Die Dichtungen. Sämtliche Gedichte, Dramen, Prosa, hrsg. v. Jeremy Adler, München/Zürich 1990

Witkopp, Philipp (Hg.): Kriegsbriefe gefallener Studenten, 8. Aufl., München 1928

3. Lexika, Hilfsmittel, allgemeine Literatur

Brockhaus Enzyklopädie in zwanzig Bänden, 17. völlig neu bearb. Aufl., Wiesbaden 1966 ff

Daemmrich, Horst S. u. Ingrid: Themen und Motive in der Literatur. Ein Handbuch, Tübingen 1987 (= UTB für Wissenschaft, Große Reihe)

Das große Lexikon des Dritten Reiches, hrsg. v. Christian Zentner/Friedemann Bedürftig, München 1985

Deutsche Bibliographie, bearb. v. der Deutschen Bibliothek, Frankfurt a.M. 1953 ff

Deutsches Bücherverzeichnis, bearb. v. der Bibliographischen Abteilung des Börsenvereins der Deutschen Buchhändler in Leipzig, ab 1941 bearb. v. der Deutschen Bücherei Leipzig, Leipzig 1916 ff (Nachdruck Graz 1962 ff)

Deutsches Literatur-Lexikon. Biographisch-bibliographisches Handbuch, begründet v. Wilhelm Kosch, 3. neu bearb. Aufl., hrsg. v. Heinz Rupp/Carl Ludwig Lang, Bern/ München 1968 ff

Deutsches Wörterbuch von Jacob und Wilhelm Grimm, 16 Bde., Leipzig 1854-1960

Drosdowski, Günther: Duden-Lexikon der Vornamen. Herkunft, Bedeutung und Gebrauch von mehreren tausend Vornamen, 2. neu bearb. u. erw. Aufl., Mannheim 1974

Gesamtverzeichnis des deutschsprachigen Schrifttums (GV) 1700-1910, 160 Bde., München/ New York/London/Paris 1979 ff

Gesamtverzeichnis des deutschsprachigen Schrifttums (GV) 1911-1965, 150 Bde., München u.a. 1976 ff

Geschichte der deutschen Literatur. Vom Ausgang des 19. Jahrhunderts bis 1917, hrsg. v. Hans Kaufmann u.a., Berlin (Ost) 1974 (= Geschichte der deutschen Literatur. Von den Anfängen bis zur Gegenwart Bd. 9)

Handbuch der deutschen Bildungsgeschichte, München 1987 ff

Handwörterbuch des deutschen Aberglaubens, hrsg. v. Hans Bächtold-Stäubli, Berlin 1927 ff

Killy, Walther (Hg.): Literatur Lexikon. Autoren und Werke deutscher Sprache, Gütersloh/ München 1988 ff

Kindlers Neues Literatur Lexikon, hrsg. von Walter Jens, München 1988 ff

Küpper, Heinz: Wörterbuch der deutschen Umgangssprache, 6 Bde., Hamburg 1955 ff

Lennartz, Franz: Deutsche Schriftsteller des 20. Jahrhunderts im Spiegel der Kritik, 3 Bde., Stuttgart 1984

Lexikon der Kinder- und Jugendliteratur. Personen-, Länder- und Sachartikel zur Geschichte und Gegenwart der Kinder- und Jugendliteratur, 3 Bde., hrsg. v. Klaus Doderer, Weinheim/Basel 1975 ff

Metzler Literatur Lexikon. Stichwörter zur Weltliteratur, hrsg. v. Günther u. Irmgard Schweikle, Stuttgart 1984

Neue Deutsche Biographie, hrsg. v. der Historischen Kommission bei der Bayerischen Akademie der Wissenschaften, Berlin 1966 ff

Richards, Donald Ray: The German Bestseller in the 20th Century. A complete Bibliography and Analysis 1915-1940, Bern 1968 (= German Studies in America No. 2)

Schütz, Erhard/Vogt, Jochen u.a.: Einführung in die deutsche Literatur des 20. Jahrhunderts, 3 Bde., Opladen 1977 ff (= Grundkurs Literaturgeschichte)

Soergel, Albert/Hohoff, Curt: Dichtung und Dichter der Zeit. Vom Naturalismus bis zur Gegenwart, 2 Bde., 11.-20. Tsd., Düsseldorf 1964

Wilpert, Gero von/Gühring, Adolf: Erstausgaben deutscher Dichtung. Eine Bibliographie zur deutschen Literatur 1600-1969, Stuttgart 1967

4. Sekundärliteratur

4.1 Sekundärliteratur zu Hermann Löns

4.1.1 Löns-Bücher (allgemein)

Anger, Martin: Hermann Löns. Schicksal und Werk aus heutiger Sicht, 2. Aufl., Braunschweig 1986

Apffelstaedt, Max: "Denn wir fahren gegen Engelland". Über die Entstehung des Lönsschen Matrosenliedes, hrsg. vom Luftgaukommando VI, Ic/Wehrbetreuung, Berlin 1941

Bauwens, Cornelius: Das Frankenfüchslein und Hermann Löns oder "Das blaue Auge". Roman in 7 Bildern, Leipzig 1928

Beckmann, Karl-Heinz: Hermann Löns - Ein bedeutender westfälischer Malakologe, Wiesbaden 1988

Blanck, Herbert: Hermann Löns, Oldenburg/Berlin 1934 (= Schriften an die Nation Nr. 64)

Castelle, Friedrich (Hg.): Hermann Löns und seine Heide. Eine Wanderung in Bildern durch die Stätten seiner Werke, Berlin 1924

Das kleine Hermann-Löns-Buch, hrsg. v. Josef Bergenthal, Münster 1973

Debus, Fritz: Hermann Löns. Sein Wirken und Schaffen, Frankfurt a.M. 1922

Deimann, Wilhelm: Hermann Löns. Sein Leben und Wirken. 1. Teil, Dortmund 1922

Deimann, Wilhelm: Der Künstler und Kämpfer. Eine Lönsbiographie und Briefausgabe, Hannover 1935

Deimann, Wilhelm: Hermann Löns - Leben und Schaffen, in: Hermann Löns: Werke. Gesamtausgabe, hrsg. v. Wilhelm Deimann, Bd. 5, Hamburg 1960, S. 513-681

Deimann, Wilhelm: Der andere Löns, Münster/Hameln 1965

Dilzer, Amélie: Elisabet Löns. Ein Frauenschicksal, 2. erw. Aufl., Minden i. Westf. 1926

Dugall, Harry: Hermann Löns. Eine biographische Studie, Mainzlar 1966

Ernst, Carl: Das wahre Gesicht der Swaantje. Ein Wort für Hermann Löns, Magdeburg/Leipzig 1925

Flügge, Hans-Ludolf: Keine Angst vor Hermann Löns, Ahausen-Eversen 1977

Griebel, Erich: Hermann Löns, der niederdeutsche Dichter und Wanderer, Berlin 1924

Griebel, Erich: Hermann Löns, der Niederdeutsche. Eine Einfühlung in Leben und Werk, Berlin/Leipzig 1934

Haarbers, Rolf: Ein Wochenende auf den Spuren des Heidedichters. Exkursion Hermann Löns. Reisevorschlag zum Nachmachen. Mit genauen Wegebeschreibungen zu Schauplätzen und Bezugspunkten zum Werk des Dichters Hermann Löns in der Lüneburger Heide, 2. erw. Aufl., Nordhorn 1990 (= Kochs Literaturexkursionen Bd. 4)

Hermann Löns. Der Dichter der Lüneburger Heide, hrsg. v. Verband der Hermann-Löns-Kreise in Deutschland und Österreich e.V., Walsrode 1986

Hermann Löns. Lebensbilder, hrsg. vom Elbing-Kreis, Nienburg 1966

Kahle, Carl: Hermann Löns und die Frauen, 2. Aufl., Minden 1926

Kahle, Carl: Hermann Löns, Gorch Fock und Walter Flex als Vaterlandsbejaher, Berlin/Minden/Leipzig 1928

Klein, Fritz: Das neue Hermann-Löns-Brevier, Hannover 1986

Klein, Johannes: Hermann Löns - heute und einst. Versuch einer kritischen Einordnung, Hameln/Hannover 1966

Knottnerus-Meyer, Hermann: Der unbekannte Löns. Gespräche und Erinnerungen, Jena 1928

Köpp, Hans: Hermann Löns - der Naturschutz und die Jagd, Walsrode 1989 (= Höret 2, Beiträge und Veröffentlichungen des Verbandes der Hermann-Löns-Kreise in Deutschland und Österreich e.V.)

Kutscher, Artur: Löns-Brevier, München 1943

Löns, Rudolf: Die Löns'sche Art, 2. - 4. Tsd., Halle (Saale) o.J.

Löns-Erbeck, Elisabet: Meine Erinnerungen an Hermann Löns, 11.-15. Tsd., Dortmund 1922 (zuerst 1921)

Löns-Gedenkbuch, Hannover o.J. (1917)

Löns-Gedenkbuch. Neue Bearbeitung, Bad Pyrmont/Hannover 1940 (= Hermann-Löns-Kassette Bd. 4)

Ludewig, Bernd: Der Löns. Gleichnis einer heldischen Kraft, Minden 1934

Meerkatz, Albert: Erläuterungen zu Hermann Löns' "Der Wehrwolf", Leipzig 1938 (= Dr. Wilhelm Königs Erläuterungen zu den Klassikern, Bd. 257/258)

Mielke, Leo: Hermann Löns und Celle, Celle 1988 (= Schriftreihe des Bomann-Museums und des Stadtarchivs Celle; Celler Beiträge zur Landes- und Kulturgeschichte H. 16)

Müller-Hagemann, Karl (Hg.): Der heidnische Löns. Religiöse Bekenntnisse von Hermann Löns, Berlin 1934

Pilf, Traugott: Hermann Löns, der Dichter, Jena 1916

Plate, Herbert: Hermann Löns - seine Heide. Wie sie wurde, wie sie war und wie sie ist, Hannover 1987

Rössing, Paul: England, der wahre Feind aller Völker, Düsseldorf o.J.

Schauerte, Heinrich: Hermann Löns. Sein Leben, sein Schaffen und seine Werke, 2. Aufl., Dortmund 1920 (zuerst 1919)

Schenkel, Wilhelm: Hermann Löns' "Zweites Gesicht". Eine Studie, Berlin 1921

Schnabel, Paul: Wahrheit und Dichtung in Hermann Löns' "Zweitem Gesicht". Ein Beitrag zur Psychologie der Dichtung, Leipzig 1928

Spickernagel, Wilhelm: Hermann Löns und unsere Zeit, Leipzig 1920 (= Zellenbücherei Nr. 33)

Swantenius, Swaantje (d.i. Hanna Fueß): Hermann Löns und die Swaantje, 26.-30. Tsd., Berlin 1921 (zuerst 1920)

Tönjes, Max A.: Lebensweisheiten von Hermann Löns, Hannover 1927

Weltzien, Otto: Der Rosenjäger. Ein Löns-Buch, Berlin 1925

Westermann, W.: Hermann Löns. Tod und Begräbnis. Ein Tatsachenbericht, Hamburg 1954

Witt, Wilhelm de: Hermann Löns, der Dichter, der Mensch, der Freund, Warendorf 1922

Zimmermann-Frohnau, Paul: Hermann Löns und ich. Die Geschichte einer Dichter-Freundschaft, Berlin 1930

4.1.2 Aufsätze u.ä.

Ant, Herbert, Hermann Löns als Naturwissenschaftler, in: Das kleine Hermann-Löns-Buch, hrsg. v. Josef Bergenthal, Münster 1973, S. 25 - 40

Binder, Hermann: Hermann Löns, in: Die Bücherwelt. Zeitschrift für Bibliotheks- und Bücherwesen, 10. Jg. (1912/13), H. 7 (April 1913), S. 150-157

Brinkmann, Karl Hermann: Dieses Lied hilft den Krieg gewinnen, in: Markwart (1941), H. 1, S. 18-20

Buchwald, Konrad: Hermann Löns und die Gegenwart. Anregungen für eine künftige wissenschaftliche Beschäftigung mit seinem Werk, in: Natur, Kultur und Jagd, 17. Jg. (1964), H. 5/6, S. 109-122

Castelle, Friedrich: Ein Lebensbild, in: Löns-Gedenkbuch, Hannover o.J. (1917), S. 5-29

Castelle, Friedrich: Leben und Schaffen, in: Hermann Löns: Sämtliche Werke in acht Bänden, hrsg. v. Friedrich Castelle, Bd. 1, Leipzig 1923, S. 9-82

Castelle, Friedrich: Der Heidgänger, in: ders. (Hg.): Hermann Löns und seine Heide. Eine Wanderung in Bildern durch die Stätten seiner Werke, Berlin 1924, S. 75-114

Castelle, Friedrich: Vom Tierbildner zum Menschengestalter, in: ders. (Hg.): Hermann Löns und seine Heide. Eine Wanderung in Bildern durch die Stätten seiner Werke, Berlin 1924, S. 165-212

Castelle, Friedrich: Einleitung zu: Herbert Rothgaengel: Hermann Löns' "Wehrwolf" in Bildern, Berlin 1924, S. 5-12

Castelle, Friedrich: Der Stammbaum von Hermann Löns, in: Der Türmer, 38. Jg. (1935/36), Bd. 1, H. 5, S. 459 - 461

Castelle, Friedrich: Ein Lebensbild, in: Löns-Gedenkbuch. Neue Bearbeitung, Bad Pyrmont/ Hannover 1940 (= Hermann-Löns-Kassette Bd. 4), S. 209-243

Christian, Holle: "Reich mir Deine Hand!" Wann entstand das Engellandlied?, in: Markwart (1941), H. 1, S. 12-17

Conrad, Emil: Das Werden der Hermann-Löns-Gesellschaft, in: Markwart (1941), H. 1, S. 3-8

Cordes, Marita/Zahmel, Gerhard (Zusammenstellung): Hermann Löns: Leben ist Sterben, Werden, Verderben. Das verschollene Kriegstagebuch im Spiegel der Presse, hrsg. v. Verband der Hermann-Löns-Kreise in Deutschland und Österreich e.V., Walsrode 1987

Deimann, Wilhelm: Aus Hermann Löns' Kriegstagebuch, in: Ostdeutsche Monatshefte, 6. Jg. (1925), H. 8 (Sonderausgabe Hermann Löns), S. 812-822

Deimann, Wilhelm: Kritische Übersicht des Schrifttums über Hermann Löns, in: Ostdeutsche Monatshefte, 6. Jg. (1925), H. 8 (Sonderausgabe Hermann Löns), S. 823-841

Deimann, Wilhelm: Posthume Ausgaben Lönsscher Werke, in: Ostdeutsche Monatshefte, 6. Jg. (1925), H. 8 (Sonderausgabe Hermann Löns), S. 841-845

Deimann, Wilhelm: Hermann Löns' Grab, in: Markwart, 2. Jg. (1926), H. 5, S. 80

Deimann, Wilhelm: Der Werdegang der Lönsschen Tiererzählung. Ein Beitrag zur Geschichte der neueren Tierdichtung, in: Festschrift zur XXIII. Versammlung deutscher Bibliothekare in Dortmund, Dortmund 1927, S. 135-147

Deimann, Wilhelm: Vom Werden der Lönsschen Tierdichtung, in: Markwart, 3. Jg. (1927), H. 8, S. 113-119

Deimann, Wilhelm: Das Zweite Gesicht von Hermann Löns. Eine Würdigung auf Grund seiner Entstehungsgeschichte, in: Markwart, 4. Jg. (1928), H. 12, S. 161-171

Deimann, Wilhelm: Vorwort, zu: Hermann Löns: Naturwissenschaftliche Aufsätze und Plaudereien, in: ders.: Nachgelassene Schriften, hrsg. v. Wilhelm Deimann, Bd. 2, Leipzig/Hannover 1928, S. 9-14

Deimann, Wilhelm: Die Lönssammlung des Westfälischen Handschriftenarchivs der Stadtbibliothek Dortmund, in: Festgabe zum 25jährigen Bestehen der Landesbibliothek Dortmund 1. April 1907 - 1. April 1932, Dortmund 1932, S. 72-77

Deimann, Wilhelm: Ein Wehrwolf-Film, in: Markwart, 8. Jg. (1932), H. 2, S. 30-32

Deimann, Wilhelm: Löns' Kampf um die deutsche Seele, in: Hermann Löns: Das deutsche Buch. Eine Auswahl aus seinen Werken. Eingeleitet von Wilhelm Deimann, Hannover 1933, S. 5-10

Deimann, Wilhelm: Aus Hermann Löns' Kriegstagebuch, in: Heimat und Reich. Monatshefte für westfälisches Volkstum, 1. Jg. (1934), S. 107-110

Deimann, Wilhelm: Hermann Löns - wie man ihn nicht kennt, in: Heimat und Reich. Monatshefte für westfälisches Volkstum, 1. Jg. (1934), Juli-Heft, S. 23-27

Deimann, Wilhelm: Ein Deutscher, ein Soldat und ein Dichter. Hermann Löns zum Gedächtnis, in: Bücherkunde der Reichsstelle zur Förderung des deutschen Schrifttums (1939), S. 504-511

Deimann, Wilhelm: Denn wir fahren gegen Engelland. Zur Entstehung des Lönsschen Liedes, in: Heimat und Reich. Monatshefte für westfälisches Volkstum, 7. Jg. (1940), S. 143-146

Deimann, Wilhelm: Der Kämpfer um die deutsche Seele, in: Löns-Gedenkbuch. Neue Bearbeitung, Bad Pyrmont/Hannover 1940 (= Hermann-Löns-Kassette Bd. 4), S. 177-205

Deimann, Wilhelm: Die posthumen Löns-Ausgaben. Eine kritische Übersicht, in: Mitteilungen. Stadt- und Landesbibliothek Dortmund, N.F. (1964), H. 6 (Hermann Löns. 29. August 1866 - 26. September 1914), S. 7-21

Deimann, Wilhelm: Nachwort, in: Hermann Löns: Sagen und Märchen, hrsg. v. Wilhelm Deimann, Hameln 1965, S. 114 f

Deimann, Wilhelm: Nachwort, in: Hermann Löns: Ausgewählte Tiergeschichten, Stuttgart 1986 (= Reclam Universal-Bibliothek Nr. 7701), S. 76-79

Dilg, Karl: Unser Engelandlied, in: Die Volksschule, 37. Jg. (1941), H. 13/14 (Oktober), S. 189-191

Duggen, W.: Die Verwertung Lönsscher Erzählungen im Unterricht, in: Pädagogische Warte. Zeitschrift für Lehrerfortbildung und wissenschaftliche Pädagogik, 25 Jg. (1918), S. 327-330

Genschel, R.: Hermann Löns und der Biologieunterricht, in: Der Biologe. Monatsschrift des deutschen Biologen-Verbandes, 3. Jg. (1934), S. 307-310

Graul, Josef: Der Wehrwolf, ein Werk nationalsozialistischen Geistes, in: Die deutsche höhere Schule, 2 Jg. (1935), S. 726-729

Graul, Josef: Hermann Löns im Deutschunterricht, in: Zeitschrift für deutsche Bildung, 12. Jg. (1936), H. 7/8, S. 390-401

Griebel, Erich: Die Wahrheit über Hermann Löns, in: Junge Menschen. Monatshefte für Politik, Kunst, Literatur und Leben (1926), Märzheft, S. 1-4 (Sonderdruck im Deimann-Nachlaß)

Griebel, Erich: Das Wehrwolfmanuskript, in: Heimatkalender für die Lüneburger Heide (1955), S. 51

Harig, Ludwig: Auf der Suche nach den verlorenen Dichtern, in: Merian, 33 (1980), Nr. 3, S. 119-122

Heißenbüttel, Helmut: Mümmelmann oder Die Hasendämmerung, Wiesbaden 1978 (= Abhandlungen der Klasse der Literatur / Akademie der Wissenschaften und der Literatur, Jg. 1978, Nr. 1), S. 3-15

Hermann-Löns-Blätter. Mitteilungen des Hermann Löns-Kreises e.V. Gesellschaft der Lönsfreunde in Deutschland und Österreich, 1968 ff

Heuer, Rolv: Die ersten 100 Jahre Hermann Löns, in: Konkret (1966), Oktoberheft, S. 42-46

Huber, Karl: Hermann Löns als Tierdichter, in: Das literarische Echo, 19. Jg. (1916/17), Sp. 338-343

Huber, Karl: Landschaften. IV. Die Heide in der Dichtung, in: Das literarische Echo, 20. Jg. (1917/18), Sp. 1279-1290

Janßen, Karl Heinz: Vortrag im Heidemuseum Walsrode vom 29.8.1986 (Manuskript HLA)

Janßen, Karl-Heinz: Das Grab im Heidesand, in: Zeitmagazin, Nr. 37 vom 5.9.1986, S. 22-32

Janßen, Karl-Heinz: Kommentar, in: Hermann Löns: Leben ist Sterben, Werden, Verderben. Das verschollene Kriegstagebuch, hrsg. v. Karl-Heinz Janßen/Georg Stein, Kiel 1986, S. 69-87

Jensen, Julius: Hermann Löns in seiner religiösen Haltung, in: Eckart. Blätter für evangelische Geisteskultur, 3. Jg. (1926), H. 1, S. 7-10

Jünger, Friedrich Georg, Hermann Löns, in: Ernst Jünger (Hg.): Die Unvergessenen, Leipzig 1928, S. 195-206

Kahle, Carl: Hermann Löns im deutschen Schrifttum, in: Der Turnerschafter, 51. Jg. (1934), H. 6, S. 261-263

Kahrs, Axel: Vom Ende einer Legende - Hermann Löns, Hitzacker und das Engeland-Lied, in: ders.: Wendland literarisch. Von Herzog August bis Nicolas Born - Ein Streifzug durch die Literaturgeschichte des Landkreises Lüchow-Dannenberg, Göttingen 1985, S. 55-59

Kapherr, Egon Freiherr von: Einleitung, zu: Hermann Löns: Sein letztes Lied. Eine Auswahl der schönsten Jagdgeschichten, Hannover 1924, S. 5-12

Klein, Fritz: Gedenkstätten für Hermann Löns in: Hermann-Löns-Blätter (1978), H. 1, S. 4-6 und H. 3, S. 6-9

Klein, Fritz: Wann hielt Hermann Löns seinen "bitterbösen Vortrag"?, in: Hermann-Löns-Blätter (1982), H. 2, S. 3 f

Kleinjung, Lothar: Rede anläßlich der Verleihung der Hermann-Löns-Medaille am 14.9. 1974 (Manuskript HLA)

Klose, Hans: Hermann Löns und seine Stellung im deutschen Naturschutz, in: Naturschutz, 20. Jg. (1939), Nr. 10, S. 209-213

Koch, Heinz E.A.: Der Verband der Hermann-Löns-Kreise in Deutschland und Österreich e.V. Wie er wurde, was er ist, was er will (Beilage zur Satzung)

Konrich, G.F. Wann und wo entstand das "Englandlied"?, in: Niedersachsen (1940), Oktoberheft, S. 158 f

Kopernikulus: Natur und Kunst, in: Das literarische Echo, 23. Jg. (1920/21), Sp. 1043-1046

Krieger, Eberhard: Hermann Löns und der deutsche Osten, in: ders.: Ostdeutsche Charakterköpfe. Buch der Lebensbilder, Bd. 1, Bad Homburg vor der Hohe 1959, S. 212-215

Kühlhorn, Walther: Tierdichtung. Hermann Löns zu Ehren, in: Zeitschrift für Deutschkunde, 38. Jg. (1924), S. 424-428

Lampe, W.: Hermann Löns und der Heimatschutz, in: Niedersachsen, 36. Jg. (1931), S. 434-436

Lehnemann, Widar: Hermann Löns und die Vermenschlichung des Tieres, in: Westfalenspiegel, 13. Jg. (1964), H. 10, S. 16 f

Maeck, Horst: Hermann Löns als Naturkundler in seiner Heimat Deutsch-Krone, in: Hermann Löns. Lebensbilder, hrsg. v. Elbing-Kreis, Nienburg 1966, S. 12-18

Markwart. Blätter für die Verwirklichung des deutschen Volksliteratur-Gedankens, hrsg. v. der Löns-Gedächtnis-Stiftung, 1.-8. Jg. (1925-1932)

Markwart. Mitteilungen der Hermann-Löns-Gesellschaft e.V. Sitz Hannover, 1941-1943

Mews, Karl: Hermann Löns - der Dichter, in: Neuphilologische Blätter, 25. Bd. (1918), S. 101-105

Neunzig, Hans A.: Nachwort. Beim Wiederlesen von Hermann Löns, in: Hermann Löns: Ausgewählte Werke, hrsg. v. Hans A. Neunzig, Bd. V, München 1986, S. 355-375

Oellers, Heinrich: Hermann Löns als Pionier und Fackelträger der Heimat- und Naturschutzbewegung, in: Rheinisches Land, 6. Jg. (1926/27), S. 108-113

Paulk: Hermann Löns und das deutsche Weib, in: Der Psychokrat. Monatsschrift der Führenden, H. 6 (Juni 1922), S. 85-90

Paulmann, Hans: Wie läßt sich "Der Wehrwolf" von Hermann Löns wehrerzieherisch auswerten?, in: Zeitschrift für deutsche Bildung, 18. Jg. (1942), S. 65-72

Petersen, Heino: Hermann Löns - sein Zimmer im Heidemuseum - seine Zeit in der Heide, in: Heidehofensemble "Rischmannshof" - das Heidemuseum in Walsrode als ein Heimatmuseum der Heide. Der Museumsführer, Walsrode 1987 (= Schriftenreihe des Bundes der Freunde des Heidemuseums e.V. Walsrode - Lüneburger Heide, Ausgabe Nr. 4), S. 54-63

Petersen, Heino/Anger, Martin: Hermann Löns, der Dichter der Lüneburger Heide, in: Hermann Löns. Der Dichter der Lüneburger Heide, hrsg. v. Verband der Hermann-Löns-Kreise in Deutschland und Österreich e.V., Walsrode 1986, S. 1-17

Pilf, Traugott: Heidewege, in: Friedrich Castelle (Hg.): Hermann Löns und seine Heide. Eine Wanderung in Bildern durch die Stätten seiner Werke, Berlin 1924, S. 63-70

Ringleben, Herbert: Hermann Löns als Zoologe, in: Hermann Löns. Lebens-bilder, hrsg. v. Elbing-Kreis. Nienburg 1966, S. 19-31

Sach, Heinz: Wird es eine Löns-Renaissance geben?, in: Hermann-Löns-Blätter (1988), H. 4, S. 16 f

Schick, Hans Georg: Löns und Bonsels als Beispiele entgegengesetzter Naturbetrachtung, in: Das literarische Echo, 24. Jg. (1922), H. 18, Sp. 1089-1093

Schnaß, Franz: Hermann Löns, in: Pädagogische Warte, 41 Jg. (1934), S. 877-879

Schreiber, Heinrich: Löns, der Forscher, in: Der Türmer, 37. Jg. (1935), Bd. II, S. 435-437

Schulte, Michael: Nachwort, in: Hermann Löns: Die Hunde beheulen den Tod des Herzogs. Der andere Löns, hrsg. v. Michael Schulte, Frankfurt a.M. 1983 (= Fischer Taschenbuch 5329), S. 141-148

Sponholtz, Heinz: Zur Überführung und Beisetzung von Hermann Löns, in: Natur, Kultur und Jagd. Beiträge zur Naturkunde Niedersachsens, 17. Jg. (1964), H. 5 u. 6, S. 140-147

Stetter, Klaus: Hermann Löns - der "Übersetzer", in: Annali Sezione Germanica (Istituto Universitario Orientale), 12 (1969), S. 351-371

Thiébaud, Olivier: Hermann-Löns-Rezeption/I: Das umstrittene "Matrosenlied", in: Hermann-Löns-Blätter (1987), H. 2, S. 5-7

Tönjes, Max A.: Hermann Löns. Ein Lebensbild, in: Das Löns-Buch. Novellen, Natur- und Jagdschilderungen, Heidebilder, Märchen und Tiergeschichten, 3. Tsd., Hannover 1916, S. 3-22

Tönjes, Max A.: Der Redakteur, in: Löns-Gedenkbuch, Hannover o.J. (1917), S. 101-117

Vogt, Paul: Hermann Löns und sein Werk in der völkischen Schule, in: Die deutsche Schule, 43. Jg. (1939), H. 9, S. 335-338

Weil, Marianne: "Der Werwolf" von Hermann Löns, in: Ästhetik und Kommunikation, 15. Jg. (1984), H. 56: Deutsche Mythen, S. 132-135

Weil, Marianne: Der Wehrwolf von Hermann Löns, in: Wehrwolf und Biene Maja. Der deutsche Bücherschrank zwischen den Kriegen, hrsg. v. Marianne Weil, Berlin 1986 (= Edition Mythos Berlin), S. 203-226

Widmann, Georg: Hermann Löns - der Wanderer zwischen zwei Welten, in: Der Turner-schafter, 51. Jg. (1934), H. 6, S. 257-260

Wippermann, Fritz: Löns-Bücher. Ein Überblick über die Schriften von und über Hermann Löns, in: Bücherwelt, 19. Jg. (1922), S. 73-78, 105-107

Zorn, Fritz: Der heidnische Löns, in: Karl Müller-Hagemann (Hg.): Der heidnische Löns. Religiöse Bekenntnisse von Hermann Löns, Berlin 1934, S. 7-11

4.1.3 Zeitungsartikel und Rezensionen

Anonym: Der Wehrwolf, in: Die Christliche Frau, 3.12.1910 (Archiv des Diederichs Verlages)

Anonym: Der Wehrwolf, in: Neue preußische Kreuz-Zeitung, 20.12.1910 (Archiv des Diederichs Verlages)

Anonym: Der Wehrwolf, in: Der Foxterrier, Juli 1911 (Archiv des Diederichs Verlages)

Anonym: Hermann Löns: "Der Wehrwolf", in: Weser-Zeitung, 3.6.1912 (Archiv des Diederichs Verlages)

Anonym: "Der Wehrwolf", in: Berliner Börsen-Courier, 27.8.1912 (Archiv des Diederichs Verlages)

Anonym: Hermann Löns: "Der Wehrwolf", in: Wir leben!, (1912), Nr. 6 (Archiv des Diederichs Verlages)

Anonym: Hermann Löns, Der Wehrwolf, in: Selbstwehr, 9.4.1915 (Archiv des Diederichs Verlages)

Anonym: Weltspiele. "Hermann Löns und seine Heide", in: Hannoverscher Anzeiger, 4.6. 1929 (HLA)

Anonym: Das Grab des Dichters Hermann Löns gefunden, in: Völkischer Beobachter (Norddeutsche Ausgabe), 9.5.1934, S. 2

Anonym: "Denn wir fahren gegen Engelland ...", in: Berliner illustrierte Nachtausgabe, Nr. 243, 17.10.1939

Anonym: Herrliche Flucht, in: Spiegel, 20. Jg. (1966), Nr. 21, S. 136-140

Anonym: "Keulen, wuchten, fegen", in: Der Spiegel, 40. Jg. (1986), Nr. 36, S. 205 f

Beckmann, Erich: Ein neues Buch von Hermann Löns, in: Magdeburgische Zeitung, Nr. 631, 13.12.1910 (Rezension zum "Wehrwolf")

Busse, Carl: Neues vom Büchertisch, in: Velhagen und Klasings Monatshefte, 25. Jg., 2. Bd. (1910/1911), H. 5, S. 149-153 (Rezension zum "Wehrwolf")

Busse, Carl: Neues vom Büchertisch, in: Velhagen und Klasings Monatshefte, 26. Jg. (1911/12), Bd. 2, H. 10 (Juni 1912), S. 310-314 (Rezension zum "Kleinen Rosengarten" und zum "Zweiten Gesicht")

Deppisch, Walter: Ein Heimatschriftsteller von der feineren Sorte, in: Die Welt, Nr. 220, 21.9.1985, S. 14

Doehler, Gottfried: Hermann Löns, in: Illustrirte Zeitung, Nr. 3559, 14.9.1911 (Archiv des Diederichs Verlages)

Ettlinger, Josef: Erste Kritiken über Löns. I: Der Wehrwolf, in: Markwart, 5. Jg. (1929), H. 2, S. 28

Flemes, Bernhard: Wie Hermann Löns in den Himmel kam, in: Hannoverscher Kurier, 83. Jg., 29.8.1916, Tägliche Unterhaltungsbeilage, S. 7

Floericke, Kurt: Hermann Löns, in: Kosmos, 11 Jg. (1914), S. 490 f

Franck, Werner: Der Kriegsfreiwillige Hermann Löns, in: Völkischer Beobachter, 28.8.1936, Nr. 241, S. 5

Friese, Franz: "Zum Aufjuchzen herrlich ist die Welt!", in: Feld und Wald. Das freie deutsche Bauernblatt, 85. Jg. (1966), Nr. 34, o.S.

Griebel, Erich: Zum 60. Geburtstag von Hermann Löns, in: Die literarische Welt, 2. Jg. (1926), Nr. 35, S. 1

Heiling, Hans: Hermann Löns' Heimkehr in die Heide, in: Düsseldorfer Nachrichten, 2.11. 1934

Holwein, Jürgen, Wenn eine Heidschnucke ins Stottern kommt ..., in: Stuttgarter Nachrichten, 1.10.1986

K.M.: Hermann Löns, Der Wehrwolf, in: Leerer Anzeigenblatt, Nr. 94 (1910) (Archiv des Diederichs Verlages)

Kaiser, Friedhelm: Hermann Löns - Künstler und Kämpfer. Eine neue Löns-Biographie, in: Völkischer Beobachter, 27.10.1935

Kalkschmidt, Eugen: Neue deutsche Erzählungsliteratur, in: Frankfurter Zeitung, 7.3.1911

Kiesewetter, Wilhelm: Aus dem "Wehrwolf" von Hermann Löns, in: Kunstwart, 24. Jg. (1911), H. 10, S. 242-245

Klatt, Hans-Peter: Grüne Heide ließ früh grüne Gedanken wachsen. Heute ist der 120. Geburtstag von Hermann Löns, in: Neue Presse, Ausgabe Süd (Hannover), 29.8.1986

Köster, Bernhard: Hermann Löns?, in: Westfälischer Merkur, Nr. 264, 5.12.1921, Literarische Beilage "Wissen, Welt und Leben"

Kropp, W.: Hermann Löns, in: Niedersachsen, 15. Jg. (1909), Nr. 4, S. 73

Lehnemann, Widar: Zur einhundersten Wiederkehr des Geburtstages von Hermann Löns, in: Westfälischer Jägerbote, 19. Jg. (1966), Nr. 8, S. 174

Lehnhardt, Rolf: Hermann Löns - der Heidedichter (1866-1914). Das Anti-Kriegs-Tagebuch eines Patrioten, in: der literat, 28. Jg. (1986), Nr. 12, S. 314

Menzel, Herybert: Hermann Löns in aller Stille im Wacholderpark bei Fallingbostel beigesetzt, in: Völkischer Beobachter, Nr. 339, 5.12.1934

Nordeck, Hans: Hermann Löns, in: Hochland, 12. Jg. (1914/15), H. 6, S. 741-743

Olimsky, Fritz: Grün ist die Heide, in: Berliner Börsen-Zeitung, 10.12.1932

Schmiele, Walter: Der Trost der Natur. Hermann Löns zum fünfundzwanzigsten Todestag, in: Frankfurter Zeitung, 26.9.1939

Schwilk, Heimo: Ein Dandy in Stahlgewittern, in: Rheinischer Merkur/Christ und Welt, 12.9.1986, S. 19

Steilen, D.: Hermann Löns als Schneckenforscher, in: Heimatkalender für die Lüneburger Heide (1956), S. 83-87

Steinbrinck, Otto: Zum "Löns-Kult" unserer Tage, in: Westfälischer Merkur, 17.12.1924, Wochen-Beilage

Steininger, F.: Hermann Löns und die Arbeitsgemeinschaft zoologische Heimatforschung in Niedersachsen, in: Natur, Kultur und Jagd. Beiträge zur Naturkunde Niedersachsens, 17. Jg. (1964), H. 5 u. 6, S. 129-134

Strobl, Karl-Hans: Der Wehrwolf, in: Die Zeit (Wien), 3.3.1912 (Archiv des Diederichs Verlages)

Strothmann, Dietrich: Löns ist die Heide, die Heide ist ..., in: Die Zeit, 2.9.1966, S. 2

Stuhlmacher/Krüger, Richard: Auf einsamer Heide laßt mich allein ... (Artikelserie), in: Daheim und draußen, (1954), Nr. 48, S. 3 f, Nr. 49, S. 12 f, Nr. 50, S. 12 f, Nr. 51, S. 12 f, Nr. 52, S. 12 f u. (1955), Nr. 1, S. 12 f, Nr. 2, S. 12 f, Nr. 3, S. 12 f

Szwitalski, Horst: Der Schwindel mit dem Heidedichter, in: Stern (1974), Nr. 41, S. 113-119

Tucholsky, Kurt: Büchertisch, in: ders.: Gesammelte Werke in 10 Bänden, hrsg. v. Mary Gerold-Tucholsky/Fritz J. Raddatz, 70.-119. Tsd., Reinbek bei Hamburg 1985, Bd. 4, S. 263-265 (zuerst in: Weltbühne, 21.11.1925)

Ueding, Gert: Die entgleiste Idylle, in: Frankfurter Allgemeine Zeitung, 12.11.1980, S. 26

Vollmann, Rolf: Mißvergnügen mit Hermann Löns, in: Stuttgarter Zeitung, 27.8.1966

Waldmeister, Roderich: Von Mümmelmann und Genossen. Köstliche Bücher schreibt Hermann Löns, in: Wandervogel. Monatsschrift für deutsches Jugendwandern, 6. Jg. (1911), H. 12 (abgedruckt in: Hermann-Löns-Blätter [1988], H. 4, S. 21 f)

4.1.4 Dissertationen u.a. wissenschaftliche Arbeiten

Boland, Engelina Maria: Hermann Löns. Der Mensch und der Dichter in seiner volklichen Gebundenheit, Hannover 1930

Breitwieser, Erwin: Der volkskundliche Ertrag der Schriften von Hermann Löns, Diss. phil. Gießen 1937 (= Gießener Beiträge zur deutschen Philologie)

Dünhölter, Kuno: Die Rezeption der Werke von Hermann Löns in Buchpublikationen des Dritten Reichs. Zulassungsarbeit zur wissenschaftlichen Prüfung für das Lehramt an Gymnasien, Mannheim 1981

Eilers, Konrad: Hermann Löns als Charakter, Hannover 1926 (= Beiträge zur niedersächsischen Literaturgeschichte Bd. III)

Eversberg, Heinz: Der Rassegedanke bei Hermann Löns, Diss. phil. Münster 1935

Hetzer, Edith: Hermann Löns' Werke und ihre Würdigung im Hinblick auf die deutsche Literatur, Diss. phil. Wien 1928

Heyworth, Harry: Natur und Wissenschaft bei Hermann Löns, Diss. phil. München 1950

Jürgens, Simone: Das Heimatverständnis in den Romanen von Hermann Löns. Schriftliche Hausarbeit im Rahmen der fachwissenschaftlichen Prüfung für das Lehramt an Gymnasien, Universität Göttingen 1982

Kothenschulte, Uwe: Hermann Löns als Journalist. Dargestellt am Beispiel seiner Tätigkeit bei der "Hannoverschen Allgemeinen Zeitung" und bei der "Schaumburg-Lippischen Landes-Zeitung", Dortmund 1968 (= Dortmunder Beiträge zur Zeitungsforschung Bd. 13)

Loderhose, Karl-Erich: Die Landschaftsgestaltung in Hermann Löns' Prosawerken, Diss. phil. Frankfurt a.M. 1930

Machleidt, Walther: Die Naturschilderungen bei Hermann Löns, Diss. phil. Hamburg 1923

Potthoff, Alfred: Hermann Löns und das Volkslied. Ein Beitrag zur Löns-Forschung, Hannover 1928 (= Beiträge zur niedersächsischen Literaturgeschichte Bd. II)

Radcliffe, Stanley: Hermann Löns als Gesellschaftskritiker, Magister-Arbeit, Liverpool 1955

Reinhold, Fedor: Die norddeutsche Heide als Gegenstand der Dichtung bei Annette von Droste-Hülshoff, Theodor Storm und Hermann Löns, Diss. phil. Leipzig 1932

Saltzwedel, Ernst-Wilhelm: Hermann Löns als Erzähler. Eine stilkritische Untersuchung, Hannover 1930

Seemann, Erich: Das niedersächsische Bauerntum in Hermann Löns' Dichtung, Hannover 1938

Thorstein, Ulf: Hermann Löns und seine völkische Sendung, Minden 1937

Trüper, Hellmut: Die norddeutsche Landschaft in der Kunst. Ihr Bild und ihre Seele, Hannover 1928

Zeuch, Julius: Die moderne Tierdichtung, Diss. phil. Gießen 1924

4.2 Allgemeine Sekundärliteratur

4.2.1 Zur faschistischen und präfaschistischen Literatur

Amberger, Waltraud: Männer, Krieger, Abenteurer. Der Entwurf des "soldatischen Mannes" in Kriegsromanen über den Ersten und Zweiten Weltkrieg, Frankfurt a.M. 1984 (= Frankfurter Beiträge zur neueren deutschen Literaturgeschichte Bd. 2)

Baur, Uwe: Die Ideologie der Heimatkunst. Populäre Autoren in deren Umkreis, in: Geschichte der deutschen Literatur vom 18. Jahrhundert bis zur Gegenwart, hrsg v. Victor Zmegac, Bd. 2: 1848-1918, Königstein/Ts. 1980 (= Athenäum-Taschenbücher 2157), S. 397-412

Bergmann, Klaus: Agrarromantik und Großstadtfeindschaft, Meisenheim am Glan 1970 (= Marburger Abhandlungen zur Politischen Wissenschaft Bd. 20)

Bohrer, Karl Heinz: Die Ästhetik des Schreckens. Die pessimistische Romantik und Ernst Jüngers Frühwerk, München/Wien 1978

Conrady, Karl Otto: Vor Adolf Bartels wird gewarnt. Aus einem Kapitel mißverstandener Heimatliebe, in: ders.: Literatur und Germanistik als Herausforderung. Skizzen und Stellungnahmen, Frankfurt a.M. 1974 (= suhrkamp taschenbuch 214), S. 227-232

Eberhardt, Klaus: Literatur - Sozialcharakter - Gesellschaft. Untersuchungen von präfaschistischen Erzählwelten zu Beginn des 20. Jahrhunderts, Frankfurt a.M./Bern/New York 1986 (= Europäische Hochschulschriften: Reihe 1, Deutsche Sprache und Literatur Bd. 913)

Emmerich, Wolfgang: Zur Kritik der Volkstumsideologie, Frankfurt a.M. 1971 (= edition suhrkamp 502)

Geissler, Rolf: Dekadenz und Heroismus. Zeitroman und völkisch-nationalsozialistische Literaturkritik, Stuttgart 1964 (= Schriftenreihe der Vierteljahrshefte für Zeitgeschichte Nr. 9)

Geissler, Rolf: Dichter und Dichtung des Nationalsozialismus, in: Handbuch der deutschen Gegenwartsliteratur, hrsg. v. Hermann Kunisch, München 1965, S. 721-730

Hartung, Günter: Über faschistische Literatur, in: Weimarer Beiträge, 14. Jg. (1968), S. 474-542, Sonderheft 2, S. 121-159, S. 677-707

Hass, Ulrike: Militante Pastorale. Zur Literatur der antimodernen Bewegungen im frühen 20. Jahrhundert, Diss. phil. Berlin 1990 (masch.)

Hermand, Jost: Germania germanicissima. Zum präfaschistischen Arierkult um 1900, in: ders.: Der Schein des schönen Lebens. Studien zur Jahrhundertwende, Frankfurt a.M. 1972 (= Athenäum Paperbacks Germanistik), S. 39-54

Hülsen, Hans von: Neid als Gesinnung: Der manische Antisemitismus des Adolf Bartels, in: Propheten des Nationalismus, hrsg. v. Karl Schwedhelm, München 1969, S. 176-188

Hüppauf, Bernd: "Der Tod ist verschlungen in den Sieg". Todesbilder aus dem Ersten Weltkrieg und der Nachkriegszeit, in: ders. (Hg.): Ansichten vom Krieg. Vergleichende Studien zum Ersten Weltkrieg in Literatur und Gesellschaft, Königstein/Ts. 1984 (= Hochschulschriften Literaturwissenschaft 61)

Kaempfer, Wolfgang: Ernst Jünger, Stuttgart 1981 (= Sammlung Metzler; M 201; Abt. D: Literaturgeschichte)

Keller, Ernst: Nationalismus und Literatur. Langemarck - Weimar - Stalingrad. Bern/München 1970

Ketelsen, Uwe-K.: Völkisch-nationale und nationalsozialistische Literatur in Deutschland 1890-1945, Stuttgart 1976 (= Sammlung Metzler 142)

Klein, Johannes: Walter Flex, ein Deuter des Weltkrieges. Ein Beitrag zur literaturgeschichtlichen Wertung deutscher Kriegsdichtung, Marburg 1929 (= Beiträge zur deutschen Literaturwissenschaft Nr. 33)

Koch, Werner: Der Kriegsberichterstatter Ganghofer, in: Akzente, 19. Jg. (1972), S. 425-430

Koester, Eckart: Literatur und Weltkriegsideologie. Positionen und Begründungszusammenhänge des publizistischen Engagements deutscher Schriftsteller im Ersten Weltkrieg, Kronberg/Ts. 1977 (= Theorie-Kritik-Geschichte Bd. 15)

Linse, Ulrich: Das wahre Zeugnis. Eine psychohistorische Deutung des Ersten Weltkriegs, in: Kriegserlebnis. Der Erste Weltkrieg in der literarischen Gestaltung und symbolischen Deutung der Nationen, hrsg. v. Klaus Vondung, Göttingen 1980, S. 90-114

Loewy, Ernst: Literatur unter dem Hakenkreuz. Das Dritte Reich und seine Dichtung. Eine Dokumentation, Frankfurt a.M. 1983 (= Fischer Taschenbuch 4303) (zuerst erschienen 1966)

Mecklenburg, Norbert: Erzählte Provinz. Regionalismus und Moderne im Roman, Königstein/Ts. 1982

Müller, Hans-Harald: Der Krieg und die Schriftsteller. Der Kriegsroman der Weimarer Republik, Stuttgart 1986 (= Metzler-Studienausgabe)

Prümm, Karl: Die Literatur des Soldatischen Nationalismus der 20er Jahre (1918-1933). Gruppenideologie und Epochenproblematik, 2 Bde., Kronberg/Ts 1974 (= Theorie-Kritik-Geschichte 3)

Ritchie, James M.: German Literature under National Socialism, London/Canberra 1983

Römer, Ruth: Der Germanenmythos in der Germanistik der dreißiger Jahre, in: Literatur und Germanistik nach der "Machtübernahme". Colloquium zur 50. Wiederkehr des 30. Januar 1933. Vorträge am 27. und 28. Januar 1983, hrsg. v. Beda Allemann, Bonn 1983 (= Studium Universale und Germanistisches Seminar der Universität Bonn), S. 216-231

Rossbacher, Karlheinz: Heimatkunstbewegung und Heimatroman. Zu einer Literatursoziologie der Jahrhundertwende, Stuttgart 1975 (= Literaturwissenschaft-Gesellschaftwissenschaft 13)

Schilling, Jörg: Heimatkunstbewegung in Niedersachsen. Eine Untersuchung zu Leben und Werk Friedrich Freudenthals, Rinteln 1986 (= Göttinger philosophische Dissertationen D 7; Name und Wort Bd. 9)

Schonauer, Franz: Deutsche Literatur im Dritten Reich. Versuch einer Darstellung in polemisch-didaktischer Absicht, Freiburg i. Br. 1961

Schütz, Erhard: Heimatkunstbewegung, in: Erhard Schütz/Jochen Vogt u. a.: Einführung in die deutsche Literatur des 20. Jahrhunderts. Bd. 1: Kaiserreich, Opladen 1977 (= Grundkurs Literaturgeschichte), S. 56-68

Schütz, Erhard: Kriegsprosa: Remarque, Renn, Jünger, in: Erhard Schütz/Jochen Vogt u.a.: Einführung in die deutsche Literatur des 20. Jahrhunderts, Bd. 2: Weimarer Republik, Faschismus und Exil, Opladen 1977 (= Grundkurs Literaturgeschichte), S. 56-68

Schütz, Erhard: Literatur des deutschen Faschismus, in: Erhard Schütz/Jochen Vogt u.a.: Einführung in die deutsche Literatur des 20. Jahrhunderts, Bd. 2: Weimarer Republik, Faschismus und Exil, Opladen 1977 (= Grundkurs Literaturgeschichte), S. 251-262

Schwerte, Hans: Zum Begriff der sogenannten Heimatkunst in Deutschland, in: Hermann Glaser (Hg.): Aufklärung heute - Probleme der deutschen Gesellschaft. Ein Tagungsbericht, Freiburg i. Br. 1967 (= Das Nürnberger Gespräch), S. 177-189

Schwilk, Heimo (Hg.): Ernst Jünger. Leben und Werk in Bildern und Texten, Stuttgart 1988

See, Klaus von: Deutsche Germanen-Ideologie. Vom Humanismus bis zur Gegenwart, Frankfurt a.M. 1970

Sengle, Friedrich: Wunschbild Land und Schreckbild Stadt. Zu einem zentralen Thema der neueren deutschen Literatur, in: Studium generale, 16. Jg. (1963), S. 619-631

Strothmann, Dietrich: Nationalsozialistische Literaturpolitik. Ein Beitrag zur Publizistik im Dritten Reich, 4. Aufl., Bonn 1985 (= Abhandlungen zur Kunst, Musik- und Literaturwissenschaft Bd. 13) (zuerst 1960)

Volmert, Johannes: Ernst Jünger: "In Stahlgewittern", München 1985 (= Text und Geschichte, Modellanalysen zur deutschen Literatur Bd. 15; UTB 1263)

Vondung, Klaus: Völkisch-nationale und nationalsozialistische Literaturtheorie, München 1973 (= List-Taschenbücher der Wissenschaft Bd. 1465: Literatur als Geschichte, Dokument und Forschung)

Vondung, Klaus: Der literarische Nationalsozialismus. Ideologische, politische und sozialhistorische Wirkungszusammenhänge, in: Die deutsche Literatur im Dritten Reich. Themen-Traditionen-Wirkungen, hrsg. v. Horst Denkler u. Karl Prümm, Stuttgart 1976, S. 44-66

Vondung, Klaus: Propaganda oder Sinndeutung?, in: Kriegserlebnis. Der Erste Weltkrieg in der literarischen Gestaltung und symbolischen Deutung der Nationen, hrsg. v. Klaus Vondung, Göttingen 1980, S. 11-37

Waldinger, Ernst: Von der Heimatkunst zur Blut-und-Boden-Dichtung, in: German Quarterly, 13 (1940), S. 83-87

Zimmermann, Peter: Der Bauernroman. Antifeudalismus - Konservativismus - Faschismus, Stuttgart 1975

Zimmermann, Peter: Heimatkunst, in: Deutsche Literatur. Eine Sozialgeschichte, hrsg. v. Horst Albert Glaser, Bd. 8: Jahrhundertwende: Vom Naturalismus zum Expressionismus. 1880-1918, hrsg. v. Frank Trommler, Reinbek bei Hamburg 1982 (= rororo 6357), S. 154-168

4.2.2 Zur Literatur und Kultur der Jahrhundertwende

Behrendt, Bernd: Zwischen Paradox und Paralogismus. Weltanschauliche Grundzüge einer Kulturkritik in den neunziger Jahren des 19. Jahrhunderts am Beispiel August Julius Langbehn, Frankfurt a.M./Bern/New York 1984 (= Europäische Hochschulschriften: Reihe 1, Deutsche Sprache und Literatur Bd. 804)

Bogdal, Klaus-Michael: "Schaurige Bilder". Der Arbeiter im Blick des Bürgers am Beispiel des Naturalismus, Frankfurt a.M. 1978

Brennecke, D.: Die blonde Bestie: Vom Mißverständnis eines Schlagworts, in: Nietzsche-Studien, 5. Jg. (1976), S. 113-145

Fischer, Jens Malte: Deutsche Literatur zwischen Jahrhundertwende und Erstem Weltkrieg, in: Neues Handbuch der Literaturwissenschaft, hrsg. v. Klaus von See, Bd. 19: Jahrhundertende - Jahrhundertwende (II. Teil) von Hans Hinterhäuser, Wiesbaden 1976, S. 231-260

Glaser, Hermann: Die Kultur der wilhelminischen Zeit. Topographie einer Epoche, Frankfurt a.M. 1984

Glunz, Franz: Peter Hille. Der Lebensweg eines ruhelosen Dichters, Höxter 1976

Gruenter, Rainer: Formen des Dandysmus. Eine problemgeschichtliche Studie über Ernst Jünger, in: Euphorion, 46. Jg. (1952), S. 170-201

Gruenter, Rainer: Versuch über Oscar Wilde, in: Oscar Wilde: Werke in zwei Bänden, hrsg. v. Rainer Gruenter, Bd. 2: Theaterstücke, Briefe, Gedichte, Nachwort, 4. Aufl., München 1982, S. 587-638

Haefs, Gisbert: Kipling Companion, Zürich 1987

Hamann, Richard/Hermand, Jost: Stilkunst um 1900, 2. Aufl., München 1973 (= Epochen deutscher Kultur von 1870 bis zur Gegenwart, Bd. 4; Sammlung Dialog 52)

Hepp, Coronna: Avantgarde. Moderne Kunst, Kulturkritik und Reformbewegungen nach der Jahrhundertwende, München 1987 (= Deutsche Geschichte der neuesten Zeit vom 19. Jahrhundert bis zur Gegenwart; dtv 4514)

Hilmes, Carola: Die Femme fatale. Ein Weiblichkeitstypus in der nachromantischen Literatur, Stuttgart 1990

Hinterhäuser, Hans: Der Dandy in der europäischen Literatur des 19. Jahrhunderts, in: Weltliteratur und Volksliteratur. Probleme und Gestalten, hrsg. v. Albert Schaefer, München 1972 (= Beck'sche Schwarze Reihe Bd. 93), S. 168-193

Hogrebe, Wolfram: Deutsche Philosophie im XIX. Jahrhundert. Kritik der idealistischen Vernunft, München 1987 (= UTB 1432)

Hübsch-Pfleger, Lini: Waldemar Bonsels. Eine biographische Studie, in: Waldemar Bonsels: Wanderschaft zwischen Staub und Sternen. Gesamtwerk, hrsg. v. Rose-Marie Bonsels, Bd. 1, München/Wien 1980, S. 9-65

Jaspersen, Ursula: Detlev von Liliencron, in: Benno von Wiese (Hg.): Deutsche Dichter des 19. Jahrhunderts. Ihr Leben und Werk, 2. überarb. Aufl., Berlin 1979, S. 579-599

Kelly, Alfred: The Descent of Darwin. The Popularization of Darwinism in Germany, 1860-1914, Chapel Hill 1981

Koch, Hannsjoachim W.: Der Sozialdarwinismus. Seine Genese und sein Einfluß auf das imperialistische Denken, München 1973 (= Beck'sche Schwarze Reihe Bd. 97)

Krabbe, Wolfgang R.: Gesellschaftsveränderung durch Lebensreform. Strukturmerkmale einer sozialreformerischen Bewegung im Deutschland der Industrialisierungsperiode, Göttingen 1974 (= Studien zum Wandel von Gesellschaft und Bildung im Neunzehnten Jahrhundert Bd. 9)

Kreuzer, Helmut: Die Boheme. Beiträge zu ihrer Beschreibung, Stuttgart 1968

Le Rider, Jacques: Der Fall Otto Weininger. Wurzeln des Antifeminismus und Antisemitismus, Wien/München 1985 (frz. Originalausgabe 1982)

Le Rider, Jacques: Das Ende der Illusion. Die Wiener Moderne und die Krisen der Identität, Wien 1990

Leupold-Löwenthal, Harald: Das Problem der Bisexualität und der Formeln von M und W, in: Otto Weininger. Werk und Wirkung, hrsg. v. Jacques Le Rider/Norbert Leser, Wien 1984 (= Quellen und Studien zur österreichischen Geistesgeschichte im 19. und 20. Jahrhundert, Bd. 5), S. 201-208

Lowsky, Martin: Karl May, Stuttgart 1987 (= Sammlung Metzler Bd. 231)

Luft, David: Otto Weininger als Figur des Fin de siècle, in: Otto Weininger. Werk und Wirkung, hrsg. v. Jacques Le Rider/Norbert Leser, Wien 1984 (= Quellen und Studien zur österreichischen Geistesgeschichte im 19. und 20. Jahrhundert, Bd. 5), S. 71-79

Mahal, Günther: Einführung, in: Lyrik der Gründerzeit, hrsg. v. Günther Mahal, Tübingen 1973, S. 1-36

Mahal, Günther: Wirklich eine Revolution der Lyrik? Überlegungen zur literaturgeschichtlichen Einordnung der Anthologie "Moderne Dichter-Charaktere", in: Naturalismus. Bürgerliche Dichtung und soziales Engagement, hrsg. v. Helmut Scheuer, Stuttgart/Berlin/Köln/Mainz 1974, S. 11-47

Mahal, Günther: Naturalismus, München 1975 (= Deutsche Literatur im 20. Jahrhundert Bd. 1; UTB 363)

Marcuse, Herbert: Der deutsche Künstlerroman, in: ders.: Schriften, Bd. 1: Der deutsche Künstlerroman. Frühe Aufsätze, Frankfurt a.M. 1978, S. 7-344

Martens, Gunter: Vitalismus und Expressionismus. Ein Beitrag zur Genese und Deutung expressionistischer Stilstrukturen und Motive, Stuttgart 1971 (= Studien zur Poetik und Geschichte der Literatur Bd. 22)

Menck, Clara: Die falsch gestellte Weltenuhr: Der "Rembrandtdeutsche" Julius Langbehn, in: Propheten des Nationalismus, hrsg. v. Karl Schwedhelm, München 1969, S. 88-104

Müller-Seidel, Walter: Literatur und Ideologie. Zur Situation des deutschen Romans um 1900, in: Dichtung, Sprache, Gesellschaft. Akten des IV. Internationalen Germanistenkongresses 1970 in Princeton, hrsg. v. Victor Lange/Hans-Gert Roloff, Frankfurt a.M. 1971, S. 593-602

Pflaum, Michael: Die Kultur-Zivilisations-Antithese im Deutschen, in: Europäische Schlüsselwörter, Bd. 3: Kultur und Zivilisation, hrsg. vom Sprachwissenschaftlichen Colloquium (Bonn), München 1967, S. 288-427

Pforte, Dieter: Die deutsche Sozialdemokratie und die Naturalisten, in: Naturalismus. Bürgerliche Dichtung und soziales Engagement, hrsg. v. Helmut Scheuer, Stuttgart/Berlin/Köln/Mainz 1974, S. 175-205

Qualtiere, Michael: Nietzschean Psychology in London's The Sea-Wolf, in: Western American Literature, 16 (1982), S. 261-278

Riedel, Oliver: Diederichs, Eugen, in: Walther Killy (Hg.): Literatur Lexikon. Autoren und Werke deutscher Sprache, Bd. 3, Güters-loh/München 1989, S. 38

Riha, Karl: Naturalismus, in: Geschichte der deutschen Lyrik vom Mittelalter bis zur Gegenwart, hrsg. v. Walter Hinderer, Stuttgart 1983, S. 371-386

Ruprecht, Erich: Einführung, in: Literarische Manifeste der Jahrhundertwende 1890-1910, hrsg. v. Erich Ruprecht/Dieter Bänsch, Stuttgart 1970, S. XVII-XLII

Ryan, Lawrence: Jahrhundertwende, in: Geschichte der deutschen Lyrik vom Mittelalter bis zur Gegenwart, hrsg. v. Walter Hinderer, Stuttgart 1983, S. 387-419

Scheuer, Helmut: Zwischen Sozialismus und Individualismus - Zwischen Marx und Nietzsche, in: ders. (Hg.): Naturalismus. Bürgerliche Dichtung und soziales Engagement, Stuttgart/Berlin/Köln/Mainz 1974 (= Sprache und Literatur 91), S. 150-174

Schmidt, Dietmar N.: Hart, in: Neue deutsche Biographie, hrsg. v. der Historischen Kommission bei der Bayerischen Akademie der Wissenschaften, Bd. 7, Berlin 1966, S. 706 f

Schmidt, Dietmar N.: Hille, Peter, in: Neue deutsche Biographie, hrsg. v. der Historischen Kommission bei der Bayerischen Akademie der Wissenschaften, Bd. 9, Berlin 1972, S. 146 f

Schondorff, Joachim: Die blaue Blume von Jena. Eugen Diederichs oder der Verleger zwischen Geist und Ungeist der Zeit, in: ders.: Ein Bündel Modellfälle. Streifzüge durch Literatur und Geschichte, Wien 1981, S. 107-122

Schröder-Zebralla, Josephine: Frank Wedekinds religiöser Sensualismus. "Die Vereinigung von Kirche und Freudenhaus?", Frankfurt a.M./Bern/New York 1985 (= Europäische Hochschulschriften: Reihe 1, Deutsche Sprache und Literatur Bd. 840)

Schutte, Jürgen: Lyrik des deutschen Naturalismus (1885-1893), Stuttgart 1976 (= Sammlung Metzler 144)

Schwerte, Hans: Deutsche Literatur im Wilhelminischen Zeitalter, in: Wirkendes Wort, 14. Jg. (1964), H. IV, S. 254-270

Stern, Fritz: Kulturpessimismus als politische Gefahr. Eine Analyse nationaler Ideologie in Deutschland, München 1986 (= dtv 4448) (amerikanische Originalausgabe 1961)

Stern, Fritz: Rationalismus und Irrationalismus in Deutschland, in: Hermann Glaser (Hg.): Aufklärung heute - Probleme der deutschen Gesellschaft. Ein Tagungsbericht, Freiburg i. Br. 1967 (= Das Nürnberger Gespräch), S. 42-63

Thomalla, Ariane: Die "femme fragile". Ein literarischer Frauentyp der Jahrhundertwende, Düsseldorf 1972 (= Literatur in der Gesellschaft Bd. 15)

Thomas, R. Hinton: Nietzsche in German Politics and Society, 1890-1918, Manchester 1983

Wagner, Nike: Geist und Geschlecht. Karl Kraus und die Erotik der Wiener Moderne, 2. Aufl., Frankfurt a.M. 1982

Watson, Charles N.: Nietzsche and The Sea-Wolf: A Rebuttal, in: Jack London Newsletter, 9 (1976), S. 33-35

Werner, Renate: Das Wilhelminische Zeitalter als literarhistorische Epoche. Ein Forschungsbericht, in: Wege der Literaturwissenschaft, hrsg. v. Jutta Kolckenbrock-Netz/Gerhard Plumpe/Hans Joachim Schrimpf, Bonn 1985, S. 211-321

4.2.3 Zur Tier- und Jugendliteratur

Aibauer, Rosa: Das Tierbuch, in: Pädagogische Welt, 15. Jg. (1961), S. 655-657

Aley, Peter: Jugendliteratur im Dritten Reich. Dokumente und Kommentare, Hamburg 1967 (= Schriften zur Buchmarkt-Forschung 12)

Dohrenburg, Thyra: Svend Fleuron. Werk und Persönlichkeit, in: Svend Fleuron: Die Welt der Tiere, Bd. 1, Jena 1940, S. 9-38

Haas, Gerhard: Das Tierbuch, in: Kinder- und Jugendliteratur. Zur Typologie und Funktion einer literarischen Gattung, hrsg. v. Gerhard Haas, 2. Aufl., Stuttgart 1976, S. 335-367

Haas, Gerhard: Artikel "Tierbuch", in: Lexikon der Kinder- und Jugendliteratur. Personen-, Länder- und Sachartikel zur Geschichte und Gegenwart der Kinder- und Jugendliteratur, hrsg. v. Klaus Doderer, Bd. 3, Weinheim/Basel 1979, S. 538-541

Helmich, Wilhelm: Die erzählende Volks- und Kunstdichtung in der Schule, in: Handbuch des Deutschunterrichts im ersten bis zehnten Schuljahr. Auf der Grundlage einer offensiven, operativen Didaktik, hrsg. v. Alexander Beinlich, Bd. 2, 5. erw. Aufl., Emsdetten 1970, S. 1157-1262

Kieseritzky, Helene von: Englische Tierdichtung. Eine Untersuchung über Rudyard Kipling, Charles G.D. Roberts und Ernest Thompson Seton, Diss. phil. Jena 1935

Kügler, Hans: Schule - Dichtung - Wirklichkeit, in: Die Schulwarte, 20. Jg. (1967), S. 866-881

Mehren, Günther: Kein Teller in der Hafenkneipe. Zum hundersten Geburtstag des dänischen Schriftstellers Svend Fleuron, in: Stuttgarter Zeitung, 5.1.1974

Mertner, Edgar: Rudyard Kipling und die Tiergeschichte, in: Germanisch-romanische Monatsschrift, 24. Jg. (1936), S. 195-216

Metzker, Otto: Die Gestalt des Tiers in der Literatur, besonders im Jugendschrifttum, in: Das gestaltete Sachbuch und seine Probleme. Das geschichtliche und erdkundliche Jugendbuch, das Tierbuch, Reutlingen 1955 (= Ensslin Jahresgabe 1955), S. 57-80

Metzker, Otto: Die wertvolle und die minderwertige Tiergeschichte, in: Der Deutschunterricht, 9. Jg. (1957), H. 4, S. 33-50

Morgenstern, W. Rolf: Anthropomorphismus, in: Lexikon der Kinder- und Jugendliteratur. Personen-, Länder- und Sachartikel zur Geschichte und Gegenwart der Kinder- und Jugendliteratur, hrsg. v. Klaus Doderer, Bd. 1, Weinheim/Basel 1977, S. 44-46

Müller, Lothar: Die Biene Maja von Waldemar Bonsels, in: Marianne Weil (Hg.): Wehrwolf und Biene Maja. Der deutsche Bücherschrank zwischen den Kriegen, Berlin 1986 (= Edition Mythos Berlin), S. 56-75

Ulshöfer, Robert: Methodik des Deutschunterrichts. Bd. 1: Unterstufe, 2. Aufl., Stuttgart 1965

4.2.4 Zum geschichtlichen Hintergrund

Altner, Günter (Hg.): Der Darwinismus. Die Geschichte einer Theorie, Darmstadt 1981 (= Wege der Forschung Bd. CDIL)

Berghahn, Volker R. Der Stahlhelm. Bund der Frontsoldaten 1918-1935, Düsseldorf 1966

Broszat, Martin: Die antisemitische Bewegung im wilhelminischen Deutschland, Diss. phil. Köln 1952

Chickering, Roger: Die Alldeutschen erwarten den Krieg, in: Jost Dülffer/Karl Holl (Hg.): Bereit zum Krieg. Kriegsmentalität im wilhelminischen Deutschland 1890-1914. Beiträge zur historischen Friedensforschung, Göttingen 1986, S. 20-32

Doerry, Martin: Übergangsmenschen: Die Mentalität der Wilhelminer und die Krise des Kaiserreichs, 2 Bde., Weinheim/Basel 1986

Düding, Dieter: Die Kriegervereine im wilhelminischen Reich und ihr Beitrag zur Militarisierung der deutschen Gesellschaft, in: Jost Dülffer/Karl Holl (Hg.): Bereit zum Krieg. Kriegsmentalität im wilhelminischen Deutschland 1890-1914. Beiträge zur historischen Friedensforschung, Göttingen 1986, S. 99-121

Eichberg, Henning: "Schneller, höher, stärker". Der Umbruch in der deutschen Körperkultur um 1900 als Signal gesellschaftlichen Wandels, in: Medizin, Naturwissenschaft, Technik und das Zweite Kaiserreich. Vorträge eines Kongresses vom 6. bis zum 11. September 1973 in Bad Neuheim, hrsg. v. Gunter Mann/Rolf Winau, Göttingen 1977 (= Studien zur Medizingeschichte des neunzehnten Jahrhunderts, Bd. 8), S. 259-283

Felden, Klemens: Die Übernahme des antisemitischen Stereotyps als soziale Norm durch die bürgerliche Gesellschaft Deutschlands (1875-1900), Diss. phil. Heidelberg 1963

Friedländer, Saul: Kitsch und Tod. Der Widerschein des Nazismus, München 1986 (= dtv 10621) (frz. Originalausgabe 1982)

Funkkolleg Jahrhundertwende. Die Entstehung der modernen Gesellschaft 1880-1930, Weinheim/Basel 1988

Gay, Peter: Deutsche Fragen, in: ders.: Freud, Juden und andere Deutsche. Herren und Opfer in der modernen Kultur, München 1989 (amerikanische Originalausgabe 1978), S. 23-50

Gronen, Wolfgang/Lemke, Walter: Geschichte des Radsports und des Fahrrads, Eupen 1978

Gumbel, Emil Julius: Verschwörer. Zur Geschichte und Soziologie der deutschen nationalistischen Geheimbünde 1918-1924. Mit einem Vorwort zur Neuauflage von Karin Buselmeier, Heidelberg 1979 (zuerst Wien 1924)

Hohmann, Joachim S.: Geschichte der Zigeunerverfolgung in Deutschland, Frankfurt a.M./New York 1981

Kieval, Hillel J.: The Making of Czech Jewry. National Conflict and Jewish Society in Bohemia, 1870-1918, New York/Oxford 1988 (= Studies in Jewish History)

Lehmann, Albrecht: Militär und Militanz zwischen den Weltkriegen, in: Handbuch der deutschen Bildungsgeschichte. Bd. V: 1918-1945, hrsg. v. Dieter Langewiesche/Heinz-Elmar Tenorth, München 1989, S. 407-429

Lessing, Hans-Erhard (Hg.): Fahrradkultur. Bd. 1: Der Höhepunkt um 1900, Reinbek bei Hamburg 1982 (= rororo Sachbuch 7664)

Mangelsen, Jochen: "Hannoversche Allgemeine Zeitung" - Hannoverscher Anzeiger. Untersuchung zur Entwicklung einer Tageszeitung seit ihrer Gründung im Jahre 1893. Ein Beitrag zur Zeitungsgeschichte der letzten fünfundsiebzig Jahre, Diss. phil. Berlin 1968

Mauch, Hans-Joachim: Nationalistische Wehrorganisationen in der Weimarer Republik. Zur Entstehung und Ideologie des "Paramilitarismus", Frankfurt a.M./Bern 1982 (= Europäische Hochschulschriften: Reihe 31, Politikwissenschaft Bd. 32)

Mosse, George L.: Ein Volk, ein Reich, ein Führer. Die völkischen Ursprünge des Nationalsozialismus, Königstein/Ts. 1979 (amerikanische Originalausgabe 1964)

Mosse, George L.: Rassismus. Ein Krankheitssymptom der europäischen Geschichte des 19. und 20. Jahrhunderts, Königstein/Ts. 1978 (amerikanische Originalausgabe 1978)

Nave-Herz, Rosemarie: Die Geschichte der Frauenbewegung in Deutschland, hrsg. von der Niedersächsischen Landeszentrale für politische Bildung, 3. überarb. u. erg. Aufl., Hannover 1989

Peters, Dietlinde: Mütterlichkeit im Kaiserreich. Die bürgerliche Frauenbewegung und der soziale Beruf der Frau, Bielefeld 1984 (= Wissenschaftliche Reihe Bd. 29)

Peukert, Detlev J.K.: Das Janusgesicht der Moderne, in: Funkkolleg Jahrhundertwende. Die Entstehung der modernen Gesellschaft, Studienbegleitbrief 0, Weinheim/Basel 1988, S. 60-72

Peukert, Detlev J.K./vom Bruch, Rüdiger/Ritter, Gerhard A./Nitschke, Arthur: Die Jahrhundertwende und unsere Gegenwart, in: Funkkolleg Jahrhundertwende. Die Entstehung der modernen Gesellschaft 1880-1930, Studienbegleitbrief 1, Weinheim/Basel 1988, S. 11-63

Posse, Ernst H.: Die politischen Kampfbünde Deutschlands, Berlin 1930 (= Fachschriften zur Politik und staatsbürgerlichen Erziehung)

Puhle, Hans-Jürgen: Der Bund der Landwirte im Wilhelminischen Reich - Struktur, Ideologie und politische Wirksamkeit eines Interessenverbandes in der konstitutionellen Monarchie (1893-1914), in: Zur soziologischen Theorie und Analyse des 19. Jahrhunderts, hrsg. v. Walter Rüegg/Otto Neuloh, Göttingen 1971 (= Studien zum Wandel von Gesellschaft und Bildung im Neunzehnten Jahrhundert Bd. 1), S. 145-162

Reulecke, Jürgen: Geschichte der Urbanisierung in Deutschland, Frankfurt a.M. 1985 (= Neue Historische Bibliothek; edition suhrkamp 1249)

Röhl, John C.G.: Graf Philipp zu Eulenburg - des Kaisers bester Freund, in: ders.: Kaiser, Hof und Staat. Wilhelm II. und die deutsche Politik, München 1987, S. 35-77

Röhl, John C.G.: Wilhelm II. Eine Charakterskizze, in: ders.: Kaiser, Hof und Staat. Wilhelm II. und die deutsche Politik, München 1987, S. 17-34

Rose, Arno: Werwolf 1944-1945. Eine Dokumentation, Stuttgart 1980

Runge, Ernst August: August Madsack, in: Niedersächsische Lebensbilder, Bd. 7, hrsg. v. Edgar Kalthoff, Hildesheim 1971 (= Veröffentlichungen der Historischen Kommission für Niedersachsen [Bremen und die ehemaligen Länder Hannover, Oldenburg, Braunschweig und Schaumburg-Lippe], 22), S. 144-156

Schivelbusch, Wolfgang: Geschichte der Eisenbahnreise. Zur Industrialisierung von Raum und Zeit im 19. Jahrhundert, 9.-11. Tsd., Frankfurt a.M./Berlin/Wien 1984 (= Ullstein Materialien Nr. 35015) (Erstausgabe 1977)

Troitzsch, Ulrich: Technik, Naturwissenschaft und Medizin, in: Ploetz. Das deutsche Kaiserreich. 1867/71 bis 1918. Bilanz einer Epoche, hrsg. v. Dieter Langewiesche, Freiburg/Würzburg 1984, S. 166-180

Wehler, Hans-Ulrich: Das Deutsche Kaiserreich 1971-1918, 5. durchgesehene u. bibliogr. erg. Aufl., Göttingen 1983 (= Deutsche Geschichte Bd. 9; Kleine Vandenhoeck-Reihe 1380)

Winau, Rolf: Biologie, Medizin und Psychoanalyse, in: Funkkolleg Jahrhundertwende, Studienbegleitbrief 5, Weinheim/Basel 1989, S. 11-42

Mendlewitsch, Doris: Volk und Heil. Vordenker des Nationalsozialismus im 19. Jahrhundert, Rheda-Wiedenbrück 1988

Zmarzlik, Hans-Günther: Der Sozialdarwinismus in Deutschland als geschichtliches Problem, in: Vierteljahrshefte für Zeitgeschichte, 11. Jg. (1963), S. 246-273

4.2.5 Zur Geschichte der Jugendbewegung

Aufmuth, Ulrich: Die deutsche Wandervogelbewegung unter soziologischem Aspekt, Göttingen 1979 (= Studium zum Wandel von Gesellschaft und Bildung im neunzehnten Jahrhundert Bd. 16)

Ehrenthal, Günther: Die deutschen Jugendbünde. Ein Handbuch ihrer Organisation und ihrer Bedeutung, Berlin 1929

Frobenius, Else: Mit uns zieht die neue Zeit. Eine Geschichte der deutschen Jugendbewegung, Berlin 1927

Giesecke, Hermann: Vom Wandervogel bis zur Hitlerjugend. Jugendarbeit zwischen Politik und Pädagogik, München 1981 (= Juventa Paperback)

Linse, Ulrich: Lebensformen der bürgerlichen und der proletarischen Jugendbewegung, in: Jahrbuch des Archivs der deutschen Jugendbewegung, Bd. 2 (1978), S. 24-55

Müller, Jakob: Die Jugendbewegung als deutsche Hauptrichtung neukonservativer Reform, Zürich 1971 (= Wirtschaft-Gesellschaft-Staat. Zürcher Studien zur allgemeinen Geschichte Bd. 28)

Trommler, Frank: Mission ohne Ziel. Über den Kult der Jugend im modernen Deutschland, in: "Mit uns zieht die neue Zeit". Der Mythos Jugend, hrsg. v. Thomas Koebner/ Rolf-Peter Janz/Frank Trommler, Frankfurt a.M. 1985 (= edition suhrkamp 1229), S. 14-49

Ziemer, Gerhard/Wolf, Hans: Wandervogel und Freideutsche Jugend, 2. Aufl., Bad Godesberg 1961

4.2.6 Zur Geschichte des Umweltschutzes

Andersen, Arne: Heimatschutz: Die bürgerliche Naturschutzbewegung, in: Franz-Josef Brüggemeier/Thomas Rommelspacher (Hg.): Besiegte Natur. Geschichte der Umwelt im 19. und 20. Jahrhundert, München 1987 (= Beck'sche Reihe 345), S. 143-157

Floericke, Kurt: Umschau über die Naturschutzbewegung, in: Kosmos, 6. Jg. (1909), H. 4, S. 97-103

Floericke, Kurt: Der gegenwärtige Stand der Naturschutzpark-Bewegung, in: Kosmos, 6. Jg. (1909), H. 12, S. 369-372

Gröning, Gert/Wolschke, Joachim: Naturschutz und Ökologie im Nationalsozialismus, in: Die alte Stadt. Zeitschrift für Stadtgeschichte, Stadtsoziologie und Denkmalpflege, 10. Jg. (1983), S. 1-17

Hermand, Jost: Gehätschelt und gefressen: Das Tier in den Händen der Menschen, in: Reinhold Grimm/Jost Hermand (Hrsg.): Natur und Natürlichkeit. Stationen des Grünen in der deutschen Literatur, Königstein/Ts. 1981, S. 55-76

Hermand, Jost: Grüne Utopien in Deutschland. Zur Geschichte des ökologischen Bewußtseins, Frankfurt a.M. 1991 (= Fischer Taschenbuch Geschichte 10395)

Klose, Hans: Fünfzig Jahre staatlicher Naturschutz. Ein Rückblick auf den Weg der deutschen Naturschutzbewegung, Gießen 1957

Köthe, Rainer: Auf der Lüneburger Heide, in: Kosmos. Das Magazin für die Natur (1991), H. 8, S. 14-23

Linse, Ulrich (Hg.): Zurück, o Mensch, zur Mutter Erde. Landkommunen in Deutschland 1890-1933, München 1983

Linse, Ulrich: Ökopax und Anarchie. Eine Geschichte der ökologischen Bewegungen in Deutschland, München 1986 (= dtv Sachbuch 10550)

Löfgren, Orvar: Natur, Tiere und Moral. Zur Entwicklung der bürgerlichen Naturauffassung, in: Utz Jeggle/Gottfried Korff/Martin Scharfe/Bernd Jürgen Warneken (Hrsg.): Volkskultur in der Moderne. Probleme und Perspektiven empirischer Kulturforschung, Reinbek bei Hamburg 1986 (= rowohlts enzyklopädie; rororo 431), S. 122-143

Meyer, Enno: Pastor Bode kauft den Wilseder Berg. Der erste deutsche Naturpark entsteht, in: ders.: Zwölf Ereignisse deutscher Geschichte zwischen Harz und Nordsee 1900-1931, Hannover 1979 (= Schriftenreihe der Niedersächsischen Landeszentrale für politische Bildung, Zeitgeschichte 16), S. 27-32

Mrass, Walter: Die Organisation des staatlichen Naturschutzes und der Landschaftspflege im Dritten Reich und in der Bundesrepublik Deutschland seit 1935, gemessen an der Aufgabenstellung in einer modernen Industriegesellschaft, Stuttgart 1970 (= Beiheft 1 zu Landschaft und Stadt)

Nietfeld, Annette: Reichsautobahn und Landschaftspflege. Landschaftspflege im Nationalsozialismus am Beispiel der Reichsautobahnen, Diplomarbeit Berlin 1985 (= Werkstattberichte für Landschaftsökonomie H. 13)

Olschowy, Gerhard: Zur Entwicklung des Naturschutzes und der Landschaftspflege in Deutschland, in: Naturschutz- und Naturparke (1977), H. 86, S. 25-30

Pflug, Wolfram: 200 Jahre Landespflege in Deutschland - Eine Übersicht, in: Stadt und Landschaft, Raum und Zeit. Festschrift für Erich Kühn zur Vollendung seines 65. Lebensjahres, hrsg. v. Alfred C. Böttger/Wolfram Pflug, Köln 1969, S. 237-280

Rudorff, Ernst: Heimatschutz, in: Die Grenzboten, 56. Jg. (1897), 2. Vierteljahr, S. 401-414, 455-468 und 4. Vierteljahr, S. 111-117

Rudorff, Ernst: Abermals zum Heimatschutz, in: Die Grenzboten, 56. Jg. (1897), 4. Vierteljahr, S. 111-117

Rudorff, Ernst: Heimatschutz, 2. Tsd., Leipzig/Berlin 1901

Schoenichen, Walther: Naturschutz als völkische und internationale Kulturaufgabe. Eine Übersicht über die allgemeinen, die geologischen, botanischen, zoologischen und anthropologischen Probleme des heimatlichen wie des Weltnaturschutzes, Jena 1942

Schoenichen, Walther: Naturschutz, Heimatschutz. Ihre Begründung durch Ernst Rudorff, Hugo Conwentz und ihre Vorläufer, Stuttgart 1954 (= Große Naturforscher Bd. 16)

Sieferle, Rolf Peter: Fortschrittsfeinde? Opposition gegen Technik und Industrie von der Romantik bis zur Gegenwart, München 1984 (= Die Sozialverträglichkeit von Energiesystemen, Bd. 5)

Toepfer, Alfred: Ein Rückblick auf 20 Jahre Arbeit des VNP, in: Naturschutz- und Naturparke. Mitteilungen des Vereins Naturschutzpark e.V. Stuttgart-Hamburg (1974), H. 74, S. 1-12

Völksen, Gerd: Landschaftsentwicklung der Lüneburger Heide, in: Dieter Brosius u.a.: Die Lüneburger Heide, Hannover 1984 (= Schriftenreihe der Niedersächsischen Landeszentrale für politische Bildung; Landschaften Niedersachsens und ihre Probleme, Folge 3), S. 5-33

Wey, Klaus-Georg: Umweltpolitik in Deutschland. Kurze Geschichte des Umweltschutzes in Deutschland seit 1900, Opladen 1982

Widmann, Walter: Naturschutzpark Lüneburger Heide, 2. erw. Aufl., Stuttgart 1963

4.2.7 Zum Film

Bandmann, Christa/Hembus, Joe: Klassiker des deutschen Tonfilms 1930-1960, München 1980 (= Citadel-Filmbücher; Goldmann Magnum 10207)

Bessen, Ursula: Trümmer und Träume. Nachkriegszeit und fünfziger Jahre auf Zelluloid. Deutsche Spielfilme als Zeugnisse ihrer Zeit. Eine Dokumentation, Bochum 1989 (= Veröffentlichungen des Stadtarchivs Bochum)

Bettecken, Wilhelm: Wie die Bilder laufen lernten, in: film-dienst, 43. Jg. (1990), Nr. 18, S. 40 f

Bliersbach, Gerhard: So grün war die Heide. Der deutsche Nachkriegsfilm in neuer Sicht, Weinheim/Basel 1985 (= Beltz-Bewußtsein)

Hoffmann, Hilmar: "Und die Fahne führt uns in die Ewigkeit". Propaganda im NS-Film, Bd. 1, Frankfurt a.M. 1988 (= Fischer Taschenbuch 4404)

Höfig, Willi: Der deutsche Heimatfilm 1947-1960, Stuttgart 1973

Kahlenberg, Friedrich P.: Der Film der Ära Adenauer, in: Ursula Bessen: Trümmer und Träume. Nachkriegszeit und fünfziger Jahre auf Zelluloid. Deutsche Spielfilme als

Zeugnisse ihrer Zeit. Eine Dokumentation, Bochum 1989 (= Veröffentlichungen des Stadtarchivs Bochum), S. 236-247

Lüthge, Bobby E.: Drehbuch "Grün ist die Heide", Produktion der Berolina 1951 (masch.)

Paech, Joachim: Literatur und Film, Stuttgart 1988 (= Sammlung Metzler Bd. 235)

Schmidt, Margot: Zeitzeichen 17.12.1990 - "Bambi" für das Filmtraumpaar Sonja Ziemann und Rudolf Prack (WDR II), Rundfunkmanuskript

4.2.8 Zur Musik

Albrecht, August: Jugend-Liederbuch, 7. Aufl., Berlin 1925

Aus dem Kleinen Rosengarten. Ein Löns-Liederbuch. 72 Volkslieder aus dem "Kleinen Rosengarten" von Hermann Löns. Vertont von Th. Heidermann, Warendorf 1921

Drew, David: Kurt Weill. A Handbook, Berkeley/Los Angeles 1987

Ehrhorn, Manfred: Das chorische Singen in der Jugendmusikbewegung. Erneuerungsbestrebungen nach 1900, in: Karl-Heinz Reinfandt (Hg.): Die Jugendmusikbewegung. Impulse und Wirkungen, Wolfenbüttel/Zürich 1987, S. 37-55

Heeren, Hanns/Koch, Otto: Das Löns-Liederbuch, 2. Aufl., Wolfenbüttel 1920 (zuerst 1917)

Jöde, Fritz: Wandervogel und Jugendmusik, in: Gerhard Ziemer/Hans Wolf: Wandervogel und Freideutsche Jugend, 2. Aufl., Bad Godesberg 1961, S. 484-498

Jöde, Ulf: Liedsatzbegleitung in der deutschen Jugendmusikbewegung und späteren Veröffentlichungen im Rahmen dieser Tradition, in: Karl-Heinz Reinfandt (Hg.): Die Jugendmusikbewegung. Impulse und Wirkungen, Wolfenbüttel/Zürich 1987, S. 56-72

Kayser, Dietrich: Schlager - Das Lied als Ware. Untersuchungen zu einer Kategorie der Illusionsindustrie, Stuttgart 1975 (= Metzler Studienausgabe)

Kriegsflugblatt Nr. 19/20: Denn wir fahren gegen Engelland, Jena 1915 (Zentralarchiv Löns-Vertonung, Hagen)

Mezger, Werner: Schlager. Versuch einer Gesamtdarstellung unter besonderer Berücksichtigung des Musikmarktes der Bundesrepublik Deutschland, Tübingen 1975 (= Untersuchungen des Ludwig-Uhland-Instituts der Universität Tübingen, Bd. 39)

Peters-Arnolds, Henry: Karl Blume. Ein Leben für das Lied. Erinnerungen an den Komponisten und Wahrer des Volksliedes. Zu seinem 100. Geburtstag am 13.10.1983, Hagen 1982 (= Lönsdichtungen im Klangbild H. 1; Westfälische Musikermemoiren und -biographien H. 2; Düsseldorfer Buch '75, H. 4)

Reinfandt, Karl-Heinz: Fritz Jödes Schaffen zwischen Idee und Wirklichkeit, in: Karl-Heinz Reinfandt (Hg.): Die Jugendmusikbewegung. Impulse und Wirkungen, Wolfenbüttel/Zürich 1987, S. 277-296

Trautner, Günter: Die Musikerziehung bei Fritz Jöde. Quellen und Grundlagen, Zürich 1968

4.2.9 Zur Psychologie

Adorno, Theodor W.: Studien zum autoritären Charakter, Frankfurt a.M. 1973 (= suhrkamp taschenbuch 107)

Bastian, Till: Herausforderung Freud. Ökologie, Psychotherapie und politisches Handeln, Stuttgart 1989 (= Edition Universitas)

Calogeras, Roy C.: Die Krupp-Dynastie und die Wurzeln des deutschen Nationalcharakters. Eine psychoanalytische Kulturstudie, München/Wien 1989 (amerik. Originalausgabe 1987)

Erikson, Erik H.: Kindheit und Gesellschaft, 4. Aufl., Stuttgart 1971

Freud, Sigmund: Drei Abhandlungen zur Sexualtheorie, in: ders.: Gesammelte Werke. Chronologisch geordnet, Bd. 5: Werke aus den Jahren 1904-1905, 5. Aufl., Frankfurt a.M. 1972, S. 27-145

Freud, Sigmund: Die infantile Wiederkehr des Totemismus, in: ders.: Gesammelte Werke. Chronologisch geordnet, Bd. 9: Totem und Tabu, 6. Aufl., London 1978, S. 122-194

Freud, Sigmund: Zeitgemäßes über Krieg und Tod, in: ders.: Gesammelte Werke. Chronologisch geordnet, Bd. 10: Werke aus den Jahren 1913-1917, 7. Aufl., London 1981, S. 324-355

Fromm, Erich: Studien über Autorität und Familie. Sozialpsychologischer Teil, in: ders.: Gesamtausgabe, Bd. I: Analytische Sozialpsychologie, Stuttgart 1980, S. 139-187

Fromm, Erich: Die Seele des Menschen. Ihre Fähigkeit zum Guten und zum Bösen, in: ders.: Gesamtausgabe, hrsg. v. Rainer Funk, Bd. II: Analytische Charaktertheorie, Stuttgart 1980, S. 159-268

Fromm, Erich: Anatomie der menschlichen Destruktivität, in: ders.: Gesamtausgabe, hrsg. v. Rainer Funk, Bd. VII: Aggressionstheorie, Stuttgart 1980

Gay, Peter: Sigmund Freud. Ein Deutscher und sein Unbehagen, in: ders.: Freud, Juden und andere Deutsche. Herren und Opfer in der modernen Kultur, München 1989 (amerikanische Originalausgabe 1978), S. 51-114

Gay, Peter: Freud. Eine Biographie für unsere Zeit, Frankfurt a.M. 1989 (amerikanische Originalausgabe 1987)

Horkheimer, Max/Adorno, Theodor W.: Dialektik der Aufklärung. Philosophische Fragmente, Frankfurt a.M. 1981 (= Theodor W. Adorno: Gesammelte Schriften Bd. 3)

Laplanche, Jean/Pontalis, Jean-Bertrand: Das Vokabular der Psychoanalyse, Frankfurt a.M. 1972

Miller, Alice: Das Drama des begabten Kindes und die Suche nach dem wahren Selbst, 26.-35. Tsd., Frankfurt a.M. 1979

Nicklas, Hans/Ostermann, Änne: Vorurteil, in: Handwörterbuch der Psychologie, hrsg. v. Roland Asanger/Gerd Wenninger, Weinheim/ Basel 1982, S. 535-540

Theweleit, Klaus: Männerphanatasien. Bd. 1: Frauen, Fluten, Körper, Geschichte. Bd. 2: Männerkörper - Zur Psychoanalyse des weißen Terrors, 51.-62. Tsd., Reinbek bei Hamburg 1987 (= rororo 8330, 8331)

Theweleit, Klaus: Buch der Könige. Bd. 1: Orpheus (und) Eurydike, Basel/Frankfurt a.M. 1988

Ziehe, Thomas: Pubertät und Narzißmus. Sind Jugendliche entpolitisiert?, Frankfurt a.M./ Köln 1975 (= Veröffentlichungen des Psychologischen Seminars der TU Hannover)

4.2.10 Sonstiges

Barthes, Roland: Mythen des Alltags, 2. Aufl., Frankfurt a.M. 1970 (= edition suhrkamp 92)

Benjamin, Walter: Das Kunstwerk im Zeitalter seiner technischen Reproduzierbarkeit, in: ders.: Schriften. Bd. I, Frankfurt a.M. 1955, S. 366-405

Bolten, Jürgen: Heimat im Aufwind. Anmerkungen zur Sozialgeschichte eines Bedeutungswandels, in: Hans-Georg Pott (Hg.): Literatur und Provinz. Das Konzept 'Heimat' in der neueren Literatur, Paderborn 1986 (= Schriften des Eichendorff-Instituts an der Universität Düsseldorf), S. 23-38

Börsenblatt für den deutschen Buchhandel, 101. Jg. (1934), Nr. 206 (4.9.1934)

Böttcher, Kurt/Mittenzwei, Johannes: Dichter als Maler, Stuttgart/Berlin/Köln/Mainz 1980

Bredow, Wilfried von/Foltin, Hans-Friedrich: Zwiespältige Zufluchten. Zur Renaissance des Heimatgefühls, Berlin/Bonn 1981

Caspar, Paul/Kügelen, Gertrud von: Dichter in der Handschrift. Graphologische Deutungen zeitgenössischer Dichtwerke, Hannover 1937

Eliade, Mircea: Mythos und Wirklichkeit, Frankfurt a.M. 1988 (= M.E.: Gesammelte Werke in Einzelausgaben) (frz. Originalausgabe 1963)

Fuchs, Günter Bruno: Nationalhymne des deutschen Försters, in: Kalender 1967. "Singen Sie mal die Nationalhymne", Stiestadt/Ts. 1966, o.S.

Führ, Eduard: Wieviel Engel passen auf die Spitze einer Nadel?, in: Worin noch niemand war: Heimat. Eine Auseinandersetzung mit einem strapazierten Begriff. Historisch-philosophisch-architektonisch, hrsg. v. Eduard Führ, Wiesbaden/Berlin 1985, S. 10-32

Gerritz, Kurt: Max Franz Apffelstaedt (1863-1950) und die Gründung der Zahnklinik der Westfälischen Wilhelms-Universität zu Münster, Münster 1970 (= Münstersche Beiträge zu Geschichte und Theorie der Medizin Nr. 1)

Greverus, Ina-Maria: Der territoriale Mensch. Ein literaturanthropologischer Versuch zum Heimatphänomen, Frankfurt a.M. 1972

Greverus, Ina-Maria: Auf der Suche nach Heimat, München 1979 (= Beck'sche Schwarze Reihe Bd. 189)

Greverus, Ina-Maria: The "Heimat" Problem, in: Der Begriff "Heimat" in der deutschen Gegenwartsliteratur. The concept of "Heimat" in contemporary German literature, hrsg. v. Helfried W. Seliger, München 1987, S. 9-27

Habermas, Jürgen: Das Zeitbewußtsein der Moderne und ihr Bedürfnis nach Selbstvergewisserung, in: ders.: Der philosophische Diskurs der Moderne. Zwölf Vorlesungen, Frankfurt a.M. 1985, S. 9-33

Hauer, Karl: Das Gehirn des Journalisten, in: Die Fackel, 9. Jg. (1907), Nr. 230/231, S. 6-13

Hemmerich, Gerd: Überlegungen zum Phänomen der Moderne und ihrer Geschichte, in: Zur Geschichtlichkeit der Moderne. Der Begriff der literarischen Moderne in Theorie und Dichtung, hrsg. v. Theo Elm/Gerd Hemmerich, München 1982, S. 23-41

Herbert Rothgaengel: Hermann Löns' "Wehrwolf" in Bildern, Berlin 1924

Killy, Walther: Elemente der Lyrik, München 1972

Kittler, Friedrich A.: Grammophon, Film, Typewriter, Berlin 1986

Kittler, Friedrich A.: Aufschreibsysteme 1800/1900, 2. erw. Aufl., München 1987

Köhler, Lotte: Annette von Droste-Hülshoff, in: Benno von Wiese (Hg.): Deutsche Dichter des 19. Jahrhunderts. Ihr Leben und Werk, 2. überarb. Aufl., Berlin 1979, S. 279-305

Koppen, Erwin: Literatur und Photographie. Über Geschichte und Thematik einer Medienentdeckung, Stuttgart 1987

Koselleck, Reinhart: Vergangene Zukunft. Zur Semantik geschichtlicher Zeiten, Frankfurt a.M. 1979 (= Theorie)

Lethen, Helmuth: Neue Sachlichkeit 1924-1932. Studien zur Literatur des "Weißen Sozialismus", 2. Aufl., Stuttgart 1975

Meid, Volker: Grimmelshausen. Epoche - Werk - Wirkung, München 1984 (= Arbeitsbücher für den literaturgeschichtlichen Unterricht, Beck'sche Elementarbücherei)

Meier-Lenz, D.P.: Ein Tag. Für Hermann Löns, in: die horen, 18. Jg. (1973), H. 90, S. 69

Minder, Robert: Lüneburger Heide, Worpswede und andere Heide- und Moorlandschaften, in: ders.: Dichter in der Gesellschaft. Erfahrungen mit deutscher und französischer Literatur, Frankfurt a.M. 1966, S. 265-286

Müller, Konrad: Die Werwolfsage. Studien zum Begriff der Volkssage. Diss. phil. Marburg 1935

Pikulik, Lothar: Romantik als Ungenügen an der Normalität. Am Beispiels Tiecks, Hoffmanns, Eichendorffs, Frankfurt a.M. 1979

Praz, Mario: Liebe, Tod und Teufel. Die schwarze Romantik, 2 Bde., München 1970 (= Wissenschaftliche Reihe, dtv 4051/4052) (Originalausgabe 1930)

Schrader, Julie (d.i. Berndt W. Wessling): Hermann Löns, in: Wenn ich liebe, seh ich Sterne. Gedichte der Julie Schrader, hrsg. v. Berndt W. Wessling, 4. Aufl., München 1977 (= dtv 789) (zuerst 1971), S. 30

Schütz, Erhard: Kritik der literarischen Reportage. Reportagen und Reiseberichte aus der Weimarer Republik über die USA und die Sowjetunion, München 1977

Schwerte, Hans: Faust und das Faustische. Ein Kapitel deutscher Ideologie, Stuttgart 1962

Waldenfels, Bernhard: Heimat in der Fremde, in: Worin noch niemand war: Heimat. Eine Auseinandersetzung mit einem strapazierten Begriff. Historisch-philosophisch-architektonisch, hrsg. v. Eduard Führ, Wiesbaden/Berlin 1985, S. 33-41

Wehler, Hans-Ulrich: Modernisierungstheorie und Geschichte, Göttingen 1975 (= Kleine Vandenhoeck-Reihe 1407)

Welsch, Wolfgang: Unsere postmoderne Moderne, Weinheim 1987

Wülfing, Wulf/Bruns, Karin/Parr, Rolf: Historische Mythologie der Deutschen 1798-1918, München 1991

Zeitgenossen. Fritz Grotemeyer - Bernhard Pankok. Faltblatt zur Ausstellung im Stadtmuseum Münster (25. Mai - 26. August 1990)

DUV Deutscher Universitäts Verlag
GABLER · VIEWEG · WESTDEUTSCHER VERLAG

Aus unserem Programm

Michael Bommes
Migration und Sprachverhalten
Eine ethnographisch-sprachwissenschaftliche Fallstudie
1993. 498 Seiten, Broschur DM 94,-
ISBN 3-8244-4132-2
Der Autor zeigt in der detaillierten Analyse von Interviews mit türkischen
Jugendlichen, daß die Rede von Migranten bis in ihre Feinstruktur hinein
als Form der Artikulation der Erfahrungen in der Migrationsgesellschaft zu
begreifen ist.

Torsten Bügner
Lebenssimulationen
Zur Literaturtheorie und fiktionalen Praxis von Dieter Wellershoff
1993. 370 Seiten, Broschur DM 68,-
ISBN 3-8244-4127-6
Ziele dieser Studie sind sowohl eine Dokumentation der heterogenen Rezeption als auch eine Neuperspektivierung der Werke des Romanciers, Medienautors und Essayisten Dieter Wellershoff.

Käthi Dorfmüller-Karpusa
Kinder zwischen zwei Kulturen
Soziolinguistische Aspekte der Bikulturalität
1993. 253 Seiten, 17 Abb., 4 Tab., Broschur DM 52,-
ISBN 3-8244-4139-X
Die Autorin beschäftigt sich mit Texten griechischer bilingualer/bikultureller
Kinder und Jugendlicher, welche die Zugehörigkeit zu zwei Kulturen thematisieren.

Christof Forderer
Die Großstadt im Roman
Berliner Großstadtdarstellungen zwischen Naturalismus und Moderne
1992. 308 Seiten, Broschur DM 56,-
ISBN 3-8244-4104-7
Die Berliner Großstadtromane im Umkreis des Naturalismus bewegen sich
in einem Spannungsfeld zwischen stoffbedingter Zukunftszugewandtheit
und einem Festhalten an den Erzählformen der Vergangenheit.

DUV DeutscherUniversitätsVerlag

GABLER · VIEWEG · WESTDEUTSCHER VERLAG

Joanna Jablkowska
Literatur ohne Hoffnung
Die Krise der Utopie in der deutschen Gegenwartsliteratur
1993. 246 Seiten, Broschur DM 48,-
ISBN 3-8244-4121-7
Motivik, Symbolik und narrative Strukturen der Utopie werden bis heute
zitiert, aber nicht, um das "Prinzip Hoffnung" zu bestätigen, sondern um es
in apokalyptischen Visionen zu widerlegen. Dies wird unter anderem an
Texten von Günter Grass, Friedrich Dürrenmatt, Carl Amery, Stefan Heym
und Tankred Dorst gezeigt.

Klaus Siebenhaar (Hrsg.)
Das poetische Berlin
Metropolenkultur zwischen Gründerzeit und Nationalsozialismus
1992. VIII, 210 Seiten, 2 Abb., Broschur DM 46,-
ISBN 3-8244-4067-9
Der Band vereinigt Aufsätze unterschiedlicher Fachrichtungen. Im Mittel-
punkt stehen dabei die wechselseitige Erhellung der Künste im Zeichen der
Moderne sowie die kultur- und mediengeschichtlichen Rahmenbedingungen.

Annette Trabold
Sprachpolitik, Sprachkritik und Öffentlichkeit
Anforderungen an die Sprachfähigkeit des Bürgers
1993. 240 Seiten, Broschur DM 46,-
ISBN 3-8244-4128-4
Im letzten Jahrzehnt wurde das Thema Sprachfähigkeit zunehmend von
Medien und Politikern besetzt - häufig mit Klagen vom Verfall der Sprache.
In diesem Buch wird versucht, für die Sprachwissenschaft die Initiative in
der Diskussion um die "muttersprachliche Kompetenz" zurückzugewinnen.

Die Bücher erhalten Sie in Ihrer Buchhandlung!
Unser Verlagsverzeichnis können Sie anfordern bei:

Deutscher Universitäts-Verlag
Postfach 30 09 44
51338 Leverkusen